ANNO 2

Geschichte Gymnasium Sachsen-Anhalt

„De Witt Clinton"
eine der ersten in den USA gebauten Dampflokomotiven (1831)

Herausgegeben von
Ulrich Baumgärtner, Klaus Fieberg

Erarbeitet von
Annette Adelmeyer, Ulrich Baumgärtner, Hans-Jürgen Döscher,
Peter Johannes Droste, Ralph Erbar, Klaus Fieberg, Diethard Hennig,
Hans-Jürgen Kant, Uwe Lagatz, Christian Larisika, Gregor Meilchen, Wolfgang Piereth,
Heidrun Rößing, Herbert Rogger, Stefan Stadler, Christine Stangl,
Wolf Weigand, Wolfgang Woelk, Barbara Weiß, Stefan Wolle

Landesgeschichtliche Beratung
Dr. Uwe Lagatz

westermann

Eine kommentierte Linkliste finden Sie unter:
www.westermann.de/geschichte-linkliste

Druck A^{3} / Jahr 2014
Alle Drucke der Serie A sind inhaltlich unverändert.

Redaktion: Christoph Meyer, Dorle Bennöhr
Herstellung: Udo Sauter
Typografie: Thomas Schröder
Satz: Ottomedien, Hanhofen
Druck und Bindung: westermann druck GmbH, Braunschweig

ISBN 978-3-14-**11 1061**-6

1. China – Reich der Mitte 6

China – Eine Hochkultur 8
Marco Polos Reise nach China 12
Vertiefung: Der Aufstieg des Osmanischen Reiches 16

2. Neue Welten und neue Horizonte 20

Das Entstehen neuer Wirtschaftsformen 22
Erfindungen verändern die Welt 26
Der Beginn einer „neuen Zeit" 30
Europa entdeckt die Welt 34
Europa erobert die Neue Welt 38
Reformation und Kirchenspaltung 42
Methode: Umgang mit Bildern 46
Der Bauernkrieg 48
Vertiefung: Sachsen-Anhalt – Lutherland 52
Reformation und Politik 54
Vertiefung: Der Dreißigjährige Krieg 58
Zusammenfassung und Tipps zum Thema:
Neue Welten und neue Horizonte 62

3. Absolutismus, Aufklärung und Revolution . . . 64

Der Absolutismus in Frankreich 66
Vertiefung: Russlands Aufstieg zur europäischen Großmacht 72
Die Aufklärung 78
Anhalt-Dessau in der Aufklärung 84
Vertiefung: Der Reformabsolutismus in Preußen 90
Methode: Umgang mit schriftlichen Quellen 94
Revolution in Frankreich 96
Wie kam es zur Revolution? 100
Die Revolution hat Erfolg 104
Die Revolution geht weiter 108
Die Revolution ufert aus 112
Die Revolution scheint beendet und breitet sich aus . . . 116
Vertiefung: Die Mainzer Republik 120
Napoleon: Vom Landadligen zum Kaiser 124
Europa verändert sein Gesicht 128
Preußen zwischen Niederlage und Widerstand 132
Vertiefung: Das Königreich Westphalen 136
Das Ende Napoleons 138
Methode: Umgang mit darstellenden Texten 142
Zusammenfassung und Tipps zum Thema:
Absolutismus, Aufklärung und Revolution 144

4. Auf dem Weg zum deutschen Nationalstaat . . . 146

Neuordnung Europas auf dem Wiener Kongress 148
Liberale und nationale Bewegung in Deutschland 152
Das Biedermeier 156
Auf dem Weg zur Revolution 160
Die Revolution von 1848 164
Die Revolution scheitert 168
Die Errichtung eines deutschen Nationalstaats 172
Methode: Umgang mit Historiengemälden 178
Zwischen Demokratie und Obrigkeitsstaat 180
Die Innenpolitik im Zeitalter Bismarcks 184
Die Außenpolitik des Deutschen Reichs (1871–1890) . 188
Das Deutsche Reich unter Wilhelm II. 192
Die Außenpolitik des Deutschen Reichs (1890–1914) . 196
Vertiefung: Gesellschaftlicher Wandel im Kaiserreich 200
Zusammenfassung und Tipps zum Thema:
Auf dem Weg zum deutschen Nationalstaat 206

5. Industrialisierung und Soziale Frage 208

Die Industrielle Revolution beginnt in Engand 210
Anfänge der Industrialisierung in Deutschland 214
Deutschland auf dem Weg zum Industriestaat 218
Deutschland – Ein Industriestaat 222
Methode: Umgang mit Statistiken und Diagrammen 226
Soziale Folgen der Industrialisierung 228
Lösungsversuche der Sozialen Frage 232
Vertiefung: Anfänge des Tourismus im Harz 236
Zusammenfassung und Tipps zum Thema:
Industrialisierung und Soziale Frage 238

6. Imperialismus und Erster Weltkrieg 240

Das Zeitalter des Imperialismus 242
Vertiefung: Britischer Imperialismus 246
Deutschland als Kolonialmacht 250
Der Erste Weltkrieg 254
Kriegswende und Kriegsende 260
Kriegserinnerung – Friedensmahnung? 264
Methode: Umgang mit Spielfilmen 266
Zusammenfassung und Tipps zum Thema:
Imperialismus und Erster Weltkrieg 270

7. Längsschnitt: Geschichte der Armut 272

8. Längsschnitt: Geschichte der Arbeit 288

Minilexikon 298

Register 303

Bildnachweis 304

Methodenseiten im Überblick

Umgang mit Bildern 46
Umgang mit schriftlichen Quellen 94
Umgang mit darstellenden Texten 142
Umgang mit Historiengemälden 178
Umgang mit Statistiken und Diagrammen 226
Umgang mit Spielfilmen 266

1. China – Reich der Mitte

Terrakotta-Soldaten
aus dem Grab des Kaisers Qin Shihuangdi, 3. Jahrhundert v. Chr.,
Foto von 2001

Die chinesische Mauer

Die Einwohner von Angaman
Französische Miniatur nach den Berichten des Marco Polo, Anfang des 15. Jahrhunderts

Kublai Khan (1215–1294)
Anonyme Seidenmalerei, um 1350

Marco Polo (1254–1324)
Titelblatt der Gutenberg-Ausgabe, 1477

Herstellung von Seide
Chinesische Darstellung, 19. Jahrhundert

China - Eine Hochkultur

China ist heute nach seiner Bevölkerungszahl das größte, nach seiner räumlichen Ausdehnung das zweitgrößte Land der Erde. China ist aber auch das Land mit der ältesten historischen Tradition. Allein seine schriftliche Überlieferung reicht - nach unserer Datierung - bis in das 16. Jahrhundert v. Chr. Die chinesische Kultur gilt als die jüngste Hochkultur. Sie ist uns in manchem sehr fremd, hat aber unser heutiges Leben in vielen Bereichen mitbestimmt. Eine große Zahl unserer kulturellen Errungenschaften geht auf chinesische Erfindungen zurück.

Im Folgenden sollen anhand der kurzen Zeit der Qin-Danastie (221 bis 206 v. Chr) die politische Entwicklung und einige Aspekte dieser Kultur beispielhaft vorgestellt werden.

M 1

Die Vorgeschichte der Qin-Dynastie

Ähnlich wie die Kaiserzeit des Römischen Reiches gliedert man die annähernd 5000 Jahre der chinesischen Geschichte nach Herrscherhäusern, nach Dynastien. Nach einer langen und wechselvollen Zeit gelang es 221 v. Chr. dem ersten Kaiser aus der Qin-Dynastie, Qin Shihuangdi, große Teile des damaligen China zu unterwerfen und einen zentralen Staat zu errichten. Mit ihm begann die bis 1911 andauernde Kaiserzeit in China.

Die Herrschaft der Qin-Dynastie

Um seine Stellung zu stärken und zu verdeutlichen, dass er von Gott eingesetzt sei, nahm Qin den neu geschaffenen Titel „Erster Göttlich Erhabener von Qin" an. Sein Grabmal, das 1974 bei Lintong entdeckt wurde, zeigt, dass er sich wirklich den Göttern gleich gefühlt haben muss: Eine riesige Armee aus Terrakotta-Soldaten bewachte sein Grab und sollte ihm im Jenseits dienen.

Das Reich wurde in Verwaltungseinheiten aufgeteilt, an deren Spitze jeweils ein Leiter der Zivilverwaltung und ein Militärgouverneur standen. Im ganzen Reich wurden die Waffen beschlagnahmt und eingeschmolzen. Die Mächtigen des Reiches, etwa 120 000 Familien, mussten zwangsweise in die Hauptstadt umsiedeln. Eine Schriftreform fasste die Vielzahl regionaler Schreibweisen in einer Schrift zusammen, die die Basis für die heute noch geschriebene Schrift bildete. Ein

M 2 Ein bewachtes Grab
Terrakotta-Soldaten aus dem Grab des Kaisers Qin Shihuangdi, 3. Jahrhundert v. Chr., Foto von 2001

Netz neu angelegter Straßen ermöglichte schnelle militärische Aufmärsche. Die Bevölkerung musste an einer Fülle gigantischer Bauvorhaben mitarbeiten, deren bekanntestes die Erweiterung der bestehenden Grenzwälle im Norden zur Großen Mauer war. Die Radikalität der Veränderungen führte aber schließlich zum Ende der Qin-Dynastie. Schon 207/206 v. Chr. wurde Qins Nachfolger durch eine Rebellion gestürzt und die Dynastie der Qin ausgelöscht.

Die weitere Entwicklung

Die nachfolgende Dynastie der Han (206 v. Chr. bis 220 n. Chr.) eroberte die Herrschaft und konnte verhindern, dass das noch relativ junge Zentralreich in den Nachfolgewirren wieder in Teilstaaten zerbrach. Das neue Han-Reich war nun riesengroß, unglaublich wohlhabend und volkreich. Nach dem Ergebnis einer Volkszählung, die fast gleichzeitig mit der in der Bibel genannten unter dem römischen Kaiser Augustus um Christi Geburt stattgefunden hat, umfasste die Bevölkerung 60 Millionen Menschen, ähnlich viele wie in allen Provinzen des damaligen Römischen Reiches.

Alltagsleben im alten China

In China war die Landwirtschaft der wichtigste Wirtschaftszweig. Um die Bevölkerung ernähren zu können, mussten riesige Flächen erschlossen und für die Landwirtschaft, zum Beispiel durch den Bau von Terrassen, nutzbar gemacht werden. Die meisten Chinesen waren daher Bauern und versuchten, die Ernährung der Menschen zu sichern; sie zahlten zudem Steuern und zogen in den Krieg.

Wichtigstes Nahrungsmittel war die Hirse, die zumeist in Form von Hirsekuchen und mit Trockenfleisch verzehrt wurde. Im Süden des Reiches bildete Reis das Grundnahrungsmittel. Regelmäßig abgehaltene Märkte versorgten die Bevölkerung mit Gütern des täglichen und gehobenen Bedarfs.

Seide gehörte schon seit dem 7. Jahrhundert v. Chr. zu den bevorzugten Stoffen der wohlhabenen Chinesen, während sich breite Bevölkerungsschichten eher in einfache Stoffe aus pflanzlichen Fasern kleideten. Viele Chinesen trugen ein langes, durch einen Gürtel oder ein Band zusammengehaltenes Kleid, darüber eine Jacke.

Die Welt der Wissenschaften und Erfindungen

Buchdruck, Porzellan, Papier und Papiergeld, Seide und vieles mehr verdanken wir der chinesischen Hochkultur. Auch der Beitrag Chinas zur Entwicklung der Medizin ist kaum zu überschätzen. Bereits im 6. Jahrhundert v. Chr. sind Hausärzte nachgewiesen, bald danach schon begannen sich die chinesischen Ärzte zu spezialisieren. Es wurde eine Fülle von Heilverfahren und Arneimitteln entwickelt, die noch heute – als traditionelle chinesische Medizin – angewendet werden.

Auch im Bereich von Handwerk und Technik haben die Chinesen zahlreiche Leistungen vollbracht, die den Europäern erst viel später möglich wurden: Hängebrücken, Kanäle oder mit Wasserkraft beteibene Mühlen. Wir machen uns im Allgemeinen keine rechte Vorstellung davon, wie sehr wir jeden Tag Erfindungen nutzen, die im alten China ihren Ursprung haben.

M 3 Chinesisches Porzellan
Gefäß mit Drachenmotiv

M 4 Seide – Der geheimnisvolle Stoff

Der folgende Text stammt aus einem Jugendbuch. Jade und ihre Großmutter Wang sind die Hauptpersonen.

Endlich sind die Stadtmauern von Chang'an in Sicht. Sie erstrecken sich über den ganzen Horizont. „Was mache ich bloß, wenn wir uns in dieser riesigen Stadt verlieren?", fragt Jade die Großmutter. „Wir nehmen uns an der Hand, dann kann nichts passieren. Aufpassen müssen wir natürlich trotzdem, denn in der Stadt geht es zu wie in einem Ameisenhaufen. Falls wir doch getrennt werden, fragst du dich durch zum Haus des Mandarins Yang Lin. Ich bin dann bestimmt schon da, denn ich kenne den Weg dorthin. Schließlich habe ich deine Mutter damals auch hingebracht."
Jade weiß, dass auch die Großmutter eine Zeit lang in der Hauptstadt gewohnt hat, bevor sie wieder in ihr Dorf zurückkehrte. Was sie dort gemacht hat? Die alte Wang spricht selten darüber. Jade hat nur mitbekommen, dass ihre Schönheit ihr sehr nützlich war. Höchstwahrscheinlich war die Großmutter eine Künstlerin, eine Sängerin oder Tänzerin. Jade hat sie oft dabei überrascht, wie sie vor sich hinsummte, während sie ihrer Arbeit bei den Seidenraupen nachging. Die Seidenraupenzucht war ihre Lebensgrundlage und Jade war stolz, dass sie ihr dabei helfen konnte. Die Großmutter weckte sie im Morgengrauen und manchmal auch mitten in der Nacht, um die Larven zu füttern. Wer nicht bereit war, alle seine Zeit den Seidenraupen zu opfern, hatte keinen Erfolg bei der Aufzucht. Die Seidenraupen sind sehr empfindliche Tiere und wer einen guten Faden von ihnen haben will, musste sie hegen und pflegen. Wenn die Seidenspinner-Schmetterlinge ihre Eier gelegt hatten, fütterte Jade die Larven mit frischen Maulbeerblättern, welche die Großmutter fein gehackt hatte. Zusammen mit anderen Kindern pflückte Jade immer wieder neue Blätter. Das war eine Seite der Arbeit, die viel Spaß machte. Doch Jade beeilte sich auch dabei immer. Zu ihren Aufgaben gehörte es nämlich auch, die Weidengitter sauber zu halten, auf denen die Larven lagen, die Unterlagen zu wechseln und darauf zu achten, dass kein Luftzug die Raupen störte. Bei kühlem Wetter musste sie ständig das Feuer in Gang halten und die Matten von den Fenstern nehmen, wenn die Raupen fressen sollten. Licht regt nämlich ihren Appetit an. Eine gut gefütterte Raupe beginnt entsprechend früh, den kostbaren Kokon zu spinnen. Da die alte Wang dafür bekannt war, dass sie gute Qualität lieferte, konnte sie immer alle Kokons an die Spinnerinnen verkaufen. Die übernahmen dann die weitere Arbeit. Wenn Jade bei Meiling Kokons ablieferte, blieb sie oft noch eine Weile dort und schaute zu, was die Frau damit machte. Meiling erhitzte die Körbe mit den Kokons, um die Larven abzutöten. Das musste genau zum richtigen Zeitpunkt geschehen, sonst sprengten die Larven ihre Hüllen und der Faden riss. Dann wurden die Kokons in heißem Wasser eingeweicht. Erst danach konnte der Faden abgehaspelt werden.
Das war eine schwierige Arbeit. Für einen guten Seidenfaden, der nicht so schnell reißt, muss man zwei oder drei Kokonfäden zusammennehmen. Den fertigen Faden bekam später die Weberin. Auch ihr schauten die Kinder des Dorfes gern bei der Arbeit zu. Es sah so einfach aus, wie sie das Schiffchen an ihrem Webstuhl mit schnellen Bewegungen hin und her fahren ließ. Manchmal träumte Jade davon, selbst eine Tunika aus Seide zu tragen, doch sie wusste, dass dies wohl ein Traum bleiben würde. Die Leute im Dorf trugen alle Kleider aus Hanfgarn und Hüte und Umhänge aus Stroh, wenn sie sich vor Wind und Regen schützen mussten. Aber das Dorf lag weit zurück. In der Stadt würde Jade keine Maulbeerblätter zu pflücken und keine Seidenraupen zu beaufsichtigen haben. Wie konnte sie sich überhaupt nützlich machen bei dem Mandarin Yang Lin? Was würde er sagen, wenn es plötzlich zwei Münder mehr zu stopfen gab? Jade macht sich darüber ihre Gedanken. Waren sie und die alte Wang für Weiße Weide, die Mutter, nicht nur eine Last? Vielleicht würde der Mandarin sie auch einfach davonjagen und sie mussten betteln oder, was noch schlimmer wäre, Sklavenarbeit verrichten. Es kam häufig vor, dass Bauern, die nichts mehr zu essen hatten, ihre Kinder an Sklavenhändler verkauften. Sie wurden dann Dienstmädchen oder Kurtisanen, noch bevor sie halbwegs erwachsen waren. Und wenn sie krank wurden, warf man sie einfach hinaus auf die Straße.
Jade schaut die Großmutter an. Trotz ihrer Ängste fühlt sie sich bei ihr sicher. Die alte Frau ist sehr weise. Sie weiß bestimmt, was sie tut [...].

G. Hoffmann/M-P. Chatras, Zur Zeit der chinesischen Mauer, 1991, S. 13–17.

M 5 **Herstellung von Seide – Chinesische Darstellungen, 19. Jahrhundert**

Sortieren der Maulbeerblätter

Aussortieren der Kokons, deren Seide gesponnen werden soll

Überwachen der Kokons

Abhaspeln und Färben des Seidenfadens

Aufgaben

1. a) Beschreibe den Prozess der Seidenherstellung.
   b) Die Seidenherstellung war ausschließlich Aufgabe der Frauen. Erkläre anhand des Auszuges aus dem Jugendbuch und der Abbildungen, welchen Belastungen die Frauen dabei zu bewältigen hatten.
   → M4, M5
2. Im Auszug aus dem Jugendbuch werden weitere Probleme von Frauen angesprochen und Jades Großmutter hat dafür offenbar eine gute Lösung gefunden. Nenne diese Probleme und erläutere, warum Jade ihre Großmutter „weise" nennt.
   → M4
3. Sicher kennst du die Redewendung „Die spinnt ja!" Finde heraus, wie es zu der heutigen Wortbedeutung gekommen ist.
   → Internet

M 1 **Marco Polo (1254–1324)**
Titelblatt der ersten deutschen Ausgabe der Reisebeschreibungen von Marco Polo, der sogenannten Gutenberg-Ausgabe, 1477

M 2 **Kublai Khan (1215–1294)**
Anonyme Seidenmalerei, um 1350

Marco Polos Reise nach China

Legende oder Wirklichkeit?
1271 brach Marco Polo zu seiner großen Reise auf, die ihn angeblich bis nach nach China führte, „zum äußersten Ende des Festlands“. Erst 1295 kehrte er – nachdem er angeblich 17 Jahre beim Großkhan, dem Kaiser von China, verbracht hatte – in seine Heimatstadt Venedig zurück. Das besondere an seiner China-Reise ist, dass Marco nach der Rückkehr seine Eindrücke in einem Buch mit dem Titel „Die Wunder der Welt“ festgehalten hat. In der Einleitung verspricht er, „Selbsterlebtes von bloß Gehörtem“ zu trennen, „auf dass unser Buch ein wichtiges, ein wahrheitsgetreues und kein Fabelbuch sei“. Dieses Versprechen hält der Reisebericht des Marco Polo aber nicht. Und daher wird bis heute in der Forschung darüber gestritten, wie weit Marco Polo auf seiner Reise nach Osten wirklich gekommen ist.

Der Reisebericht des Marco Polo - Eine Legende?
Der 17-jährige Kaufmannssohn aus Venedig verließ in Begleitung seines Vaters und seines Onkels im Frühsommer 1271 seine Heimatstadt Venedig. Ihr erstes Ziel war die Hafenstadt Akko im heutigen Israel, wo Marco zum ersten Mal asiatischen Boden betrat. Vater Nicolao und Onkel Maffeo waren nicht zum ersten Mal hier. Und auch schon bis nach China waren die beiden Venezianer bereits auf ihrer Reise in den Jahren vor 1269 gekommen. Dort hatten sie den Großkhan, den „obersten Herrn aller Tataren der Erde“ getroffen. Der Kaiser von China hatte ihnen aufgetragen, gesalbtes Öl vom Grabe Jesu zu besorgen. Von Akko gingen die Polos daher nach Jerusalem, um das Öl für den Khan zu beschaffen. Mit einem Schiff fuhren sie von Akko zur kleinasiatischen Hafenstadt Ayas. Von hier aus wollten sie über den Landweg weiter nach Persien.

Marco Polo berichtet über das Klima, über die Menschen und Tiere auf seiner Reise. Er gibt Informationen zur Religion, zur Viehzucht, zum Ackerbau und zum Essen in den von ihm besuchten Orten. Hormos am Persischen Golf (heute Minab) hinterließ bei Marco Polo einen großen Eindruck: „Hier legen die indischen Schiffe an. Sie bringen alle Gewürzsorten, Edelsteine, Perlen, Seidenstoff, Goldtücher, Elfenbein und noch vieles mehr.“

Von Hormos aus – folgt man dem Bericht Marco Polos – ging die Reise weiter nach Norden. Durch große Weiten, an Flüssen vorbei und über Gebirge gelangten die Kaufleute über die Seidenstraße 1273 in die Stadt Balc. „Einst standen hier herrliche Paläste und prächtige Marmorvillen, aber heute sind es Ruinen.“ Die Stadt war vom großen Mongolenherrscher Dschingis-Khan zerstört worden. Auch in der Stadt Talikan machten die Händler halt. Beeindruckt ist Marco von den goldgelben Reisfeldern, den Pappelalleen und den Bewässerungskanälen.

1275 erreichten Marco, Vater Nicolao und Onkel Maffeo Polo Shangdu, die Sommerresidenz des Kublai Khans. Dort traf Marco Polo angeblich den großen Herrscher der Mongolen und Enkel Dschingis-Khans: „Ich bezeuge wahrheitsgetreu, die Ankunft der Venezianer war ein Freudenfest für den Großkhan.“ Kublai Khans Reich erstreckte sich damals vom ostchinesischen Meer bis in die Ukraine und vom Himalaya im Süden bis nach Sibirien im Norden. Hauptstadt war ab 1259 die Stadt Canbaluc (heute Peking) ganz im Osten, von der Marco Polo sehr beeindruckt war.

Der Khan soll angeblich an dem jungen Europäer Gefallen gefunden und ihn zu seinem Präfekten ernannt haben. Marco Polo berichtet darüber, dass er im Auftrag des Mongolenherrschers Kublai Khan China „in alle Himmelsrichtungen" durchstreift habe. Außerdem lernt er angeblich eine Reihe von tributspflichtigen Ländern Südostasiens kennen. Er erzählt über die Essgewohnheiten, über öffentliche Warmbäder, Papiergeld, Kohle, Horoskope (Astrologie) und vieles andere, was die Leser in Polos Heimat später staunen ließ.

Angeblich ließ der Khan die Polos trotz vieler Bittgesuche nicht heimreisen. 17 Jahre blieben sie daher in China. Doch dann gelang es den Kaufleuten, den Khan, dessen Macht schon langsam zu wanken begann (Tod Kublai Khans 1294), davon zu überzeugen, den Heimweg antreten zu dürfen. Dieses Mal reisten die Kaufleute über das Meer. In der chinesischen Hafenstadt Quanz hou schifften sie sich 1292 ein. Die Route führte über Sumatra, Ceylon und Vorderindien zurück nach Hormos. 1295 kamen die Kaufleute schließlich nach Venedig zurück. Während der Auseinandersetzungen zwischen den beiden Handelsmächten Venedig und Genua kam Marco Polo später in genuesische Gefangenschaft. Dort soll der Bericht über die Reise entstanden sein. 1324 starb Marco Polo. Er hatte drei Töchter.

M 3

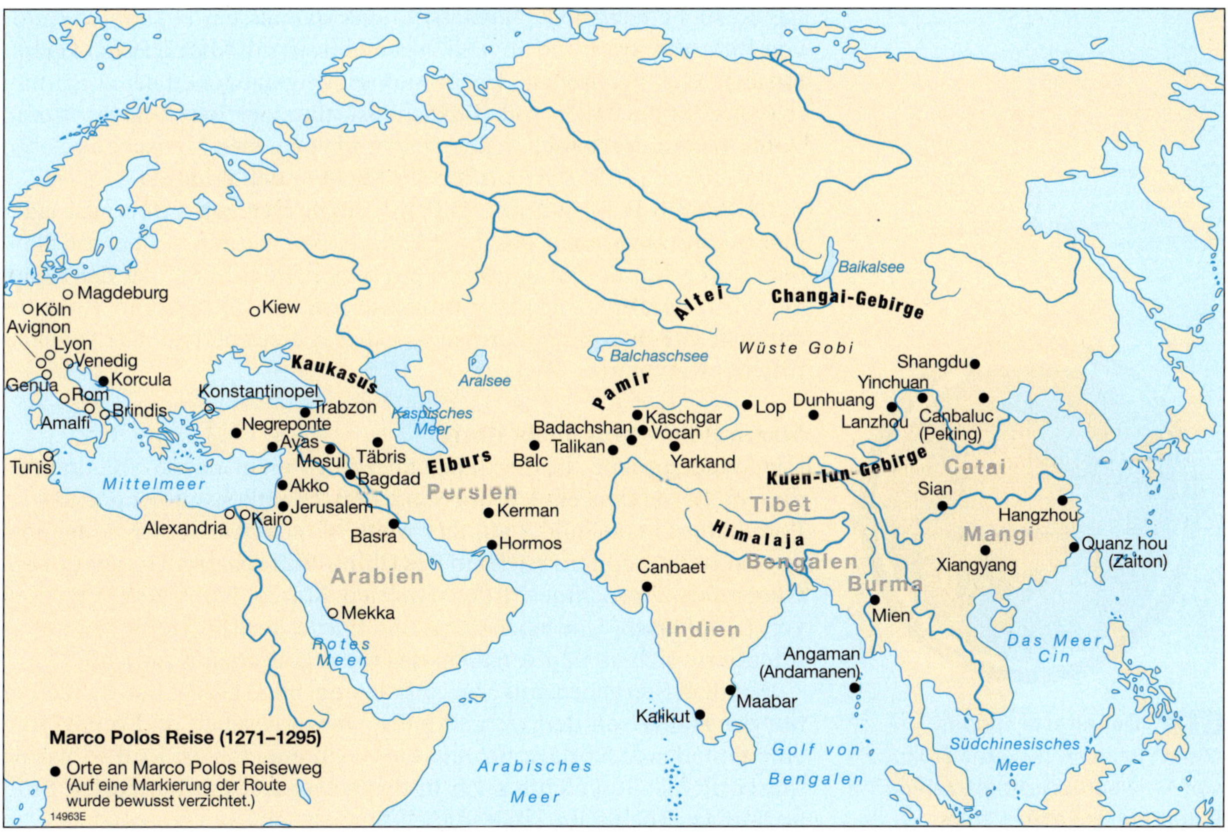

Die Zweifel

Die Glaubwürdigkeit des Reiseberichts von Marco Polo wurde bereits von seinen Zeitgenossen angezweifelt und ist bis heute umstritten. In der Forschung wird vielfach angenommen, dass Marco Polo möglicherweise nur Informationen geordnet hat, die er von China-Reisenden gehört hatte. Vielleicht ist er tatsächlich nie weiter als bis zu den letzten Handelsniederlassungen der Familie Polo auf der Krim gereist. Zwei Argumente werden dabei ins Feld geführt:

- Zum einen fällt auf, dass Marco Polo nichts über wesentliche Besonderheiten der chinesischen Kultur erwähnt. Die Chinesische Mauer kommt ebenso wie der Buchdruck, das in Europa bis dahin unbekannte Schießpulver, die chinesischen Schriftzeichen, der chinesische Tee und das Essen mit Stäbchen nicht in seinem Bericht vor.
- Zum anderen finden sich in chinesischen Quellen keine Belege für das Wirken Marco Polos. Weder auf Inschriften, noch auf Statuen, Stelen oder Bauwerken der angeblich besuchten Orte in Asien findet sich ein Hinweis auf Marco Polo. Auch zeitgenössische persische, mongolische oder chinesische Geschichtsschreiber berichten nichts über die Juwelenhändler aus Venedig.

Sogar die Frage, ob Marco Polo seine Erlebnisse selbst aufgeschrieben hat, ist bis heute nicht geklärt. Das Buch „Die Wunder der Welt“, das in den letzten 700 Jahren große Verbreitung fand, geht auf einen Text des Rustichello zurück. Rustichello war damals ein bekannter Autor von Ritterromanen und angeblich gemeinsam mit Marco Polo in genuesischer Gefangenschaft, wo Polo dem Mitgefangenen seine Erinnerungen diktiert haben soll. Tatsache ist, dass der Reisebericht Marco Polos in mehrere Sprachen übersetzt und von vielen Menschen gelesen wurde. Etwa 150 Handschriften sind heute noch erhalten.

Ob Marco Polo nun tatsächlich beim Kaiser von China war oder nicht, kann also nicht abschließend geklärt werden. Sicher ist aber, dass durch Marco Polo erstmals ein breites Publikum über das Reich der Mitte erfahren hat. Das Interesse und die Neugier an einer bis dahin fremden Kultur wurden durch den Reisebericht des venezianischen Kaufmanns geweckt.

Marco Polo – Was bleibt übrig?

Die Widersprüche dürfen daher allerdings nicht davon abhalten, in diesem Reisenden eine historische Persönlichkeit zu sehen. Marco Polo hat großen Einfluss auf das Weltbild nicht nur seiner Zeitgenossen ausgeübt, sondern auch auf das China-Bild späterer Generationen. Geografen übernahmen Informationen Marco Polos zum Erstellen von Landkarten. Und noch der große Entdecker Christoph Kolumbus orientierte sich an den Angaben des venezianischen Kaufmanns.

Auf dem Sterbebett soll Marco Polo angeblich gesagt haben, dass er nur die Hälfte von dem erzählt habe, was er gesehen und gehört hat: eine einladende Vorlage für alle Geschichtenerzähler. Und so wurde Marco Polos Geschichte auch in den folgenden Jahrhunderten Stoff unzähliger Bücher und später auch Filme.

M 4 Der älteste Globus
Martin Behaims hölzerne Erdkugel von 1492 berücksichtigte zahlreiche Entdeckungen Marco Polos

M 5 Einwohner von Angaman

Französische Miniatur nach den Berichten des Marco Polo, Anfang des 15. Jahrhunderts

M 6 „Die Insel Angaman"

Marco Polo berichtet in seinem Buch „Die Wunder der Welt" über die Insel Angaman (der heutigen Andamanen-Inseln im Golf von Bengalen):

Angaman ist eine große Insel. Das Heidenvolk hat keinen König und lebt wie die wilden Tiere. Ich will euch diese seltsame Rasse schildern. Die Menschen haben Köpfe wie Hunde und Zähne und Augen ebenfalls wie Hunde. Ihr könnt mir glauben: Sie sehen aus wie Bulldoggen. Es gibt viele Gewürze dort. Die Eingeborenen sind äußerst grausam. Sie sind Menschenfresser; jeden, der nicht ihres Stammes ist, verzehren sie. Gewürze haben sie im Überfluss. Sie nähren sich von Reis, Milch und jeder Art von Fleisch und auch von Früchten, die bei uns unbekannt sind. [...]

Die Insel liegt in einem Meer von außerordentlich starker Strömung und größter Tiefe. Schiffe können nicht vor Anker gehen. Segelschiffe kommen nicht von der Insel weg; denn sie geraten in eine Bucht, die sie nie verlassen können. Die See ist unglaublich stürmisch. Unaufhörlich spült sie Land weg, unterhöhlt und bringt Bäume samt Wurzeln zu Fall und reißt sie in die Bucht hinaus. Merkwürdig anzusehen, diese Bucht voller Bäume, die nicht abgetrieben werden. Wenn Schiffe in den Golf hineinfahren, geraten sie in die Masse der schwimmenden Bäume und kommen nicht mehr von der Stelle.
Von der Inselbevölkerung habe ich euch erzählt; wir wollen weiter nach Seilan (Ceylon).

Marco Polo, Die Wunder der Welt, übers. und Nachwort von Elise Guignard, Frankfurt 2003, S. 268.

Aufgaben

1. a) Suche die im Text genannten Orte auf der Karte und vollziehe die angebliche Reiseroute Marco Polos nach.
   b) In welchen Staaten befinden sich die genannten Orte heute? → Text, M3
2. a) Vergleiche die Miniatur über die Eingeborenen der Insel Angaman mit dem Textauszug aus Marco Polos Reisebericht. Was wurde übernommen, was ist anders?
   b) Der Reisebericht verspricht, Erfundenes von Wahrem zu trennen. Hält er das durch? Was meinst du? → M5, M6
3. Erläutere, worin die Bedeutung Marco Polos liegt. → Text, M3–M6
4. a) Überlege, was Du über China weißt. Woher hast du deine Informationen? Aus dem Fernsehen? Aus Büchern? Von Reiseberichten? Oder bist du selbst schon weit gereist?
   b) Ist dir das Reisen wichtig? Was bedeutet Reisen für dich?
   c) Was bringst du von Reisen mit? Schreibst du auch Reisetagebuch – was schreibst du auf?

Der Aufstieg des Osmanischen Reiches

Schnelle Eroberungen

Die heutige Türkei entstand nach dem Ersten Weltkrieg auf dem Boden des Osmanischen Reiches, das 1920 aufgelöst wurde und zu diesem Zeitpunkt auf eine etwa 600-jährige Geschichte zurückblickte.

Der Aufstieg dieses Reiches war eine der wichtigsten Veränderungen im ost- und südosteuropäischen Raum. Als eines der Nachfolgereiche der türkischen Seldschuken entstand um 1300 das osmanische Fürstentum. Der Gründungssultan Osman I. setzte sich gegen seine Nachbarn durch, sodass das Fürstentum zu einer führenden Macht im östlichen Mittelmeer aufstieg. Dort existierte noch das Oströmische Reich mit seiner Hauptstadt Byzanz, das den Untergang des Weströmischen Reichs überlebt hatte. Durch osmanische Eroberungen auf dem Balkan und in Anatolien wurde es im 14. und 15. Jahrhundert eingekreist und auf ein kleines Herrschaftsgebiet beschränkt. Im Jahr 1453 gelang es dem Sultan Mehmed II., die Stadt zu erobern und sie zu seiner Hauptstadt zu machen. In der Folgezeit gelangen weitere Eroberungen, sodass die Osmanen im Jahr 1529 und später noch einmal im Jahr 1683 Wien – wenngleich erfolglos – belagern konnten. Die große und schnelle Ausdehnung des Reiches ließ in Europa im 16. und 17. Jahrhundert die Angst vor der „Türkengefahr" wachsen.

Ein islamischer Staat

Die Eroberung von Byzanz 1453 stellte einen tief greifenden Einschnitt dar, denn im Oströmischen Reich war die griechische Sprache üblich und das Christentum in seiner griechisch-orthodoxen Variante verbreitet. Nun wurde Türkisch gesprochen und der Islam zur Staatsreligion. Andersgläubige waren im Osmanischen Reich nicht gleichberechtigt, wurden jedoch

M 1

toleriert. Gewaltsame Versuche, sie zum Islam zu bekehren, sind eher selten gewesen. Dies mag auch damit zusammenhängen, dass Nicht-Muslime eine Kopfsteuer zahlen mussten. In der Folgezeit wanderten auch Juden ein und ließen sich im Osmanischen Reich nieder.

Die Herrschaft des Sultans

An der Spitze des Staates stand ein Sultan. Erbberechtigt waren alle Söhne, sodass es zum Teil blutige Kämpfe um die Nachfolge gab. Im Vergleich zu den europäischen Königreichen existierten wichtige Unterschiede:

- So galten zum einen alle Bewohner, von Sklaven abgesehen, als Untertanen des Sultans. Auch wenn es einflussreiche Familien und mächtige Politiker gab, bestanden keine rechtlichen Abstufungen.
- Zum anderen galt das ganze Land als Besitz des Sultans. Er konnte ein so genanntes timar, ein „Militär-Lehen", vergeben. Dessen Inhaber war berechtigt, von der Dorfbevölkerung Steuern zu erheben. Diese bewirtschaftete selbstständige Höfe. Der timar-Inhaber war aber Beauftragter des Sultans und musste als bewaffneter Reiter zur Verfügung stehen. Da er in verschiedene Gebiete des Reiches geschickt wurde, konnte er selbst keine eigene Herrschaft errichten. Die höchsten Staatsbeamten wurden gezielt ausgewählt und ausgebildet.
- Zum Dritten sorgte der Sultan dafür, dass er ein schlagkräftiges Heer besaß. Dazu wurden geeignete Männer ausgewählt, die dem Sultan besonders treu waren, weil er ihnen einen sozialen Aufstieg ermöglicht hatte. Die Fußsoldaten, die so genannten Janitscharen, waren oft christliche Sklavenjungen. Sie mussten zuerst Türkisch lernen und sich zum Islam bekennen, bevor sie aufgenommen wurden. Es musste also nicht – wie in den europäischen Herrschaften – für jeden Feldzug ein neues Heer von den einzelnen Vasallen zusammengestellt werden.

Seit dem 17. Jahrhundert schwand die Macht des Osmanischen Reiches, das allerdings noch bis zum Ersten Weltkrieg (1914–1918) eine wichtige politische Rolle spielte. Als 1920 die Türkei gegründet wurde, grenzte sie sich deutlich vom Osmanischen Reich ab: Die Türkei verstand sich als Republik, die Hauptstadt wurde nach Ankara verlegt und der Islam als Staatsreligion abgeschafft.

M 2 Minarette in Istanbul
Kolorierter Kupferstich vom Ende des 15. Jahrhunderts

M 3 Rekrutierung der Janitscharen

Die Jungen im Vordergrund werden von einem Janitscharen (vorne links mit Stab) bewacht. Rechts im Hintergrund die Angehörigen, auch sie werden von einem Janitscharen zurückgehalten, osmanische Miniatur von 1517.

M 4 Eindrücke eines Augenzeugen

Hans Dernschwam war Mitglied einer Gesandtschaft und reiste in der Mitte des 16. Jahrhunderts zum Sultan nach Konstantinopel. In seinem Tagebuch berichtet er über seine Reiseeindrücke:

a) Solche Knaben, die zwischen 8 und 12 Jahren alt sind, nennt man agiamogli; das bedeutet soviel wie unerfahrene oder unausgebildete Leute. Diese kleidet man alle auf Kosten des Kaisers neu ein, stattet sie aus und gibt jedem einen gelben spitzen Hut, der aus Mantelstoff gemacht ist. Solche agiamogli führt man wie Tiere an die Orte, wo der Kaiser seine Lager und Häuser hat. Die vornehmsten Orte sind Konstantinopel, Galata, Trinapol, Brussa. Dort werden sie beschnitten. [...] Aus solchen Knaben, die agiamogli heißen, wählt man die schönsten und geschicktesten aus. Diese bringt man in die Lager oder Häuser des Kaisers und lässt sie das Lesen und Schreiben der türkischen Sprache sowie Reiterspiele lernen. Aus ihnen macht der Kaiser Janitscharen [...]. Sie sind die Vornehmsten am Hof und in den türkischen Ländern; diese verwalten – gemäß ihres jeweiligen Auftrags – alle Ämter und behandeln das Volk wie Tiere. Die gehören nur dem Kaiser und sind die Geisel und Strafe der Welt.

b) Wie bereits erwähnt, unternehmen die Türken noch mehr Schurkereien, damit sie die Christen hintergehen, mit Worten fangen und betrügen und mit Gewalt zu Türken machen: entweder wird er [ein Christ] verbrannt oder sonst um all sein Gut gebracht. Wenn sie mehr Geld brauchen, so versuchen sie, wie es ihnen einfällt, zu Recht oder zu Unrecht, zu zweit einen Christen oder Juden zu betrügen, indem sie anfangen mit ihm über den Glauben zu sprechen. Der Christ sagt im Scherz etwas oder setzt ihr weißes Tuch auf oder er spricht den Lobspruch der Türken nach, den sie stets auf den Lippen haben, welcher lautet „fa iffa hillala hack Memede rusllala“, das bedeutet: Gott ist ewig und Mohammed der Gerechte. Dann gehen die zwei Zeugen vor den Kadi, das ist der Richter, und sagen: Wir haben gehört, dass dieser Christ ein Türke werden will. Und auch wenn er widerspricht, hilft es nicht.

Hans Dernschwams Tagebuch einer Reise nach Konstantinopel und Kleinasien (1553/55), hrsg. v. Franz Babinger, München/Leipzig 1923, S. 6f, 73 (Übersetzung: Ulrich Baumgärtner).

M 5 Erkenntnisse einer Wissenschaftlerin

Die Wissenschaftlerin Suraiya Faroqhi fasst den heutigen Wissensstand zusammen:

a) Unter den Fußsoldaten waren die berühmtesten ohne Zweifel die Janitscharen [...]. Diese wurden ursprünglich aus dem Fünftel aller Kriegsgefangenen rekrutiert, das dem Sultan nach jedem Feldzug zustand. Später, als diese Zahl nicht mehr ausreichte, bestand ein großer Teil der Janitscharen aus zwangsweise rekrutierten christlichen Bauernsöhnen, die bereits Untertanen des Sultans waren. Diese Form der Rekrutierung heißt in der Sekundärliteratur [Fachliteratur] Knabenlese [...]. Das Verfahren wurde auch zur Auslese zukünftiger hoher Staatsdiener genutzt. Während die letzteren in der Pagenschule des Palastes eine sorgfältige Ausbildung erhielten, wurden die künftigen Soldaten nach Anatolien zu Bauern geschickt, wo sie den Islam annahmen und die türkische Sprache erlernen sollten. War das einmal geschehen, so wurden sie in die Hauptstadt beordert, wo sie als „unerfahrene Jungen" (türk. acemi oglan) darauf warteten, dass in den Reihen der Janitscharen eine Stelle frei wurde. Bis in die Mitte des 16. Jahrhunderts durften Janitscharen während des aktiven Dienstes nicht heiraten. [...] Andererseits war mit der Funktion eines Janitschars oder eines andern Mitglieds der Sultanstruppen die Zugehörigkeit zum Staatsapparat verbunden. Dies bedeutete nicht nur Steuerfreiheit, sondern auch das Privileg, nur von den eigenen Kommandanten abgeurteilt zu werden. Besonders in Provinzstädten gehörte ein Janitschar oftmals zu den angesehenen Leuten.

b) Vor allem kamen im Gegensatz zu den europäischen Staaten jener Epoche, in denen Vertreibungen und Hinrichtungen religiöse Konformität [Gleichförmigkeit] erzwangen, unfreiwillige Bekehrungen zum Islam nur relativ selten vor. [...] Allerdings hatte die Mehrheit der Sklaven, sowie die durch die Knabenlese für den Dienst des Sultans eingezogenen jungen Männer, in dieser Sache kaum eine Wahl. Es kam auch vor, dass Leuten, die für die osmanische Verwaltung „Ruhestörer" darstellten, nur die Wahl zwischen einer schweren Strafe und der Annahme des Islams blieb. Die überwältigende Mehrheit aller Bekehrungen dürfte jedoch auf freiwilliger Basis erfolgt sein. Dafür gab es etliche Gründe. [...] Von der cizye [Steuer, die Nicht-Muslime entrichten musste n] einmal abgesehen, öffnete die Annahme des Islam Möglichkeiten des sozialen Aufstiegs, etwa als Diener eines Gouverneurs. Auch mögen manche Menschen es einfach vorgezogen haben, als Untertanen „erster" und nicht „zweiter" Klasse zu leben. Bisweilen gab es auch Bekehrungen ganzer Dörfer oder Familien, deren Gründe wegen Quellenmangels meist nicht mehr nachzuvollziehen sind. Aber schon die Bedeutung der cizye als staatlicher Einnahmequelle dürfte osmanische Provinzgouverneure und Kadis [Richter] davon abgehalten haben, die Bekehrung der Ungläubigen mit allzuviel Nachdruck zu betreiben.

Suraiya Faroqhi, Geschichte des Osmanischen Reiches, 2. Aufl., München 2001, S. 22 f., 50 f.

Aufgaben

1. Erarbeite mithilfe der Karte, in welchen Phasen die osmanischen Eroberungen vor sich gingen.
   → M1
2. Worin bestand der Unterschied zwischen einem timar-Inhaber und einem Grundherrn?
   → Text
3. a) Erläutere, wie die Knabenlese vor sich ging.
   b) Prüfe, ob Hans Dernschwam als Augenzeuge dies richtig erfasst hat.
   → M3, M4, M5
4. a) Wie sieht Dernschwam das Verhältnis zwischen Christen und Türken? Erkläre, wie seine Einstellung zustande kommen konnte.
   b) Wie stellt sich dieser Sachverhalt aus heutiger Sicht dar?
   → M4, M5

Zerstörung Magdeburgs 1631
Zeitgenössischer Kupferstich von Matthaeus Merian (1593–1650)

Blick auf Florenz

Jakob Fugger im Augsburger Kontor
Miniatur von 1520

Der Buchdrucker
Holzschnitt von 1568

Martin Luther
Zeitgenössisches Gemälde

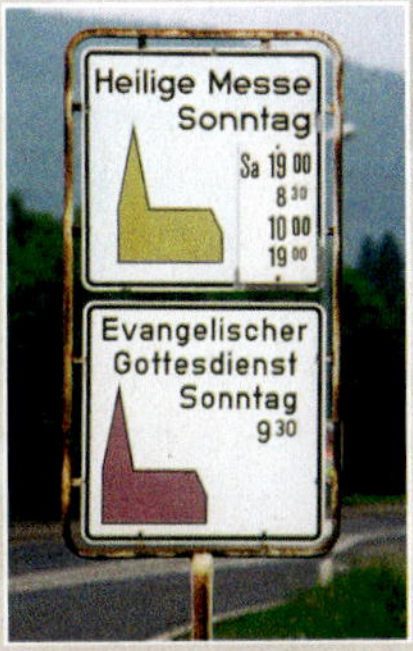

Am Ortseingang

Landung der Spanier auf Hispaniola
Stich von 1594

Das Entstehen neuer Wirtschaftsformen

Die Fugger in Augsburg – Eine beispielhafte Familiengeschichte
1367 zog der Weber Hans Fugger aus dem Umland in die aufstrebende freie Reichsstadt Augsburg. Diese lag am Schnittpunkt wichtiger Handelswege und war besonders durch ihre Tuchproduktion bekannt. Mit dem Umzug begann eine erstaunliche Familiengeschichte: Jakob Fugger, ein Enkel von Hans, starb 1525 als einer der vermögendsten Männer Europas. 1519 hatte er bei der Wahl des Habsburgers Karl zum Kaiser den Großteil der Bestechungsgelder finanziert.

Diese Erfolgsgeschichte einer Handwerkerfamilie wäre schon unter heutigen Umständen erstaunlich, für die Welt um 1500 stellt sie aber etwas Außerordentliches dar. Dass ein einfacher Augsburger Kaufmann zum begehrten Ansprechpartner für die wichtigsten Adelsfamilien Europas wurde, ihnen seine Bedingungen diktieren konnte und die Weltpolitik der damaligen Zeit beeinflusste, stellte die mittelalterliche Ständeordnung infrage.

Grundlagen des Geschäfts waren der Tuchhandel und die Tuchproduktion. Dabei bediente man sich des so genannten Verlagswesens. Das heißt, dass die Fugger den Webern die Rohstoffe für ihre Produktion lieferten und das fertige Tuch zu einem Festpreis abkauften. Das weit verzweigte Netz von Niederlassungen des fuggerischen Handelshauses ermöglichte den Verkauf der Stoffe in ganz Europa.

Daneben traten aber Geschäftszweige, die wesentlich mehr Gewinn abwarfen. Durch neue Abbaumethoden im Bergbau konnte wesentlich mehr Metall gefördert werden. Silber wurde benötigt, um den steigenden Bedarf an Münzgeld zu befriedigen. Blei und Kupfer waren für die steigende Produktion von neuen Waffen unabdingbar. Jakob Fugger beherrschte sowohl den Abbau als auch den Handel mit diesen Metallen in Europa.

Noch einträglicher waren aber seine Geldgeschäfte. Mit Geschick und dem nötigen Maß an Geheimhaltung gelang es ihm, immer dort

M 1 Jakob Fugger mit seinem Buchhalter Matthäus Schwarz im Augsburger Kontor.
Der Aktenschrank zeigt einige wichtige Handelsniederlassungen, Miniatur von 1520.

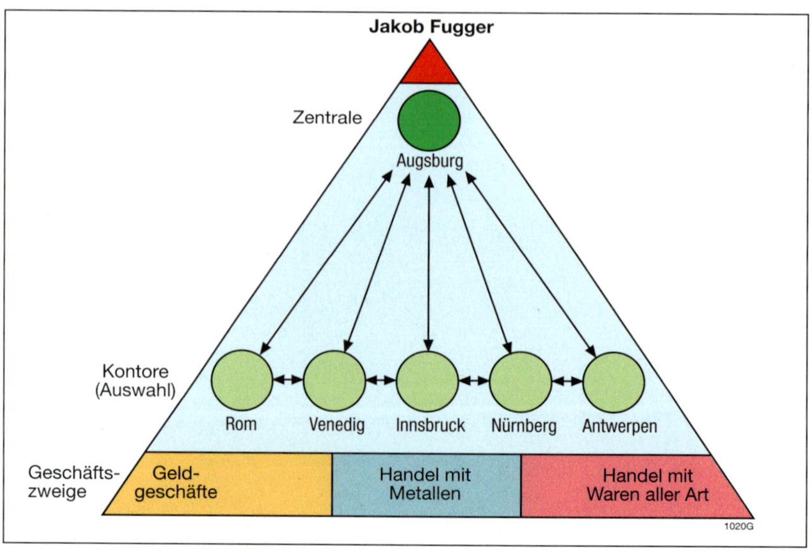

M 2 Aufbau eines frühkapitalistischen Unternehmens, Schaubild

Kredite zu geben, wo es am gewinnbringendsten war. Außerdem konnte er die Verwaltung großer Geldsummen an sich bringen, die er dann wieder als Kredite einsetzte: Jakob Fugger ließ das Geld für die Firma arbeiten. Er benutzte die so genannte „doppelte Buchführung“, die ursprünglich aus Norditalien stammte und im Grundsatz noch heute gültig ist. Dabei werden Ausgaben und Einnahmen zur besseren Kontrolle zwei Mal getrennt aufgeführt.

Der so genannte Frühkapitalismus

Der Aufstieg der Fugger ist nur ein, wenn auch herausragendes Beispiel für die Entwicklung großer Handels- und Bankhäuser. Ein halbes Jahrhundert früher hatte im italienischen Florenz die bürgerliche Familie der Medici ebenfalls ein riesiges Vermögen angehäuft. Aus ihr gingen später sogar Fürsten von europäischem Rang und Päpste hervor.

„Ich will Gewinn machen, solange ich lebe“, ist ein wichtiger von Jakob Fugger überlieferter Satz. Er zeigt, dass sich die Einstellungen im Wirtschaftsleben änderten. Die Hauptaufgabe war nun die Vermehrung des eigenen Vermögens. Das erwirtschaftete Geld wurde wieder in die Unternehmen investiert, anstatt es zu verbrauchen. Für die Wirtschaftsweise der Fugger und Medici prägte die Geschichtswissenschaft den Begriff „Frühkapitalismus“. Kapitalismus bedeutet die Anhäufung und Vermehrung großer Geldsummen, also das Wirtschaften mit Geld. Der Frühkapitalismus war im Wesentlichen ein Handelskapitalismus. Später gewann die Produktion von Waren an Bedeutung. Mit diesen neuen Einstellungen wurden mittelalterliche Vorstellungen überwunden.

M 3

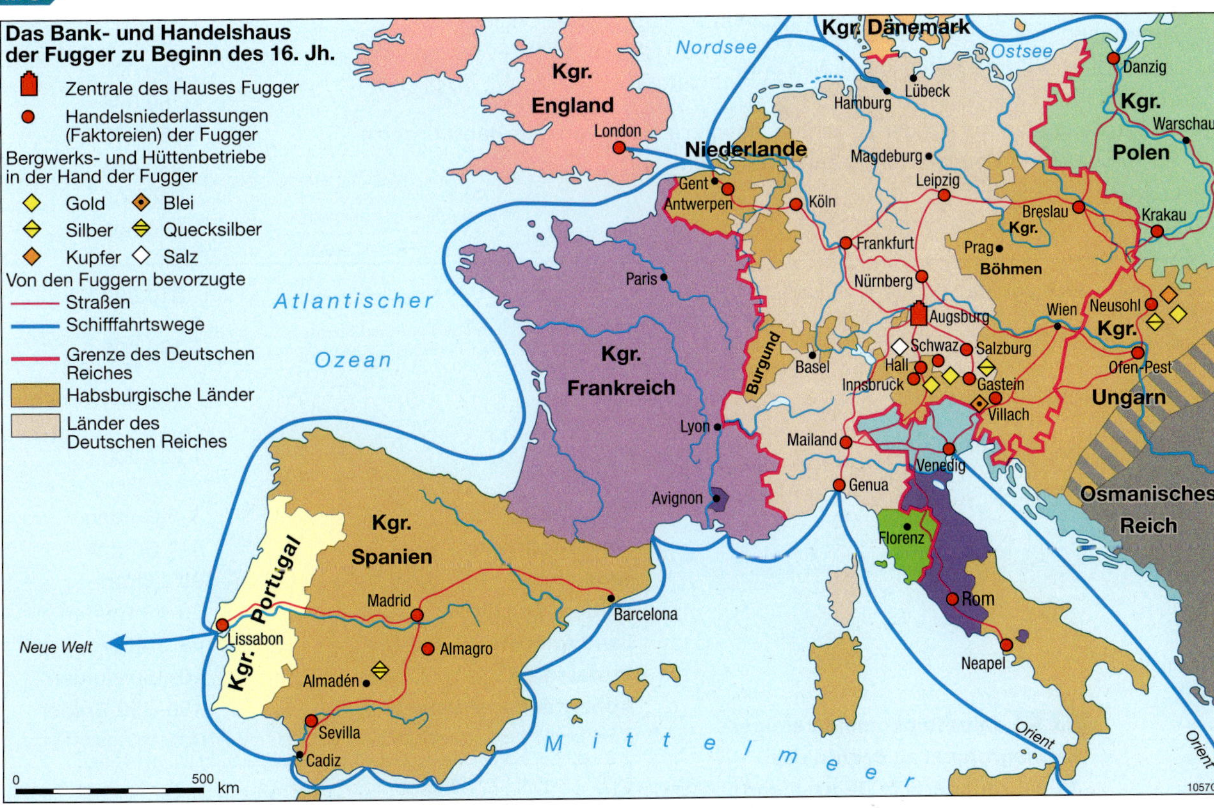

Das Bank- und Handelshaus der Fugger zu Beginn des 16. Jh.

Frühe Formen der Buchführung – Eine Quelle auswerten

M 4 Vermögensaufstellung
Vom Nachfolger Jakob Fuggers, Anton Fugger, 1527 eigenhändig erstelltes Abschlussblatt.

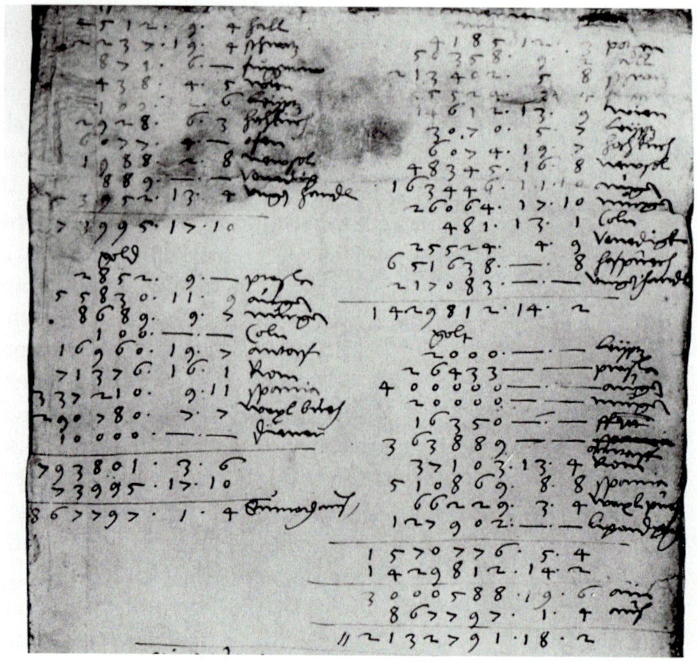

M 5 Die Aufstellung ist von Historikern vereinfacht und vorsichtig ergänzt worden.

Guthaben	**Gulden**
Bergwerke und Bergwerksanteile	270.000
Immobilien (unbewegliche Habe)	150.000
Waren (u. a. Kupfer, Seide, Silber, Messing)	380.000
Bargeld	50.000
Außenstände (an die Fugger zu zahlen, davon ca. 65 % von den Habsburgern)	1.650.000
Guthaben von Gesellschaftern (Familienmitglieder)	430.000
Laufende Geschäfte	70.000
Summe	3.000.000
Passiva (noch von den Fuggern zu zahlen)	870.000
Gesamtvermögen	2.130.000
Anlagekapital im Jahre 1511	197.000
Gewinn von 1511 bis 1527	1.933.000

M 6 Jahreseinkommen einiger Berufsgruppen zu Beginn des 16. Jahrhunderts in Deutschland

Dienstmädchen	3–5 Gulden
Hausknechte	6–7 Gulden
Tagelöhner[1]	20 Gulden
niedere Geistliche	20–40 Gulden
Landsknechte	48 Gulden
Professoren	50–150 Gulden
hohe städtische Beamte	150–250 Gulden

1 Ein Tagelöhnerhaushalt benötigte jährlich 14 Gulden für Lebensmittel
H. Lutz, Das Ringen um deutsche Einheit und kirchliche Erneuerung, Berlin – Frankfurt – Wien, 1983, S. 60.

Jakob Fugger im Urteil zeitgenössischer Quellen

M 7 Zwei Meinungen über Jakob Fugger

a) Eine Chronik um 1500 berichtet:

Kaiser, Könige, Fürsten und Herren haben zu ihm ihre Botschaft geschickt. Der Papst hat ihn als seinen lieben Sohn begrüßt, die Kardinäle sind vor ihm aufgestanden. Alle Kaufleute der Welt haben ihn einen erleuchteten Mann genannt, und die Heiden sind ob ihn verwundert. Er ist eine Zierde des ganzen deutschen Landes.

Zit. nach: Propyläen Geschichte Europas, Bd. 1, Frankfurt 1975, S. 227.

b) 1526 fordern Bauern in Tirol, das sich unter habsburgischer Herrschaft befindet und reich an Bodenschätzen ist, Folgendes:

Alle Schmelzhütten, Bergwerke, Erz, Silber, Kupfer […], sofern es dem Adel und ausländischen Kaufleuten und Gesellschaften wie der Fuggerischen […] gehört, sollen […] eingezogen werden. Denn sie [Adel und Gesellschaften] haben ihre Berechtigung nach Billigkeit verwirkt, weil sie sie mit unrechtem Wucher erlangt haben: Geld zum Vergießen menschlichen Blutes; desgleichen haben sie dem gemeinen Mann und Arbeiter seinen Lohn mit Betrug und schlechter überteuerter Ware gezahlt und ihn damit zwei Mal mehr belastet, […] alle Kaufmannsware in ihre Hand gebracht und die Preise erhöht und so die ganze Welt mit ihrem unchristlichen Wucher beschwert und sich dadurch ihre fürstlichen Vermögen verschafft, was nun billig bestraft und abgestellt werden sollte.

Michael Gaismaiers Landesordnung 1525, in: Günther Franz, Quellen zur Geschichte des Bauernkriegs, S. 289 f.

Aufgaben

1. Beschreibe anhand des Schaubildes, wie ein frühkapitalistisches Unternehmen aufgebaut ist und welche Geschäftszweige es gibt. Verwende auch den Schulbuchtext und die Karte.
   → Text, M2, M3
2. Erkläre, worin das Besondere an einem frühkapitalistischen Unternehmen liegt. Wo siehst du Gemeinsamkeiten, wo Unterschiede zu einem modernen Betrieb?
   → M2
3. Vergleiche die originale Aufstellung mit der des Historikers. Wieso müssen Historiker solche Vereinfachungen herstellen?
   → M4, M5
4. Bei welchen Geschäftstätigkeiten fließen dem Unternehmen Gewinne zu? In welchen Positionen verbergen sich Probleme? → M4 M5
5. Die Gesamtaufstellung ist ein gutes Beispiel für den typisch kapitalistischen Grundsatz, dass Geld nicht liegen bleiben dürfe, sondern arbeiten müsse. Erkläre diesen Grundsatz an Beispielen.
   → M5
6. Vergleiche den Gewinn der Fugger 1511–1527 mit dem Jahreseinkommen verschiedener Berufsgruppen. Wie groß ist der fuggerische Reichtum einzuschätzen?
   → M5, M6
7. a) Fasse zusammen, welche Meinung über die Fugger in den Quellen geäußert wird. Wie wird diese Meinung jeweils begründet?
   b) Welche der Meinungen trifft deiner Ansicht nach zu? Begründe deine Meinung.
   → M7

M 1 **Bibelseite (um 1380)**

M 2 **Gutenberg-Bibel (um 1454)**

1,1–23 LUKAS 1154

DAS VORWORT: 1,1–4

1 Schon viele haben es unternommen, einen Bericht über all das abzufassen, was sich unter uns ereignet und erfüllt hat. 2 Dabei hielten sie sich an die Überlieferung derer, die von Anfang an Augenzeugen und Diener des Wortes waren. 3 Nun habe auch ich mich entschlossen, allem von Grund auf sorgfältig nachzugehen, um es für dich, hochverehrter Theophilus, der Reihe nach aufzuschreiben. 4 So kannst du dich von der Zuverlässigkeit der Lehre überzeugen, in der du unterwiesen wurdest.

DIE VORGESCHICHTE: 1,5 – 2,52

Die Verheißung der Geburt des Täufers: 1,5–25

5 Zur Zeit des Herodes, des Königs von Judäa, lebte ein Priester namens Zacharias, der zur Priesterklasse Abija gehörte. Seine Frau stammte aus dem Geschlecht Aarons; sie hieß Elisabet. 6 Beide lebten so, wie es in den Augen Gottes recht ist, und hielten sich in allem streng an die Gebote und Vorschriften des Herrn. 7 Sie hatten keine Kinder, denn Elisabet war unfruchtbar, und beide waren schon in vorgerücktem Alter.

8 Eines Tages, als seine Priesterklasse wieder an der Reihe war und er beim Gottesdienst mitzuwirken hatte, 9 wurde, wie nach der Priesterordnung üblich, das Los geworfen, und Zacharias fiel die Aufgabe zu, im Tempel des Herrn das Rauchopfer darzubringen. 10 Während er nun zur festgelegten Zeit das Opfer darbrachte, stand das ganze Volk draußen und betete. 11 Da erschien dem Zacharias ein Engel des Herrn; er stand auf der rechten Seite des Rauchopferaltars. 12 Als Zacharias ihn sah, erschrak er, und es befiel ihn Furcht. 13 Der Engel aber sagte zu ihm: Fürchte dich nicht, Zacharias! Dein Gebet *ist erhört worden. Deine Frau* Elisabet *wird dir einen Sohn gebären; dem sollst du den Namen* Johannes *geben.* 14 Große Freude wird dich erfüllen, und auch viele andere werden sich über seine Geburt freuen. 15 Denn er wird groß sein vor dem Herrn. *Wein und andere berauschende Getränke wird er nicht trinken,* und schon im Mutterleib wird er vom Heiligen Geist erfüllt sein. 16 Viele Israeliten wird er zum Herrn, ihrem Gott, bekehren. 17 Er wird mit dem Geist und mit der Kraft des Elija dem Herrn vorangehen, um *das Herz der Väter wieder den Kindern zuzuwenden* und die Ungehorsamen zur Gerechtigkeit zu führen und so das Volk für den Herrn bereit zu machen. 18 Zacharias sagte zu dem Engel: Woran soll ich erkennen, daß das wahr ist? Ich bin ein alter Mann, und auch meine Frau ist in vorgerücktem Alter. 19 Der Engel erwiderte ihm: Ich bin Gabriel, der vor Gott steht, und ich bin gesandt worden, um mit dir zu reden und dir diese frohe Botschaft zu bringen. 20 Aber weil du meinen Worten nicht geglaubt hast, die in Erfüllung gehen, wenn die Zeit dafür da ist, sollst du stumm sein und nicht mehr reden können, bis zu dem Tag, an dem all das eintrifft. 21 Inzwischen wartete das Volk auf Zacharias und wunderte sich, daß er so lange im Tempel blieb. 22 Als er dann herauskam, konnte er nicht mit ihnen sprechen. Da merkten sie, daß er im Tempel eine Erscheinung gehabt hatte. Er gab ihnen nur Zeichen mit der Hand und blieb stumm.

23 Als die Tage seines Dienstes (im Tem-

1,3 Der »hochverehrte Theophilus«, ein vornehmer Heidenchrist, wird nur hier und Apg 1,1 erwähnt.
1,5 – 2,52 In den beiden ersten Kapiteln hat Lukas neben alten christlichen Überlieferungen auch Traditionen der Johannesjünger übernommen. Johannes dem Täufer stellt er Jesus als den Größeren, den Messias, den Sohn des Allerhöchsten gegenüber. – Die Hymnen enthalten altes liturgisches Überlieferungsgut (1,46–55; 1,68–79; 2,29–32).
1,5 Herodes der Große herrschte als Vasallenkönig der Römer von 40 bis 4 v. Chr. über Palästina.
Die Gruppe Abija war die achte Dienstklasse oder Wochenabteilung der 24 priesterl. Dienstordnungen (vgl. 1 Chr 24,10), die zwei- bis dreimal jährlich je eine Woche im Tempel Dienst taten. Die einzelnen Dienste bestimmte das Los.
1,9 Das Rauchopfer im Heiligtum eröffnete den Opferdienst am Morgen; das Brandopfer am Nachmittag (gegen 3 Uhr) schloß ihn ab.
1,22 Am Schluß des Opferdienstes wurde das Volk vom Priester gesegnet.

M 3 **Gedruckte Bibelseite (heute)**

Erfindungen verändern die Welt

Die Erfindung des Buchdrucks als Beispiel

Als im Jahre 1999 eine Gruppe amerikanischer Wissenschaftler die wichtigste Persönlichkeit des zweiten Jahrtausends nach Christus küren sollte, fiel ihre Wahl auf einen Deutschen: Johannes Gutenberg. Von diesem Mann, der eigentlich Johannes Gensfleisch hieß – Gutenberg war der Name seines Geburtshauses –, ist allerdings nur sehr wenig bekannt, da wir kaum Quellen über ihn besitzen. Geboren wurde er zwischen 1399 und 1405 in Mainz und stammte aus einer Handwerkerfamilie. Offensichtlich erlernte er das Handwerk des Goldschmieds, lebte einige Zeit in Straßburg und hielt sich zwischen 1448 und 1457 wieder in Mainz auf. 1468 starb er in seiner Heimatstadt, der genaue Ort seines Grabes ist unbekannt.

Um 1450 erfand er den Buchdruck mit beweglichen Lettern. Zwar gab es in China eine ähnliche Technik schon früher, in unserem Kulturkreis war diese aber vor Gutenberg unbekannt. Hier waren Bücher immer noch sehr teure Güter, da sie auf wertvollem Pergament per Hand mühevoll abgeschrieben werden mussten. Bücher gab es deshalb nur in wenigen Exemplaren zumeist in Klosterbibliotheken.

Schon vor Gutenberg wurde mit dem Druck von Büchern experimentiert. Zunächst schnitzte man eine gesamte Buchseite in Holz und druckte sie dann, wodurch schnell viele Exemplare hergestellt werden konnten; ein neues Werk anzufertigen, dauerte aber sehr lang. Durch die von Gutenberg entwickelte Technik wurde es nun möglich, in kurzer Zeit große Mengen zu drucken. Wichtig ist in diesem Zusammenhang auch, dass mit dem schon seit längerer Zeit produzierten Papier als Schreib- und Druckgrundlage ein gegenüber dem Pergament äußerst billiger Stoff zur Verfügung stand.

Zunächst blieb Gutenberg allerdings noch ganz in der mittelalterlichen Tradition. Sein erstes Druckwerk war die Bibel, die er nach Art der alten Handschriften kostbar ausmalen ließ. Von den etwa 180 produzierten Exemplaren sind heute noch 48 erhalten.

So begabt Gutenberg als Erfinder war, so schlecht scheint er als Geschäftsmann gewesen zu sein. Während sich der Buchdruck sehr schnell in ganz Europa verbreitete, konnte er oftmals seine Schulden nicht bezahlen und lebte in ärmlichen Verhältnissen.

Die Folgen der Erfindung

Seit etwa 1480 wandten sich die Buchdrucker von der ausschließlichen Herstellung teurer Bücher, die nur einen kleinen Kundenkreis interessierten, ab. Es entstanden nun Druckwerke der unterschiedlichsten Art, von Formularen über Grammatiken und Schulbüchern bis zu Romanen und Erzählungen sowie neuesten wissenschaftlichen und technischen Abhandlungen. Wichtig wurden auch einzelne Blätter, die unterschiedlichste Nachrichten über politische Ereignisse oder Naturkatastrophen verbreiteten und meist mit drastischen Abbildungen versehen waren – so genannte Flugschriften oder auch „newe Zeitung", was man mit „neueste Nachrichten" übersetzen kann.

Binnen weniger Jahrzehnte veränderte sich das Leben der Menschen, die des Lesens mächtig waren, ganz erheblich. Viele Wissenschaftler und Gelehrte bekamen nun leichter Zugang zu Werken, die sie sonst wahrscheinlich ihr ganzes Leben nicht zu Gesicht bekommen hätten. Sie konnten diese nutzen und die entsprechenden Kenntnisse weiterentwickeln. Zudem erschienen ihre eigenen Forschungsergebnisse schnell und erschwinglich in Buchform, sodass andere wiederum darauf aufbauen konnten.

Ähnliches galt auch für die Bereiche Politik und Religion. Flugschriften informierten die Menschen schnell über Ereignisse und Ansichten. Die Zeitgenossen konnten sich nun ihre eigene Meinung bilden und waren nicht mehr darauf angewiesen, das zu glauben, was die Kirche oder die weltliche Obrigkeit sagte. Auch stellte sich sehr schnell heraus, dass man kritische Meinungen, waren sie einmal gedruckt, nur schwer unterdrücken konnte. Denn es war nicht möglich, alle vorhandenen Exemplare zu vernichten.

Dies sind nur einige Beispiele dafür, wie sehr der Buchdruck die mittelalterliche Welt veränderte.

Gutenbergs Erfindung hat also ein neues Zeitalter eingeleitet, das bis heute andauert. Erst in jüngster Zeit hat mit der Erfindung des Computers und des Internets möglicherweise eine ähnlich weitreichende Veränderung ihren Anfang genommen wie diejenige, die durch die Entwicklung des Buchdrucks angestoßen wurde.

M 4

Herstellung eines Buches – Analyse von Bildquellen

M 5 Holzschnitte
von Jost Amman,
Texte von Hans Sachs,
1568

Der Papyrer.

Ich brauch Hadern zu meiner Mül
Dran treibt mirs Rad deß wassers viel/
Daß mir die zschnitn Hadern nelt/
Das zeug wirt in wasser einquelt/
Drauß mach ich Pogn auff dē filtz bring/
Durch preß das wasser darauß zwing.
Denn henck ichs auff/laß drucken wern/
Schneweiß vnd glatt / so hat mans gern.

Der Schrifftgiesser.

Ich geuß die Schrifft zu der Druckrey
Gemacht auß Wißmat/Zin vnd Bley/
Die kan ich auch gerecht justiern/
Die Buchstaben zusammn ordniern
Lateinisch vnd Teutscher Geschrifft
Was auch die Griechisch Sprach antrifft
Mit Versalen/ Puncten vnd Zügn
Daß sie zu der Truckrey sich fügen.

Der Buchdrücker.

Ich bin geschicket mit der preß
So ich aufftrag den Firniß reß/
So bald mein dienr den bengel zuckt/
So ist ein bogn papyrs gedruckt.
Da durch kombt manche Kunst an tag/
Die man leichtlich bekommen mag.
Vor zeiten hat man die bůcher gschribn/
Zu Meintz die Kunst ward erstlich triebn.

Der Buchbinder.

Ich bind allerley Bůcher ein/
Geistlich vnd Weltlich/groß vnd klein/
In Perment oder Bretter nur
Vnd beschlags mit guter Clausur
Vnd Spangen/vnd stempff sie zur zier/
Ich sie auch im anfang planier/
Etlich vergůld ich auff dem schnitt/
Da verdien ich viel geldes mit.

Medien im Wandel – Meinungen vergleichen

M 6 Zwei Stellungnahmen zum Buchdruck

a) Papst Alexander nahm in einer päpstlichen Bulle (Urkunde) aus dem Jahr 1501 Stellung zum Buchdruck:

Da wir erkannt haben, dass durch die Buchdruckerkunst sehr viele Bücher in verschiedenen Teilen der Welt [...] gedruckt worden sind, die viele Irrtümer und der christlichen Religion feindliche Lehren enthalten, verbieten wir [...] allen Buchdruckern [...], in Zukunft Bücher zu drucken, ohne vorher eine ausdrückliche Erlaubnis der Bischöfe oder ihrer Stellvertreter erhalten zu haben. Diesen machen wir zur Pflicht, das zu Druckende sorgfältig zu prüfen und darauf zu achten, dass nichts gedruckt wird, was dem Glauben widerspricht, gottlos oder ärgerniserregend ist.

Bulle „Inter multiplices" Papst Alexanders VI., 1501; bearbeitet nach: Richard Loening, Über Zensur und Preßfreiheit, in: Deutsche Rundschau, 1891, S. 445.

b) Erasmus von Rotterdam, ein wichtiger Gelehrter des beginnenden 16. Jahrhunderts, schrieb im Jahr 1516:

Leidenschaftlich rücke ich von denen ab, die nicht wollen, dass die heiligen Schriften in die Volkssprache übertragen und auch von Laien gelesen werden, als ob Christus so verwickelt gelehrt hätte, dass er kaum von einer Hand voll Theologen verstanden werden könne, und als ob man die christliche Religion dadurch schützen könne, dass sie unbekannt bleibt. Es mag angehen, dass Könige ihre Geheimnisse verheimlichen, aber Christus will mit Nachdruck, dass seine Geheimnisse unter das Volk gebracht werden. Ich würde wünschen, dass alle Weiblein das Evangelium lesen, auch dass sie die Paulinischen Briefe lesen. Wären doch diese in die Sprachen aller Völker übertragen, damit sie nicht nur von den Schotten und Iberern, sondern auch von den Türken und Sarazenen gelesen und verstanden werden könnten.

Erasmus von Rotterdam, Ausgewählte Schriften, hrsg. von Werner Welzig, 3. Bd., Darmstadt 1967, S. 15.

M 7 Faszination Computer

Der Autor Jochen Hörisch schreibt 2001 in seiner Mediengeschichte zur Überlegenheit des Computers gegenüber dem Medium Buch Folgendes:

Die anhaltende Faszination von Computern und Internet [...] ist schnell zu erklären. Können Computer und Internet doch (fast) „alles": rechnen sowieso, aber eben auch schreiben, zeichnen, verwalten, Kalkulationen und Tabellen erstellen, Musik komponieren, Weltmeister im Schachspiel besiegen, Filme und Fotos speichern und verarbeiten, an Termine erinnern, immaterielle Güter wie Software, Musik, Texte, Daten transportieren und und und. Dabei sprechen sie allen tradierten [überlieferten] Raum- und Zeitgrenzen Hohn. Denn sie prozedieren [arbeiten] mit atemberaubender Geschwindigkeit und halten auf kleinstem Raum Datenspeicher bereit, die Verlegern von Lexika entweder schlaflose Nächte bereiten oder sie schnell auf die Idee bringen, ihre 20-bändigen Wissensfreunde auch in Form einer CD beziehungsweise DVD beziehungsweise [...] gleich im Internet anzubieten.

Hörisch, Jochen, Der Sinn und die Sinne, eine Geschichte der Medien, Frankfurt/M. 2001, S. 381 f.

Aufgaben

1. a) Beschreibe anhand der Abbildungen, wie im 16. Jahrhundert ein Buch hergestellt wurde.
   b) Nenne die Vorteile des Buchdrucks gegenüber der mittelalterlichen Herstellungsweise eines Buches.
   → M5
2. Versuche, die alten Texte zu lesen und ins heutige Deutsch zu übersetzen. → M5
3. a) Erkläre, welche Verfügung der Papst trifft und wie er sie begründet. Beurteile seine Entscheidung.
   b) Fasse die Aussagen von Erasmus mit eigenen Worten zusammen. Nimm dazu Stellung.
   → M6
4. a) Stelle die Vorteile von Computer und Internet zusammen.
   b) Welche Zukunft siehst du für das Medium Buch? Begründe deine Meinung.
   → M7

Der Beginn einer „neuen Zeit“

Die mittelalterliche Vorstellungswelt gerät ins Wanken

Die Menschen im Mittelalter glaubten, dass Gott die Welt erschaffen hatte und über sie herrschte. Der Mensch hatte sich dieser göttlichen Ordnung zu fügen. Auch die soziale Ordnung, die Einteilung in Stände, die gesellschaftliche Stellung, ja der gesamte Lebenslauf des Einzelnen erschien als gottgegeben. Große Hoffnungen richteten sich auf das Leben nach dem Tod: Das Paradies konnte durch ein diesseitiges Leben nach Gottes Geboten erreicht werden.

Seit der Mitte des 14. Jahrhunderts gibt es Hinweise, dass dieses mittelalterliche Weltbild allmählich ins Wanken geriet. Nicht mehr die göttliche Ordnung, sondern der einzelne Mensch als Wesen Gottes erschien als Maß aller Dinge.

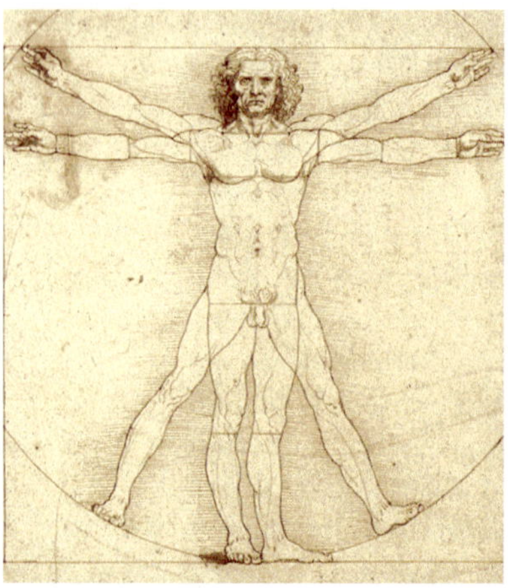

M 1 Studien
„Proportionsschema der menschlichen Gestalt“ von Leonardo da Vinci, um 1490

Die Antike als Vorbild - Renaissance und Humanismus

Die Vertreter der neuen Geisteshaltung beriefen sich auf die Antike und orientierten sich an der Kunst und Literatur der alten Griechen und Römer. Die neue Zeit erschien so als Wiedergeburt der Antike, italienisch „rinascitá“, französisch „Renaissance“. Dieser Begriff hat sich für das neue Denken sowie die neue Kunst und Kultur eingebürgert, die sich von der zweiten Hälfte des 14. Jahrhunderts bis ins 16. Jahrhundert hinein in Europa ausbreiteten. Vor diesem Hintergrund erschien der Zeitraum zwischen Antike und der nun beginnenden „neuen Zeit“ als „medium aevum“, als Mittelalter.

Auch in der eigenen Ausbildung orientierten sich die Gelehrten an antiken Vorbildern. So sprach der römische Schriftsteller Cicero im 1. Jahrhundert v. Chr. von „studia humanitatis“, das heißt von Fähigkeiten, die man erwerben muss, um sich zu einem Menschen im eigentlichen Sinn auszubilden. Dazu gehörte eine umfassende Bildung.

Das humanistische Menschenbild setzte in Europa große geistige Kräfte frei. Sowohl in den Künsten als auch in den Naturwissenschaften kam es zu Entdeckungen, Erfindungen und Entwicklungen, die bis heute grundlegend sind. So verwendeten die Maler in ihren Bildern die Zentralperspektive und erzeugten eine neuartige, für uns heute selbstverständliche Raumwirkung. Studien der menschlichen Proportionen ermöglichten eine wirklichkeitsgetreue Darstellung der Figuren.

Florenz als Stadt der Renaissance

Eine Vorreiterrolle nahm dabei die Stadt Florenz in der Toskana ein. Dort förderte die vornehme Herrscherfamilie der Medici diese neuen Strömungen. Viele bedeutende Kunstwerke Europas befinden sich deshalb in dieser Stadt. Florenz und andere Handelsstädte verdankten ihren Reichtum dem Selbstvertrauen und der Gelehrsamkeit ihrer Bürger. Gerade diese Städte hatten aber auch enge Handelskontakte zur arabischen Welt und kamen so mit einer anderen Kultur in Kontakt. Vermittelt durch islamische Wissenschaftler, aber auch durch Gelehrte aus dem alten Oströmischen Reich, öffnete sich für die Bewohner der italienischen Handelsstädte der Weg zu neuen Erkenntnissen. Allerdings blieben diese Strömungen zunächst auf einen kleinen Bereich von Gebildeten beschränkt.

M 2 Erschaffung Adams durch Gott
Ausschnitt aus einem Deckenfresko Michelangelos in der Sixtinischen Kapelle im Vatikan, entstanden 1508–1512.

Ein „neues Weltbild"

Da die neuen Erkenntnisse oft im Widerspruch zu den mittelalterlichen Vorstellungen standen, fiel es der Kirche schwer, sie zu akzeptieren. Dies lag auch daran, dass sich die neuen Wissenschaftler ganz anderer Methoden der Erkenntnisfindung bedienten.

Ein Beispiel dafür war die Auseinandersetzung darüber, ob sich die Sonne um die Erde oder die Erde um die Sonne dreht. Bereits in der Antike wurde die Ansicht vertreten, dass die Sonne im Mittelpunkt des Planetensystems stehe und sich die Erde um sie drehe. Im Lauf der Jahrhunderte setzte sich allerdings die Lehre des griechischen Astronomen Ptolemäus durch. Die Erde bildete demnach den Mittelpunkt des Universums, um den sich alle anderen Himmelskörper drehten. Der Mensch als Krone der göttlichen Schöpfung musste demnach im Zentrum dieser Schöpfung leben. Daran zu zweifeln bedeutete, die gesamte christliche Lehre in Frage zu stellen.

Als Erster wagte dies der Astronom und Mathematiker Nikolaus Kopernikus (1473–1543). Er behauptete aufgrund seiner Forschungen, dass die Sonne im Mittelpunkt des Planetensystems stehen müsse. Der Italiener Galileo Galilei (1564–1642) bestätigte mithilfe eines neu entwickelten Fernrohrs die Erkenntnisse von Kopernikus durch Beobachtungen am Nachthimmel. Nun reagierten die kirchlichen Autoritäten mit Gegenmaßnahmen. Die Schriften Galileis wurden als Ketzerei verboten, er selbst wurde unter Androhung der Folter gezwungen, seine Aussagen zu widerrufen. Erst 1992 hob die katholische Kirche das damalige Urteil gegen Galilei förmlich auf.

Das neue Menschenbild – Analyse zeitgenössischer Bild- und Textquellen

M 3 Der Mensch in der Welt

a) 1452 schreibt der italienische Gesandte und Geschichtswissenschaftler Gianozzo Manetti Folgendes:

Die Welt ist wohl von Gott erschaffen, aber der Mensch hat sie verwandelt und verbessert. Denn alles, was uns umgibt, ist unser eigenes Werk, das Werk der Menschen; alle Wohnstätten, alle Schlösser, alle Gebäude auf der ganzen Welt [...]. Von uns sind die Gemälde, die Skulpturen; von uns kommen der Handel, die Wissenschaften und politischen Systeme. Von uns kommen alle Erfindungen und alle Arten von Sprache und Literaturen.

Zit. nach: Hale, John R., Fürsten, Künstler, Humanisten, Reinbek bei Hamburg 1973, S. 26.

b) 1486 verfasst der italienische Gelehrte Giovanni Pico della Mirandola eine Rede „Über die Würde des Menschen", die er zu seinen Lebzeiten weder gehalten noch veröffentlicht hat. In dem vorliegenden Ausschnitt spricht Gott zu Adam:

Keinen bestimmten Platz habe ich dir zugewiesen, auch keine bestimmte äußere Erscheinung und auch nicht irgendeine besondere Gabe habe ich dir verliehen, Adam, damit du den Platz, das Aussehen und alle die Gaben, die du dir selber wünschest, nach deinem eigenen Willen und Entschluss erhalten und besitzen kannst.
Die fest umrissene Natur der übrigen Geschöpfe entfaltet sich nur innerhalb der von mir vorgeschriebenen Gesetze. Du wirst von allen Einschränkungen frei nach deinem eigenen freien Willen, dem ich dich überlassen habe, dir selbst deine Natur bestimmen. In die Mitte der Welt habe ich dich gestellt, damit du von da aus bequemer alles ringsum betrachten kannst, was es auf der Welt gibt [...]. Du kannst nach unten hin ins Tierische entarten, du kannst aus eigenem Willen wiedergeboren werden nach oben in das Göttliche.

Pico della Mirandola, Giovanni, Oratio de hominis dignitate/Rede über die Würde des Menschen, hrsg. und übers. von Gerd von der Gönna, Stuttgart 1997, S. 9.

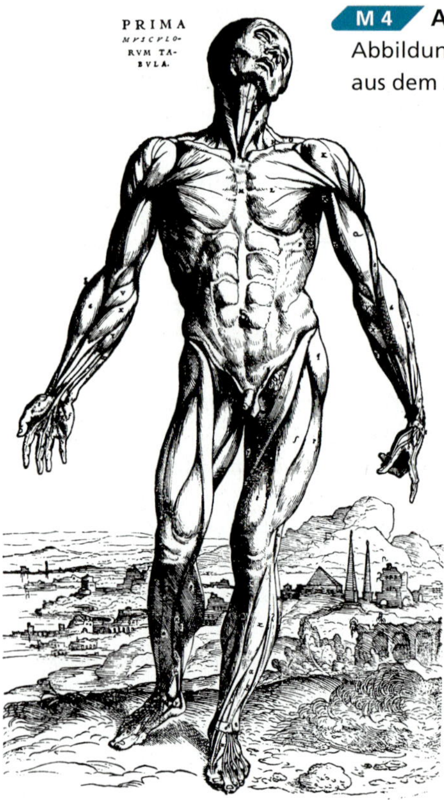

M 4 Anatomie

Abbildung aus einem Buch von Andreas Vesalius, Professor für Anatomie, aus dem Jahr 1543

M 5 Sektion einer Leiche

Galileo Galilei (1564–1642) berichtet über eine Sektion zu wissenschaftlichen Zwecken:

Diesen Tag nun geschah es, dass man den Ursprung und den Ausgangspunkt der Nerven aufsuchte, welches eine berühmte Streitfrage zwischen den Ärzten ist. Als nun der Anatom zeigte, wie der Hauptstamm der Nerven, vom Gehirn ausgehend, den Nacken entlangzieht, sich durch das Rückgrat erstreckt und durch den ganzen Körper verzweigt, wendete er sich an einen Edelmann mit der Frage, ob er nun zufrieden sei und sich überzeugt habe, dass die Nerven im Gehirn ihren Ursprung nehmen und nicht im Herzen. Worauf dieser erwiderte: Ihr habt mir das alles so klar, so augenfällig gezeigt, – stünde nicht der Text des Aristoteles entgegen, der deutlich besagt, der Nervenursprung liege im Herzen, man sähe sich zu dem Zugeständnis gezwungen, dass Ihr Recht habt.

Galileo Galilei, Dialog über die beiden hauptsächlichsten Weltsysteme, in: K. Vorländer, Philosophie d. Renaissance, Reinbek 1965, S. 251 f.

Madonna und Jesus – Vergleich von Gemälden

M 6 Madonna mit dem Jesuskind
Um 1260 in Lucca bei Florenz für den Altarraum einer Kirche entstanden, unbekannter Künstler.

M 7 Madonna mit dem Jesuskind
1465, Geschenk für den Herzog von Florenz, der es in seinem Palazzo ausstellen ließ. Als Modelle dienten dem Maler Filippo Lippi seine Frau und sein Sohn.

Aufgaben

1. a) Fasse die wesentlichen Aussagen der beiden Quellen thesenartig zusammen.
   b) In welchen Punkten unterscheiden sich die Ansichten Manettis und Pico della Mirandolas vom mittelalterlichen Menschenbild?
   c) Welche Aussagen haben für dich persönlich bis heute Gültigkeit?
   → M3
2. a) Erläutere, welches wissenschaftliche Interesse in der Abbildung von Vesalius deutlich wird.
   b) Wie kann man dieses Interesse erklären?
   c) Inwiefern ist diese Studie auch für die heutigen Menschen wichtig?
   → M4
3. a) Verdeutliche, welcher wissenschaftlichen Vorgehensweise jeweils der Anatom und der Edelmann folgen.
   b) Welche Methode hältst du für die richtige? Begründe deine Meinung.
   → M5
4. a) Vergleiche die beiden Gemälde und zeige alle Unterscheide auf.
   b) Welche Entwicklungen in Maltechnik, Menschen- und Weltbild lassen sich erschließen?
   → M6, M7

M 1 **Christoph Kolumbus (1451–1506)**

Es gibt kein einziges zeitgenössisches Portrait von Kolumbus. Dieses Bild kommt den schriftlichen Beschreibungen, die wir besitzen, am nächsten, Gemälde von 1520.

Europa entdeckt die Welt

Auf der Suche nach neuen Handelswegen

Die Inselgruppe, auf der Christoph Kolumbus 1492 erstmals den amerikanischen Kontinent betrat, heißt heute Westindische Inseln. Dies erinnert daran, dass er keine neue Welt suchte, sondern einen neuen Weg nach Indien. 1453 hatten nämlich die Osmanen Byzanz (Konstantinopel) erobert. Sie beherrschten damit das östliche Mittelmeer und kontrollierten den gesamten Handel zwischen Europa und dem fernen Osten. Die Preise für Gewürze, Seide, Parfüm und viele andere Luxuswaren aus Indien und China stiegen erheblich. Während die großen Handelsstädte am Mittelmeer dieser Entwicklung hilflos gegenüberstanden, gewannen andere, bislang weniger wichtige Regionen Europas dadurch an Bedeutung. Schon vor 1450 hatte man von Portugal aus begonnen, entlang der westafrikanischen Küste mit Schiffen in Richtung Süden vorzustoßen. Gelänge es, so die damalige Überlegung, Afrika zu umrunden und dann in Richtung Osten nach Indien zu segeln, könnte der osmanische Zwischenhandel umgangen werden. Die Suche nach einem neuen Handelsweg nach Indien war damit eröffnet.

Die Voraussetzungen der Entdeckungsfahrten

Kaum vorstellbar sind die beginnenden Entdeckungsfahrten ohne das neue Menschenbild der Renaissance. Wagemut und Vertrauen in die eigenen Fähigkeiten waren Voraussetzungen für die gefahrvollen Fahrten in unbekannte Regionen der Erde. Eine große Rolle spielte aber

M 2

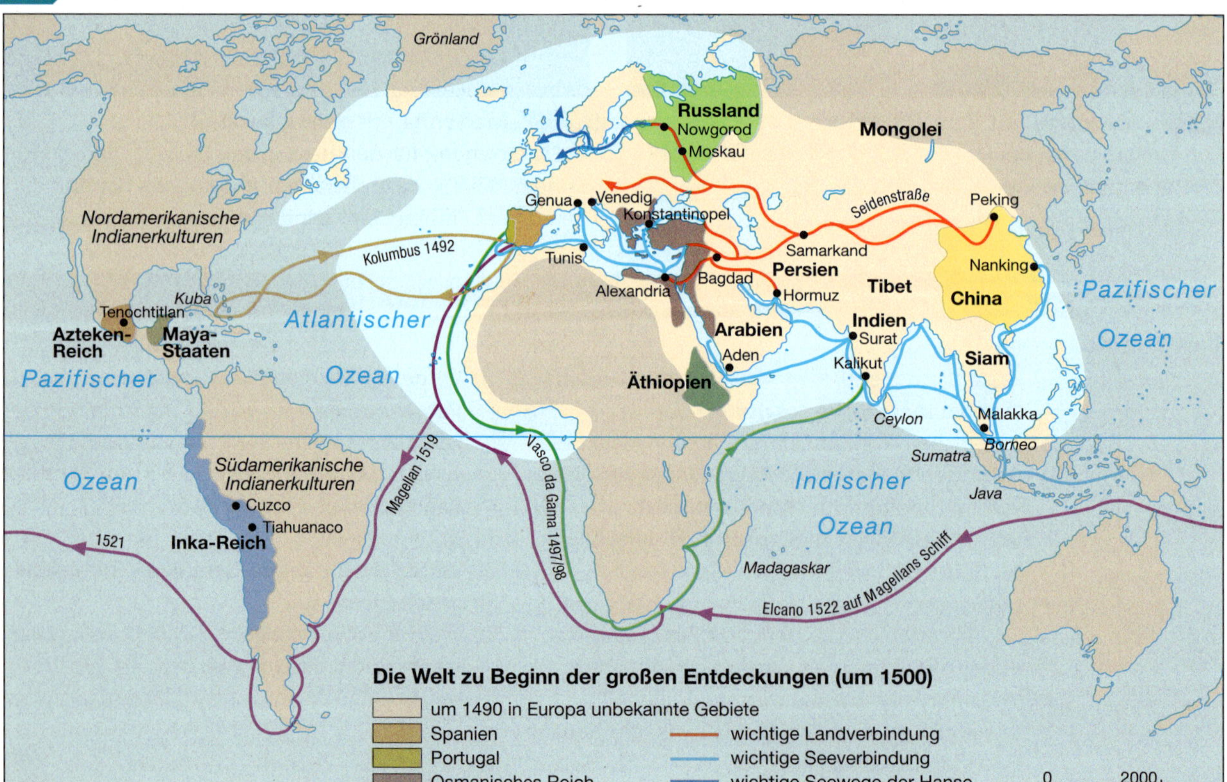

M 3 **Die Santa Maria**
Diese Darstellung zeigt, wie eine zeitgenössische Karavelle aussah, Druck aus dem Jahr 1493.

auch die neue wissenschaftliche Vorgehensweise. Entfernungen wurden gemessen und die entdeckten Gebiete kartografisch erfasst. Besonders wichtig wurde die Erkenntnis, dass die Erde keine Scheibe, sondern eine Kugel ist. Aber auch technische Neuerungen trugen wesentlich zum Erfolg der Entdeckungsreisen bei. Der Kompass ermöglichte es, die eingeschlagene Richtung ohne sichtbaren Orientierungspunkt genau einzuhalten. Gleichzeitig wurde ein neuer Schiffstyp entwickelt: die Karavelle. Dieses Schiff war aufgrund seiner Takelage schneller und wegen seiner besonderen Bauform widerstandsfähiger als die bisher üblichen Schiffe und somit für Hochseefahrten gut geeignet.

Die Erfolge der portugiesischen Entdeckungsreisen blieben nicht aus. 1487 umrundete Bartolomão Diaz das „Kap der guten Hoffnung", die Südspitze Afrikas, und 1498 erreichte Vasco da Gama Indien auf der Ostroute. Eine der größten schifffahrerischen Leistungen überhaupt stellt die erste Umseglung der Welt durch Fernando Magellan von 1519 bis 1522 dar, wobei nach dem Tod des Kapitäns auf den Philippinen sein Vertrauter Elcano die Expedition zu Ende führte.

Die Entdeckung Amerikas 1492

Kolumbus war nicht der erste Europäer auf dem amerikanischen Kontinent. Bereits die Wikinger, so ist heute bekannt, erreichten um 1000 n. Chr. über Island und die Südspitze Grönlands Nordamerika. Aber es war den Wikingern weder bewusst, dass sie einen „neuen" Kontinent entdeckt hatten, noch nahm man in Europa von ihren Fahrten Notiz.

Kolumbus, 1451 als Sohn einer Handwerkerfamilie in Genua geboren, war ausgebildeter Kapitän und Navigationsexperte. Ausgehend von der Überzeugung, die Welt sei eine Kugel, glaubte er Indien zu erreichen, wenn er von Europa aus immer in Richtung Westen segelte. Kolumbus nutzte dabei die Karten des Geografen Toscanelli. Dieser hatte allerdings die Entfernung zwischen der Westküste Europas und der Ostküste Asiens auf etwa 4400 km veranschlagt. Tatsächlich beträgt sie weit mehr als 18000 km. Nachdem Kolumbus' Plan von verschiedenen europäischen Königshäusern immer wieder abgelehnt worden war, erhielt er 1492 schließlich Unterstützung von Spanien. Da man in Konkurrenz zu den benachbarten Portugiesen treten wollte, konnte Kolumbus eine kleine Flotte ausstatten.

Am 6. September segelten die „Santa Maria", die „Nina" und die „Pinta" von den Kanarischen Inseln in Richtung Westen. Am 12. Oktober, die Mannschaft stand wegen der scheinbar aussichtslosen Lage kurz vor einer Meuterei, kam endlich Land in Sicht: die kleine, südwestlich von Florida gelegene Insel Guanahani, die Kolumbus San Salvador, das heißt „Heiliger Retter", nannte.

Kolumbus blieb bis 1493 in der Inselwelt der Karibik, die er für einen Teil Indiens hielt. Die Ureinwohner, die er antraf, nannte er deswegen auch Indianer. Noch drei Mal wagte Kolumbus die Fahrt von Spanien nach Westen, bevor er 1506 starb. Dass er einen völlig neuen Kontinent entdeckt hatte, war ihm zeitlebens nicht bewusst. Der aus Florenz stammende Amerigo Vespucci, der selbst einige Fahrten zum neuen Kontinent unternahm, erkannte wohl als einer der Ersten, dass es sich um eine „neue Welt" handelte. Sein Vorname bürgerte sich allmählich als Bezeichnung für den neuen Kontinent ein: Amerika.

Die Fahrt des Kolumbus – Informationsentnahme aus Schaubild, Text- und Bildquelle

M 5 Die Nina

Die Nina war 21 Meter lang und bis zu 7 Meter breit. Ihr fast 3 Meter breiter Laderaum konnte 51 Tonnen Fracht aufnehmen. Auf der Nina kehrte Kolumbus nach Spanien zurück, nachdem die Santa Maria gestrandet war, Rekonstruktion.

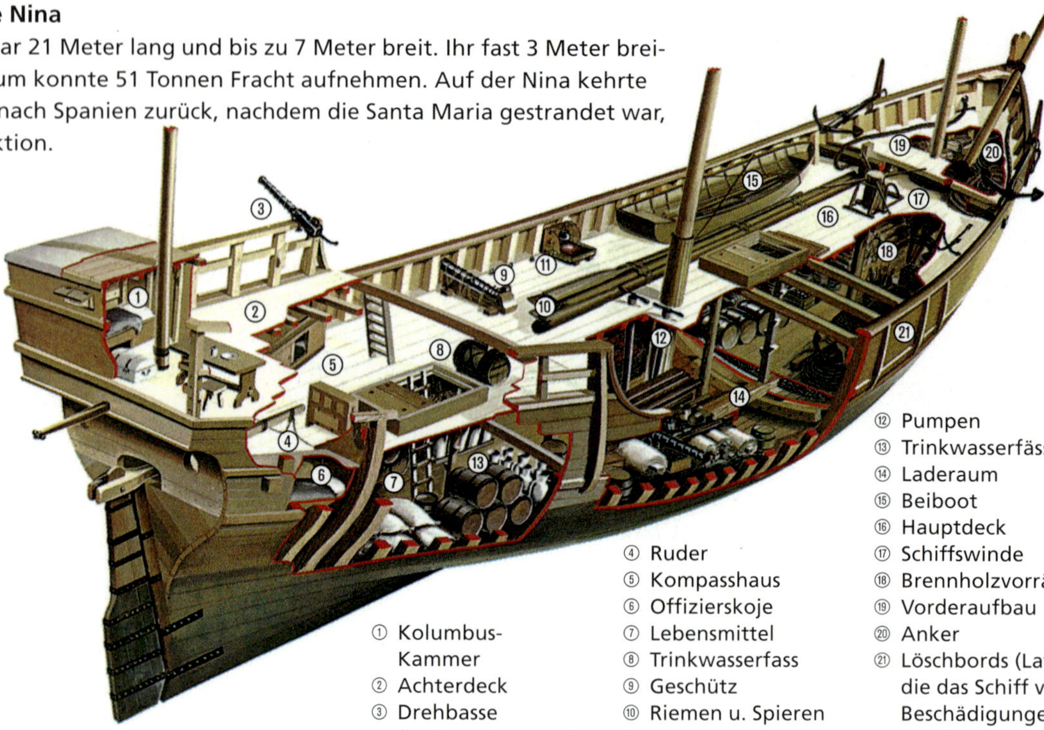

① Kolumbus-Kammer
② Achterdeck
③ Drehbasse (leichtes Geschütz)
④ Ruder
⑤ Kompasshaus
⑥ Offizierskoje
⑦ Lebensmittel
⑧ Trinkwasserfass
⑨ Geschütz
⑩ Riemen u. Spieren
⑪ Feuerbuchse
⑫ Pumpen
⑬ Trinkwasserfässer
⑭ Laderaum
⑮ Beiboot
⑯ Hauptdeck
⑰ Schiffswinde
⑱ Brennholzvorräte
⑲ Vorderaufbau
⑳ Anker
㉑ Löschbords (Latten, die das Schiff vor Beschädigungen schützen)

M 6 Auszug aus dem Bordbuch des Kolumbus

Eintrag für Freitag, den 12. Oktober 1492:

Um zwei Uhr morgens kam das Land in Sicht, von dem wir etwa 8 Seemeilen entfernt waren. Wir holten alle Segel ein und fuhren nur mit einem Großsegel, ohne Nebensegel. Dann lagen wir bei und warteten bis zum Anbruch des Tages, der ein Freitag war, an welchem wir zu einer Insel gelangten […].

Dort erblickten wir also gleich nackte Eingeborene. Ich begab mich, begleitet von Martin Alonso Pinzón und dessen Bruder Vicente Yánez, dem Kapitän der „Niña", an Bord eines mit Waffen versehenen Bootes an Land. Dort entfaltete ich die königliche Flagge […].

Ich rief die beiden Kapitäne und auch all die anderen, die an Land gegangen waren, […] zu mir und sagte ihnen, durch ihre persönliche Gegenwart als Augenzeugen davon Kenntnis zu nehmen, dass ich im Namen des Königs und der Königin, meiner Herren, von der genannten Insel Besitz ergreife […]. Sofort sammelten sich an jener Stelle zahlreiche Eingeborene der Insel an. In der Erkenntnis, dass es sich um Leute handle, die man weit besser durch Liebe als mit dem Schwerte retten und zu unserem Heiligen Glauben bekehren könne, gedachte ich, sie mir zu Freunden zu machen und schenkte also einigen unter ihnen rote Kappen und Halsketten aus Glas und noch andere Kleinigkeiten von geringem Werte, worüber sie sich ungemein erfreut zeigten.

Sie gehen nackend umher, so wie Gott sie erschaffen, Männer wie Frauen […]. Einige von ihnen bemalen sich mit grauer Farbe […], andere wiederum mit roter, weißer oder einer anderen Farbe; einige bestreichen damit nur ihr Gesicht oder nur die Augengegend oder die Nase, noch andere bemalen ihren ganzen Körper.

Sie führen keine Waffe mit sich, die ihnen nicht einmal bekannt sind; ich zeigte ihnen die Schwerter und da sie sie aus Unkenntnis bei der Schneide anfassten, so schnitten sie sich. Sie besitzen keine Art Eisen. Ihre Spieße sind eine Art Stäbe ohne Eisen, die an der Spitze mit einem Fischzahn oder einem anderen harten Gegenstand versehen sind.

Christoph Kolumbus. Bordbuch. Aus dem Spanischen von Anton Zahorsky, München 2006, S. 35 ff.

M 7 **Landung der Spanier auf der Insel Hispaniola**

Der abgebildete Kupferstich von Theodor de Bry ist eine der berühmtesten Darstellungen von der ersten Landung des Kolumbus in der Neuen Welt. Sie stammt allerdings erst vom Ende des 16. Jahrhunderts. Der Lütticher Kupferstecher Theodor de Bry (1528–1598), der aus Glaubensgründen seine Heimat verlassen musste und sich in Frankfurt niederließ, brachte ab 1590 eine Sammlung von Reiseberichten in lateinischer und deutscher Sprache heraus und versah diese mit zahlreichen Kupferstichen.

Aufgaben

1. a) Beschreibe die Karte „Die Welt zu Beginn der großen Entdeckungen". Benutze dazu die Legende.
   b) Welche Informationen lassen sich aus dieser Karte gewinnen?
   c) Informiere dich über die in der Karte verzeichneten Entdecker und ihre Unternehmungen.
   → M2, Internet oder Lexikon
2. a) Wie schildert Kolumbus seine Landung und seine erste Begegnung mit den Ureinwohnern?
   b) Wie stellt de Bry die Szene dar?
   c) Vergleiche den Bericht des Kolumbus mit der Darstellung des Theodor de Bry.
   → M6, M7
3. a) Fasse zusammen, wie es zur Entdeckung des amerikanischen Kontinents kam.
   b) Von welchen geografischen Vorstellungen ließ sich Kolumbus bei seiner Entdeckungsfahrt leiten?
   → Text

Europa erobert die Neue Welt

Das Reich der Azteken

Im heutigen Mexiko existierte zur Zeit von Kolumbus die hoch entwickelte Kultur der Azteken. Diese hatten in den Jahrhunderten zuvor ihre Nachbarvölker unterworfen, lebten in einer streng hierarchischen Gesellschaft unter Führung eines Königs und besaßen hervorragende technische und organisatorische Fähigkeiten. Ihre Hauptstadt Tenochtitlan lag an der Stelle des heutigen Zentrums von Mexico-City. Sie zählte mit ihren 300 000 Einwohnern zu den größten Städten der Welt. Wie die ersten Europäer, die sie sahen, erstaunt erwähnten, war sie im Hinblick auf Sauberkeit und Großzügigkeit der Bauten den europäischen Siedlungen weit überlegen.

Der Spanier Hernan Cortez (1485–1547) drang 1517 mit 500 Soldaten in das Gebiet der Azteken ein. Ohne Auftrag der spanischen Krone hoffte er in den noch unentdeckten Gebieten Reichtum und Macht zu gewinnen. Die Spanier waren von Anfang an entschlossen, rücksichtslos und brutal vorzugehen, also als Eroberer (span. „Conquistadores“) aufzutreten. Dieser Trupp von Glücksrittern traf nun als Gegner auf den tief verunsicherten aztekischen Herrscher Montezuma: Nach einem alten aztekischen Mythos sollte der aztekische Gott Quetzalcoatl, der vor langer Zeit vertrieben worden war, von Osten zurückkehren. Das Aussehen der hellhäutigen Spanier sowie ihre Feuerwaffen, ihre Rüstungen und die Pferde, auf denen sie ritten – dies alles war den Azteken

M 1 Montezuma
Der aztekische Herrscher Montezuma im Gewand des aztekischen Adels trägt am Rücken die königliche Standarte aus den Schwanzfedern des Quetzal-Vogels, der dem Gott Quetzalcoatl geweiht war, zeitgenössische Darstellung.

M 2 Tenochtitlan
Lageplan der Stadt und Tempelbezirk inmitten des Texoco-Sees. Dies ist wohl der einzige authentische Plan der 1521 völlig zerstörten Stadt, Nürnberg 1524.

M 3 **Tenochtitlan**
Rekonstruktionszeichnung, um 1980

völlig unbekannt –, verstärkten zunächst noch den Eindruck, dass es sich hier um die erwarteten Götter handle.

Während Montezuma die spanischen Eindringlinge ehrenvoll in seiner Hauptstadt empfing, waren die Spanier von Anfang an auf die Unterwerfung der Azteken aus. Ihre Gier wurde durch die für europäische Augen unglaublichen Goldschätze der Aztekenherrscher verstärkt. Geschickt nutzte Cortez den Friedenswillen Montezumas aus, schloss Bündnisse mit den von den Azteken unterworfenen Indianerstämmen und überrumpelte den König mit seinem schnellen und brutalen Vorgehen. Als es zu kriegerischen Auseinandersetzungen kam, gelang es, die Azteken durch die Wirkung der Feuerwaffen völlig zu entmutigen.

Der Untergang der aztekischen Kultur

Ohne irgendwelche Rücksichten begann nun die Unterdrückung und Ausbeutung der einheimischen Bevölkerung. Viele aztekische Kunstwerke wurden wegen ihres Edelmetallgehalts eingeschmolzen. Die Indios wurden unter unmenschlichen Bedingungen zur Zwangsarbeit gepresst und ihre Religion als „barbarisches Heidentum“ radikal bekämpft. Binnen weniger Jahrzehnte ging so die aztekische Kultur zugrunde. Die Zerstörung war so gründlich, dass selbst heute – nach intensiven Forschungen von Archäologen und Historikern – nur relativ wenig über diese bedeutsame Hochkultur bekannt ist.

Ein ganz ähnliches Schicksal ereilte im Übrigen einige Jahre später das Reich und die Kultur der Inka an der Pazifikküste Südamerikas. An die Stelle der Indianerkulturen traten von Spaniern und Portugiesen beherrschte Kolonialreiche.

Auf diese Weise verbreiteten sich die spanische und portugiesische Sprache, das Christentum und die europäische Kultur in Süd- und Mittelamerika – man spricht von der „Europäisierung“ der Welt. Diese hat aber, da die Kolonien von den Europäern ausgebeutet wurden, negative Auswirkungen bis heute.

Erst im 19. Jahrhundert erlangten die ersten süd- und mittelamerikanischen Staaten ihre Unabhängigkeit.

M 4 **Goldene Göttermaske**
aus Mexiko, etwa 800–1500 n. Chr.

Die Ureinwohner – Kontroverse Standpunkte erfassen

M 5 Welche Rechte haben Indios?

a) Der spanische Gelehrte Juan Ginès de Sepulveda nimmt in seinem Werk „Democrates alter" von 1545 Stellung zur Situation in Mittel- und Südamerika:

Alles dies folgt aus den Gesetzen Gottes und der Natur. Beide fordern, dass das Perfekte und Starke über das weniger Perfekte und Schwache regiert [...]. Der Mann herrscht über die Frau, der Erwachsene über das Kind, der Vater über seine Kinder [...]. Und so ist es auch mit den barbarischen und unmenschlichen Völkern [den Indios], die kein geordnetes Staatswesen und keine Friedensordnung kennen. Deshalb ist es gerecht und mit den Naturgesetzen im Einklang, dass sich solche Völker den Regeln kultivierter und menschlicherer Fürsten und Nationen unterwerfen. Dank ihrer Tugenden und der praktischen Weisheit ihrer Gesetze können die letzteren die Barbarei besiegen und diese Völker lehren, ein menschliches und tugendhaftes Leben zu führen. Und wenn sie diese Regeln ablehnen, darf man sie ihnen mit Waffengewalt aufzwingen. Ein solcher Krieg ist nach den Naturgesetzen gerecht [...]. Da dies hier der Fall ist, kannst du gut verstehen [...], dass die Spanier völlig zu Recht über die Barbaren der Neuen Welt herrschen, [...] die, was Weisheit, Intelligenz, Tugend und Menschlichkeit betrifft, den Spaniern in gleicher Weise untergeordnet sind wie Kinder den Erwachsenen und die Frau dem Mann. Zwischen ihnen besteht der gleiche Unterschied wie zwischen grausamen, wilden Völkern und den allerbarmherzigsten Nationen [...] sozusagen wie zwischen Affen und Menschen.

J.G. Sepulveda, Democrates alter, zitiert nach: Dor-Ner, Zvi, Kolumbus und das Zeitalter der Entdeckungen, Köln 1991, S. 236.

b) Der Dominikanermönch Bartolomé de las Casas berichtet in seinem Werk „Historia de las Indias" von der Predigt eines Geistlichen vor der spanischen Bevölkerung auf einer karibischen Insel:

Als der Sonntag gekommen war und die Zeit der Predigt, stieg der besagte Pater Antonio de Montesinos auf die Kanzel [...] und sagte Folgendes: „Ich bin hier hinaufgestiegen, damit ihr sie kennenlernt, ich, die Stimme Christi in der Wüste dieser Insel; deshalb ziemt es euch, aufmerksam zu sein, nicht einfach nur aufmerksam, sondern mit ganzem Herzen und all euren Sinnen sollt ihr mir zuhören. [...] Sagt, mit welcher Berechtigung und mit welchem Recht haltet ihr diese Indios in so grausamer und schrecklicher Sklaverei? Was ermächtigt euch, so verabscheuungswürdige Kriege gegen diese Menschen zu führen, die friedlich und ruhig in ihrem eigenen Lande lebten, Kriege, in denen ihr unendlich viele von ihnen mit nie gehörtem Mord und Zerstörung vernichtet habt? Warum haltet ihr sie so unterdrückt und erschöpft, ohne ihnen etwas zu essen zu geben, noch ihre Krankheiten zu heilen, die sie wegen dem Übermaß an Arbeit befallen, das ihr ihnen auferlegt; und sie sterben euch weg, oder besser, ihr tötet sie, nur um jeden Tag Gold herauszupressen und zu erhalten? Und was kümmert euch, wer sie im Glauben unterweist, damit sie ihren Gott kennen lernen, getauft werden und die Messe hören, die Feiertage und die Sonntage einhalten? Sind sie keine Menschen? Haben sie keine vernunftbegabten Seelen? Seid ihr nicht verpflichtet, sie zu lieben wie euch selbst? Versteht ihr dies nicht? Fühlt ihr dies nicht? Wie könnt ihr in so tiefem Schlaf befangen sein? Seid dessen gewiss, dass ihr euch ebenso wenig retten könnt wie die Mauren oder Türken, die den Glauben an Jesus Christus nicht haben oder nicht annehmen wollen".

B. de las Casas, Historia de las Indias, zitiert nach: Emir Rodriguez Monegal (Hg.), Die Neue Welt, Chroniken Lateinamerikas von Kolumbus bis zu den Unabhängigkeitskriegen, Frankfurt/M. 1992, S. 97 f.

M 6 Bartolomé de las Casas (1474–1566), Gemälde um 1690

Spätfolgen der Eroberungen – Verschiedene Perspektiven analysieren

M 7 Bilanz

a) Der Historiker Wolfgang Reinhard schreibt in seiner „Kleinen Geschichte des Kolonialismus" (1996):

Seit […] 1552 ist es üblich, die Entdeckung Amerikas und des Seewegs nach Indien für das wichtigste Ereignis der Menschheitsgeschichte zu erklären. […] Die europäische Expansion kann in der Tat den Anspruch erheben, die vielen Welten der Menschen letztendlich zu der einen Welt gemacht zu haben, in der wir heute leben. Deswegen erscheint es auch unmöglich, ältere Welt- und Universalgeschichte anders als aus europäischer Perspektive zu schreiben. Alles andere müsste zu einer bloßen Addition von Regional- oder Nationalgeschichten werden. Gewiss, eine solche Perspektive ist eurozentrisch, aber das ist in diesem Fall nicht zu vermeiden, weil die Sache selbst eurozentrisch ist. Das lässt sich deswegen vertreten, weil damit keine Wertung verbunden ist. Es ist nicht beabsichtigt […] festzustellen, dass Europa seine Sache in der Geschichte gut gemacht hat. Wir können nämlich streng genommen gar nicht wissen, wie es sich damit verhält! […]

[Es] ist unmöglich, wissenschaftliche, d.h. nachprüfbare Aussagen darüber zu machen, ob der europäische Kolonialismus für die Welt als Ganze oder auch nur einen Teil von ihr gut oder schlecht gewesen ist, selbst wenn völliges Einvernehmen darüber bestünde, was man jeweils für gut oder schlecht halten soll. Selbst für ein offensichtlich negativ zu beurteilendes Phänomen wie den Handel der Europäer mit afrikanischen Sklaven wurden aus nüchterner wirtschafts- und sozialhistorischer Perspektive mögliche positive Gesichtspunkte ausgemacht wie Entlastung Afrikas von überschüssiger Bevölkerung und die relativ bessere Ernährung in Teilen Amerikas.

Wolfgang Reinhard, Kleine Geschichte des Kolonialismus, Stuttgart 1996, S. 338 f.

b) Der aus Uruguay stammende Journalist Eduardo Galeano schreibt in seinem 1971 erstmals erschienenen Buch „Die offenen Adern Lateinamerikas":

Lateinamerika ist die Region der offenen Adern. Von der Entdeckung bis in unsere Tage hat sich alles zuerst in europäisches, nachher in nordamerikanisches Kapital verwandelt und als solches hat es sich in fernen Machtzentren angehäuft und häuft sich weiter an. Alles: die Schätze der Natur und die [Struktur] jedes Ortes sind von auswärts durch seine Eingliederung in [ein] weltumfassendes Getriebe […] bestimmt worden. Jedem ist eine Funktion zugewiesen worden und zwar immer zugunsten der Entwicklung der jeweiligen ausländischen Metropole. Die Kette der aufeinanderfolgenden Abhängigkeiten, die weit mehr als zwei Glieder hat, ist ins Unendliche gewachsen.

Eduardo Galeano, Die offenen Adern Lateinamerikas, Die Geschichte eines Kontinents von der Entdeckung bis zur Gegenwart, Wuppertal 1983 (4. Auflage), S. 11.

M 8 Logo gegen die 500-Jahr-Feier 1992

Aufgaben

1. a) Erläutere, wie de Sepulveda die spanische Herrschaft begründet.
   b) Was wirft de las Casas den Spaniern vor und wie begründet er seine Vorwürfe?
   c) Erarbeite deine eigene, persönliche Position zu diesen Aussagen und begründe deine Meinung.
   → M5
2. Vergleiche die beiden Texte über die Bilanz des Kolonialismus. Welcher Meinung stimmst du zu? Begründe deine Meinung.
   → M7
3. Beschreibe das Logo gegen die 500-Jahr-Feier von 1992 und erläutere die einzelnen Bildelemente.
   → M8

Reformation und Kirchenspaltung

M 1 **Am Ortseingang**
Fotografie von 2005

In vielen Ortschaften leben heute katholische und evangelische Christen nebeneinander und besuchen die Messe bzw. den Gottesdienst. Diese Glaubensspaltung nahm ihren Ausgang zu Beginn des 16. Jahrhunderts und führte zu zwei verschiedenen Kulten mit unterschiedlichen Formen des Gottesdienstes, getrennten Schulen und sogar Heiratsverboten. Wie kam es dazu?

Kritik am Zustand der Kirche

Aus schriftlichen und bildlichen Quellen lässt sich erschließen, dass sich seit dem 14. Jahrhundert die Kritik am Zustand der Kirche häufte:

- Man klagte über mangelhafte Ausbildung der Pfarrer. Nur wenige hatten ein Theologiestudium absolviert und viele vernachlässigten ihre geistlichen Aufgaben.
- Auch die Lebensführung der Geistlichen bot Anlass zur Kritik. Manche Priester führten ein ausschweifendes Leben, in vielen Klöstern ließ die Ordnung zu wünschen übrig; Päpste, Bischöfe und Äbte pflegten oft einen luxuriösen Lebensstil.
- Ärger erregte der hohe Geldbedarf der Kirche. Besonders für den Neubau der Peterskirche in Rom benötigte Papst Leo X. große Geldsummen, die er im Jahr 1515 durch einen Ablass aufbringen wollte. Solche Ablassbriefe konnten Gläubige kaufen. Sie erlangten nach damaliger Auffassung dadurch den Erlass von Sündenstrafen, die nach kirchlicher Lehre im Diesseits oder Jenseits abzubüßen waren. Der Ablasshandel bildete eine sprudelnde Einnahmequelle für die Kirche.

Da die Kirche den von Sündenangst gepeinigten Menschen wenig half, unternahmen sie eigene religiöse Anstrengungen für ihr Seelenheil. Viele begaben sich auf Wallfahrten, andere stifteten kostbare Altäre oder unterstützten Arme und Alte. Volksprediger zogen durch das Land und hatten großen Zulauf. Doch hatte die Volksfrömmigkeit auch ihre bedenklichen Seiten, denn der Glaube an Hexen, Dämonen und Geister war weit verbreitet.

Enttäuscht von der Kirche wandten sich viele Leute Martin Luther zu, als dieser Kirche und Papst heftig kritisierte.

M 2 **Martin Luther (1483–1546)**
Gemälde von Lukas Cranach d. Ä., 1532

Martin Luther

Die herausragende Gestalt der Reformation war Martin Luther, der 1483 in Eisleben (Sachsen-Anhalt) geboren wurde. Nachdem er bei einem schweren Gewitter gelobt hatte, Mönch zu werden, trat er in das Augustinerkloster der Stadt Erfurt ein. Dort begann er ein Theologiestudium, wurde bald Priester und 1512 Professor für Theologie in Wittenberg. Luther hatte wie viele seiner Zeitgenossen große Angst um sein Seelenheil. Er fühlte sich als Sünder und fragte sich, wie die Gnade Gottes zu erreichen sei. Nach Auffassung der Kirche konnten sich die Menschen dieser Gnade vor allem durch „gute Werke" wie Almosen oder Stiftungen versichern.

Nach umfangreichem Bibelstudium kam Luther zu der Überzeugung, dass der sündige Mensch nicht durch gute Werke, sondern nur durch den Glauben der Gnade Gottes teilhaftig werden könne. Daher bekämpfte er den Ablasshandel, der kein Ersatz für echten Glauben und

M 3 **Huldrich (Ulrich) Zwingli (1484–1531)**
Gemälde von Hans Asper von 1531

M 4 **Johann Calvin (1509–1564)**
Gemälde von 1555

die persönliche Buße sein könne. Auch vertrat er die Ansicht, die Kirche bedürfe keines irdischen Hauptes, da ihr Haupt Jesus Christus sei.

Als Luther am 31. Oktober 1517 seine berühmten Thesen gegen den Ablasshandel in Wittenberg veröffentlichte, begann der folgenreiche Konflikt mit der katholischen Kirche.

Ulrich Zwingli

Der Schweizer Ulrich Zwingli (1484–1531) war ein Bauernsohn. Er studierte unter anderem Theologie und ging dann als Priester nach Zürich, wo er Anhänger Luthers wurde. Seine Glaubensvorstellungen zeigten jedoch deutliche Unterschiede. Zwar stellte auch Zwingli das Evangelium ins Zentrum des Glaubens und wandte sich gegen die Heiligenverehrung. Doch verbannte er aus den Kirchen auch Kruzifixe, Bilder und Altäre, da er sie nicht für biblisch begründet hielt. Ferner war er der Überzeugung, dass Brot und Wein beim Abendmahl nicht mit der realen Gegenwart Christi verbunden seien. Zwinglis Lehre verbreitete sich besonders in der Schweiz und in Süddeutschland.

Johann Calvin

Der Franzose Johann Calvin (1509–1564) bekannte sich nach dem Studium der Rechte zur Reformation und musste deshalb aus Paris in die Schweiz flüchten. Dort ließ er sich in Genf nieder, wo er als evangelischer Prediger wirkte. Sein Ziel war es, das gesamte Leben im Sinn der Reformation umzugestalten. Zu diesem Zweck arbeitete er eine strenge Gemeindeordnung aus. So war es unter Strafe verboten, Gasthäuser zu besuchen, Karten zu spielen, zu tanzen oder weltliche Lieder zu singen. Außerdem wurden alle Bilder aus den Kirchen verbannt.

Doch nicht nur darin bestand ein Unterschied zwischen Calvin und Luther: So waren die Calvinisten von der Vorherbestimmung (Prädestination) überzeugt. Gott habe, so glaubten sie, jeden Menschen von Geburt an entweder zum Heil oder zum Verderben bestimmt. Erfolg im Leben oder Beruf sei das sichtbare Zeichen seiner Gnade.

Verbreitung fand Calvins Lehre besonders in Frankreich, wo man seine Anhänger „Hugenotten“ nannte, und in England, wo sie „Puritaner“ hießen. Nach 1620 wanderten viele von ihnen als Glaubensflüchtlinge nach Nordamerika aus und gingen als erste Siedler Europas an Land.

Neue Lehre	Alte Lehre
Vermittlung von Gnade nicht durch „gute Werke“ oder Kirche, sondern nur durch den Glauben → Hinfälligkeit von Askese, Mönchtum und Priestertum	Vermittlung der Gnade Gottes durch die Kirche in Form der Spendung von Sakramenten und der Gewährung von Ablass sowie durch „gute Werke“
Keine Unterscheidung zwischen Geistlichen und Laien → Hinfälligkeit des Sakraments der Priesterweihe; aufgrund der direkten Beziehung zu Gott: Fähigkeit eines jeden zum Verständnis der Bibel, zur Predigt und Taufe, Wahl und Abwahl eines Predigers durch die Gemeinde	Unterscheidung zwischen Geistlichen und Laien
Irrtumsfähigkeit von Päpsten und Konzilien	Alleinige päpstliche Autorität bzgl. der Auslegung der heiligen Schrift
Heilige Schrift in ihrem urspr. Wortlaut als alleinige Glaubensgrundlage: deswegen nur zwei Sakramente statt sieben: Taufe, Abendmahl	Betonung der Heiligen Schrift und der Tradition (zusätzliche Glaubenssätze von Päpsten und Bischöfen) als Glaubensgrundlage

Der Ablass – Bild- und Textquellen interpretieren

M 5 Eine Ablasspredigt

Die Predigt des Ablasskrämers Johann Tetzel:

Du Priester, du Edler, du Kaufmann, du Weib, Jungfrau, du Verheiratete, du Jüngling, du Greis, gehe doch hinein in deine Kirche, [...] besuche das allerheiligste Kreuz, das für dich aufgerichtet ist, das immer schreiet und dich ruft.

[...] Bedenke, dass du auf dem tobenden Meer dieser Welt in so viel Sturm und Gefahr bist und nicht weißt, ob du zum Hafen des Heils kommen könntest. [...]

Du sollst wissen, dass wer beichtet und in Reue Almosen in den Kasten legt, wie ihm der Beichtvater räth, vollkommene Vergebung aller seiner Sünden habe, und wenn er sowohl nach der Beichte als dem gehaltenen Jubeljahr täglich das Kreuz und die Altäre besucht, den Ablass erlangen wird, [...] Was steht ihr also müßig? Laufet alle nach dem Heil eurer Seele. [...]

Höret ihr nicht die Stimme eurer schreienden todten Eltern und anderer, die da sagen: Erbarmet, erbarmet euch doch meiner etc., weil die Hand Gottes uns berührt hat. Wir sind in schweren Strafen und Pein, davon ihr uns mit wenigen Almosen erretten könntet, und doch nicht wollt. Thut die Ohren auf, weil der Vater zu dem Sohn, und die Mutter zur Tochter etc. schreiet: [...] Wir haben euch gezeuget, ernährt, erzogen und euch unser zeitlich Gut gelassen; warum seid ihr denn so grausam und hart, dass, da ihr uns jetzt mit leichter Mühe erretten könntet, ihr doch nicht wollt; und lasset uns in Flammen liegen, dass wir so langsam zu der uns verheißenen Herrlichkeit kommen. Ihr könnt ja Beichtzettel haben, kraft deren ihr im Leben und in der Todesstunde einmal [...] volle Erlassung der Strafen, die den Sünden gebühren, erlangen könnet.

Walter Köhler, Dokumente zum Ablassstreit von 1517, Tübingen [2]1934, S. 125 f.

M 6 Thesen gegen den Ablass

Aus den Thesen Martin Luthers vom 31. Oktober 1517:

Aus Liebe zur Wahrheit und dem Eifer, sie zu ermitteln, soll über das Nachstehende in Wittenberg disputiert werden. [...]

21. Daher irren all die Ablassprediger, welche erklären, dass der Mensch durch den Ablass des Papstes von jeder Strafe los und frei werde. [...]

24. Folglich wird der größte Teil des Volkes betrogen, wenn man ihm schlankweg mit hohen Worten verspricht, es sei die Strafe los.

27. Man predigt Menschenlehre, wenn man sagt: sobald das Geld im Kasten klingt, entflieht die Seele [dem Fegefeuer].

28. Das ist gewiss, dass Gewinn und Habgier zunehmen können, wenn das Geld im Kasten klingt; ob die Kirche mit ihrer Fürbitte Erfolg hat, steht dagegen bei Gott. [...]

32. Wer glaubt, durch Ablassbriefe seines Heils sicher zu sein, wird auf ewig mit seinen Lehrmeistern verdammt werden. [...]

36. Jeder Christ, der wahrhaft Reue empfindet, hat einen Anspruch auf vollkommenen Erlass von Strafe und Schuld, auch ohne Ablassbrief.

[...]

67. Den Ablass, den die Ablassprediger als „größte Gnade" ausschreien, kann man insofern tatsächlich dafür ansehen, als er ein großes Geschäft bedeutet.

E. Büssem, M. Neher (Hg.), Arbeitsbuch Geschichte, Neuzeit 1, Quellen, München 1977, S. 1.

M 7 „Ohne Ablass von Rom kann man wohl selig werden"

Kritik am Handel mit Ablasszetteln. Unter dem Kreuz steht die Ablasskiste. Der Mönch verliest die päpstliche Ablassbulle, Holzschnitt von 1520.

Kritik an der Kirche – Ein Propagandaflugblatt analysieren

M 8 Ein Holzschnitt von 1521

Superbia: [lat.] Anmaßung
Luxuria: [lat.] Prunksucht
Avaritia: [lat.] Habsucht
Paupertas: [lat.] Armut
Der Bauer trägt eine Bibel in der Hand.

Aufgaben

1. Nenne die wichtigsten Grundsätze der reformatorischen Richtungen von Luther, Zwingli und Calvin. → Text
2. a) Erkläre den Begriff „Ablass".
   b) Wie versuchte Tetzel, die Menschen zum Erwerb von Ablässen zu überzeugen?
   c) Welche Argumente führte Luther gegen den Ablasshandel an? → Text, M5–M7
3. a) Beschreibe den Holzschnitt von 1521
   b) Erläutere, was der Künstler mit diesem Holzschnitt aussagen wollte.
   → M8

M 1 Das siebenhäuptige Papsttier

Der Druck des Holzschnitts erfolgte 1530 in der Werkstatt des Nürnberger Druckers Wolf Resch. Die Kolorierung erfolgte nachträglich. Der Text „Das siebenhauptig pabstier Appocalipsis" stammt von Hans Sachs, Größe des Originals 32,2 x 22,9 cm.

Folgender Text steht im Original unter der Abbildung:

Schauet an das siben heubtig tier
Gantz eben der gstalt und manier
Wie Johannes gesehen hat
Ein tier an des meres gestat
Das hat siben ungeleicher haubt
Eben wie diß pabstier gelaubt
Die waren all gekrönt bedeut
Die blatten der gaistlichen leut
Das thier das het auch schen horen
Deut der gastlig gwalt un rumoren
Das thier trüg Gottes lesterung
Bedeut ir verfürische zung
Das thier was aim pardel geleich
Bedeut des Bapst mordische reich
Das auch hinricht durch tiranney
Alles was im entgegen sey
Auch so hat das thier peren füß
Deut das das Evangeli süß
Ist von dem bastum undertretten
Verschart/verdecket un zerknetten
Das thier het auch ains löwen mund
Bedeut deß bapstum weiten schlund
Den doch gar nie erfüllen thetten
Aples/pallium noch annatten
Bann/opfer/peicht/stifft zu Gotsdienst
Land und leut Königreich rent un zinst
Das es alles hat in sich verschlunden
Das thier entpfieng ain tödlich wunden
Deut das Doctor Martin hat geschriben
Das bapstum tödlich wund gehieben
Wie dem otten des Herren mund
Gott geb das es gar gee zu grund Amen.

M 2 Offenbarungen des Johannes

Der Text des Flugblattes bezieht sich auf eine Bibelstelle. In der Offenbarung des Johannes werden der Weltuntergang und das Jüngste Gericht in einer Vision geschildert:

Und ich sah: Ein Tier stieg aus dem Meer, mit zehn Hörnern und sieben Köpfen. An seinen Hörnern trug es zehn Diademe und auf seinen Köpfen Namen, die eine Gotteslästerung waren. Das Tier, das ich sah, glich einem Panther, seine Füße waren wie die Tatzen eines Bären und sein Maul wie das Maul eines Löwen. Und der Drache hatte ihm seine Gewalt übergeben, seinen Thron und seine große Macht. Einer seiner Köpfe sah aus wie tödlich verwundet.

Offenbarung des Johannes, 13,1 f.

Worterklärungen

gestat – Strand, Ufer; blatten – Glatze, Tonsur; horen – Hörner; gastlich – geistlich; rumoren – Lärm, Toben; pardel – Panther; peren – Bären; bastum – Papsttum; Aples – Ablässe, peicht – Beichte; rent, zinst – Geldeinnahmen; otten – Atem; gee – gehen möge; Regnum diabol – Reich des Teufels; Stifft zu Gotsdienst – gegen eine Spende bestellte Messen; Pallium – Binde des Erzbischofs; anatten – Abgabe der Bischöfe nach Rom

Flugblätter als Propagandawaffe

M 3 **Luther – des Teufels Dudelsack**
Flugblatt von 1521

Dass das reformatorische Gedankengut vom abgelegenen Wittenberg seinen Weg in das gesamte Reich und sogar darüber hinaus fand, hängt mit dem Buchdruck zusammen. Eine besondere Rolle spielten die Flugblätter. Im Gegensatz zu den mehrblättrigen Flugschriften handelt es sich dabei um Einblattdrucke mit Bilddarstellungen (Holzschnitt oder Kupferstich), die seit der zweiten Hälfte des 15. Jahrhunderts hergestellt wurden. Sie waren kostengünstig zu produzieren und ebenso günstig zu verkaufen, da das reformatorische Gedankengut auf fruchtbaren Boden fiel und die Nachfrage nach solchen Flugblättern groß war.

Schon allein aufgrund der geringen Zahl an Lesekundigen waren die Flugblätter auch für Leseunkundige gemacht. Allerdings ebenso für Lesekundige, da die Bilder den Text näher erläutern und umgekehrt. Zudem erfuhren Leseunkundige den Inhalt nicht nur über das Bild: Die Texte auf Flugblättern wurden öffentlich vorgelesen und diskutiert. Sie hingen aber auch an Rathaus- und Kirchentüren, in Wirtsstuben und an Wänden oder Schränken in Privatwohnungen.

Da Flugblätter aus vergänglichem Material bestanden, von Hand zu Hand weitergereicht und damit schnell abgenutzt wurden, existieren heute von einem Flugblatt oft nur noch wenige Exemplare. Dass zumindest diese überliefert sind, verdanken wir der Sammelleidenschaft städtischer Oberschichten und fürstlicher Bibliotheken.

Fragen an bildliche Quellen

1. Entstehung des Bildes

a) Was erfährst du in der Bildunterschrift (M1) über die Entstehungszeit und den Entstehungsort?
b) Suche – zum Beispiel im Internet, in Lexika – weitere Informationen über den Künstler.
c) Ordne die Entstehungszeit historisch ein.

2. Beschreibung des Bildes

a) Aus welchen Teilen besteht das Flugblatt?
b) Benenne, was im Einzelnen auf dem Bild dargestellt ist.

3. Deutung des Bildes

a) Versuche, die Bedeutung der einzelnen Bestandteile zu erklären.
b) Woran erinnert die Truhe mit Kreuz und Flamme?
c) In der Mitte des Kreuzes hängt ein gesiegelter Brief mit der Aufschrift „Umb gelt ein sack vol ablas." Was bedeutet dieser Brief? Was will der Künstler damit aussagen, dass er ihn an dieser Stelle platziert hat?
d) Lies den Bibelauszug und vergleiche ihn mit dem Text auf dem Flugblatt. Wie deutet der Autor des Textes auf dem Flugblatt die einzelnen Merkmale des in der Bibel beschriebenen Tieres?
e) Welches Thema hat das Flugblatt?
f) Ordne das Flugblatt aufgrund deiner Analyse einer Glaubensrichtung in Deutschland des 16. Jahrhunderts zu.
g) Erläutere, welches Ziel der Künstler mit diesem Flugblatt verfolgte.

Der Bauernkrieg

Die Situation der Bauern

Eine Anhöhe über dem thüringischen Ort Frankenhausen heißt heute noch Schlachtberg, die dazu gehörige Bergflanke „Blutrinne“. Dies erinnert an die Schlacht von Frankenhausen. Sie war der Höhe- und Endpunkt des so genannten Bauernkrieges. Von ungefähr 6000 Bauern wurden am 15. Mai 1525 etwa 5000 niedergemetzelt. Was waren die Gründe für den Aufruhr der Bauern?

Im 15. Jahrhundert verschärfte sich die Situation für die Bauern. Die Grundherren versuchten, ihre Herrschaft auszudehnen und die Selbstverwaltung der Bauern einzuschränken. Dazu gehörte die Beschneidung der bäuerlichen Nutzrechte an der Allmende, Verbote für den Fischfang und die Nutzung des Waldes für die Eichelmast der Schweine. Denn die Herren reservierten den Wald für die eigene Jagd und den ertragreichen Holzverkauf. Außerdem versuchten die Grundherren, die Dorfgerichte zu beseitigen, in denen die Bauern ihre Streitigkeiten regelten. Die steigenden Bevölkerungszahlen führten zu innerdörflichen Spannungen, da sich die Zahl kaum überlebensfähiger Kleinbauern mehrte und die Größe der Familien stieg.

M 1 Die Schlacht bei Frankenhausen, Historiengemälde von Werner Tübke, 20. Jahrhundert

M 2 **Thomas Müntzer (1490–1525)**
Das nicht authentische Bild von 1608 zeigt den revolutionären Theologen als Pfarrer in Allstedt (Thüringen).

Bauernaufstände

Deshalb kam es seit Anfang des 15. Jahrhunderts zu Bauernaufständen, die ihren Höhepunkt 1524/25 erreichten. Die im Vergleich zu früheren Aufständen überregionale Ausdehnung hatte ihre Ursache in den reformatorischen Predigten: So wie für die Reformatoren wurde auch für die Bauern das Neue Testament, in der sie ihre Forderungen bestätigt fanden, der Maßstab für eine gerechte Gesellschaftsordnung. Sie beriefen sich seitdem auf das „Göttliche Recht“. Der Aufstand gegen die Herren wurde damit zum Kampf für das Evangelium.

Der Bauernkrieg nahm seinen Ausgang in Südwestdeutschland. Die Bauern fassten ihre Forderungen in den so genannten Zwölf Artikeln zusammen. Dass die Bauern eine eigenständige Meinung hatten und politisch dachten, zeigen aber auch ihre Entwürfe für Landesverfassungen, die von der Beibehaltung der Ständegesellschaft mit größerer eigener Mitsprache bis hin zu einer ständelosen Gesellschaft reichten.

Nach erfolglosen Verhandlungen kam es zu gewalttätigen Auseinandersetzungen. Die Bauern hatten sich in „Haufen“ zusammengefunden und bewaffnet. Um die militärische Schlagkraft zu erhöhen und Aktionen besser zu koordinieren, schlossen oftmals mehrere Haufen Bündnisse.

Die Rolle Luthers

Martin Luther distanzierte sich nach anfänglichen Sympathien von den Aufständischen. Anders hingegen Thomas Müntzer – ebenfalls Reformator, aber Gegner Luthers – der die Bauern Thüringens im Aufstand unterstützte, um die Feinde des Evangeliums zu vernichten und die Grundlage für das kommende Reich Gottes auf Erden zu schaffen. Nach der Schlacht von Frankenhausen wurde er hingerichtet.

Die Obrigkeit wiederum rüstete in Gestalt des Schwäbischen Bundes auf und zeigte sich kompromisslos. Bei den Bauern setzten sich die Radikalen durch, was zur Zerstörung zahlreicher Burgen, Schlösser und Klöster führte. Die Söldnerheere des Schwäbischen Bundes richteten aufgrund ihrer Überlegenheit (Reiter, Artillerie) unter den Bauernhaufen im Verlauf des Jahres 1525 Blutbäder an. Obwohl die Bauernaufstände niedergeschlagen und die Anführer verfolgt und hingerichtet wurden, waren jedoch einzelne Herren aus Angst vor erneuten Aufständen zu Zugeständnissen bereit.

M 3 **Das Ende**
Gefangene Bauern werden abgeführt, zeitgenössischer Holzschnitt.

M 4

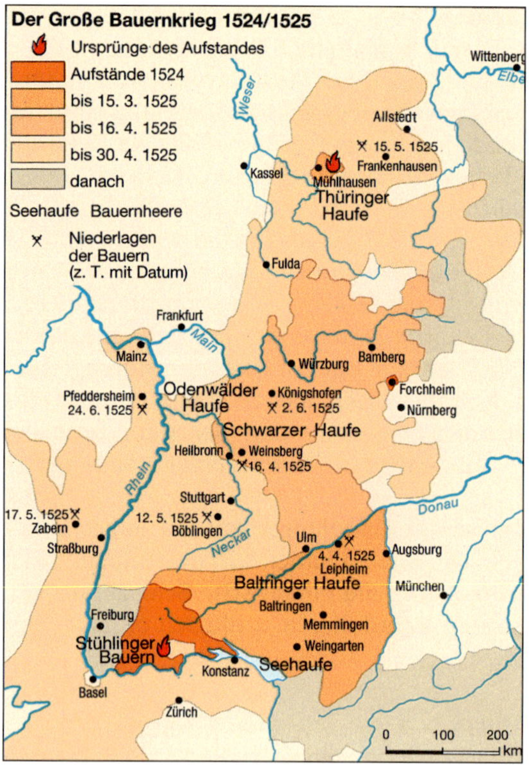

M 5 Die Zwölf Artikel (1525)

Der Handwerksgeselle Sebastian Lotzer und der Prediger Christoph Schappeler verfassten im Februar 1525 folgendes Dokument:

Dem christlichen Leser Fried und Gnade Gottes durch Christum. […]

Der erste Artikel

Zum Ersten ist unser demütig Bitt und Begehr, auch unser aller Wille und Meinung, dass wir nun fürderhin Gewalt und Macht haben wollen, dass die ganze Gemeinde ihren Pfarrer selbst erwählen […] soll; auch Gewalt haben, den selbigen wieder abzusetzen, wenn er sich ungebührlich verhalten sollte. […]

Der andere Artikel

Zum andern, nachdem der rechte [Getreide] Zehnt auferlegt ist im Alten Testament und im Neuen vollkommen erfüllt: nichtsdestoweniger wollen wir den rechten Korn-Zehnt gern geben, doch wie sich's gebührt. […]

Den kleinen [Fleisch] Zehnten wollen wir gar nicht geben. Denn Gott der Herr hat das Vieh dem Menschen abgabenfrei erschaffen. Das erachten wir für einen ungebührlichen Zehnten, den die Menschen ersonnen haben. Darum wollen wir ihn nicht weiter geben.

Der dritte Artikel

Zum Dritten ist der Brauch gewesen, dass man bisher behauptet hat, wir seien Eigenleute, was zum Erbarmen ist, in Anbetracht dessen, dass uns Christus alle mit seinem kostbaren Blutvergießen erlöst und losgekauft hat – den Hirten ebenso wie den Höchsten, keinen ausgenommen. Darum ergibt sich aus der Schrift, dass wir frei sind, und deshalb wollen wir's sein.

Nicht, dass wir völlig frei sein und keine Obrigkeit haben wollen: Das lehrt uns Gott nicht. […]

Der vierte Artikel

Zum Vierten ist bisher im Brauch gewesen, dass kein Untertan die Befugnis gehabt hat, das Wildbret, Geflügel oder Fische in fließendem Wasser zu fangen – was uns gar nicht ziemlich und brüderlich dünkt, vielmehr eigennützig und dem Wort Gottes nicht gemäß. […]

Der fünfte Artikel

Zum Fünften sind wir auch beschwert der Holznutzung halben. Denn unsere Herrschaften haben sich die Wälder alle allein zugeeignet, und wenn der Bauer etwas bedarf, muss er's ums Doppelte Geld kaufen. Hier ist unsere Meinung: Was es an Waldungen gibt – mögen sie Geistliche oder Weltliche innehaben –, das soll, wenn jene sie nicht gekauft haben, der ganzen Gemeinde wieder anheimfallen. […]

Der sechste Artikel

Zum Sechsten fühlen wir uns hart beschwert der Dienste halben, welche von Tag zu Tag gemehrt werden und täglich zunehmen. […]

Der zehnte Artikel

Zum Zehnten sind wir damit beschwert, dass etliche Herren zugeeignet haben Wiesen, desgleichen Äcker, die der Gemeinde zugehören. […]

Beschluss

Zum Zwölften ist unser Beschluss und unsere endgültige Meinung: Wenn einer oder mehr Artikel allhier aufgestellt sein sollten, die dem Worte Gottes nicht gemäß – wie wir denn nicht vermeinen –: dieselbigen Artikel wolle man uns aufgrund des Wortes Gottes als ungebührlich erweisen, so wollten wir davon abstehen, wenn man uns den Nachweis mit Begründung aus der Schrift führt. […]

Der Friede Christi sei mit uns allen.

G. Franz (Hg.), Quellen zur Geschichte des Bauernkriegs, Darmstadt 1963, S. 102 ff.

M 6 Stellungnahmen zum Bauernaufstand

a) In seiner Schrift „Wider die räuberischen und mörderischen Rotten der Bauern" von Anfang Mai 1525 schrieb Martin Luther:

Dreierlei gräuliche Sünden wider Gott und Menschen laden diese Bauern auf sich, weswegen sie den Tod verdient haben an Leib und Seele mannigfältig.
Zum Ersten, dass sie ihrer Obrigkeit Treu und Huld geschworen haben, untertänig und gehorsam zu sein, wie solches Gott gebietet […]. Weil sie aber diesen Gehorsam mutwillig und mit Frevel brechen und dazu sich wider ihre Herren setzen, haben sie damit Leib und Seele verwirkt, wie die treulosen, meineidigen, lügenhaften, ungehorsamen Buben und Bösewichter zu tun pflegen. […]
Zum andern, dass sie Aufruhr anrichten, rauben und plündern mit Frevel Klöster und Schlösser, die nicht ihnen gehören, womit sie, als die öffentlichen Straßenräuber und Mörder, allein wohl zwiefältig den Tod an Leib und Seele verdienen […].
Denn Aufruhr ist nicht ein einfacher Mord, sondern wie ein großes Feuer, das ein Land anzündet und verwüstet. So bringt Aufruhr mit sich ein Land voll Mordes, Blutvergießens und macht Witwen und Waisen und zerstört alles, wie das allergrößte Unglück. […].
Zum Dritten, dass sie solche schreckliche, greuliche Sünde mit dem Evangelium decken, nennen sich christliche Brüder, nehmen Eid und Huld und zwingen die Leute zu solchen Gräueln mit ihnen zu halten. Womit sie die allergrößten Gotteslästerer und Schänder seines heiligen Namens werden und ehren und dienen [auf diese Weise] dem Teufel unter dem Schein des Evangeliums. Daran haben sie wohl zehnmal den Tod verdient an Leib und Seele […].

Zit. nach: G. Wehr (Hg.) Thomas Müntzer, Schriften und Briefe, Frankfurt/M. 1973, S. 206ff.

b) Thomas Müntzer, revolutionärer Theologe, trat als Gegenspieler von Luther auf (1524):

Sieh zu, die Grundsuppe des Wuchers, der Dieberei und Räuberei sind unsere Herren und Fürsten; [sie] nehmen alle Kreaturen als Eigentum: Die Fische im Wasser, die Vögel in der Luft, das Gewächs auf Erden muss alles ihrer sein, Jes. 5. Darüber lassen sie dann Gottes Gebot ausgehen unter die Armen und sprechen: Gott hat geboten, du sollst nicht stehlen; es [hilft] ihnen aber nicht. So sie nun alle Menschen [nötigen], den armen Ackersmann, Handwerksmann und alles, was da lebt, schinden und schaben, Micha 3, und wenn [einer] sich dann am Allergeringsten vergreift, so muss er hängen. Da sagt dann der Doktor Lügner [gemeint ist Luther] [auch noch]: Amen. [Dabei] machen die Herren das selber, dass ihnen der arme Mann feind wird. Die Ursache des Aufruhrs wollen sie nicht wegtun, wie kann es [auf] die Dauer gut werden? Wenn ich das sage, muss ich aufrührerisch sein, wohlan!

Zit. nach: G. Wehr (Hg.) Thomas Müntzer, Schriften und Briefe, Frankfurt/M. 1973, S. 130f.

Aufgaben

1. a) Nenne die Gründe für die Unzufriedenheit der Bauern.
   b) Erläutere, welche Bedeutung die Reformation für die Bauern hatte.
   → Text
2. a) In welchen heutigen Bundesländern bzw. Staaten Europas fand der Bauernkrieg statt?
   b) Suche Gründe dafür, dass Südwestdeutschland einen Schwerpunkt bildete.
   → Text, M4
3. a) Erstelle eine Liste mit zwei Spalten. Schreibe links die Nummer und rechts stichpunktartig den Inhalt der Forderung.
   b) Fasse die Forderungen in Gruppen zusammen.
   c) Suche Textstellen, an denen sich die Bauern auf das „göttliche Recht" berufen.
   → M5
4. a) Welche Position nahm Martin Luther gegenüber den Bauernaufständen ein und wie begründete er sie?
   b) Vergleiche die Position Luthers mit der Haltung von Thomas Müntzer.
   c) Formuliere eine eigene Stellungnahme zum Bauernkrieg.
   → M6, Text

M 1 Lutherdenkmal auf dem Marktplatz in Wittenberg, aktuelles Foto

Lutherstätten in Sachsen-Anhalt

Den größten Teil seines Lebens hat Martin Luther im heutigen Bundesland Sachsen-Anhalt verbracht. Welche Spuren hat der Reformator im Verlaufe seines Lebens dort hinterlassen?

Vom Mönch zum Professor

Martin Luther wurde am 10. November 1483 in Eisleben geboren. Sein Vater arbeitete im Bergbau und besaß eine kleine Kupfermine. Deshalb zog die Familie nach Mansfeld, wo Martin die Lateinschule besuchte. Ab 1501 begann er in Erfurt an der Universität Philosophie und Jura zu studieren. Durch ein Erlebnis bei Stotternheim, wo Martin bei einem schweren Gewitter einem Blitzschlag entging, entschloss er sich, Priester zu werden und Gott sein Leben zu weihen. 1508 wurde Martin Luther vom Augustinerkloster in Erfurt nach Wittenberg geschickt, um hier seine Studien fortzusetzen. Im gleichen Jahr begann er eine Lehrtätigkeit an der Wittenberger Universität, zunächst in Moralphilosophie. 1512 promovierte Martin Luther zum Doktor der Theologie in der Schlosskirche zu Wittenberg. Er musste sich drei Tage von strengen Lehrern prüfen lassen und 50 Taler Prüfungsgebühr zahlen. Doch nun wurde Martin zum Professor berufen. Er hielt bedeutende Vorlesungen über die Bibel und predigte in der Stadtkirche zu Wittenberg. Als Gläubige zu ihm in die Beichte mit Ablassbriefen kamen, erkannte Luther diese nicht an. Für Luther war es unerträglich, dass man mit Geld sein Seelenheil erkaufen konnte, egal welche Sünde man beging. Und so kam es zu einem welterschütternden, folgenschweren Ereignis …

Der Thesenanschlag

Am 31.Oktober 1517 soll Martin Luther 95 Thesen gegen den Ablasshandel an die Tür der Wittenberger Schlosskirche genagelt und damit die Reformation der Kirche eingeleitet haben. Der Anschlag ist aber wissenschaftlich nicht belegt. Melanchthon äußerte sich zum Thesenanschlag erst 1546, und exakt von Luther selbst gibt es keinen Hinweis zum „Widerhall der Hammerschläge“, die die Welt erschütterten.

Aufsehen erregte jetzt ein Fund in der Universitätsbibliothek Jena. Ein enger Mitarbeiter von Luther, Georg Rörer, notierte 1540 in einem Exemplar des Neuen Testaments am Rande, dass die Thesen am Vortag von Allerheiligen an die Türen der Wittenberger Kirchen geschlagen wurden. Auch war es üblich, an die Schlosskirche, welche Universitätskirche war, Thesen in Plakatform zur Disputation anzuschlagen. Luther hat das auch getan. Aber hat er die berühmten 95 Thesen gegen den Ablasshandel tatsächlich an die Schlosskirche angeschlagen, dort wo Gäste aus aller Welt heute vor einer Bronzetür in großer Ehrfurcht stehen? Oder hat Martin Luther die Thesen, übrigens in Latein von ihm geschrieben, nur versandt als Aufruf zu einer wissenschaftlichen Disputation? Hat er – oder hat er nicht?

M 2 Tür der Schlosskirche in Wittenberg, aktuelles Foto

Luther veränderte mit seinen 95 Thesen die Kirche und die Welt. Daran wird speziell in Wittenberg und in Sachsen-Anhalt mit einer Reformationsdekade von 2008–2017 erinnert. Der Lutherweg (410 km) wurde eröffnet, wo man auf den Spuren des großen Reformators pilgern kann. Er war gut zu Fuß, sogar bis über die Alpen nach Rom, mehr

M 3 **Katharina von Bora**
Gemälde von Lucas Cranach d. Ä., 1529

als 1600 km bei Wind und Wetter ist er gelaufen. In der Reihe „Weltkulturerbe der UNESCO" erscheint 2009 eine Sonderbriefmarke zu den Luthergedenkstätten Wittenberg und Eisleben als Gemeinschaftsausgabe mit der UNO, d. h. diese Briefmarke wird weltweit erscheinen und verkauft.

Worms – Wartburg – Wittenberg
Weitere Schriften Luthers gegen die Papstkirche führten zum Kirchenbann. Die Bannandrohungsbulle des Papstes Leo X. hatte Luther zuvor am 10. Dezember 1520 vor dem Elstertor zu Wittenberg verbrannt. Nun wurde Martin vom Kaiser Karl V. nach Worms zum Reichstag eingeladen. Dort sollte er alle seine Schriften widerrufen, was er jedoch mit den Worten „Hier stehe ich, ich kann nicht anders, Gott helfe mir, Amen" ablehnte. Karl V. verhängte daraufhin die Reichsacht über Luther und erklärte ihn für vogelfrei. Um Martin zu schützen, ließ der Kurfürst von Sachsen, Friedrich der Weise, ihn auf die Wartburg bringen. Dort übersetzte Martin Luther das Neue Testament der Bibel anschaulich und gut verständlich in die deutsche Sprache. Durch Luthers Übersetzung wurde die Bibel zum Volksbuch.

Die Familie Luther
1525 heiratete Martin Luther Katharina von Bora, eine ehemalige Nonne. Martin liebte und achtete seine sehr fleißige und gebildete Frau, manchmal nannte er sie „mein Herr Käthe" oder „meine Doktorin Lutherin". Beide bewohnten mit ihren sechs Kindern das ehemalige Augustinerkloster, das heutige Lutherhaus.

Die Eheschließung der beiden feiert man in Wittenberg jedes Jahr im Juni als „Luthers Hochzeit" mit über 100 000 Gästen aus aller Welt.

M 4

Aufgaben

1. Schreibt einen Reiseführer für Touristen aus den Vereinigten Staaten, die über Berlin (Flughafen Schönefeld) nach Sachsen-Anhalt reisen, um auf Luthers Spuren zu wandeln. Recherchiert weitere wichtige Angaben im Internet und in der Bibliothek.

Reformation und Politik

Der Streit um Luther weitet sich aus

Nachdem Luther 1517 seine Thesen gegen den Ablasshandel veröffentlicht hatte, weitete sich der Konflikt schnell aus. Aus einer religiösen Streitfrage wurde ein politischer Konflikt. Luther wurde bereits 1518 in Augsburg vom Kardinal Cajetan verhört, widerrief seine Auffassungen allerdings nicht. Das päpstliche Schreiben mit der Bannandrohung, das heißt mit der Drohung des Ausschlusses aus der Kirchengemeinschaft, verbrannte Luther 1520. Wenig später wurde Luther vom Papst mit dem Kirchenbann belegt.

M 1 Martin Luther auf dem Reichstag zu Worms 1521
Historiengemälde von Anton von Werner (1843–1915)

Auf dem Reichstag in Worms verweigerte Luther 1521 vor Kaiser Karl V. und den Reichsfürsten den Widerruf. Er wurde daraufhin mit dem Wormser Edikt vom Kaiser geächtet, das heißt für rechtlos erklärt. Der Landesherr des Reformators, Kurfürst Friedrich der Weise von Sachsen, ließ ihn nach der Abfahrt von Worms zum Schein überfallen und auf die Wartburg bringen, um ihn zu schützen. Dort übersetzte Luther, als „Junker Jörg" verkleidet, das Neue Testament ins Deutsche. 1522 kehrte Luther schließlich nach Wittenberg zurück und setzte seine Arbeit als Professor für Theologie fort. 1546 starb er in Eisleben.

Die neue Lehre gewinnt an Boden

Eine Reihe von Landesherren schloss sich der neuen Lehre an. Dabei spielten neben der religiösen Überzeugung auch machtpolitische Überlegungen eine Rolle. So konnten die Fürsten durch die Einführung der Reformation ihre Eigenständigkeit gegenüber dem Kaiser betonen und durch die Aufhebung der Klöster finanzielle Gewinne erzielen. Neben Sachsen, der Kurpfalz und Hessen bekannten sich insbesondere viele Städte zur Reformation, während Bayern neben anderen süd- und westdeutschen Gebieten katholisch blieb.

Die Verfestigung der Spaltung

1526 legte der Reichstag zu Speyer fest, dass sich die Fürsten in der Religionsfrage bis zu einem späteren Konzil zur Wiederherstellung der kirchlichen Einheit so verhalten sollten, wie sie es vor Gott und dem Kaiser verantworten könnten. Dies bedeutete die vorübergehende Duldung der neuen Glaubensrichtung. Infolge dieser Atempause entstanden die evangelischen Stadt- und Landeskirchen.

1529 protestierten die evangelischen Landesherren auf einem erneuten Reichstag zu Speyer gegen den Versuch, den Beschluss von 1526 aufzuheben. Sie begründeten ihre Haltung damit, dass jeder Herrscher vor Gott verantwortlich sei und deswegen in Glaubensangelegenheiten zu nichts gezwungen werden dürfe. Die Bezeichnung „Protestanten" leitet sich von diesem Ereignis ab.

M 2 Karl V. (1500–1558)
Das Gemälde zeigt den Kaiser etwa zur Zeit des Wormser Reichstags von 1521.

Kaiser Karl V.

Der 1519 zum Kaiser gewählte Karl V. aus der Dynastie der Habsburger beherrschte ein riesiges Reich, das auch überseeische Besitzungen umfasste. In religiösen Belangen verstand sich Karl als Bewahrer der alten katholischen Lehre. In Luthers Haltung sah er nur eine Abweichung von der wahren Lehre, die unterdrückt werden müsse. Dies machte Karl in Worms 1521 unmissverständlich deutlich, als er Luther mit der Reichsacht belegte. Aber seine harte Haltung gegenüber der neuen Lehre wich immer wieder einer Politik des Ausgleichs, um mit einem befriedeten Reich im Rücken andere Probleme außerhalb des Reiches bewältigen zu können.

Der Kaiser, Franz I., die Türken und die Reichsfürsten

Widersacher Karls war der französische König Franz I., der die Umklammerung seines Landes durch den Habsburger als große Gefahr betrachtete. Aus diesem Grund kam es immer wieder zu Kriegen gegen Frankreich, was die Abwesenheit des Kaisers in Deutschland zur Folge hatte. Dies begünstigte die Ausbreitung der Reformation. Auch der Abwehrkampf gegen den Vorstoß der Türken in Südosteuropa kam der neuen Lehre zugute, da sich der Kaiser die finanzielle Unterstützung der evangelischen Reichsstände durch Gewährung eines zeitlich befristeten Religionsfriedens erkaufen musste.

Erst als Karl V. mit dem französischen König Franz I. Frieden und einen Waffenstillstand mit den Türken geschlossen hatte, wandte er sich ab 1544 mit ganzer Kraft gegen den Protestantismus. 1546 besiegte der Kaiser das Bündnis der Protestanten, den so genannten Schmalkaldischen Bund.

Karl V. war damals auf dem Höhepunkt seiner Macht angelangt, und genau darin lag auch der Grund seines Scheiterns. Denn evangelische wie katholische Fürsten fürchteten um ihre Eigenständigkeit. Das Ergebnis war ein Aufstand der Fürsten und deren Sieg über den Kaiser.

Der Augsburger Religionsfrieden von 1555 und die Folgen

Ein endgültiger Ausgleich zwischen dem Kaiser Karl V. und den protestantischen und katholischen Ständen kam auf dem Reichstag von 1555 mit dem Augsburger Religionsfrieden zu Stande.

M 3 Glaubensflüchtlinge
Der Augsburger Religionsfrieden hatte weitreichende Folgen. Noch 1731 wurden protestantische Bauern aus Salzburg vertrieben. Sie fanden als Glaubensflüchtlinge eine neue Heimat in Brandenburg-Preußen, Darstellung aus dem 18. Jahrhundert.

Der Kaiser und die Reichsstände einigten sich auf folgende Punkte:

- Das lutherische Bekenntnis wird neben dem katholischen anerkannt. Andere Bekenntnisse sind ausgeschlossen.
- Nur Fürsten und Reichsstände haben das Recht zur freien Konfessionswahl und zur Bestimmung der Konfession ihrer Untertanen; geistliche Fürsten dürfen mit ihren Untertanen nicht konvertieren, um die katholische Mehrheit im Reichstag und im Kurkolleg nicht zu gefährden.
- Die evangelische und katholische Religionsausübung wird in gemischt-konfessionellen Reichsständen garantiert.
- Wenn ein Fürst die Konfession wechselt, müssen ihm alle Untertanen folgen. Wollen sie das nicht, können sie in ein anderes Land ihrer Konfession auswandern.

Die Folge war eine dauerhafte Glaubensspaltung in Deutschland. Die katholischen und evangelischen Gebiete unterschieden sich nicht nur in ihrer religiösen Ausrichtung. Da die Religion damals das Leben der Menschen entscheidend bestimmte, waren die Auswirkungen auch im Alltag spürbar. Es gab unterschiedliche Formen von Frömmigkeit, zum Teil andere kirchliche Feiertage und konfessionell getrennte Schulen.

Gegenreformation und Reformbestrebungen

Die Antwort der katholischen Kirche auf die Ausbreitung und Festigung der Reformation folgte mit dem Konzil von Trient, welches von 1545 an mit Unterbrechungen bis 1563 abgehalten wurde. Es hatte zwei Stoßrichtungen: die Zurückdrängung des Protestantismus, die so genannte Gegenreformation, und eine Reform der Kirche. Diese war unter anderem geprägt durch die Förderung der Priesterausbildung sowie durch die Betonung der höchsten Lehrautorität des Papstes. Der neu gegründete Jesuitenorden sollte bei der Verwirklichung dieser Ziele eine entscheidende Rolle spielen.

M 4

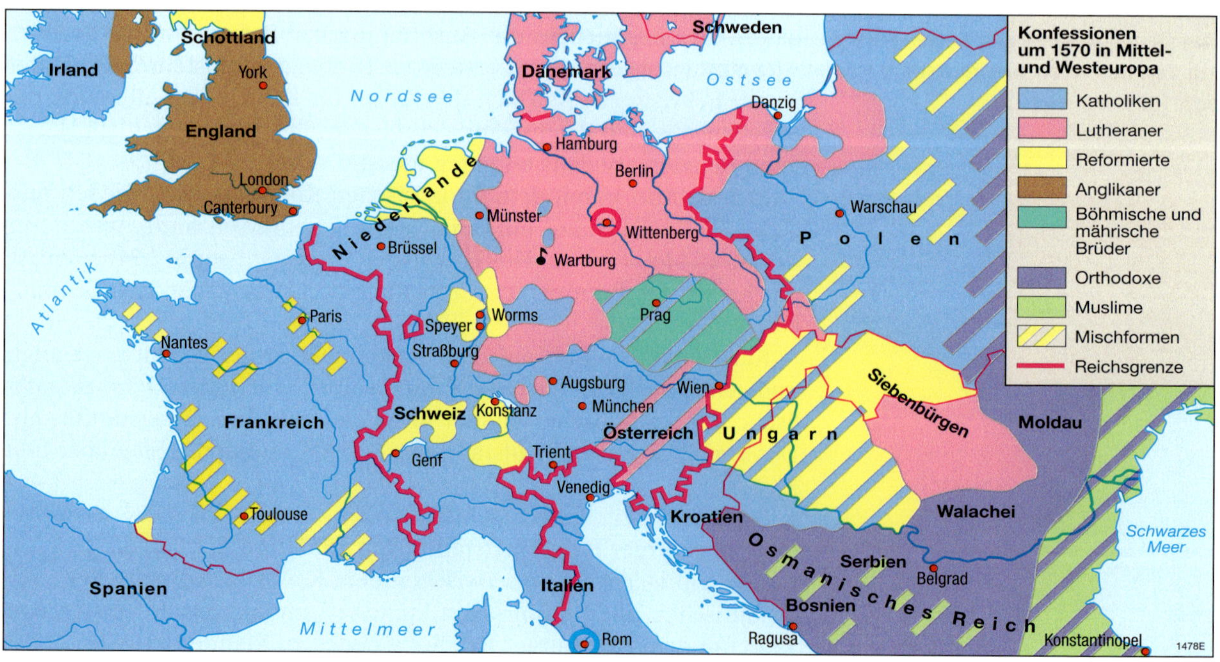

Der Reichstag zu Worms 1521 im Spiegel der Quellen

M 5 Luther und Karl V. in Worms

a) Nach Zusicherung freien Geleites reiste Luther von Wittenberg nach Worms, wo er am 16. April 1521 eintraf. Am 17. April stand Luther erstmals vor dem Kaiser Karl V. und den Reichsständen. Der Leiter der bischöflichen Gerichtsbehörde, Johannes Eck, fragte ihn, ob er zum Widerruf des Inhalts seiner Schriften bereit sei. Nach einer Bedenkzeit trug Luther am 18. April seine Antwort vor:

Weil Eure geheiligte Majestät und Eure Herrlichkeiten es verlangen, so will ich eine schlichte Antwort geben, die weder Hörner noch Zähne hat: Es sei denn, dass ich durch das Zeugnis der Heiligen Schrift oder vernünftige Gründe überwunden werde – denn weder dem Papst, noch den Konzilien allein vermag ich zu glauben, da es feststeht, dass sie wiederholt geirrt und sich selbst widersprochen haben –, so halte ich mich überwunden durch die Schrift, auf die ich mich gestützt, so ist mein Gewissen im Gotteswort gefangen, und darum kann und will ich nichts widerrufen, weil gegen das Gewissen zu handeln gefährlich ist. Gott helf mir! Amen.

Zit. nach: Deutsche Geschichte in Quellen und Darstellung, Bd.3, hrsg. von Ulrich Köpf, Stuttgart 2001, S. 175.

b) Am folgenden Tag (19. April) ließ der Kaiser vor den Kurfürsten und vielen Fürsten eine feierliche Erklärung verlesen:

Wie ihr wisst, stamme ich von den allerchristlichsten Kaisern der edeln deutschen Nation, den gläubigen Königen von Spanien, den Erzherzogen von Österreich und den Herzogen von Burgund. Sie alle waren bis in den Tod treue Söhne der römischen Kirche; denn stets verteidigten sie den christlichen Glauben, die geheiligten Zeremonie, die Dekrete, Verordnungen und heiligen Bräuche zur Ehre Gottes, zum Wachstum des Glaubens und Heil der Seelen. Sie hinterließen Uns als natürliches Erbe die Erfüllung jener heiligen christlichen Pflichten, nach ihrem Beispiel zu leben und zu sterben; und in wahrer Nachahmung dieser Unserer Vorfahren haben Wir durch Gottes Gnade bisher gelebt.
Aus diesem Grunde bin ich entschlossen, alles aufrecht zu erhalten, was meine Vorfahren und ich bis zum gegenwärtigen Augenblick aufrechterhalten haben […].
Denn es ist gewiss, dass ein einziger Bruder irrt, dessen Meinung gegen die der gesamten, über tausend Jahre alten Christenheit steht – eine Meinung, nach der die Christenheit sich zu jeder Zeit im Irrtum befunden hätte. Deshalb bin ich ganz und gar entschlossen, hierfür meine Reiche und Herrschaften, meine Freunde, Leib und Blut, Leben und Seele einzusetzen. […]
Und nachdem ich die Antwort Luthers gehört habe, die er gestern in unser aller Gegenwart gab, erkläre ich Euch, dass ich bereue, so lange das Vorgehen gegen Luther und seine falsche Lehre aufgeschoben zu haben, und dass ich entschlossen bin, ihn nicht weiter anzuhören.

Zit. nach: Deutsche Geschichte in Quellen und Darstellung, Bd.3, hrsg. von Ulrich Köpf, Stuttgart 2001, S. 176f.

Aufgaben

1. a) Stelle dar, wie sich die Reformation ausbreitete. Orientiere dich dabei an den Jahreszahlen 1517 – 1521 – 1526 – 1529 – 1555.
   b) Nenne die Bestimmungen des Augsburger Religionsfriedens.
   → Text
2. a) Erläutere, warum sich manche Landesfürsten der Reformation anschlossen.
   b) Warum ging Kaiser Karl V. nicht konsequent gegen die Reformation vor?
   c) Erkläre, was man unter „Gegenreformation" versteht.
   → Text
3. a) Wie begründete Luther, dass er an seiner Position festhielt und nicht widerrief?
   b) Erkläre, wie Kaiser Karl sein Vorgehen gegen Luther begründete.
   → M5
4. a) Beschreibe, was auf dem Bild zu erkennen ist. Welche Szene ist dargestellt?
   b) Handelt es sich deiner Meinung nach um eine verlässliche Darstellung der damaligen Ereignisse? Begründe deine Einschätzung.
   → Text, M1

M 1 **Der „Prager Fenstersturz"**
Kolorierter Kupferstich von Matthaeus Merian, 1635

Der Dreißigjährige Krieg

Der Beginn eines langen Krieges

Seit 1617 war der Habsburger Ferdinand II. böhmischer König. Die Vertreter des protestantischen Adels in Böhmen betrachteten seine gegenreformatorische Politik als Verletzung ihrer Rechte, die ihnen von Kaiser Rudolf im „Majestätsbrief" von 1609 zugesichert worden waren. 1618 drangen Vertreter der böhmischen Stände in die Prager Burg ein und warfen die kaiserlichen Statthalter aus dem Fenster. Diese überlebten den Fall, aber der „Prager Fenstersturz" löste einen der grausamsten Kriege der deutschen und europäischen Geschichte aus.

Der Böhmisch-Pfälzische Krieg

Die böhmischen Stände setzten Ferdinand II. als böhmischen König ab und wählten den Führer der protestantischen „Union", den calvinistischen Kurfürsten von der Pfalz Friedrich V., zum neuen König. Ferdinand erhielt zur Niederschlagung der „Rebellion" Unterstützung durch das Heer der katholischen „Liga". 1620 wurde das böhmische Heer vernichtend geschlagen. Die Führer des Aufstandes wurden hingerichtet und ihr Besitz fiel an den Kaiser und seine Verbündeten. Trotzdem wurde der Krieg weitergeführt.

M 2 **Albrecht von Wallenstein**
Zeitgenössisches Gemälde von Anthonis van Dyck (1599–1641)

Das Reich wird zum europäischen Kriegsschauplatz

1625 griff der dänische König Christian IV., unterstützt von England und den Niederlanden, auf protestantischer Seite in den Krieg ein. Zu diesem Schritt veranlassten ihn sowohl konfessionelle als auch machtpolitische Gründe. Bis 1629 erlitt Christian IV. aber schwere Niederlagen gegen die katholische „Liga" und den kaiserlichen Feldherrn Wallenstein. Dieser kämpfte zwar im Auftrag seines Herrn, betrieb aber den Krieg als Unternehmer auf eigene Rechnung. Seine Armee bestand aus Söldnern unterschiedlichster Herkunft und Konfession. Für Bezahlung, Unterkunft und Verpflegung seiner Soldaten wurde während der Feldzüge gesorgt. Es kam zu Zwangseinquartierungen, Plünderungen und Raubzügen.

Der Sieg des Kaisers und seiner Verbündeten bedeutete für die deutschen Protestanten den Verlust aller Gebietsgewinne seit 1555. Die Erzbistümer Magdeburg und Bremen, 12 Bistümer und 500 Abteien und Klöster mussten zurückerstattet werden. Dieses „Restitutionsedikt" veranlasste die protestantischen Reichsfürsten, sich aus Angst um ihre Eigenständigkeit mit ausländischen Gegnern des Kaisers, vor allem mit Schweden und Frankreich, zu verbünden.

Die Schweden im Reich

König Gustav Adolf von Schweden, dessen Land sich seit der Mitte des 16. Jahrhunderts zu einer Großmacht im Ostseeraum entwickelt hatte, landete 1630 mit seinem Heer an der Odermündung. Er begründete sein Eingreifen mit konfessioneller Solidarität mit seinen deutschen Glaubensgenossen. Ein weiteres Ziel war aber, Schwedens Macht weiter auszubauen. Die Schweden blieben in mehreren Schlachten siegreich und drangen bis nach Südwest- und Süddeutschland vor. In dieser Notlage holte der Kaiser seinen Feldherrn Wallenstein zurück,

M 3 **Plünderung eines Dorfes**
Zeitgenössischer Stich von Jacques Callot (1592–1635), 1633

den er zuvor aus Misstrauen entlassen hatte, da er zu mächtig geworden war. Wallenstein konnte sich 1632 bei Lützen nahe Leipzig gegen die Schweden behaupten. In dieser Schlacht fiel Gustav Adolf. Wallenstein nahm in der Folgezeit eigenmächtig Kontakt mit den Schweden und den Franzosen auf, woraufhin der Kaiser ihn zum Hochverräter erklärte. Im Februar 1634 wurde Wallenstein in Eger von eigenen Offizieren ermordet.

Frankreich greift in den Krieg ein

Frankreich hatte bereits Gustav Adolf finanziell unterstützt. Nach einer Niederlage der Schweden und ihrer protestantischen Verbündeten ging der französische König nun von der verdeckten zur offenen Kriegsführung über, da er den Krieg als Entscheidungskampf zwischen den Häusern Habsburg und Bourbon, das die französischen Könige stellte, betrachtete. Noch dreizehn weitere Jahre tobte der Krieg, in dem das katholische Frankreich gegen den katholischen Kaiser kämpfte. Im Vordergrund standen zunehmend die Interessen der europäischen Großmächte – und nicht mehr religiöse Fragen.

Die Folgen des Krieges waren in Deutschland katastrophal. Handel, Gewerbe und Landwirtschaft kamen zum Erliegen. Seuchen und Hunger führten zum Massensterben. Nach Schätzungen ging die Einwohnerzahl des Reiches von 21 auf 13 Millionen zurück.

M 4 **Altes Rathaus in Münster**
In diesem Gebäude wurde der Friedensvertrag zwischen Spanien und den Niederlanden unterzeichnet, Foto von 2004.

Der Westfälische Frieden von 1648

Nach langwierigen Verhandlungen kam es 1648 zum Friedensschluss in den westfälischen Städten Münster und Osnabrück. Der Krieg wurde beendet und die Religionskonflikte zwischen den Reichsständen beigelegt. Die Calvinisten wurden als dritte Konfession anerkannt. Innerhalb des Reiches konnten sich die Reichsstände als Sieger fühlen. Sie erhielten die volle Landeshoheit und konnten jetzt selbstständig Bündnisse abschließen. Frankreich ging als kontinentale Vormacht aus dem Krieg hervor, da das französische Staatsgebiet bis an den Rhein vorgeschoben wurde. Schweden konnte seine Macht im Norden Deutschlands ausbauen. Die protestantischen Niederlande und die Schweizer Eidgenossenschaft schieden aus dem Reichsverband aus.

Der Westfälische Frieden – Ein Flugblatt analysieren

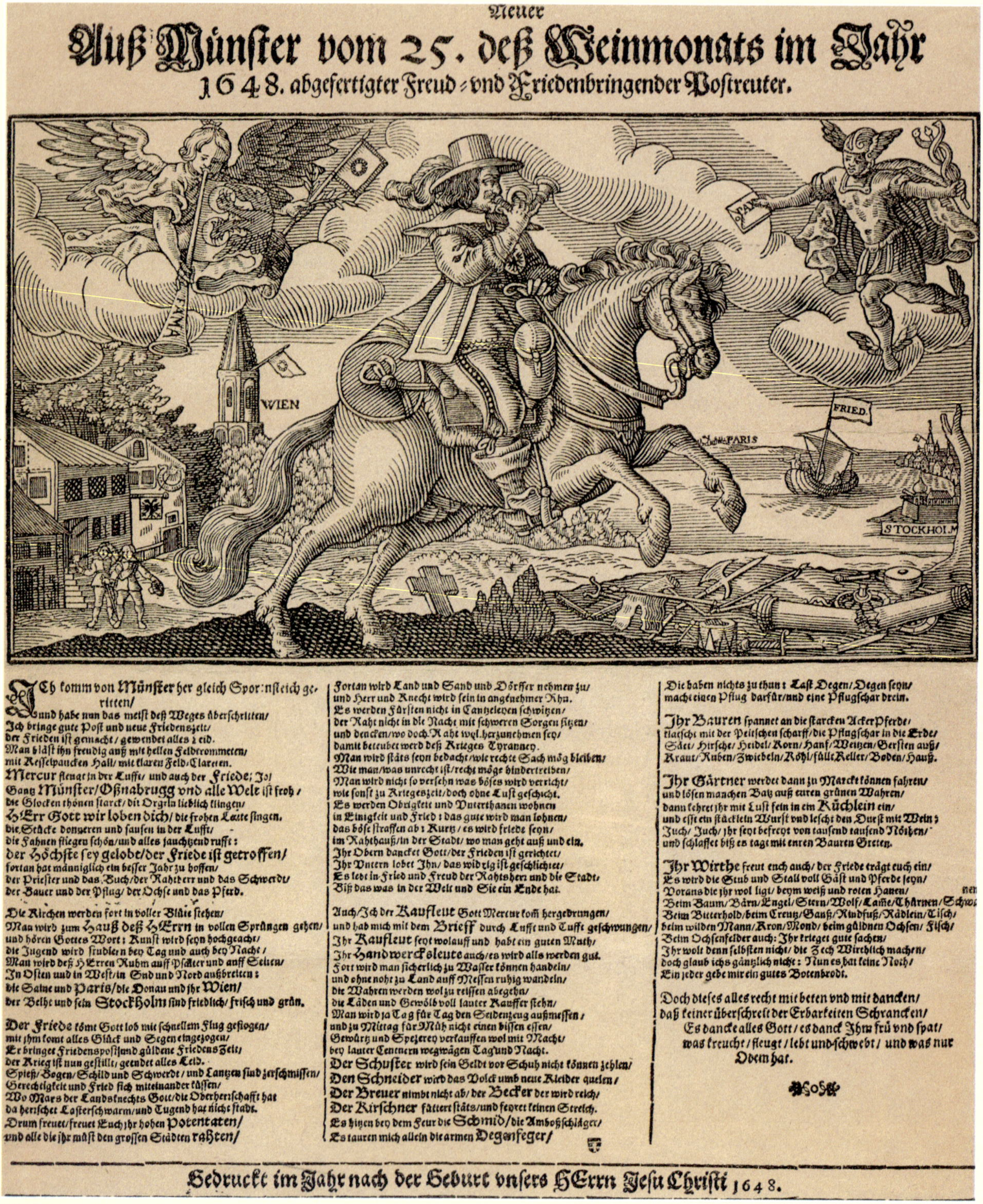
Neuer
Auß Münster vom 25. deß Weinmonats im Jahr 1648. abgefertigter Freud- und Friedenbringender Postreuter.

Ich komm von Münster her gleich Spornstreich geritten/
und habe nun das meist deß Weges überschritten/
Ich bringe gute Post und neue Friedenszeit/
der Frieden ist gemacht/ gewendet alles Leid.
Man bläst ihn freudig auß mit hellen Feldtrommeten/
mit Kesselpaucken Hall/ mit klaren Feld-Clareten.
Mercur fleugt in der Lufft/ und auch der Friede; Jo!
Gantz Münster/ Oßnabrugg und alle Welt ist froh/
die Glocken thönen starck/ die Orgeln lieblich klingen/
HErr Gott wir loben dich/ die frohen Leute singen.
die Stücke donneren und sausen in der Lufft/
die Fahnen fliegen schön/ und alles jauchtzend rufft:
der Höchste sey gelobt/ der Friede ist getroffen/
fortan hat männiglich ein besser Jahr zu hoffen/
der Priester und das Buch/ der Rahtherr und das Schwerdt/
der Bauer und der Pflug/ der Ochse und das Pferd.

Die Kirchen werden fort in voller Blüte stehen/
Man wird zum Hauß deß HErrn in vollen Sprüngen gehen/
und hören Gottes Wort: Kunst wird seyn hochgeacht/
die Jugend wird studiern bey Tag und auch bey Nacht/
Man wird deß HErren Ruhm auff Psälter und auff Seiten/
In Osten und in West/ in Sud und Nord außbreiten:
die Saine und Paris/ die Donau und ihr Wien/
der Belht und sein Stockholm sind friedlich/ frisch und grün.

Der Friede kömt Gott lob mit schnellem Flug geflogen/
mit ihm komt alles Glück und Segen eingezogen/
Er bringet Friedenspost und güldene Friedens Zeit/
der Krieg ist nun gestillt/ geendet alles Leid.
Spieß/ Bogen/ Schild und Schwerdt/ und Lantzen sind zerschmissen/
Gerechtigkeit und Fried sich miteinander küssen/
Wo Mars der Landsknechts Gott/ die Oberherrschafft hat
da herrschet Lasterschwarm/ und Tugend hat nicht stadt.
Drum freuet/ freuet Euch ihr hohen Potentaten/
und alle die ihr müst den grossen Städten rahten/

Fortan wird Land und Sand und Dörffer nehmen zu/
und Herr und Knecht wird sein in angenehmer Ruh.
Es werden Fürsten nicht in Cantzeleyen schwitzen/
der Raht nicht in die Nacht mit schweren Sorgen sitzen/
und dencken/ wo doch Raht wol herzunehmen sey/
damit beteubet werd deß Krieges Tyranney.
Man wird stäts seyn bedacht/ wie rechte Sach mög bleiben/
Wie man/ was unrecht ist/ recht möge hindertreiben/
Man wird nicht so versehn was böses wird verricht/
wie sonst zu Kriegeszeit/ doch ohne Lust geschicht.
Es werden Obrigkeit und Unterthanen wohnen
in Einigkeit und Fried: das gute wird man lohnen/
das böse straffen ab: Kurtz/ es wird friede seyn/
im Rahthauß/ in der Stadt/ wo man geht auß und ein.
Ihr Obern dancket Gott/ der Frieden ist gerichtet/
Ihr Untern lobet Ihn/ das widrig ist geschlichtet/
Es lebt in Fried und Freud der Rahtsherr und die Stadt/
Biß das was in der Welt und Sie ein Ende hat.

Auch/ Ich der Kaufleut Gott Mercur kom hergedrungen/
und hab mich mit dem Brieff durch Lufft und Tufft geschwungen/
Ihr Kaufleut seyt wolauff und habt ein guten Muth/
Ihr Handwercksleute auch/ es wird alls werden gut.
Fort wird man sicherlich zu Wasser können handeln/
und ohne noht zu Land auff Messen ruhig wandeln/
die Wahren werden wol zu reissen abegehn/
die Läden und Gewölb voll lauter Kauffer stehn/
Man wird ja Tag für Tag den Seidenzeug außmessen/
und zu Mittag für Müh nicht einen bissen essen/
Gewürtz und Spezerey verkauffen wol mit Macht/
bey lauter Centnern wegwägen Tag und Nacht.
Der Schuster wird sein Geldt vor Schuh nicht können zehlen/
Den Schneider wird das Volck umb neue Kleider quelen/
Der Breuer nimbt nicht ab/ der Becker der wird reich/
Der Kirschner füttert stäts/ und feyret keinen Streich.
Es hitzen bey dem Feur die Schmid/ die Amboßschläger/
Es tauren mich allein die armen Degenfeger/

Die haben nichts zu thun: Last Degen/ Degen seyn/
macht einen Pflug darfür/ und eine Pflugschar drein.

Ihr Bauren spannet an die starcken AckerPferde/
klatscht mit der Peitschen scharff/ die Pflugschar in die Erde/
Säet/ Hirsche/ Heidel/ Korn/ Hanf/ Weitzen/ Gersten auß/
Kraut/ Ruben/ Zwiebeln/ Köhl/ füllt Keller/ Boden/ Hauß.

Ihr Gärtner werdet dann zu Marckt können fahren/
und lösen manchen Batz auß euren grünen Wahren/
dann kehret ihr mit Lust fein in ein Küchlein ein/
und esst ein stücklein Wurst und lescht den Durst mit Wein;
Juch/ Juch/ ihr seyt befreyt von tausend tausend Nöthen/
und schlaffet biß es tagt mit euren Bauren Greten.

Ihr Wirthe freut euch auch/ der Friede trägt euch ein/
Es wird die Stub und Stall voll Gäst und Pferde seyn/
Vorans die ihr wol ligt/ beym weiß und roten Hanen/ nen
Beim Baum/ Bärn/ Engel/ Stern/ Wolf/ Lamme/ Thürmen/ Schw
Beim Bitterhold/ beim Creutz/ Ganß/ Rindfuß/ Rädlein/ Tisch/
beim wilden Mann/ Kron/ Mond/ beim güldnen Ochsen/ Fisch/
Beim Ochsenfelder auch: Ihr krieget gute sachen/
Ihr wolt denn selbsten nicht/ die Zech Wirthlich machen/
doch glaub ichs gäntzlich nicht: Nun es hat keine Noth/
Ein jeder gebe mir ein gutes Botenbrodt.

Doch dieses alles recht mit beten und mit dancken/
daß keiner überschreit der Erbarkeiten Schrancken/
Es dancke alles Gott/ es danck Ihm frü und spat/
was kreucht/ fleugt/ lebt und schwebt/ und was nur Odem hat.

Gedruckt im Jahr nach der Geburt unsers HErrn Jesu Christi 1648.

M 5 Flugblatt mit dem „Friedenbringenden Postreiter"
Kupferstich von 1648

M 6 Ein Flugblatt zum Frieden

Die Nachricht vom Friedensschluss in Münster und Osnabrück wurde 1648 in ganz Europa durch Zeitungen und Flugblätter verbreitet. Die folgenden Auszüge aus dem Text des Flugblattes wurden der heutigen Sprache angepasst:

Ich komm von Münster her gleich Sporenstreich [spornstreichs = sofort] geritten, und habe nun das meist' des Weges überschritten. Ich bringe gute Post und neue Friedenszeit, der Frieden ist gemacht, gewendet alles Leid. Man bläst ihn freudig aus mit hellen Feldtrommeten [= Trompeten], mit Kesselpaucken Hall, mit klaren Feld-Clareten [= Musikinstrument]. Mercur fliegt in der Luft, und auch der Friede. Ja, ganz Münster, Osnabrück und alle Welt ist froh, die Glocken tönen stark, die Orgeln lieblich klingen, Herr Gott wir loben dich, die frohen Leute singen. [...] Der Höchste sei gelobt, der Friede ist getroffen, fortan hat männiglich [= jeder] ein besser Jahr zu hoffen: der Priester und das Buch, der Ratsherr und das Schwert, der Bauer und der Pflug, der Ochse und das Pferd. Die Kirchen werden fort [=fortan] in voller Blüte stehen. Man wird zum Haus des Herrn in vollen Sprüngen gehen und hören Gottes Wort. [...] Es werden Obrigkeit und Untertanen wohnen in Einigkeit und Fried': das Gute wird man lohnen, das Böse strafen ab [= bestrafen]: Kurz, es wird Friede sein, im Rathaus, in der Stadt, wo man geht aus und ein. [...] Auch Ich, der Kaufleut' Gott Mercur, komm' hergedrungen, und hab mich mit dem Brief durch Luft und Tuft geschwungen. Ihr Kaufleut', seid wohlauf und habt ein' guten Mut, Ihr Handwerksleute auch, es wird all's werden gut. Fort[an] wird man sicherlich zu Wasser können handeln, und ohne Not zu Land auf Messen [= Handelsmessen] ruhig wandeln. [...] Der Schuster wird sein Geld für Schuh nicht können zählen. Den Schneider wird das Volk um neue Kleider quälen. Der Brauer nimmt nicht ab, der Bäcker der wird reich. Der Kürschner füttert stets, und feiert keinen Streich [hat genug zu tun]. [...] Es dauern mich allein die armen Degenfeger [= Degenmacher]. Die haben nichts zu tun: Lasst Degen Degen sein, macht einen Pflug dafür, und eine Pflugschar drein. Ihr Bauern spannet an die starken Ackerpferde, klatscht mit der Peitschen scharf, die Pflugschar in die Erde, Säet Hirse, Heidel [= Buchweizen], Korn, Hanf, Weizen, Gersten aus, Kraut, Rüben, Zwiebeln, Kohl füllt Keller, Boden, Haus. Ihr Gärtner werdet dann zu Markte können fahren, und [er]lösen manchen Batz [Batzen = Geldeinheit] aus euren grünen Waren, dann kehret ihr mit Lust fein in ein Küchlein [=Gasthaus] ein, und esst ein Stücklein Wurst und löscht den Durst mit Wein. [...] Ihr Wirte freut euch auch, der Friede trägt euch ein, Es wird die Stub' und Stall voll Gäst' und Pferde sein. [...] Es danke alles Gott, es dank' Ihm früh und spat [spät], was kriecht, fliegt, lebt und schwebt und was nur Odem [=Atem] hat.

Aufgaben

1. Beschreibe anhand der zeitgenössischen Darstellung die Gräuel des Krieges für die Zivilbevölkerung.
   → M3
2. a) Versuche, den Text auf dem Flugblatt zu entziffern.
   b) Gib den Text des Flugblattes mit eigenen Worten wieder.
   c) An welche Personen bzw. Personengruppen wendet er sich?
   d) Welche Erwartungen formuliert der Bote jeweils?
   e) Verfasse Dialoge zwischen dem Boten und einzelnen von ihm angesprochenen Personen.
   f) Gestalte eine Spielszene, in der der Bote einzelnen Personen (aus verschiedenen Berufsgruppen) die Botschaft vom Friedensschluss in Münster mitteilt.
   → M5, M6

——>>>
Renaissance

Buchdruck

Kolumbus en-
deckt Amerik
(1492)

1350 1380 1410 1440 1470

Zusammenfassung

Zwischen 1350 und 1650 fanden in Europa zahlreiche Veränderungen statt. Am Anfang stand dabei die Erschütterung der festgefügten Vorstellungen von Mensch und Welt, die man im Mittelalter als unumstößliche Wahrheiten ansah. Die Erfindung des Buchdrucks eröffnete für Bildung, Wissenschaft und Politik völlig neue Perspektiven, die in ihrer Wichtigkeit kaum zu überschätzen sind.

Auch im Bereich der Wirtschaft kam es mit dem so genannten Frühkapitalismus zu Entwicklungen, die die Grenze des mittelalterlichen Vorstellungsvermögens überschritten.

Mit der Renaissance und dem Humanismus traten zwei eng verwandte geistige Bewegungen auf, in denen unter Rückbesinnung auf Autoritäten der Antike nicht mehr Gott, sondern der Mensch mit seinen Eigenschaften und Fähigkeiten im Mittelpunkt des Denkens stand. Es entstand ein neues Menschen- und Weltbild.

Durch die Entdeckung Amerikas 1492 und Entdeckungsfahrten in andere Regionen der Erde veränderten sich die geografischen Vorstellungen der Menschen grundlegend. Die europäischen Staaten gründeten überall auf der Welt Kolonien, was bis heute problematische Folgen für diese Gebiete hat. Auch Europa selbst wurde durch diese Entwicklung verändert.

Ferner kam es zu einer für die mittelalterliche Gedankenwelt unvorstellbaren Spaltung der abendländischen christlichen Kirche. Reformatoren wie Martin Luther interpretierten in ihrem Kampf gegen die Missstände der Kirche die Aussagen der Bibel neu und wurden zu Gründern eigenständiger, protestantischer Kirchen. Der Katholizismus war nun nur eine unter mehreren christlichen Konfessionen. Wegen dieser Veränderungen wird die Zeit um 1500 als Epochenwende und als Beginn der Neuzeit angesehen.

Die religiöse Spaltung führte zu gewaltigen Konflikten innerhalb Europas. Der Dreißigjährige Krieg im Heiligen Römischen Reich Deutscher Nation, eine konfessionelle wie machtpolitische Auseinandersetzung in der Mitte Europas, stellte für Deutschland eine der größten Katastrophen seiner Geschichte dar.

Beginn der Reformation (1517)

Westfälischer Frieden (1648)

Augsburger Religionsfrieden (1555)

Dreißigjähriger Krieg

1530	1560	1590	1620	1650

Daten

Um 1450 Erfindung des Buchdrucks
1492 Entdeckung Amerikas durch Kolumbus
1517 Beginn der Reformation
1618–1648 Dreißigjähriger Krieg

Begriffe

Humanismus
Renaissance
Reformation
Protestanten
Konfession
Westfälischer Frieden

Personen

Johannes Gutenberg
Jakob Fugger
Christoph Kolumbus
Martin Luther
Katharina von Bora
Karl V.

Tipps zum Thema: Neue Welten und neue Horizonte

Filmtipp

Luther, 123 min, USA 2003

Martin Luther. Ein Leben zwischen Gott und Teufel, Deutschland 2003

Der Dreißigjährige Krieg, FWU, München 2007, ca. 40 min.

Lesetipp

Anthony Mason: Die Renaissance, Nürnberg 2006
Rainer M. Schröder: Das Geheimnis des Kartenmachers, Würzburg 2006
Annette Adelmeyer, Siegfried Both: Luther entdecken, Knopstädt 2005
Christa Maria Zimmermann: Das Gold des Columbus, München 2006

Museen

Gutenberg Museum Mainz
Fuggerei und Fugger-Museum Augsburg
Lutherhaus Wittenberg
Kulturhistorisches Museum Magdeburg
Museum und Gustav-Adolph-Gedenkstätte Lützen

Kommentierte Links: www.westermann.de/geschichte-linkliste

Arc de Triomphe in Paris,
erbaut 1806 bis 1836

Versailles, um 1722

Hinrichtung Ludwigs XVI. im Jahre 1793

Napoleon als Imperator, 1810

Paris am 14. Juli 2003

Der Absolutismus in Frankreich

Was heißt Absolutismus?

„L' Etat, c'est moi" – Der Staat bin ich. Dieser Ausspruch wird dem französischen König Ludwig XIV. (1643–1715) zugeschrieben und kennzeichnet eine Herrschaftsform, die Historiker als Absolutismus bezeichnen. In der Sonne, die ihr Licht allen Gebieten der Erde zuteilt, sah Ludwig XIV. das Symbol seiner Herrschaft.

Der Begriff „Absolutismus" leitet sich von der Formel „Rex legibus absolutus" ab. Sie bedeutet, dass der Monarch von den menschlichen Gesetzen (leges) „losgelöst" und nur an das göttliche Recht gebunden ist.

Zu diesem politischen System gehören eine mit Beamten besetzte ständige Verwaltung, eine unter königlichem Befehl stehende Armee und eine glanzvolle fürstliche Hofhaltung. Der „Sonnenkönig" Ludwig XIV. galt den damaligen Fürsten als Vorbild. Sie ahmten das höfische Leben nach, das sich im Schloss Versailles abspielte, und trugen dazu bei, dass sich die französische Sprache in großen Teilen Europas verbreitete. Betrachtet man jedoch die starken Widerstände in Teilen des Adels und im Bürgertum, dann muss der Ausdruck „absolutistischer Staat" mit Vorsicht benutzt werden. Zumal es in einigen französischen Provinzen noch Ständeversammlungen oder lokale Parlamente gab, die das Recht der Steuerbewilligung hatten und die sich den königlichen Befehlen zu widersetzen suchten.

M 1 Le „Roi Soleil"
Medaille von 1674 mit der Devise Ludwigs XIV.: Nec pluribus impar (frei übersetzt: „Keiner kann sich mit ihm messen")

Alle Macht dem König

Ludwig XIV. regierte absolutistisch, indem er auf die Mitwirkung ständischer Gruppierungen wie Adel, Geistlichkeit oder Bürgertum verzichtete und sich stattdessen einer von ihm abhängigen Beamtenschaft bediente. Diese Staatsdiener fühlten sich allein den Weisungen ihres Monarchen verpflichtet. In seinem Namen versuchten sie, Befehle und Anordnungen durchzusetzen.

Persönliche Ratgeber Ludwigs XIV. waren seine Minister, von denen vor allem Jean Baptiste Colbert eine herausragende Stellung besaß. Er schickte dem König treu ergebene Intendanten in die Provinzen des Landes, die an Ort und Stelle die Verwaltung in den Bereichen Justiz, Polizei und Finanzen ausübten. Sie trieben die Steuern ein und sorgten dafür, dass die Verordnungen durchgesetzt wurden.

Auch die katholische Kirche Frankreichs hatte der absolutistischen Herrschaft des Königs zu dienen. Der Grundsatz „Un roi, une foi, une loi" (Ein König, ein Glaube, ein Gesetz) zeigt, dass Ludwig XIV. verschiedene Glaubensrichtungen in seinem Staat nicht tolerierte. Protestantische Hugenotten wurden mit Gewalt zum katholischen Glauben bekehrt.

Das Edikt von Nantes, in dem König Heinrich IV. 1598 den Hugenotten Freiheit in religiösen Angelegenheiten zugesichert hatte, hob Ludwig XIV. im Jahr 1685 auf. Viele hugenottische Glaubensflüchtlinge verließen daraufhin Frankreich und fanden in protestantischen Staaten Europas wie der Schweiz, den Niederlanden, Brandenburg-Preußen oder England Zuflucht. Durch die Massenauswanderung verlor Frankreich gut ausgebildete Fachleute, die für die neuen Heimatländer ein Gewinn waren. Denn sie brachten nicht nur ihre Sprache und Kultur mit, sondern auch ihr Wissen und ihre Arbeitskraft.

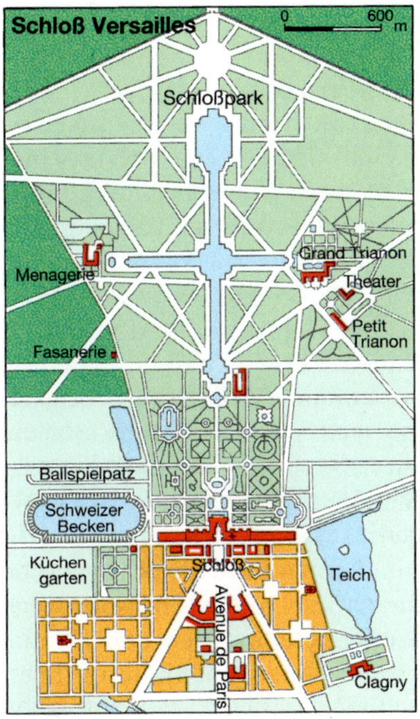

M 2 **Versailles,** Grundriss

M 3 **Versailles**
Gemälde von Pierre-Denis Martin, um 1722

Versailles – Die Hauptstadt im absolutistischen Frankreich

Das abseits von Paris in freier Ebene errichtete Schloss Versailles galt Ludwig als Ausdruck seiner Herrschaft. Dieser Herrschaftssitz mit einer Fassade von fast einem halben Kilometer Länge war der politische, gesellschaftliche und kulturelle Mittelpunkt des französischen Absolutismus. In Versailles lebten und arbeiteten mehr als 15 000 Menschen: Hofadel, Dienstpersonal und Truppenverbände.

Ludwig XIV. hatte seinen gesamten Hofstaat nach Versailles verlegt, um die Adligen in seiner unmittelbaren Nähe zu haben und sie seiner Kontrolle unterwerfen zu können. Nicht mehr die Geburt galt als Kennzeichen der Stellung am Hof, sondern die Nähe zum Herrscher. Man lebte als Mitglied einer Gesellschaft, in der alle von der Gunst des Königs abhängig waren. Adlige bewarben sich um Ämter, Posten und Pensionen. Auswärtige Gäste, Diplomaten und Fürsten aus ganz Europa machten Ludwig XIV. ihre Aufwartung.

Zentrum in Versailles war das nach Osten gelegene Schlafzimmer des Monarchen, in dem sich die Günstlinge versammelten, um an seiner Morgen- und Abendtoilette teilnehmen zu können. Der Tagesablauf, die Auswahl der Kleidung, die Umgangsformen und die Verhaltensweisen waren streng reglementiert.

Im Leben des Hofadels wechselten sich festliche Theater-, Opern- und Ballettaufführungen mit Banketten, Feuerwerken, Jagden, Glücksspielen und anderen Veranstaltungen ab. Intrigen, die Sucht nach Rang oder Ehre und der Wettlauf um die Gunst Ludwigs XIV. bestimmten den Alltag des französischen Adels in diesem Schloss.

M 4 **Jean Baptiste Colbert**
Von 1661 bis 1683 Erster Minister Ludwigs XIV., Gemälde (Ausschnitt) von Claude Lefebvre (1622–1675)

Wie wurde der Absolutismus finanziert?
Massenproduktion in Manufakturen ist ein Merkmal des Merkantilismus, des absolutistischen Wirtschaftssystems. Der bürgerliche Finanzminister Colbert vertrat die Auffassung, ein König sei nur mächtig, wenn er auch reich sei. Der Reichtum eines Staates zeige sich in seiner positiven Handelsbilanz, das heißt, wenn mehr exportiert (ausgeführt) als importiert (eingeführt) wird. So beschränkte man die Warenimporte durch Schutzzölle und förderte den Export hochwertiger Produkte unter anderem durch Prämien und Handelsverträge.

Rohstoffe aus den französischen Kolonien in Afrika und Ostindien wurden in Frankreich zu Fertigprodukten verarbeitet und im Land verkauft oder exportiert. In Manufakturen wurden die Güter in Arbeitsteilung hergestellt. Es handelte sich dabei nicht mehr um handwerkliche Produktionen, bei denen Einzelne einen Gegenstand vollständig herstellten, jedoch auch noch nicht um eine maschinelle Fertigung.

Um die eigene Wirtschaft zu stärken, schuf man eine starke Handelsflotte, gründete Niederlassungen im Ausland wie die „Ostindische Handelskompanie" und ließ im Innern des Landes Transportwege bauen. Einheitliche Maße und Gewichte vereinfachten den Handel innerhalb Frankreichs. Der Staat gründete Akademien, um in ihnen Fachkräfte und Wissenschaftler auszubilden.

Politik und Wirtschaft bildeten in dieser Wirtschaftsform eine Einheit: Der Staat förderte die Wirtschaft, um seine politische und militärische Macht zu steigern, die Wirtschaft profitierte von der staatlichen Zoll- und Steuerpolitik.

Die Kriege Ludwigs XIV.
In mehreren Kriegen versuchte Ludwig XIV., die Vormachtstellung Frankreichs auf dem europäischen Kontinent zu erringen. Für dieses Hegemoniestreben musste die französische Armee modernisiert und verstärkt werden. Es entstand ein in Kasernen untergebrachtes, stehendes Heer mit einheitlichen Uniformen und einer straffen Rangordnung. Durch militärischen Drill, Exerzieren auf dem Kasernenhof und Manöverübungen im Gelände konnten die Soldaten besser auf den Krieg vorbereitet werden. Neue Waffen erhöhten die Schlagkraft der fast 400 000 Mann starken Armee.

Ludwig XIV. wollte das linke Rheinufer von Basel bis Rotterdam in seinen Machtbereich eingliedern. Diplomaten und Juristen begründeten die Gebietsansprüche Frankreichs in vom König eingesetzten „Reunionskammern", die anhand alter Urkunden Besitzansprüche herausfinden sollten. In mehreren Kriegen gelangen Frankreich erhebliche Gebietsgewinne. So kamen auch das Elsass und die ehemalige deutsche Reichsstadt Straßburg in den Besitz Ludwigs XIV. Bis ins 20. Jahrhundert war dieses Gebiet ein Zankapfel zwischen Deutschland und Frankreich.

Frankreichs Streben nach Vorherrschaft auf dem europäischen Kontinent begegneten die bedrohten Staaten und England dadurch, dass sie sich zu Bündnissen zusammenschlossen. Ihr Ziel war es, ein System des Mächtegleichgewichts herzustellen. Als Ludwig XIV. 1715 starb, hinterließ er einen Staat, dessen Finanzen aufgrund der vielen kostspieligen Kriege zerrüttet waren.

Der Merkantilismus – Informationen aus Schaubild und Textquelle entnehmen

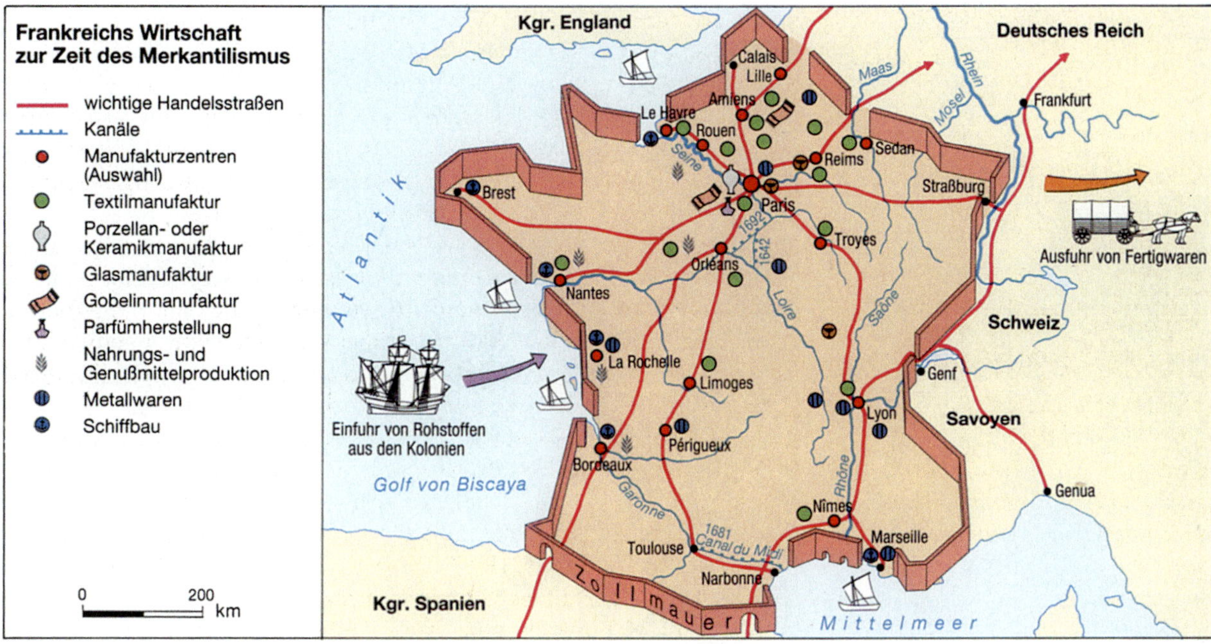

M 5

M 6 **Colberts Wirtschaftsprogramm (1664)**

Colbert (1619–1683) war Leiter der französischen Finanz- und Wirtschaftspolitik:

Ich glaube, man wird ohne Weiteres in dem Grundsatz einig sein, dass es einzig und allein der Reichtum an Geld ist, der die Unterschiede an Größe und Macht zwischen den Staaten begründet. Was dies betrifft, so ist es sicher, dass jährlich aus dem Königreich einheimische Erzeugnisse [Wein, Branntwein, Weinessig, Eisen, Obst, Papier, Leinwand, Eisenwaren, Seide, Kurzwaren] für den Verbrauch im Ausland im Wert von 12 bis 18 Millionen Livres hinausgehen. Das sind die Goldminen unseres Königreiches, um deren Erhaltung wir uns sorgfältig bemühen müssen. [...] Je mehr wir die Handelsgewinne, die die Holländer den Untertanen des Königs abnehmen, und den Konsum der von ihnen eingeführten Waren verringern können, desto mehr vergrößern wir die Menge des hereinströmenden Bargeldes und vermehren wir die Macht, Größe und Wohlhabenheit des Staates. Denselben Schluss können wir hinsichtlich des Zwischenhandels ziehen, d. h. derjenigen Waren, die wir aus Ost- und Westindien holen und nach Nordeuropa bringen könnten, von wo wir die zum Schiffbau nötigen Materialien selber heranführen könnten, worauf zum anderen Teil Größe und Macht des Staates beruhen.

Außer den Vorteilen, die die Einfuhr einer größeren Menge Bargeld in das Königreich mit sich bringt, wird sicherlich durch die Manufakturen eine Million zurzeit arbeitsloser Menschen ihren Lebensunterhalt gewinnen. Eine ebenso beträchtliche Anzahl wird in der Schifffahrt und in den Seehäfen Verdienst finden. [...]

Als Mittel, sie zu erreichen, schlage ich vor: [...] Die am Hof erscheinenden Kaufleute sollten mit allen Anzeichen der Gewogenheit und des guten Willens empfangen, in allen Angelegenheiten ihres Handels unterstützt und [...] im Conseil Seiner Majestät gehört werden. [...] Alle Verwaltungsvorschriften im Königreich bezüglich der Wiederherstellung der Manufakturen sollten erneuert, die Ein- und Ausfuhrtarife überprüft [...], und es sollte jährlich eine bedeutende Summe für Wiederherstellung der Manufakturen und die Förderung des Handels [...] ausgeworfen werden. Desgleichen bezüglich der Schifffahrt: Zahlung von Gratifikationen an alle, die neue Schiffe kaufen oder bauen oder große Handelsreisen unternehmen. Die Landstraßen sollten ausgebessert, die Zollstationen an den Flüssen aufgehoben werden [...]. Man bemühe sich, die Flüsse im Innern des Königreiches schiffbar zu machen, soweit sie es noch nicht sind.

Geschichte in Quellen, Bd. III, hrsg. von Wolfgang Lautemann und Manfred Schlenke, München 1976, S. 448 f.

Ludwig XIV. – Ein Herrscherbild interpretieren

M 7 **Ludwig XIV.**, Gemälde von Hyacinthe Rigaud, um 1700
- Hermelin: seit dem Mittelalter den Fürsten vorbehaltener kostbarer Pelz;
- Tanzmeisterschritt: Fußhaltung steht für Eleganz und Lebensart;
- Lilien: Symbol des französischen Herrscherhauses.

Grundsätze des Absolutismus – Textquellen vergleichen

M 8 Absolute Regierung

Der Prinzenerzieher und Theologe Jacques-Bénigne Bossuet (1627–1704):

Die königliche Autorität ist absolut. Um diese Behauptung als hässlich und unerträglich hinzustellen, verwechseln viele mit Vorliebe die absolute Regierung mit dem willkürlichen Regiment. Beides ist aber grundverschieden.

1. Satz: Der Fürst hat niemand Rechenschaft abzulegen von dem, was er anordnet. Ohne diese absolute Autorität kann er weder das Gute tun noch das Böse vernichten. Seine Macht muss so groß sein, dass niemand sich ihr entziehen kann. Der einzige Schutz des Privatmannes vor der öffentlichen Gewalt ist seine Unschuld.

2. Satz: Wenn der Fürst geurteilt hat, so gibt es kein höheres Urteil mehr. […] Sie sind von Gott eingesetzt und haben gleichsam Teil an der göttlichen Unabhängigkeit. Gott allein kann ihre Urteile und Handlungen richten […]. Daraus folgt, dass derjenige, der dem Fürsten nicht gehorchen will, nicht zu einem anderen Gerichtshof geschickt wird, sondern unweigerlich zum Tode verurteilt wird als Friedensstörer und Feind der menschlichen Gesellschaft.

A. Fitzek, Staatsanschauungen im Wandel der Jahrhunderte II., Paderborn, (4. Aufl.) 1977, S. 48.

M 9 Sonnenkönig

Ludwig XIV. schrieb über seine Herrschaft:

Als Sinnbild wählte ich die Sonne, die nach den Regeln der Wappenkunst das vornehmste Zeichen vorstellt.

Sie ist ohne Zweifel das lebendigste und schönste Sinnbild eines großen Fürsten, sowohl deshalb, weil sie einzig in ihrer Art ist, als auch durch den Glanz, der sie umgibt, durch das Licht, das sie den anderen Gestirnen spendet, die gleichsam ihren Hofstaat bilden, durch die gerechte Verteilung des Lichtes über die verschiedenen Himmelsgegenden der Welt, durch die Wohltaten, die sie überall spendet, durch das Leben, die Freude und die Tätigkeit, die sie überall weckt, durch ihre unaufhörliche Bewegung, bei der sie trotzdem stets in ständiger Ruhe zu schweben scheint, durch ihren ständigen und unveränderlichen Lauf, von dem sie niemals abweicht.

Gott, der die Könige über die Menschen gesetzt hat, wollte, dass man sie als seine Stellvertreter achte, und er selbst hat sich das Recht vorbehalten, über ihren Wandel zu urteilen. Es ist sein Wille, dass, wer als Untertan geboren ist, willenlos zu gehorchen hat.

Ludwig XIV., Memoiren, hrsg. von L. Steinfeld, Basel, Leipzig 1931, S. 187 und 271.

Aufgaben

1. a) Erkläre den Begriff „Absolutismus".
   b) Erläutere die Herrschaftsauffassung Ludwigs XIV.
   c) Welche Bedeutung hatte das Symbol der Sonne für Ludwig XIV.?
   → Text, M1, M8, M9
2. Zeige, wie Ludwigs Herrschaftsauffassung im Porträt von Rigaud zum Ausdruck kommt.
   → M7, M8, M9
3. a) Erläutere mithilfe des Schaubilds das System des Merkantilismus.
   b) Fasse das Wirtschaftsprogramm Colberts in Stichpunkten zusammen.
   → M5, M6
4. Erläutere, in welchem Verhältnis der französische Adel zu Ludwig XIV. stand.
   → Text
5. a) Nenne die außenpolitischen Ziele Ludwigs XIV.
   b) Erkläre, warum militärische Erfolge für Ludwigs Königsherrschaft so wichtig waren.
   → Text

Russlands Aufstieg zur europäischen Großmacht

M 1 Peter der Große (1672–1725)
Zeitgenössisches Gemälde

Der eherne Reiter – Peter I. oder Peter der Große?
Im Zentrum von Petersburg steht bis heute das aus Erz gegossene Reiterstandbild des russischen Zaren Peter I. (1672–1725). Der russische Dichter Alexander Puschkin (1799–1837) hat diesen „ehernen Reiter“ in einem berühmten Verspoem verewigt. Eingangs rühmt der Dichter den Zaren Peter, der durch die Gründung von Petersburg das „Fenster nach Europa“ aufgestoßen hatte. Doch während einer schrecklichen Sturmflut verflucht Eugen, der Held des Poems, das auf steinernem Postament thronende Standbild des Herrschers. Da erwacht der metallene Koloss zum Leben, verfolgt Eugen durch die Straßen von Petersburg, bis jener zu Tode gehetzt zusammenbricht.

Für Puschkin war Zar Peter der Schöpfer des neuen Russlands und gleichzeitig die Verkörperung absolutistischer Gewaltherrschaft. Mit ihm begann in Russland die Neuzeit. Er hat das rückständige Land zur europäischen Großmacht gemacht. Viele Russen nennen ihn deshalb bis heute „Peter den Großen“. Andere verurteilen seine Reformen, die durch die Übernahme westlicher Sitten und Denkweisen gewaltsam Russlands Traditionen zerstört hätten.

Herkunft und Jugend des Zaren Peter
Dabei muss dieser Zar eine wirklich faszinierende Persönlichkeit gewesen sein. Ein Riese von Gestalt, ausgestattet mit gewaltiger Körperkraft, voller Wissbegier, Tatkraft und persönlichem Mut, aber auch rachsüchtig und brutal bis zur Grausamkeit. Er liebte wüste Sauf- und Fressgelage, hatte einen sehr groben Humor und setzte sich bedenkenlos über die Gebote der Kirche und der Moral hinweg.

Aufgewachsen ist er – und das ist das eigentlich Erstaunliche an dieser Persönlichkeit – in der düsteren Enge des Moskauer Kremls. Hier zählten allein Tradition und Glaube. Schon mit zehn Jahren wur-

M 2 Enthüllung des Denkmals Peters des Großen 1782
Stich, um 1782

de er zum Mitregenten gekrönt. Ihn faszinierte das Leben in der Ausländervorstadt. Hier lebten Kaufleute, Handwerker und Glücksritter aus Westeuropa. Voller Wissbegier stürzte sich Peter auf alle technischen und wissenschaftlichen Errungenschaften, die von den Fremden mit nach Moskau gebracht worden waren.

Auf dem Weg nach Europa

Im Jahre 1697 verließ der Zar an der Spitze einer „Großen Gesandtschaft" von über 250 Personen die Heimat und unternahm eine Reise durch Deutschland, Holland und England. Er informierte sich über die Festungsbaukunst, Navigation und Medizin. Alles wollte der Zar selbst machen, selbst Zähne ziehen und Kranke zur Ader lassen. Er arbeitete sogar als Zimmermann auf einer Werft im holländischen Zaandam, um die Schiffsbautechnik zu erlernen. Achtzehn Monate weilte der Zar im Ausland, bis ihn ein Aufstand seiner Elitetruppen nach Hause rief. In Moskau angekommen, war er wieder ganz der orientalische Gewaltherrscher. Er übernahm persönlich die grausam geführten Verhöre und legte bei den Hinrichtungen selbst mit Hand an.

Mit großer Tatkraft schritt der Aufbau einer modernen Armee und einer Flotte voran. Bald war das Land reif zum Krieg um die Vorherrschaft im Ostseeraum. Nach einer verheerenden Niederlage gegen die Schweden bei Narwa (1700) mobilisierte Peter alle Ressourcen des Landes. Bauern wurden in die Armee gepresst und gedrillt, die Produktion von Geschützen und Waffen in staatlichen Werkstätten vorangetrieben. Selbst die Kirchenglocken wurden abgenommen und zu Kanonen umgeschmolzen. Erst 1721 fand der Krieg durch den Frieden zu Nystad ein Ende. Russland erhielt einen großen Teil des Baltikums und mit Riga den ersehnten eisfreien Hafen sowie die direkte Landverbindung nach Westeuropa.

Reformen im Inneren

Peter reformierte den Kalender und die Schrift, das Schulwesen und die Verwaltung, selbst die Kleidung und die Haarmoden. An den Stadttoren standen Wachen, die den Russen die Bärte abrasierten und die die Rockschöße auf das durch westeuropäische Kleidermoden vorgeschriebene Maß kürzten. Statt der Pelzmütze sollten die Herren den Dreispitz tragen und die vornehmen Russinnen sollten ebenso tief dekolletiert sein wie die Damen in Paris. Für den kalten russischen Winter war die neue Mode allerdings denkbar ungeeignet.

Ab 1703 stampften auf Peters Befehl leibeigene Bauern an der sumpfigen Mündung der Newa Petersburg, Russlands neue Hauptstadt, aus dem Boden. Dass Tausende zwangsverpflichtete Bauern in den Fiebersümpfen starben, interessierte den Zaren nicht. Er wollte eine prachtvolle Hauptstadt, mit Kanälen wie in Amsterdam, Palästen wie in Italien und Wasserspielen wie in Versailles. Doch der Preis für diese architektonischen Wunderwerke war hoch. Das Klima war kalt und feucht. Die Stadt wurde immer wieder von Überschwemmungen heimgesucht. Selbst die Adelsfamilien zogen nur auf allerhöchsten Befehl in die neue Hauptstadt. Moskau wurde zum Symbol des heiligen Russland, das sich gegen die Reformen Peters I. sperrte. Die Adelsopposition scharte sich um den Thronfolger Alexej. Doch der Zar duldete keinen Widerspruch.

M 3 Bärte werden rasiert
Auf diesem zeitgenössischen Bild sagt der altgläubige Russe: „Hör mal, Barbier, ich will meinen Bart nicht abschneiden lassen!" Der antwortet: „Pass auf, ich rufe gleich die Wache!"

M 4 **St. Petersburg**
Zeitgenössisches Gemälde

Er ließ den eigenen Sohn zu Tode foltern. Mit rücksichtsloser Gewalt trieb er Russland auf dem Wege eines zweifelhaften Fortschritts voran. Er übernahm von Westeuropa die technischen, vor allem die militärtechnischen Erfindungen, ohne von den Ideen der Aufklärung im Mindesten berührt zu sein. Viele der Neuerungen blieben Fassade oder berührten nur eine dünne Oberschicht, während die Masse des Volkes in Armut und Unwissenheit dahinvegetierte.

Katharina II. oder Katharina die Große?
Der „eherne Reiter“ in St. Petersburg wurde nicht zufällig 1782 auf Geheiß der Zarin Katharina II. geschaffen. Auch sie wird von den Geschichtsschreibern oft „die Große“ genannt. Innen- wie außenpolitisch bewegte sich Katharina auf den Spuren Peters I. Sie entstammte dem deutschen Fürstenhaus von Anhalt-Zerbst und hatte 1745 den russischen Thronfolger und späteren Zaren Peter III. geheiratet. Die rein politisch motivierte Ehe war aber sehr unglücklich. Katharina tröstete sich mit verschiedenen Liebhabern. Doch sie lernte auch Russisch und beschäftigte sich gründlich mit der Geschichte und Geografie ihrer neuen Heimat.

Nach der Ermordung ihres Mannes bestieg Katharina 1762 den Zarenthron und regierte bis 1796 als Alleinherrscherin das größte Reich der Erde. Ausländische Künstler und Gelehrte wurden nach Russland gerufen. Sie bot Siedlern aus Deutschland, insbesondere aus Schwaben, Land und Steuerfreiheit an der Wolga an. So trug sie viel zur Hebung der landwirtschaftlichen Produktion bei. Sie berief eine Gesetzeskommission, welche die Missstände im Lande beseitigen sollte. Eigenhändig brachte die Zarin die wichtigsten Verfassungsgrundsätze zu Papier. Sie korrespondierte deswegen mit den führenden Geistern der europäischen Aufklärung. Die Ideen dieser Philosophen fanden aber nur wenig Eingang in die russische Regierungspraxis. Es ist kein Zufall, dass in dieser Zeit die Redensart von den „Potemkin'schen Dörfern“ entstand. Wenn sich die Zarin auf Reisen begab, ließ ihr Günstling, Fürst Potemkin, künstliche Fassaden von wohlhabenden Dörfern errichten, um der Kaiserin blühende Landschaften vorzugaukeln. Doch die Wirklichkeit sah ganz anders aus. Im Jahr

M 5 **Katharina II. (1729–1796)**
Zeitgenössisches Gemälde

1773 erhoben sich unter der Führung des Kosaken Jemeljan Pugatschow die unterdrückten Bauern. Die Kaiserin schickte Strafexpeditionen ins Aufstandsgebiet. Schließlich wurde Pugatschow festgenommen und hingerichtet.

Russland und Europa

Unbestreitbar waren die außenpolitische Erfolge der Kaiserin Katharina. Sie dehnte die Grenzen Russlands nach Süden aus, erlangte den Zugang zum Schwarzen Meer und gründete dort die Hafenstadt Odessa. Gegenüber den Polen trieb sie eine räuberische Expansionspolitik. Schrittweise teilten sich Russland, Preußen und Österreich das Territorium Polens, das durch die dritte Teilung 1795 gänzlich seiner staatlichen Existenz beraubt wurde und erst 1918 wieder als unabhängiger Staat erstehen konnte.

Im Inneren verfolgte sie mit äußerster Schärfe alle fortschrittlichen Ideen. Zum ersten Mal regte sich der kritische Geist der Aufklärung auch in Russland. Der Staatsbeamte Alexander Radischtschew (1749–1802), der als junger Mann in Leipzig studiert hatte, veröffentlichte 1790 seine „Reise von Petersburg nach Moskau". In diesem Buch schildert er die Grausamkeit der Gutsherren und die Not der Landbevölkerung. Falls die Lage der Bauern nicht erleichtert wird, schreibt der Autor, drohen neue Unruhen. Das Buch erregte den Zorn der Zarin. Sie schrieb in ihrem Exemplar an der Rand „schlimmer als Pugatschow". Radischtschew wurde verhaftet, zum Tode verurteilt und schließlich zur Verbannung nach Sibirien „begnadigt". Nach dem Tode der Zarin 1796 durfte er zwar nach Petersburg zurückkehren, sein Buch aber blieb verboten. Es kursierte nur in handgeschriebenen Exemplaren und konnte erst 1922 vollständig erscheinen.

M 6

M 7 Ein „falscher“ Befehl

Ukas des Kosakenführers Jemeljan Pugatschow, der sich als der ermordete Zar Peter III. ausgab (31. Juli 1773):

Durch diesen persönlichen Ukas gewähren Wir in Unserer […] väterlichen Barmherzigkeit allen bisher in bäuerlicher Leibeigenschaft befindlichen Personen die Gnade, fortan […] in Unabhängigkeit und Freiheit als Kosaken für alle Zeit, ohne von ihnen die Stellung von Rekruten, die Entrichtung von Kopfsteuern oder sonstigen Geldopfern zu fordern, und Wir übergeben ihnen zu Eigentum Länder, Wälder, Wiesen, Fischereirechte und Salzseen ohne Kauf und Leibzins. Wir befreien sie von allen Abgaben und Lasten, die ihnen früher von den verbrecherischen Adligen und den bestechlichen Richtern auferlegt wurden. […]
Wir befehlen […] die Plünderer der Bauern zu fangen, zu strafen und zu hängen und mit ihnen ebenso zu verfahren, wie sie, jeden Christentums bar, mit ihren Bauern verfuhren. Und nach Ausrottung dieser Feinde, dieser verbrecherischen Adligen, wird jedermann die Stille und ein ruhiges Leben genießen, das dauern wird, solange die Welt steht.

Hans Jessen, Katharina II. von Russland im Spiegel der Zeitgenossen, Düsseldorf 1970, S. 246 f.

M 8 Bestrafung

Der Oberbefehlshaber der gegen die Aufständischen eingesetzten Armee, Graf Peter Iwanowitsch Panin, verfügte am 25. August 1774:

Zwecks Unterdrückung des Aufruhrs, den Pugatschow und seine Spießgesellen zur Zeit im Reich hervorruft, indem er sich den Namen des verstorbenen Kaisers Peter III. beilegt, der wie das ganze Land weiß, schon vor zwölf Jahren gestorben und vor den Augen von ganz St. Petersburg im Newski-Kloster beigesetzt worden ist […] verfüge ich:

1. In allen Städten und Siedlungen, deren Bewohner die Hand erhoben oder auch nur geholfen haben, die […] von Ihrer Majestät eingesetzten Amtspersonen oder ihre eigenen Gutsherren oder Geistliche oder treue Untertanen sonstigen Standes zu fangen und den Verrätern auszuliefern, soll man diese Leute, sowohl die Mörder selbst als die Verräter und Anstifter, nach vorausgegangener christlicher Vorbereitung hinrichten, wobei man ihnen zuerst die Hände und Füße, hernach den Kopf abschlagen soll und die Leichen soll man an den Fahrstraßen auf Räder legen.
2. Alle Mitläufer solcher Aufrührer soll man unter dem Galgen grausam auspeitschen.
3. Bei allen Siedlungen, die am Aufruhr teilnahmen oder auch nur den gesetzlichen Behörden ungehorsam waren, soll man aufrichten und bis auf weiteren Befehl nicht wegnehmen je einen Galgen, ein Rad und je ein Gerüst zum Aufhängen an den Rippen.
4. Wenn man die Urheber nicht mehr durch wirkliche Beweise überführen kann, so soll man in den Siedlungen […] die Einwohner zur Auslieferung der Täter zwingen, indem man das Los ziehen lässt und jeden Dritten zu hängen droht; und wenn sie dann nicht ausliefern, so soll man jeden Hundertsten nach dem Los wirklich hängen und alle anderen Erwachsenen grausam auspeitschen.

Hans Jessen, Katharina II. von Russland im Spiegel der Zeitgenossen, Düsseldorf 1970, S. 527 f.

M 9 Knutenstrafe
Zeitgenössischer Stich

M 10 **Russische Winterszene,** Stich aus dem 18. Jahrhundert

M 11 Ein Reisebericht

a) Der Staatsbeamte Alexander Radischtschew (1749–1802) veröffentlichte 1790 seine „Reise von Petersburg nach Moskau":

Wer trägt das Joch der Sklaverei? Der Landmann. Unser Ernährer, der unseren Hunger stillt, unsere Gesundheit stärkt, unser Leben verlängert, kann weder über den Boden, den er bearbeitet, noch über dessen Erzeugnisse verfügen. Wer aber kann ein größeres Anrecht auf den Boden haben, als der, der ihn bestellt? [...]
Dem gestauten Strom vergleichbar sind unsere von uns in Fesseln gezwungenen Brüder. Sie harren der Gelegenheit und Stunde. [...]
Je langsamer wir die Fesseln lösen, um so rascher und zielbewusster wird die Vergeltung sein. Ruft euch die Berichte aus den vergangenen Jahren ins Gedächtnis. Wie oft genügten Wahnvorstellungen, um die Sklaven zur Vernichtung ihrer Herren anzustacheln.

Alexander Radischtschew, Reise von Petersburg nach Moskau, Berlin 1952, S. 179 und 189.

b) Randbemerkung der Zarin Katharina II. in ihrem Exemplar von Alexander Radischtschews „Reise von Petersburg nach Moskau":

Die Absicht des Verfassers ist auf jeder Seite zu erkennen. Der Verfasser ist erfüllt und vergiftet von dem französischen Irrwahn, sucht alles Mögliche zur Herabsetzung der Achtung vor der Regierung, zur Empörung des Volkes gegen Vorgesetzte und Obrigkeit.

Hans Jessen, Katharina II. von Russland im Spiegel der Zeitgenossen, Düsseldorf 1970, S. 246 f. und S. 397.

Aufgaben

1. a) Erläutere, wie Peter der Große versucht hat, aus Russland einen modernen, westlichen Staat zu machen.
   b) Erläutere, wie Katharina die Große diesen Weg fortgesetzt hat.
   → Text
2. a) Welche Ziele verfolgte Pugatschow und welche Methoden wandte er an?
   b) Waren die Versprechungen Pugatschows zu verwirklichen? Begründe deine Meinung
   → M7, M8, M9
3. a) Welche Absichten verfolgte Alexander Radischtschew mit seiner Kritik an der Leibeigenschaft in Russland?
   b) Wie reagierte die Staatsmacht auf die Kritik?
   → M11
4. Verdienen die russischen Herrscher Peter und Katharina den Beinamen der bzw. die Große?

Die Aufklärung

M 1 **Immanuel Kant (1724–1804)**
Zeichnung, um 1790

Der Begriff „Aufklärung"

Sexualaufklärung in der Schule, Feindaufklärung in der Armee, Verbrechensaufklärung bei der Polizei – mit dem Begriff „Aufklärung" verbinden sich höchst unterschiedliche Vorstellungen. Er lässt sich auf viele Lebensbereiche anwenden, denn er bezeichnet eine bestimmte Art des Denkens: Durch Anwendung der Vernunft gelangt der Mensch von der Unwissenheit zur Klarheit, tritt aus dem Dunkel ins Licht.

Aufklärung ist jedoch nicht nur eine Denkmethode, sondern auch Kennzeichen einer Epoche der europäischen Geistesgeschichte des 17. und 18. Jahrhunderts, die – ausgehend von England und Holland – vor allem die protestantischen Staaten erfasste. Träger dieser Bewegung war das in den absolutistischen Staaten lebende Bürgertum: Beamte, Geistliche, Gelehrte und Schriftsteller – und damit nur ein kleiner Teil der Bevölkerung.

Toleranz und Emanzipation

Die Aufklärung war eine gesamteuropäische Bewegung, die sich in einzelnen Ländern unterschiedlich ausprägte. In England war sie mehr politisch ausgerichtet, während sie sich in Frankreich eher auf die Gesellschaft bezog. In der deutschen Aufklärung spielten dagegen Religionsfragen eine wichtige Rolle, denn das Land war seit der Reformation konfessionell geteilt. Neben der vorherrschenden protestantischen gab es im Süden auch eine wenig beachtete katholische Form der Aufklärung. Ihre Kritik an Bibel und Kirche verbanden viele Aufklärer mit der Forderung nach religiöser Toleranz: Weil niemand im Besitz der Wahrheit ist, solle Toleranz herrschen.

Vernunft und Kritik

In seinem berühmten Aufsatz „Was ist Aufklärung?" aus dem Jahr 1784 forderte der Königsberger Philosoph Immanuel Kant: „Habe Muth, dich deines eigenen Verstandes zu bedienen!"

M 2 **„Schulstunde"**
Gemälde von Georg Melchior Kraus, um 1770

M 3 Dichterlesung in Paris
Die vornehme Pariser Gesellschaft trifft sich 1755 im Salon von Madame Geoffrin. Zu den Gästen zählen Diderot, Montesquieu und Rousseau. Die Büste zeigt den Philosophen Voltaire, Gemälde von 1755.

Jeder Mensch sollte sich seine eigene Meinung bilden und nicht vorgefasste Einstellungen übernehmen. Insofern konnte er auch bislang fraglos akzeptierte Autoritäten wie die Kirche oder die Herrscher infrage stellen. Der Vernunftgebrauch führte so zur Kritik an bestehenden Missständen. Um den Vernunftgebrauch zu schulen, bedurfte es der Erziehung. Vor allem im Bürgertum verbreitete sich die Einsicht von der Veränderbarkeit des Kindes durch eine „natürliche", auf seine Bedürfnisse ausgerichtete Erziehung. Dies hatte der französische Pädagoge Jean-Jacques Rousseau (1712–1778) in seiner berühmten Schrift „Emile" gefordert.

Verbreitung der Aufklärung

Das Bedürfnis nach Informationen und Bildung versuchten die mehr als 400 Lesegesellschaften in Deutschland zu befriedigen, in denen man sich zu gemeinsamer Lektüre von Zeitungen oder Journalen traf und über wichtige Themen diskutierte. Nach neuesten Forschungen konnten nur ungefähr zehn Prozent der erwachsenen Deutschen lesen. Im letzten Drittel des 18. Jahrhunderts nahm allerdings die Lesefähigkeit zu, und es entstand ein Buchmarkt.

Verbreitung fand die Aufklärung in Deutschland auch in Gesellschaften wie den „Freimaurern" oder in so genannten „patriotischen Gesellschaften", die Ideen wie Gleichheit und Brüderlichkeit vertraten. Die patriotischen Gesellschaften waren auf die Praxis ausgerichtet: Sie förderten landwirtschaftliche Projekte, richteten Schulen, Sparkassen und Badeanstalten ein und organisierten gemeinsame Veranstaltungen.

M 4 Denis Diderot (1713–1784)
Gemälde von Jean-Honoré Fragonard, 1769

Revolution der Wissenschaften

Die französischen Aufklärer Diderot und d'Alembert haben das gesamte Wissen ihrer Zeit zusammengetragen. Ihre 34 Bände umfassende

M 5 Erfindungen und Entdeckungen im Zeitalter der Aufklärung:

1666	Gravitationsgesetz
1693	Porzellan in Europa
1711	Dreifarbendruck
1718	Quecksilberthermometer
1735	Gussstahl
1738	Spinnmaschine
1752	Blitzableiter
1754	Eisenwalzwerk
1766	Wasserstoff
1769	Dampfmaschine
1771	Sauerstoff
1772	Stickstoff
1783	Heißluftballon
1785	Mechanischer Webstuhl

„Enzyklopädie" enthält ungefähr 60 000 Artikel von mehr als 170 Autoren und gilt als Vorbild für die bis heute existierenden Universallexika.

Die Wissenschaft, vor allem die experimentelle Naturwissenschaft, nahm in der Zeit der Aufklärung einen ungeheuren Aufschwung. Hauptmittel, um zu Erkenntnissen zu gelangen, waren die Beobachtung der Natur und das Experiment. Als Ergebnisse dieser durch Erfahrung gewonnenen Erkenntnisse kamen Erfindungen und Entdeckungen zustande, die das Leben der Menschen grundlegend veränderten. Diese wiederum schufen die Voraussetzung für eine moderne Industrie, die – von England ausgehend – ihren Siegeszug durch Europa antrat.

Der schottische Philosoph Adam Smith gilt als Begründer einer modernen Marktwirtschaft, die auf Arbeitsteilung beruht und deren Triebkraft das wirtschaftliche Interesse des Einzelnen ist. Er war davon überzeugt, dass der wirtschaftliche Egoismus des Einzelnen Vorteile für die gesamte Gesellschaft bringt.

Staatslehren der Aufklärung

Wie lässt sich staatliche Herrschaft rechtfertigen? Dies war eine damals viel erörterte Frage. Die politischen Denker der Aufklärung gingen davon aus, dass vor der Bildung des Staates ein „Naturzustand" existiert habe, in dem alle Menschen frei und gleich gewesen seien.

Für den Engländer Thomas Hobbes (1588–1679) war dieser Naturzustand durch einen ständigen Kampf aller gegen alle gekennzeichnet. Dieser könne nur überwunden werden, wenn die Menschen einen Vertrag schließen, in dem sie ihre uneingeschränkte Freiheit an eine Macht abtreten, die sie schützt. Dadurch entsteht der souveräne Staat, der eine absolute Macht besitzen müsse. So ließ sich die absolutistische Monarchie rechtfertigen.

Demgegenüber forderte sein Landsmann John Locke (1632–1704) den Schutz der naturgegebenen Rechte des Einzelnen durch Gesetze. Durch einen Vertrag sollte auch der Herrscher an das Recht gebunden und seine Herrschaft durch eine Verfassung geregelt werden. Insofern spricht man von einer konstitutionellen Monarchie.

Der französische Staatstheoretiker Charles de Montesquieu (1689–1755) machte die Lehre von der Gewaltenteilung auf dem europäischen Kontinent populär. Er unterschied im Staat die gesetzgebende, die ausführende und die rechtsprechende Gewalt. Ihre strikte Trennung sollte Machtmissbrauch, Korruption und den Verfall der politischen Ordnung verhindern.

Ob der Vertrag zwischen Bevölkerung und Herrscher gekündigt werden dürfe oder ob die Bürger ein Widerstrandsrecht gegen staatliche Maßnahmen haben, war umstritten. Jean-Jacques Rousseau (1712–1778) vertrat die Auffassung, dass die Menschen selbst ihre Angelegenheiten regeln konnten, also keinen Vertrag mit dem Herrscher abschließen müssten. Diese Lehre der Volkssouveränität stellte die Herrschaftsform der Monarchie in Frage. In seinem Buch „Der Gesellschaftsvertrag" aus dem Jahr 1762 vertrat er die Auffassung, dass alle Menschen ihr Recht auf Freiheit und Gleichheit verwirklichen können, wenn sich alle Einzelnen der Gemeinschaft unterwerfen.

M 6 Jean-Jacques Rousseau
Pastell von 1753

Ein Lesebuch der Aufklärungszeit – Eine Textquelle analysieren

Der
Kinderfreund
Ein
Lesebuch
zum Gebrauch
in Landschulen
Von
Friedrich Eberhard von Rochow,
Erbherrn auf Reckan rc. rc.

Für acht Kreuzer

Frankfurt, 1776
bey den Eichenbergischen Erben.

M 7 **Titelblatt der Erstausgabe von 1776**

M 8 Der Kinderfreund

Der preußische Pädagoge Friedrich Eberhard von Rochow (1734–1805) verfasste 1776 ein Lesebuch für die Landschule, das als erstes deutsches Volkslesebuch gilt. Von diesem Buch sind bis 1880 etwa eine Million Exemplare gedruckt worden:

Vorbericht:
Dieses Buch ist der Armen wegen wohlfeil. Denn es muss in jedes Schulkindes Händen seyn. Sonst könnten viel Kinder zugleich daraus nicht lesen lernen.
Ich habe durch dieses Buch Übungen der Aufmerksamkeit, dadurch dass, wenn ein Kind laute liest, ein anderes außer der Reihe, und oft mitten in der Periode, zum Fortlesen aufgerufen wird;
Sprachübungen, in deutlichen und verständlichen Ausdrücken;
Einen leichten Erzählungs- und Gesprächston; und Vorbereitungen zur christlichen Tugend befördern wollen. [...]
Übrigens hat der Verfasser geglaubt, dass dieses Buch so lange, bis ein besseres da ist, geschickt sey, die große Lücke zwischen Fibel und Bibel auszufüllen.
[...]

Vom Nutzen des Lesens und Schreibens:
Ein verschuldeter, aber arglistiger Bürger erfuhr, dass Hanns, der weder Schreiben noch Lesen konnte, Geld geerbt hätte, und es gern auf Zinsen ausleihen wollte. Er ging also zu Hanns und versprach ihm sechs Thaler für jedwedes hundert Reichsthaler jährlich an Zinse zu geben, ihm sein Brauhaus zu verschreiben, auch das geliehene Geld in einem Jahr wieder zu bezahlen; doch mit dem Bedinge, dass Hanns es nicht unter die Leute bringen sollte. Das gefiel Hanns wohl; er holte das Geld nebst Feder, Papier und Tinte. Der Bürger schrieb einen ganzen Bogen voll nichtwürdiger Possen hin, und, statt seines Namens, einen Namen, den keiner aussprechen konnte. Der Bauer nahm diesen Bogen sorgfältig, und der Bürger nahm das Geld. Kurz darauf ging der Bürger in die weite Welt. Lass ihn Laufen, sprach Hanns, ist mir doch das Haus verschrieben, und das ist mehr werth als die Schuld. Da machte sich Hanns auf den Weg und meldete sich bey dem Rathe der Stadt. Aber als er den Bogen in den Gerichten vorzeigte, so ward er abgewiesen, weil nicht ein Wort von einer Schuldverschreibung darauf stand. Des Bürgers anderweitige Schulden wurden bezahlt, denn die hatten sich besser als Hanns vorgesehn. Nur Hanns ging leer aus. Als er nun traurig nach Hause kam, sprach er: ach hätte ich doch Schreiben und Lesen gelernt! Und von der Zeit an schickte er alle Tage seine Kinder in die Schule, wo sie Schreiben und Lesen lernen konnten.

Friedrich Eberhard von Rochow, Der Kinderfreund. Faksimiledruck der Ausgabe: Frankfurt 1776, in: Quellen und Studien zur Berlin-Brandenburgischen Bildungsgeschichte, Bd. 1, hrsg. von Hanno Schmitt und Frank Tosch, Potsdam 1995.

Montgolfiere über Versailles – Ein Ereignis rekonstruieren

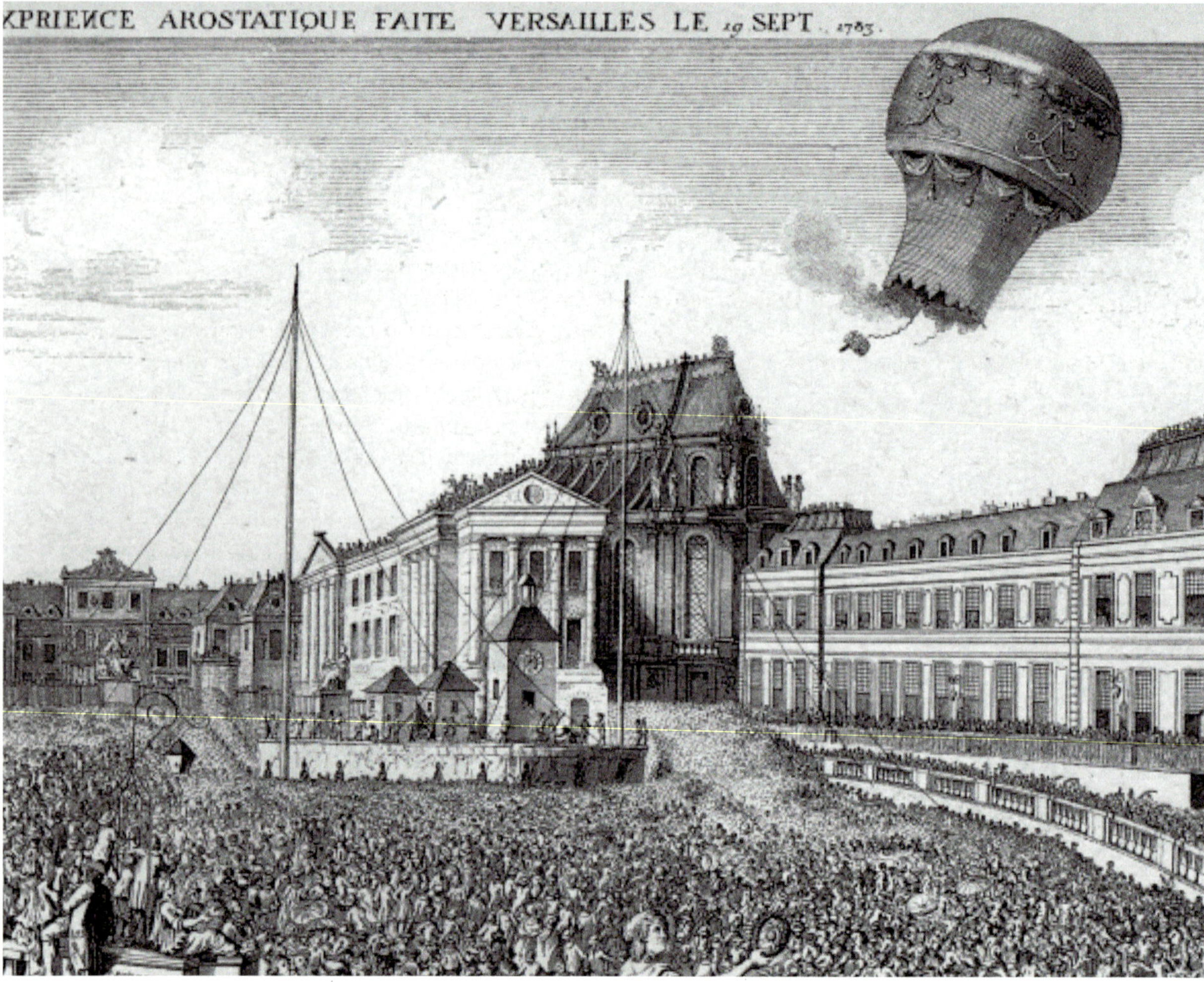

M 9 Montgolfiere über Versailles am 19. September 1783
Die Erfindung der Brüder Montgolfier erregte großes Aufsehen. Mithilfe von Stichen und Drucken wurden Bilddarstellungen vom Aufstieg ihrer „Apparate" verbreitet, Kupferstich von 1783.

M 10 Zeitgenössischer Bericht

Die Nachricht von dem erfolgreichen Aufsteigen der Ballone verbreitete sich rasch über Frankreich hinaus. In Deutschland berichtete die „Vossische Zeitung" im September 1783 Folgendes:

Den 19. dieses Monats ist der Versuch mit der ärostatischen Kugel [Aerostatik: hier Luftfahrt] des Herrn Montgolfier in Gegenwart des Königs wirklich vor sich gegangen. Nachdem sie innerhalb zehn Minuten mit der brennbaren Luft angefüllt war, wurde das Abhauen des Tauwerks durch einen Kanonenschuss angekündigt und alsbald stieg sie vom Gerüste mit allergrößter Schnelligkeit unter allgemeinem Jauchzen ohngefähr 260 Klafter [etwa 650 m] in die Höhe. Da sie aber nicht schwer genug belastet war, so bekam sie der starke Westwind in seine Gewalt und zwang sie, einen horizontalen Lauf zu nehmen, worauf sie sich merklich senkte und ohngefähr sieben Minuten nach ihrem Aufsteigen im Gehölz von Vaucresson in ziemlich gutem Zustand wieder fiel. Man hatte einen großen Korb an der Maschine befestigt; welcher einem Hammel, einem Hahn und einer Ente zum Postwagen diente, und alle diese drei Tiere sind von dieser Luftreise lebendig und wohlbehalten wieder zurückgekommen.

In: Helmut Christmann, Technikgeschichte, Düsseldorf 1987, S. 53.

Staatslehren der Aufklärung – Begriffe erarbeiten

M 11 Gewaltenteilung

Der Franzose Charles de Montesquieu (1689–1755) schreibt in seinem Hauptwerk „Vom Geist der Gesetze" 1748 über die Gewaltenteilung:

Die Demokratie und die Aristokratie sind ihrer Natur nach keine freien Staaten. Die politische Freiheit findet sich nur bei den gemäßigten Regierungen. Aber auch in den gemäßigten Staaten ist sie nicht immer vorhanden, sondern nur dann, wenn die Gewalt nicht missbraucht wird; es ist aber eine ständige Erfahrung, dass jeder Mensch geneigt ist, die Gewalt, die er hat, zu missbrauchen, es geht so weit, bis er Schranken findet. Wer sollte es sagen, selbst die Tugend hat Schranken nötig.
Um den Missbrauch der Gewalt unmöglich zu machen, müssen die Dinge so geordnet werden, dass die eine Gewalt die andere im Zaume hält. Eine Verfassung kann nämlich derart sein, dass niemand gezwungen wird, etwas zu tun, wozu ihn das Gesetz nicht verpflichtet, noch etwas zu unterlassen, was das Gesetz ihm erlaubt. [...]

Alfons Fitzek, Staatsanschauungen im Wandel der Jahrhunderte II, Paderborn 1977, S. 87.

M 12 Gesellschaftsvertrag

In seinem Werk „Der Gesellschaftsvertrag" von 1762 schreibt der Philosoph Jean-Jacques Rousseau (1712–1778) Folgendes:

Jeder von uns stellt gemeinschaftlich seine Person und seine ganze Kraft unter die oberste Leitung des allgemeinen Willens, und wir nehmen jedes Mitglied als untrennbaren Teil des Ganzen auf. An die Stelle der einzelnen Person jedes Vertragsabschließers setzt solcher Gesellschaftsvertrag sofort einen geistigen Gesamtkörper, dessen Mitglieder aus sämtlichen Stimmabgebenden bestehen und der durch eben diesen Akt seine Einheit, sein gemeinsames Ich, sein Leben und seinen Willen erhält.
Diese öffentliche Person, die sich auf solche Weise aus der Vereinigung aller übrigen bildet, wurde ehemals Stadt genannt und heißt Republik oder Staatskörper. Seine Mitglieder nennen ihn im [...] Staat, [...] im Vergleiche mit anderen seiner Art Macht.

Alfons Fitzek, a.a.O., S. 99.

Aufgaben

1. a) Erläutere mit eigenen Worten den Begriff „Aufklärung".
   b) Welche historischen Erscheinungen lassen sich als typisch für die Aufklärung bezeichnen?
   → Text
2. a) Erkläre den Begriff „Gewaltenteilung".
   b) Wie begründet Montesquieu die Notwendigkeit der Gewaltenteilung?
   → Text, M11
3. a) Erkläre, wie Rousseau sich das Verhältnis zwischen dem Einzelnen und der Gemeinschaft vorstellt.
   b) Worin unterscheidet sich seine Auffassung von der Montesquieus?
   → Text, M11, M12
4. a) Überlege, warum Rochow sein Lesebuch „Der Kinderfreund" nannte.
   b) Erläutere, welche Ziele Rochow mit seinem Lesebuch verfolgte.
   c) Erschließe, worin der „Nutzen des Lesens und Schreibens" besteht.
   d) Erkläre, warum Rochow die Vorteile des Lesens mittels einer kleinen Geschichte zu vermitteln versucht.
   → M7, M8
5. a) Welche wissenschaftlichen Überlegungen waren notwendig, um einen Heißluftballon zu bauen?
   b) Fasse kurz zusammen, wie der erste Flug verlief.
   c) Erläutere, warum diese Flüge so viel Aufregung verursachten.
   → M9, M10

Anhalt-Dessau in der Aufklärung

„Ein Schauplatz vernünftiger Menschen"
Das kleine Fürstentum Anhalt-Dessau stand im Mittelpunkt der deutschen Aufklärung. Etwa 6500 Besuche wurden zwischen 1770 und 1806 im Gästebuch des Dessauer Schlosses verzeichnet. Europäische Regenten, Gelehrte, Weltreisende, liberale Politiker, Dichter, Musiker und Maler aus mehr als sieben Nationen empfing der Fürst. Viele reisten auch durch das Fürstentum, ohne an den Hof zu gelangen. Ihre Briefe und Reiseberichte loben die „pädagogische Provinz", den „Schauplatz vernünftiger Menschen" oder auch das „Gartenreich" des „Friedensfürsten". Was faszinierte die Zeitgenossen an dem deutschen Zwergstaat Anhalt-Dessau?

M 1 Friedrich Wilhelm von Erdmannsdorff (1736–1800)
Architekt und Freund des Fürsten, Gemälde von Johann Friedrich August Tischbein d. J., um 1790

Vater Franz – Der „Friedensfürst"
Leopold III. Friedrich Franz (1740 bis 1817) von Dessau begann mit 15 Jahren wie seine Vorfahren eine Karriere als Offizier im preußischen Heer. Zwei Jahre später wurde aber durch seinen Vormund seine Entlassung aus dem Militärdienst durchgesetzt. Seit dem frühen Tod seiner Eltern war er unter der Aufsicht hugenottischen Erzieher aufgewachsen. Deren Prinzip, stets verantwortungsbewusst tätig zu sein und keine Zeit zu verschwenden, hat sich ihm tief eingeprägt. Mit seinem Freund Friedrich Wilhelm von Erdmannsdorff (1736 bis 1800) reiste er mehrmals nach England, nach Italien, Frankreich, in die Schweiz und nach Holland. Reisen waren im 18. Jahrhundert in Adelskreisen üblich, aber Franz' Wissbegier erschien seinen Reiseführern außergewöhnlich groß. Dieses Prinzip, das Schöne mit dem Nützlichen zu verbinden, wurde zum Motto der Umgestaltung seines Fürstentums.

Irenopolis – Das Friedensreich
Unterstützt von seinem Freund Erdmannsdorff umgab sich Fürst Franz mit engagierten Beratern, die aus Anhalt-Dessau einen aufgeklärten Musterstaat machten. Johann Bernhard Basedow gründete 1774 in Dessau das Philanthropin, eine Schule, in der Kinder erstmals spiele-

M 2 Das Wörlitzer Schloss
Erbaut zwischen 1769 und 1773 unter Fürst Franz, Architekt: Friedrich Wilhelm von Erdmannsdorff, Foto, 2000

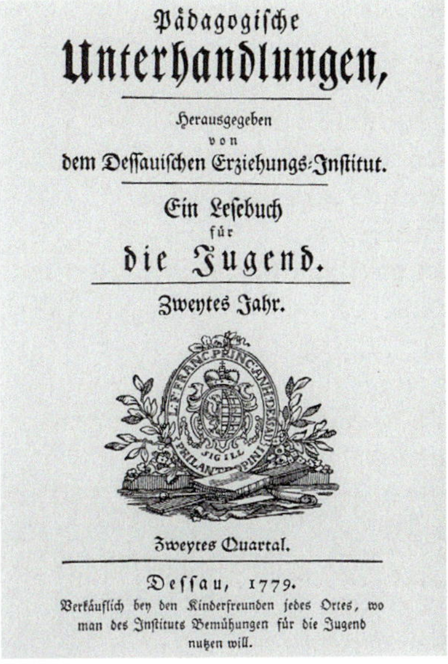
Pädagogische
Unterhandlungen,
Herausgegeben
von
dem Dessauischen Erziehungs-Institut.
Ein Lesebuch
für
die Jugend.
Zweytes Jahr.
Zweytes Quartal.
Dessau, 1779.
Verkäuflich bey den Kinderfreunden jedes Ortes, wo man des Instituts Bemühungen für die Jugend nutzen will.

M 3 Ein Lesebuch für die Jugend, Titelblatt, 1779

risch und anschaulich ohne Züchtigungen erzogen und ausgebildet werden sollten. Auf dem Lehrplan standen moderne Fremdsprachen, Naturwissenschaften, Sport, praktische Arbeit und Musik. Grundsätzlich durfte jedes Kind das Philanthropin besuchen, aber das hohe Schulgeld schloss die unteren Gesellschaftsschichten weitgehend aus. Knapp 20 Jahre später wandelte ein neuer Direktor, Carl Gottfried Neuendorf, die Lehranstalt in eine Hauptschule um, auf der begabte Kinder aller Stände unterrichtet wurden. Die Landschulen und die Lehrerbildung im Fürstentum wurden gefördert und aufklärende Zeitschriften herausgegeben. Dies brachte Anhalt-Dessau den Ruf einer „Pädagogischen Provinz“ ein.

Besondere Beachtung fand die Armenversorgung in dem kleinen Land, das durch Hochwasser und Missernten oft stark geschädigt wurde. Die Bürger wurden durch die Gründung einer Armenkommission und einer Armenkasse in die Sorge um die Armen eingebunden. Der Staat sorgte immer wieder für Arbeitsbeschaffungsmaßnahmen im Deich- und Straßenbau. Orientiert am englischen Beispiel wurden Manufakturen an die Armenhäuser angeschlossen, in denen die Elenden Gewinn erwirtschafteten, der teilweise in die Armenpflege zurückfloss. Europaweite Beachtung fand die Einführung der kostenlosen Pockenschutzimpfung 1796. In einem Stadt- und Kreiskrankenhaus versorgten fürstliche Leibärzte die Bevölkerung.

Vorbildhaft war die Zusammenarbeit der Religionen in dem kleinen Anhaltischen Staat. Obgleich der jüdischen Minderheit auch hier keine volle Gleichberechtigung bestätigt wurde, finden sich viele Beispiele für enge Beziehungen zwischen Pfarrern und Rabbinern. Auch die erste deutschsprachige jüdische Zeitung erschien in Dessau. Die jüdische Hauptschule trug Franz’ Namen.

Herrscher oder Diener?

Fürst Franz liebte die Hetzjagd, zu der er sich auch oft andere Monarchen einlud. Während die Aufklärer diesen Zeitvertreib bei anderen scharf kritisierten, rügten sie Franz nicht dafür. Immerhin soll er die Bauern für die entstandenen Schäden auf den Feldern schnell entschädigt haben. Auch für Frauen hatte Franz eine große Schwäche. Auf Drängen des Preußenkönigs Friedrichs II. heiratete er seine Cousine Luise. Das „schönste Paar Europas“ war aber nicht glücklich miteinander. Franz durchbrach die Eheschranken bald und lebte mit der Tochter seines Gärtners Schoch zusammen. Luise, die zahlreiche Künstler an den Dessauer Hof zog, ertrug als Fürstin diesen Zustand.

Eine Zensur gab es in Anhalt-Dessau nicht. Auflehnung und Widerspruch aber ängstigten den Fürsten. Als in den Zeiten der Französischen Revolution die Reden der Revolutionäre im Französischunterricht der Hauptschule vorgetragen wurden, ließ er den Direktor einschreiten.

Für die Zeit nach seinem Tode wollte der oberste Richter und Lenker des Staates alle Unterschiede aufheben. Auf dem unter ihm eröffneten, ersten staatlichen Friedhof in Dessau ruhen alle Toten ohne Grabsteine in einem Garten. Im Zentrum der Anlage auf dem für ihn vorgesehenen Platz ruht Franz’ Sohn, der vor ihm starb. Die alte Fürstengruft wurde zugemauert. Franz selbst ließ kurz vor seinem Tod ein kleines Mausoleum für seine Frau Luise und sich errichten.

Aufklärer oder absoluter Herrscher? – Ein Fürst im Spiegel seiner Zeit

M 4 Über die Regierungspraxis

Zur Begründung seiner Reformen schrieb Fürst Franz:

Ich glaubte, den äußeren Menschen und seine Verhältnisse und Zustände müsse man erst verändern und bessern, dann werde der innere Mensch wohl von selbst sich regen und veredeln. Ich bin nämlich der Meinung, dass bei diesem kein Zwang angewendet werden kann, auch nicht angewendet werden sollte, wenn man ihn nicht um seine Freiheit bringen und seine Würde verletzen will. Er muss sich selbst zu dem machen, was er sein und werden soll, und dazu muss man ihm behilflich sein.

Hirsch, E., Dessau-Wörlitz. Aufklärung und Frühklassik, Leipzig 1985, S. 70.

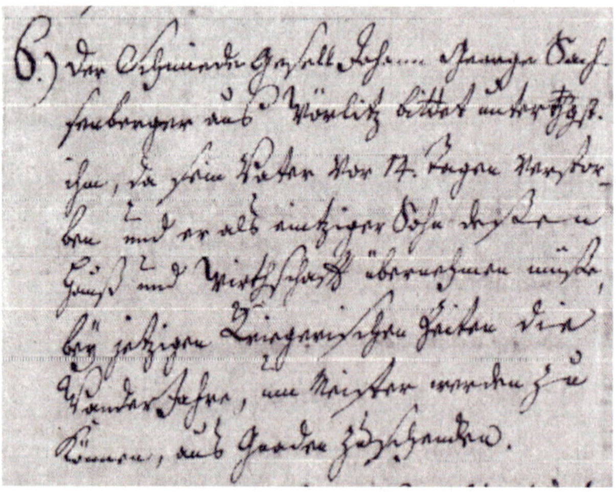

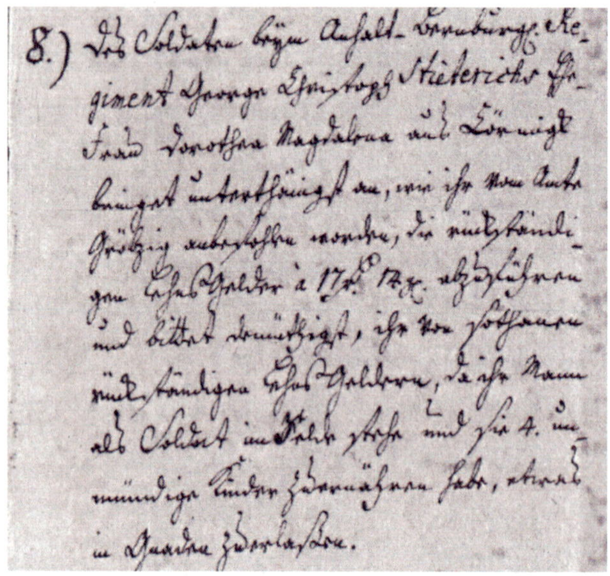

M 5 Protokolleinträge Nr. 6 und Nr. 8 vom 15. Oktober 1759, Faksimile

M 6 Aus Franz' Kabinettsprotokollen

Die Untertanen des Fürsten konnten Bitten und Anfragen an ihren Landesherren richten. Etwa 3 000 solcher Anfragen beantwortete Fürst Franz in jedem Regierungsjahr. Folgende Anfragen mit den Antworten des Fürsten stammen aus dem Jahr 1759:

a) Nr. 6: Der Schneidergesell Johann George Sachsenburger aus Wörlitz bittet unterthänigst, ihm, da sein Vater vor 14 Tagen verstorben und er als einziger Sohn dessen Haus und Werkstatt übernehmen müsse, bei jetzigen kriegerischen Zeiten [Siebenjähriger Krieg] die Wanderjahre, um Meister werden zu können, aus Gnade zu schencken.
Antwort: Die Wanderjahre sollen Supplicanten [Bittsteller] erlassen seyn.

b) Nr. 8: Des Soldaten beym Anhalt-Lüneburg. Regiment George Christoph Stieterichs Ehefrau Dorothea Magdalena aus Cörmigk bringet unterthänigst an, wie ihr vom Amte Gröbzig anbefohln wurde, die rückständigen Lehnsgelder á 17 [Reichstaler] 14 [Groschen] abzuführen und bittet demüthigst, ihr von sothanen rückständigen Lehnsgeldern, da ihr Mann als Soldat im Felde stehe und sie 4 unmündige Kinder zu ernähren habe, etwas in Gnade zu erlassen.
Antwort: Meldet euch bey den Kamer Director von Brenckenhoff.

Fürst Franz: Beiträge zu seiner Lebenswelt in Anhalt-Dessau 1740–1817/hrsg. von Heinrich Dilly und Holger Zaunstöck, Halle (Saale), 2005.

M 7 **Fürst Franz in Rom 1766**
Gemälde von Anton von Maron, 1766

M 8 **Fürst Franz 1810**
Gemälde von Johann Heinrich Beck, 1853

Aufgaben

1. a) Vergleiche Franz' Überzeugung mit den Ansichten der Aufklärung. Trage zusammen, welche Schritte er in diesem Sinne veranlasste.
   b) Erörtere, ob Fürst Franz seiner Ansicht treu geblieben ist.
   → Text, M4
2. a) Versuche, die Anfragen auf dem Faksimile zu entziffern. Gib die Anfragen und Antworten dann mit eigenen Worten wieder.
   b) Überlege, warum Franz nicht in beiden Fällen entscheidet.
   c) Was verraten die Protokolle über Franz' Regierungspraxis?
   → M5, M6
3. Vergleiche die beiden Porträts des Fürsten mit der Darstellung Ludwigs XIV. in diesem Buch auf Seite 70. Nenne wesentliche Unterschiede.
   → M7, M8 sowie M7, S. 70

Die Grundlagen des Gartenreiches

Das Nützliche und Schöne

Angetan von der englischen Gartenkunst ließ Franz in seinem Reich die fürstlichen Landsitze mit offenen Landschaftsparks umgeben, ohne die vorhandenen Gartenanlagen dort zu zerstören. Die Fernverkehrsstraßen wurden zu breiten Alleen ausgebaut, die ein bequemes und schnelles Reisen ermöglichten. Neben den ökonomischen Aspekten, Pferde zu schonen und Güter kostengünstig transportieren zu können, trat dabei das Anliegen, den Reisenden die Schönheit der vom Menschen bewirtschafteten Natur zu verdeutlichen. Neben den Alleebäumen fanden sich häufig Obstpflanzungen und auf den Feldern sollte ganz bewusst die Arbeit der Bauern sichtbar werden. Für Fußgänger wurden so genannte Unterwege angelegt, auf denen sie vor dem Straßenstaub geschützt wandern konnten. Sie wurden gesäumt von kunstvoll gestalteten Sitzbänken und Regenschutzhäuschen. Raststätten entstanden an den Straßen abseits der Dörfer. Diese waren ebenso wie die vielen Wachhäuser auf den Schutzwällen gegen das Elbewasser kleine Kunstwerke verschiedener Formen und Baustile.

M 1 **„Der Toleranzblick" in Wörlitz** mit Synagoge (links) und Kirche (rechts), aktuelles Foto

Wörlitz – Das grüne Lehrbuch

Als Muster für gestaltete Landschaft entstanden auf einer 112 Hektar großen Fläche die Wörlitzer Anlagen, der größte und bedeutendste Landschaftsgarten Europas. Hier ließ sich Fürst Franz ein Schloss in klassizistischem Stil errichten. Es war wie die gesamten Anlagen offen für Besucher. Mit seiner Geliebten Luise Schoch bewohnte Franz später allerdings das Gotische Haus, das nur mit Genehmigung des Fürsten betreten werden durfte. Fünf Gärten, durch gestaltete Alleen miteinander verbunden, umschließen in Wörlitz landwirtschaftliche Nutzflächen. Die Wege eröffnen immer wieder Sichtachsen zu Bauwerken oder Skulpturen, die den Betrachter erziehen und bilden sollten. Am deutlichsten wird dies im so genannten Toleranzblick. Neun Jahre nach Erscheinen von Lessings Drama „Nathan der Weise" ließ Franz hier den Kern dieser Dichtung, die für die Gleichberechtigung der Religionen eintritt, in der Gartenlandschaft nachbilden. Von der Goldenen Urne aus sieht der Betrachter nebeneinander die christliche Kirche und die jüdische Synagoge.

In den Gärten wurden für alle Besucher Bauwerke und Skulpturen nachgestaltet, die der Fürst auf seinen Reisen gesehen hatte. Pavillons enthalten Kunstsammlungen und eine Bibliothek. Wasserläufe werden von einer Vielzahl von Brücken überquert, die einen Querschnitt durch die Brückenbaukunst darstellen und gleichzeitig landschaftliche Höhepunkte malerisch einrahmen. Menschliche Behausungen aus unterschiedlichen historischen Epochen werden genauso gezeigt wie archäologische Rekonstruktionen. Büsten und Denkmale erinnern an Philosophen und Gelehrte. Dazwischen finden sich ästhetisch gestaltete Anpflanzungen, die dem Betrachter unbeschnitten und natürlich erscheinen. Ruhesitze dienen der Erholung und Verinnerlichung. Die Früchte der Obstbäume stehen den Besuchern zur Verfügung. Die Wörlitzer Anlagen sind ein Gesamtkunstwerk, das zeitgenössische und moderne Besucher tief beeindruckt.

Friedrich II. im Porträt – Vergleich von Herrscherdarstellungen

M 8 Friedrich II. 1736
„Friedrich der Große als Kronprinz", Gemälde von Antoine Pesne, 1736

M 9 Friedrich II. 1764
Gemälde von Johann Heinrich Christian Franke, 1764

Aufgaben

1. a) Erläutere, welches Verhältnis Friedrich zur Aufklärung hatte.
   b) Welche politischen Ziele verfolgte Friedrich?
   c) Erläutere, warum Historiker heute den Begriff „Reformabsolutismus" bevorzugen.
   → Text
2. a) Erkläre, wie Friedrich die Rolle des Herrschers im Staat sah.
   b) Informiere dich, weshalb Herrscher politische Testamente verfassten. Worin unterscheiden sie sich von persönlichen Verfügungen?
   → Text, Lexikon oder Internet
3. a) Versuche, die Handschrift Friedrichs zu entziffern.
   b) Die Bewertung befindet sich am Rand eines Aktenstücks. Welche Rückschlüsse auf die Regierungsweise Friedrichs sind möglich?
   → M5
4. Erschließe aus dem Erlass, wie Friedrich versuchte, den Kartoffelanbau durchzusetzen.
   → M6
5. a) Zeige, wie Friedrich den Einmarsch in Schlesien begründete.
   b) Vergleiche diese Aussage aus dem Jahr 1746 mit der Meinung von 1739.
   c) Prüfe, ob und wie sich beide Aussagen miteinander vereinbaren lassen.
   → M7
6. a) Vergleiche die Herrscherporträts. Nenne Unterschiede und Gemeinsamkeiten. Achte dabei auf Kleidung und Körperhaltung.
   b) Arbeite heraus, welche Vorstellungen von politischer Herrschaft sich in den Bildern erkennen lassen.
   → M8, M9

M 1 Protokoll über das erste Verhör Friedrichs nach Entdeckung des Fluchtversuchs

Friedrich gibt zu, dass er nach Frankreich fliehen wollte (12. August 1730):

Gefraget: Warum er einen so bösen Vorsatz gefasset?
Respond.: Weil S.K.M. [seine Königliche Majestät: der Vater Friedrich Wilhelm] ihm immer ungnädiger geworden, und ihm davon viele empfindliche Marquen gegeben; daher ihn die desperation auf die Gedanken der Flucht gebracht.

M 2 Ausschnitt aus dem Protokoll über das Verhör Friedrichs durch die Untersuchungskommission

In diesem Verhör musste Friedrich auf 185 von dem König festgesetzte „Articuls" antworten (16. September 1730):

180. Was ein Mensche, der seine Ehre bricht und zur Desertion complot macht, was der meritiret?
R. Er habe seine Ehre nicht gebrochen, nach seiner Meinung. […]
185. Dieweil er sich der Succession unfähig gemacht hätte, durch Brechung seiner Ehre, sein Leben zu behalten, ob er wolle die Succession abtreten oder renunciiren, dass es vom ganzen Römischen Reiche confirmiret werde, um sein Leben zu behalten?
R. Sein Leben wäre ihm so lieb nicht, aber Se. Königl. Maj. würden so sehr ungnädig nicht auf ihn werden.

M 3 Eid Friedrichs

Friedrich schwört vor einer Kommission am 19. November 1730:

Demnach Seine Königl. Maj. Mein Allergnädigster König, Vater und Herr, die schwere Beleidigung, so Ich Deroselben durch Meine vorgehabte desertion zugefüget, und weshalb Ich eine aufrichtige und herzliche Reue trage, Mir aus Königl. und Väterlicher Mildigkeit verziehen und darunter Gnade vor Recht ergehen lassen […]; also schwöre Ich, Friedrich, Kronprinz von Preußen, hiermit einen körperlichen Eid zu Gott dem Allwissenden und Allmächtigen, dass Ich Seiner Königl. Majest. Meinem Allergnädigsten Könige, Vater und Herrn, wie Ich ohne dem, bei Verlust meiner Seelen Heil und Seligkeit, schuldig und verbunden bin, allemal getreu, gehorsam und untertänig sein, auch nimmer mit Vorsatz etwas tun oder vornehmen, noch mit anderen verabreden, vielweniger vollstrecken will, so dem zuwider sein könnte.

M 4 Brief an den Vater

Friedrich bittet um Aufhebung des Arrests (19. August 1730):

Mein lieber Papa, ich nehme mir nochmalen die Freiheit, meinem lieben Papa zu schreiben und ihn hierbei alleruntertänigst um Erlassung meines Arrests zu bitten, versichernd dass Alles, was ich meinem lieben Papa gesaget oder sagen lassen, wahr sei. […]
Ich bitte also meinen lieben Papa um seine Gnade und verbleibe zeitlebens mit untertänigstem Respekt. Meines lieben Papas gehorsamster Diener und Sohn Friedrich.

M 5 Brief an Wilhelmine

Ende Oktober 1730:

Liebste Schwester, man wird mich verketzern in dem Kriegsgericht, das jetzt gleich abgehalten wird; um als Ketzer zu gehen, braucht man nur nicht in allen Dingen mit der Ansicht des Meisters übereinzustimmen. Du kannst Dir also ohne Mühe die nette Art denken, mit der man mich behandeln wird. […] Welche Freude für mich, dass weder Schloss noch Riegel mich hindern können, Dir meine vollkommene Freundschaft zu versichern! […]
Lebe wohl!
Der Gefangene

M 6 Schlusserklärung Friedrichs zum Protokoll seiner Vernehmung

Friedrich erklärt, Katte sei durch ihn verführt worden (2. September 1730):

Nach geschlossenem Verhör bittet der Kronprinz, dass S. K. M. geruhen möchten, Ihn als den Schuldigen anzusehen, und Katten als den Verführten, und wann dieser gestraft werden sollte, solches in allergnädigster Consideration zu ziehen, indem Katte genug garaten, abzustehen. Er aber dem ohngeachtet allezeit bei seiner Meinung und Vorhaben geblieben wäre; und im Fall S. K. M. den Katten am Leben strafen wollten, bäte Er, die Strafe eher über Ihn ergehen zu lassen, weil er als eines Königes Sohn mehr gesündiget hätte.

Friedrich der Große, hrsg. v. Otto Bardong, Darmstadt 1982, M1 S. 18 f.; M2 S. 22; M3 S. 25 f.; M4 S. 21; M5 S. 24 f.; M6: S. 21.

Ein tödlicher Streit im Spiegel der Quellen

In den seltensten Fällen findet der Historiker eine geschlossene Darstellung vergangener Ereignisse vor. Vielmehr sind in der Regel nur Bruchstücke vorhanden, die einzeln untersucht und dann in die richtige Reihenfolge gebracht werden müssen. Erst nach einer solchen Rekonstruktion ist es möglich, eine zusammenhängende Geschichte zu erzählen. Hilfreich sind dabei Quellensammlungen, die eine Auswahl wichtiger Dokumente enthalten.

Der Hintergrund der hier vorliegenden Texte ist eine heftige Auseinandersetzung zwischen dem König Friedrich Wilhelm und seinem Sohn Friedrich, dem späteren König Friedrich II. Als dieser Preußen heimlich verlassen wollte, wurde der Fluchtplan entdeckt. Der Komplize und Freund des Kronprinzen, Hans Hermann Katte, wurde deswegen 1730 hingerichtet. Wie sich der Konflikt zwischen Vater und Sohn entwickelte, lässt sich anhand der Quellen nachvollziehen.

M 7 Hinrichtung des Freundes
Hans Hermann Katte, der Jugendfreund Friedrichs, wurde am 6. November 1730 als Mitwisser der Fluchtpläne vor den Augen des Kronprinzen in Küstrin hingerichtet, kolorierter Kupferstich, 1790.

Fragen an schriftliche Quellen

1. Entstehung der Quelle
- a) Bringe die einzelnen Texte in die richtige zeitliche Reihenfolge.
- b) Überlege, aus welchem Anlass die einzelnen Quellen entstanden.

2. Art der Quelle
- a) Um welche Arten von Texten handelt es sich? Suche passende Begriffe dafür.

3. Inhalt der Quelle
- a) Fasse den Inhalt der Quellen jeweils in einem Satz knapp zusammen.
- b) Welche Einstellung Friedrichs gegenüber seinem Vater ist erkennbar? Suche Belege im Text.
- c) Welche Einstellung Friedrich Wilhelms gegenüber seinem Sohn ist erkennbar? Suche ebenfalls Belege im Text.

4. Glaubwürdigkeit der Quelle
- a) Überlege, ob die Texte die Ereignisse objektiv wiedergeben.
- b) Vergleiche die einzelnen Texte. Welche sind deiner Meinung nach eher objektiv, welche eher subjektiv?

5. Bedeutung der Quelle
- a) Wodurch wurde der Konflikt zwischen Vater und Sohn ausgelöst, und wie wurde er beigelegt?
- b) Stelle die Ereignisse im Herbst 1730 in einem selbst geschriebenen kurzen Text dar.
- c) Beurteile das Verhältnis von Vater und Sohn.
- d) Untersuche, welche Bedeutung bei diesem Konflikt das Staatsinteresse und welche der Familienzusammenhalt hatte.

Revolution in Frankreich

Ein weltgeschichtliches Ereignis

Der französische Nationalfeiertag wird jedes Jahr am 14. Juli mit Aufmärschen und Paraden gefeiert. Er erinnert daran, dass Pariser Bürger an diesem Tag des Jahres 1789 die Bastille, das französische Staatsgefängnis, gewaltsam eroberten. Deshalb gilt der 14. Juli 1789 oft als Beginn der Französischen Revolution – eines der wichtigsten weltgeschichtlichen Ereignisse. Danach verbreitete sich die Revolution in ganz Frankreich, führte zum Ende des Absolutismus und schließlich zur Ausrufung der Republik und Hinrichtung des Königs Ludwig XVI.

Die Revolution begann jedoch früher. Im August 1788 berief der französische König die Generalstände ein, die seit 1614 nicht mehr getagt hatten. Es handelte sich dabei um eine Versammlung der Vertreter einzelner Bevölkerungsgruppen: des Adels, des Klerus, das heißt der kirchlichen Würdenträger, und des Bürgertums, das die Mehrheit der Bevölkerung vertrat. Da der französische Staat hoch verschuldet war, sollten die Steuern erhöht werden. Dafür war die Zustimmung der Generalstände erforderlich.

Als die Versammlung am 5. Mai 1789 in Versailles zusammentrat, hatten der erste und zweite Stand je 300, der Dritte Stand 600 Vertre-

M 1 Sturm auf die Bastille am 14. Juli 1789, zeitgenössisches Gemälde ter. Ursprünglich sollten den Dritten Stand nur 300 Abgeordnete vertreten, doch wurde die Zahl nach Protesten bürgerlicher Abgesandter verdoppelt. Nach der feierlichen Eröffnung kam es zum Streit über das Abstimmungsverfahren: Sollte nach Ständen oder nach Köpfen abgestimmt werden? Im ersten Fall hätten Adel und Klerus, im zweiten Fall das Bürgertum nicht überstimmt werden können.

Der „Ballhausschwur“

Als es zu keiner Einigung kam, beanspruchten die Vertreter des Dritten Standes für das ganze Volk zu sprechen und erklärten sich am 17. Juni 1789 zur Nationalversammlung, das heißt zur Vertretung der ganzen französischen Nation. Als der König sie aussperren wollte, zogen sie am 20. Juni in ein Ballspielhaus und schworen, erst wieder auseinanderzugehen, wenn eine Verfassung verabschiedet sei.

Dieser „Ballhausschwur“ bildete eine wichtige Station in der weiteren Entwicklung. Der Versuch, die finanziellen Schwierigkeiten mithilfe der Generalstände zu bewältigen, war gescheitert. Die Krise hatte sich sogar verschärft.

Bisher war Versailles der Schauplatz der Ereignisse, nun wurde es Paris. Aus Angst vor einem militärischen Eingreifen des Königs bildete sich eine Bürgerwehr, die sich bewaffnete und am 14. Juli 1789 die Bastille stürmte. Der König kam drei Tage später nach Paris und gestand den Revolutionären die Beratung einer Verfassung zu. Aufgrund dieser Ereignisse flohen die ersten Adligen ins Ausland. Die Revolution verbreitete sich in ganz Frankreich.

M 2 Der Ballhausschwur am 20. Juni 1789, Gemälde von Jacques-Louis David, um 1791

Der Sturm auf die Bastille – Ein weltgeschichtliches Ereignis rekonstruieren

M 3 Der Sturm auf die Bastille

a) Als das wichtigste Ereignis der Französischen Revolution gilt heute der Sturm auf die Bastille. Aber auch schon damals sah man die Eroberer des Staatsgefängnisses als Helden an. Damit niemand zu Unrecht diese Ehre für sich in Anspruch nahm, wurden Beweise gefordert. In diesem Zusammenhang entstand am 12.8.1789 die Aussage eines Beteiligten, des Uhrmachers Humbert:

Jeder von uns gab ungefähr sechs Schüsse ab. Dann wurde ein Papier durch ein ovales Loch geschoben, das ein paar Zoll breit war. Wir stellten das Feuer ein; einer von uns löste sich aus der Reihe und holte aus der Küche ein Brett, um das Papier in Empfang nehmen zu können. Wir schoben das Brett über die Schutzwehr; viele von uns stellten sich darauf, um ein Gegengewicht zu bilden; einer wagte sich auf das Brett vor, aber in dem Moment, wo er nach dem Papier griff, traf ihn ein Gewehrschuss tödlich […].
Sofort ließ ein Standartenträger seine Fahne fallen und holte das Papier, das laut und verständlich vorgelesen wurde. Da der Inhalt, eine Aufforderung zur Kapitulation, uns nicht zufriedenstellte, beschlossen wir, das Artilleriefeuer zu eröffnen; jeder stellte sich auf, um die Kanonenkugel durchzulassen.
In dem Augenblick, als wir die Lunte anzünden wollten, wurde die kleine Zugbrücke heruntergelassen; kaum dass sie unten war, besetzten wir sie; ich etwa als zehnter. Wir fanden die Tür verschlossen; nach etwa zwei Minuten machte ein Invalide auf und fragte, was wir wollten: „Man soll die Bastille übergeben", antwortete ich mit den anderen zusammen; da ließ er uns hinein. Als erstes rief ich, man solle die [große] Brücke herunterlassen, was auch geschah.

Die französische Revolution. Ein Lesebuch mit zeitgenössischen Berichten und Dokumenten, ausgew., übers. u. komm. v. Chris E. Paschold und Albert Gier, Stuttgart 1989, S. 80.

b) Der Historiker Ernst Schulin fasst die Ereignisse so zusammen:

Für die Ausrüstung dieser Bürgerwehr wurde von den Bürgern nach Waffen und Munition gesucht, – am 14. Juli zunächst im Hôtel des Invalides, dann in der Bastille; – bei der letzteren kam dann allerdings hinzu, dass dieses berüchtigte Staatsgefängnis für die Pariser eine militärische Bedrohung und vor allem der Inbegriff des „Despotismus" war. Die Bastille wurde belagert, es kam zu viel zu langen Verhandlungen, man drang ein, der Kommandant ließ schießen, es gab 98 Tote, 73 Verwundete unter den Bürgern, die entsprechend aufgebracht waren. Daraus ist nach dem Fall der Bastille zu erklären, dass man sieben Garnisonsleute erschlug und den Kommandanten lynchte. Insofern wurde dies das erste der schaurigen Ereignisse der Revolution, als solches von den Gegnern übertrieben, aber nicht hinwegzuleugnen, und der Anfang späterer Gewaltmaßnahmen.
Auf der anderen Seite wurde dieser Bastillesturm durch seinen Erfolg sofort zum Mythos des Volkes, das seine Ketten zerbricht. Der Erfolg war wirklich erstaunlich. Der nie sehr schnelle König gab sofort nach, so als sei ihm der gegenrevolutionäre Versuch von vornherein unsympathisch gewesen; er bat die Nationalversammlung, die er dabei zum ersten Mal so nennt, ihm bei der Wiederherstellung der Ordnung zu helfen.

Ernst Schulin, Die Französische Revolution, 4. Aufl., München 2004, S. 73.

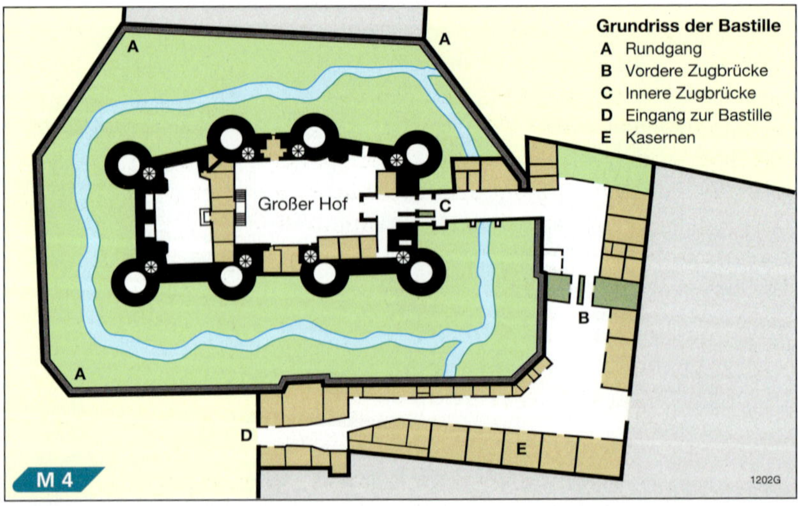

M 4

Der Ballhausschwur – Eine Textquelle erschließen

M 5 Der Ballhausschwur

Am 20. Juni 1789 leisteten die Vertreter des dritten Standes den Eid, sich erst dann wieder zu trennen, wenn eine Verfassung verabschiedet sei. Von diesem Ereignis gibt es eine Fülle von Berichten und bildlichen Darstellungen. Berühmt ist das Bild von Jacques-Louis David (1748–1825). Die gleiche Szene schilderte zwei Jahre später der Schriftsteller Nicolas-Sébastien Chamfort, der für den dritten Stand Mitglied der Generalstände war:

Die Abgeordneten der Nation werden vom Sitzungsort abgedrängt. Der Präsident, M. Bailly, erscheint und verlangt den wachhabenden Offizier. Dieser hat die Frechheit, ihm zu befehlen, niemanden in den Saal der Generalstände hineinzulassen. „Ich protestiere gegen solche Befehle", antwortet der Präsident, „und ich werde die Versammlung davon unterrichten." Die Abgeordneten kommen in Scharen, [...] erregen sich und äußern ihre Empörung. [...]
Unter diesem Geschrei und Tumult hatte der Präsident einen Ort gesucht, wo man ruhig und vernünftig beraten könnte. Ein Ballspielhaus wird vorgeschlagen. Die Umstände machten jeden Ort erhaben, der der Nationalversammlung Asyl zu gewähren vermochte. Man fordert einander auf, dorthin zu gehen. Die Anordnung wird gegeben, alle eilen dorthin. Einer der Abgeordneten, der krank war und sich von Stunde zu Stunde über die Vorgänge in der Versammlung unterrichten ließ, springt aus dem Bett und lässt sich hintragen; er ist bei dem Aufruf zugegen, auf den der nationale Eid folgt; er bittet darum, die Reihenfolge möge mit Rücksicht auf seinen Zustand umgekehrt werden, sodass er als einer der Ersten diesen Eid leisten könne. Seinem Wunsch wird entsprochen; er spricht die Eidesformel mit lauter Stimme: „Dem Himmel sei Dank!", sagt er beim Weggehen, „wenn ich sterbe, hat mein letzter Eid meinem Vaterland gegolten!"
Hier das Dekret, das über das Geschick Frankreichs entschieden hat: „Die Nationalversammlung hat beschlossen – in der Erwägung, dass angesichts ihres Auftrags, die Verfassung des Reiches festzulegen, die öffentliche Ordnung wiederherzustellen und die wahren Grundsätze der Monarchie aufrechtzuerhalten, nichts sie hindern kann, ihre Beratungen fortzusetzen und das bedeutende Werk zu vollbringen, zu dem sie sich versammelt hat, wo auch immer sie sein mag zu tagen, ferner, dass überall dort, wo ihre Mitglieder sich versammeln, die Nationalversammlung ist –, dass alle ihre Mitglieder auf der Stelle den Eid leisten, sich niemals zu trennen, so lange bis die Verfassung des Reiches und die Sanierung der allgemeinen Lage erreicht und auf feste Grundlagen gestellt worden sind, und dass nach der Eidesleistung alle Abgeordneten, jeder für sich, durch ihre Unterschrift diese unumstößliche Entschließung bestätigen."
Der Präsident leistete der Versammlung als Erster diesen Eid und unterzeichnete ihn. Die Mitglieder leisteten ihn in die Hand ihres Präsidenten, und jeder setzte seine Unterschrift unter dieses bedeutende Dokument.

Die Französische Revolution. Ein Lesebuch mit zeitgenössischen Berichten und Dokumenten, ausgew. v. Chris E. Paschold u. Albert Gier, Stuttgart 1989, S. 70.

Aufgaben

1. a) Erkläre, weshalb die Bastille von den Aufständischen angegriffen wurde.
   b) Fasse mit eigenen Worten zusammen, wie die Erstürmung der Bastille verlief.
   c) Worin bestand die historische Bedeutung dieser Aktion?
   → Text, M1, M3, M4
2. a) Vergleiche den Bericht der Erstürmung mit der bildlichen Darstellung. Welche Phase ist zu sehen?
   b) Informiere dich, seit wann der 14. Juli 1789 Nationalfeiertag ist und ob es noch Spuren der Bastille im heutigen Paris gibt.
   → M1, M3, M4, Lexikon, Internet
3. a) Erkläre den Begriff „Ballhausschwur".
   b) Erläutere, wie es zum Auszug der Abgeordneten kam.
   c) Untersuche, wie der Maler David die Dramatik der Situation darstellt. Achte auf den Bildaufbau und die Farbgebung.
   → Text, M2, M5

Beschwerden des Dritten Standes in zeitgenössischen Dokumenten

M 4 Beschwerdehefte

Im Frühjahr 1789 wurden die Vertreter der Generalstände gewählt. Die Stimmberechtigten stellten als Grundlage für die Beratungen so genannte Beschwerdehefte (Cahiers de doléances) zusammen, die die Probleme im jeweiligen Gebiet auflisteten. Aus dem Cahier der Gemeinde Etrépagny (Département Eure) vom 22./25. März 1789:

Das Kriminalgerichtsverfahren soll reformiert werden, der Angeklagte soll einen Rechtsbeistand und das Protokoll seines Verhörs bekommen und nach der Verhandlung volle Akteneinsicht nehmen können, und vor der Vollstreckung des Urteils soll ihm ein Aufschub gewährt werden. [...]

Alle Richterämter sollen nicht mehr käuflich sein; sie sollen nach Verdienst verliehen werden, nach der Entscheidung der Bürger, die dadurch das Recht bekommen, die Richter des Gebiets zu wählen, in dem sie leben. [...]

Alle finanziellen Privilegien des geistlichen Standes und des Adels sollen abgeschafft werden, sodass alle Franzosen durch eine Geldabgabe und Kopfsteuer den Satz entrichten, der für den Grund und Boden festgesetzt wird, und somit jede Steuer für die drei Stände von Bürgern gleich ist. [...]

Kein Bürger im Alter zwischen zwanzig und dreißig Jahren soll davon befreit sein, am Losentscheid über die Einberufung zur Miliz teilzunehmen, es sei denn, er hat eine wichtige Stellung in der Gesellschaft oder ist verheiratet. [...]

Im Abstand von je vier Meilen sollen Balkenwaagen errichtet werden, um die Wagen mit ihrer Ladung zu wiegen, damit sie das festzusetzende Gewicht nicht überschreiten. [...]

Es soll verboten sein, Kaninchen anders als in mit Mauern umgebenen Gehegen zu halten, und die wilden Kaninchen in den Wäldern des Königs sollen ausgerottet werden.

Frankreich soll nur ein einziges Recht, ein Gesetz, die gleichen Maße und Gewichte und eine einheitliche Eichabgabe haben.

Die Generalstände sollen das Recht haben, alle zwanzig Jahre zu tagen, um Missstände zu beseitigen und dem Herrscher ihre Vorstellungen zu unterbreiten.

In allen Provinzen sollen alle drei Jahre Abgeordnete bestimmt werden, um die Generalstände in kleinerem Rahmen zu repräsentieren; sie sollen sich an dem Ort versammeln, den der Herrscher ihnen zuweist, und jeder Bürger soll diesen Abgeordneten seine Ansichten und Beschwerden vortragen können.

Diesen Abgeordneten soll das Recht zugestanden werden, alle Pensionen zu bewilligen oder abzulehnen, die vom Herrscher erbeten werden.

Die französische Revolution. Ein Lesebuch mit zeitgenössischen Berichten und Dokumenten, ausgew., übers. u. komm. v. Chris E. Paschold und Albert Gier, Stuttgart 1989, S. 53 ff.

M 5 Bäuerliche Beschwerden über grundherrliche Belastungen, zeitgenössische anonyme Kupferstiche

M 6 „Das wird nicht ewig dauern."
Karikatur von 1789

M 7 Was ist der Dritte Stand?

Emmanuel-Joseph Sieyès (1748–1836), ein Geistlicher aus Chartres, beeinflusste mit seiner im Januar 1789 veröffentlichten Flugschrift „Qu'est-ce que le Tiers Etat?" („Was ist der Dritte Stand?") die öffentliche Meinung nachhaltig und spielte eine wichtige Rolle in der Nationalversammlung:

Was ist der Dritte Stand?
Der Plan dieser Schrift ist sehr einfach. Wir müssen uns drei Fragen stellen.
1. Was ist der Dritte Stand? – ALLES.
2. Was ist er bis jetzt in der politischen Ordnung gewesen? – NICHTS.
3. Was verlangt er? – ETWAS ZU SEIN.
Wer wagt also zu behaupten, dass der Dritte Stand nicht alles in sich hat, was erforderlich ist, um eine vollständige Nation zu ergeben? Er ist der starke und kräftige Mann, dessen einer Arm noch angekettet ist. Wenn man den privilegierten Stand wegnähme, wäre die Nation nicht etwas weniger, sondern etwas mehr. Also, was ist der Dritte Stand? Alles, aber ein gefesseltes und unterdrücktes Alles. Was wäre er ohne den privilegierten Stand? Alles, aber ein freies und blühendes Alles. Nichts geht ohne ihn; alles ginge unendlich viel besser ohne die anderen. [...]
Erste Forderung:
Die Vertreter des Dritten Standes sollen nur aus den Bürgern gewählt werden, die wirklich zum Dritten Stand gehören.
Zweite Forderung:
Seine Abgeordneten sollen an der Zahl denen der beiden privilegierten Stände entsprechen.
Dritte und letzte Forderung des Dritten Standes:
Die Generalstände sollen nicht nach Ständen, sondern nach Köpfen abstimmen.

Die französische Revolution. Ein Lesebuch mit zeitgenössischen Berichten und Dokumenten, ausgew. v. Chris E. Paschold und Albert Gier, Stuttgart 1989, S. 49 u. 51.

Aufgaben

1. Erläutere, welche Schwierigkeiten Historiker haben, wenn sie die Ursachen der Französischen Revolution erklären wollen.
   → Text
2. a) Lege zwei Spalten an: Schreibe in die linke Spalte die in dem Beschwerdeheft erhobene Forderung, in die rechte den damit zusammenhängenden Missstand.
   b) Welche Beschwerden werden auf den Bildern von den Bauern erhoben?
   → M5, M6
3. a) Nenne die zentralen Forderungen, die Sieyès in seiner Flugschrift erhebt.
   b) Bei welchem Ereignis spielen seine Forderungen eine entscheidende Rolle?
   c) Achte auf die Sprache der Flugschrift. Welche Formulierungen können die große Wirkung des Textes erklären?
   → M7

Die Revolution hat Erfolg

Das Ende des Absolutismus

Nach dem 14. Juli 1789 brach die absolutistische Herrschaft Stück für Stück zusammen. Die Bauern setzten ihre Forderungen häufig gewaltsam durch, indem sie ihre Herren davonjagten und deren Schlösser zerstörten. Unter dem Eindruck der Bauernunruhen schaffte die Nationalversammlung am 4. August die „Feudalität“ ab, d.h. die Vorrechte des Adels. Dieser verlor die Rechtsprechung über die bäuerlichen Untertanen, die Käuflichkeit der Ämter wurde aufgehoben und jeder sollte – unabhängig von seiner durch Geburt erworbenen Stellung – Zugang zu allen Ämtern haben. Am 26. August 1789 verabschiedete die Nationalversammlung die Erklärung der Menschenrechte nach dem Vorbild der USA.

In der Folge fasste sie noch weitere grundlegende Beschlüsse: Die Einführung der Gewerbefreiheit bedeutete, dass jeder Beruf ergriffen und jedes Gewerbe ausgeübt werden durfte. Grundsätzlich änderte sich die Stellung der Kirche, die die Herrschaft des Königs gestützt hatte. Ihr Besitz wurde am 2. November 1789 verstaatlicht und die kirchlichen Würdenträger verloren ihre Vorrechte. Frankreich wurde schließlich neu gegliedert und in Departements eingeteilt.

Eine Verfassung für Frankreich

Den Abschluss dieser Reformen bildete die Verfassung vom 3. September 1791. Sie beruhte auf den Prinzipien der Gewaltenteilung, an die auch der König gebunden war, und machte Frankreich zur konstitutionellen Monarchie. Wahlberechtigt waren nur etwa 4 Millionen Bürger mit hohem Steueraufkommen, so genannte Aktivbürger. Ohne Stimmrecht blieben 3 Millionen Passivbürger, ferner alle Frauen sowie Männer unter 25 Jahren. Die Wahlordnung schloss damit über zwei Drittel der Bevölkerung von politischer Mitwirkung aus.

M 1

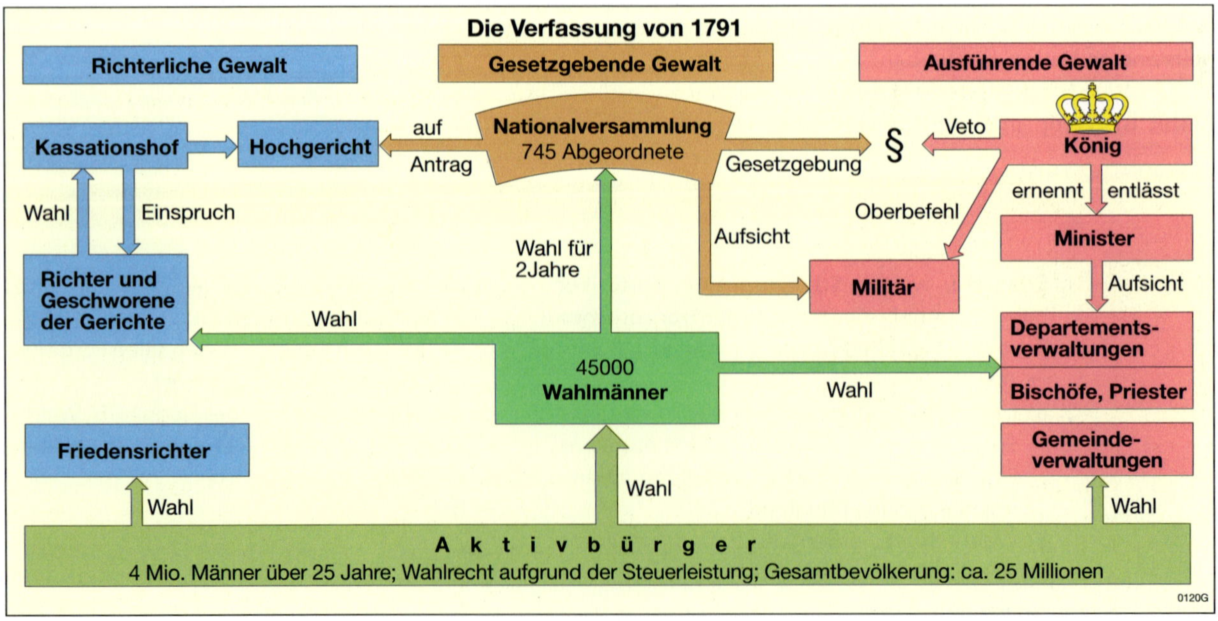

M 2 Symbole der Revolution
„Einheit, Unteilbarkeit der Republik", Plakat, nach 1792

M 3 Marquis de Lafayette (1757–1834). Der gemäßigte Politiker wurde von den Radikalen verdrängt und floh 1792 nach Österreich, Gemälde von Joseph Desire Court, 1830.

Die Rolle des Königs

Ludwig XVI. verhielt sich seit Ausbruch der Revolution zwiespältig. Einerseits machte er den Revolutionären neue Zugeständnisse, wie zum Beispiel nach dem Sturm auf die Bastille; andererseits versuchte er, die Entwicklung zu bremsen oder gar aufzuhalten.

Der König blieb zunächst in Versailles und konnte so die Ereignisse in Paris nicht beeinflussen. Seine Weigerung, das Gesetz über die Abschaffung der Stände zu unterzeichnen, verschärfte die Lage. Als dann Gerüchte aufkamen, Ludwig XVI. ziehe Truppen zusammen, und zudem das Brot in Paris knapp wurde, kam es zu einem Aufruhr. Am 5. Oktober 1789 zogen Tausende von Frauen aus allen Bevölkerungsschichten nach Versailles und zwangen den König, nach Paris überzusiedeln. Dort stand er künftig unter Beobachtung der Öffentlichkeit und unter Kontrolle der Revolutionäre.

Im Juni 1791 versuchte der König mit seiner Familie zu fliehen, wurde aber kurz vor der Grenze bei Varennes entdeckt und unter demütigenden Umständen zurückgebracht. Er und seine Frau Marie Antoinette – eine Tochter der österreichischen Kaiserin Maria Theresia – hatten ihr Ansehen in der Öffentlichkeit verspielt. Daher gab es Diskussionen, den König abzusetzen und eine Republik einzuführen. Um seinen Thron zu retten, leistete Ludwig XVI. den Eid auf die neue Verfassung vom 3. September 1791, die Frankreich zur konstitutionellen Monarchie machte.

Offiziell stand der König damit an der Spitze des Staates, dessen neue Ordnung er aber innerlich ablehnte und derzufolge er nach den vergangenen Ereignissen nur noch geringen politischen Einfluss besaß.

Die politischen Kräfte

„Liberté – Égalité – Fraternité" – „Freiheit – Gleichheit – Brüderlichkeit" lauteten die Parolen der Französischen Revolution. Auf diese allgemeinen Ziele konnten sich die Revolutionäre einigen. Allerdings zeigte die weitere Entwicklung, dass die politischen Vorstellungen zum Teil weit auseinandergingen.

Zunächst gab es nur Gegner oder Befürworter der Revolution. Das zeigte sich auch in der Nationalversammlung. Im Unterschied zu heute gab es damals allerdings keine Parteien, sondern verschiedene Gruppen mit eigenen politischen Zielen, die sich immer wieder veränderten. Um sie genauer bezeichnen zu können, orientierte man sich an der Sitzordnung im Versammlungssaal, ob sie „rechts" oder „links" vom Vorsitzenden saßen.

Auf der rechten Seite saßen Gegner der Revolution, die entweder die alte Ordnung wiederherstellen oder nur einzelne Reformen durchführen wollten. Auf der linken Seite saßen die Anhänger der Revolution, die sich jedoch im Lauf der Zeit zu verschiedenen Gruppen zusammenschlossen und unterschiedliche politische Ziele verfolgten.

Zunächst hatten einzelne Politiker großen Einfluss. So spielte zum Beispiel Lafayette, der im amerikanischen Unabhängigkeitskrieg mitgekämpft hatte und Chef der Pariser Nationalgarde war, eine wichtige Rolle. Er suchte den Ausgleich zwischen dem König und der Nationalversammlung, konnte aber die weitere Entwicklung immer weniger beeinflussen.

Menschenrechte – Frauenrechte?

M 4 **Menschen- und Bürgerrechte,** Gemälde von 1790

M 5 Erklärung der Menschenrechte

Die im August 1789 verabschiedete Erklärung hat folgenden Wortlaut:

Daher erkennt und erklärt die Nationalversammlung, in Gegenwart und unter dem Schutz des Höchsten Wesens, folgende Menschen- und Bürgerrechte:

Artikel 1. Die Menschen werden frei und gleich an Rechten geboren und bleiben es für immer. Standesunterschiede dürfen nur im allgemeinen Nutzen begründet sein.

Art. 2. Das Ziel jeder politischen Vereinigung ist die Erhaltung der natürlichen und unveräußerlichen Rechte des Menschen. Diese Rechte sind Freiheit, Eigentum, Sicherheit und Widerstand gegen Unterdrückung.

Art. 3. Der Ursprung jeder Souveränität liegt wesentlich in der Nation. Keine Körperschaft, kein Individuum kann eine Gewalt ausüben, die nicht ausdrücklich von ihr ausgeht.

Art. 4. Die Freiheit besteht darin, alles tun zu können, was einem anderen nicht schadet. So haben die natürlichen Rechte jedes Menschen keine anderen Grenzen als die, die den anderen Mitgliedern der Gesellschaft den Genuss der gleichen Rechte sichern. Diese Grenzen können nur durch das Gesetz bestimmt werden.

Art. 6. Das Gesetz ist der Ausdruck des allgemeinen Willens. Alle Bürger haben das Recht, persönlich oder durch ihre Vertreter an seiner Formulierung Anteil zu nehmen. Es soll für alle gleich sein, sowohl wenn es beschützt, als auch wenn es bestraft. Da alle Bürger in seinen Augen gleich sind, sind sie gleichermaßen zu allen Würden, Posten und öffentlichen Ämtern nach ihren Fähigkeiten zugelassen, ohne andere Unterschiede als die, die sich aus ihren Tugenden und Talenten ergeben. […]

Art. 9. Da jeder Mensch so lange für unschuldig gehalten wird, bis er schuldig gesprochen worden ist, soll, wenn seine Verhaftung als unumgänglich betrachtet wird, jede Härte, die nicht unabdingbar ist, um sich seiner Person zu versichern, durch das Gesetz streng unterdrückt werden.

Art. 10. Niemand darf wegen seiner Meinungen, selbst in religiösen Fragen, behelligt werden, solange ihre Äußerung nicht die durch das Gesetz festgelegte öffentliche Ordnung stört.

Art. 11. Der freie Austausch der Gedanken und Meinungen ist eines der kostbarsten Menschenrechte. Jeder Bürger kann also frei reden, schreiben, drucken, mit der Einschränkung, dass er die Verantwortung für den Missbrauch dieser Freiheit in den durch das Gesetz bestimmten Fällen übernehmen muss.

Art. 17. Da das Eigentum ein unverletzliches und heiliges Recht ist, kann es niemandem weggenommen werden, wenn es nicht die nach dem Gesetz festgestellte, öffentliche Notwendigkeit offensichtlich erfordert, und auch dann nur unter der Bedingung einer gerechten Entschädigung im Voraus.

Die französische Revolution. Ein Lesebuch mit zeitgenössischen Berichten und Dokumenten, ausgew., übers. u. kommentiert v. Chris E. Paschold und Albert Gier, Stuttgart 1989, S. 96 ff.

M 6 Frauenrechte

Die Schriftstellerin Olympe de Gouges (1748–1793) verfasste während der Revolution zahlreiche Flugschriften. Die Erklärung „Die Rechte der Frau" wurde im September 1791 veröffentlicht:

Infolgedessen erkennt und erklärt das an Schönheit und Mut angesichts der Schmerzen der Mutterschaft überlegene Geschlecht, in Gegenwart und unter dem Schutz des Höchsten Wesens, folgende Rechte der Frau und Bürgerin:

Artikel 1. Die Frau ist von Geburt frei und bleibt dem Manne gleich an Rechten. Soziale Unterschiede dürfen nur im gemeinen Nutzen begründet sein.

Art. 2. Das Ziel jeder politischen Vereinigung ist die Erhaltung der natürlichen und unveräußerlichen Rechte von Mann und Frau. Diese Rechte sind Freiheit, Eigentum, Sicherheit und Widerstand gegen Unterdrückung.

Art. 3. Der Ursprung jeder Souveränität ruht wesentlich in der Nation, die nur die Gemeinschaft aller Frauen und Männer ist. Keine Körperschaft, kein Individuum können eine Gewalt ausüben, die nicht ausdrücklich von ihr ausgeht.

Art. 4. Freiheit und Gerechtigkeit bestehen darin, den anderen alles zurückzugeben, was ihnen gehört. So wird die Frau in der Ausübung ihrer natürlichen Rechte nur durch die fortdauernde Tyrannei beschränkt, die der Mann ihr entgegensetzt. Diese Beschränkungen müssen durch Gesetze der Natur und Vernunft abgeschafft werden.

[...]

Art. 6. Das Gesetz ist der Ausdruck des allgemeinen Willens. Alle Bürgerinnen und Bürger sollen persönlich oder durch ihre Vertreter an seiner Formung mitwirken. Es soll für alle gleich sein: Da alle Bürgerinnen und Bürger in seinen Augen gleich sind, sollen sie gleichermaßen zu allen Würden, Posten und öffentlichen Ämtern nach ihren Fähigkeiten zugelassen werden, ohne andere Unterschiede als die ihrer Tugenden und Talente.

Die französische Revolution. Ein Lesebuch mit zeitgenössischen Berichten und Dokumenten, ausgew., übers. u. komm. v. Chris E. Paschold und Albert Gier, Stuttgart 1989, S. 185.

M 7 Olympe de Gouges

Miniatur, um 1790

Aufgaben

1. a) Erkläre den Begriff „konstitutionelle Monarchie".
   b) Untersuche anhand des Verfassungsschemas, wem die größte Macht zukam.
   c) Erkläre, wieso die Einteilung in Aktiv- und Passivbürger nicht mit den Menschen- und Bürgerrechten übereinstimmte. Vergleiche mit Art. 1 und Art. 6.
   → Text, M1, M5
2. a) Suche für jeden Artikel der Erklärung der Menschenrechte einen passenden Begriff.
   b) Weshalb war eine Erklärung der Menschenrechte mit dem Prinzip der Ständegesellschaft unvereinbar?
   c) Die Verfassung der Bundesrepublik ist das Grundgesetz. Informiere dich, welche Rechte der Erklärung von 1789 in Deutschland gelten.
   d) Erläutere die Illustration der Menschenrechtserklärung.
   → M4, M5, Grundgesetz der Bundesrepublik
3. a) Vergleiche die Erklärung „Die Rechte der Frau" mit der Erklärung der Menschenrechte. Nenne Gemeinsamkeiten und Unterschiede.
   b) Wie sieht Olympe de Gouges die Rolle der Frauen?
   c) Begründe, ob ihre Erklärung deiner Meinung nach heute noch aktuell ist.
   → M5, M6

Die französische Nationalhymne – Die Entstehungsgeschichte nachvollziehen

M 7 Die Marseillaise

Der „Chant de guerre pour l'armée du Rhin", wie das Lied zunächst hieß, wurde Ende April 1792 nach der Kriegserklärung an Österreich von Claude-Joseph Rouget de Lisle (1760–1836) gedichtet. Die Freiwilligen aus Marseille brachten es im Juli nach Paris. Es ist heute die Nationalhymne:

Vorwärts, Kinder des Vaterlandes,
der Tag des Ruhms ist da.
Gegen uns hat die Tyrannei
ihre blutigen Standarten erhoben.
Hört ihr im Gelände
die wilden Soldaten brüllen?
Sie kommen,
um unsere Söhne und Frauen in unseren Armen zu töten.
Zu den Waffen, Bürger! Stellt eure Bataillone auf;
wir wollen marschieren, unreines Blut soll unsere Acker tränken.

Was will diese Horde von Sklaven,
von Verrätern und Königen, die sich verschworen haben?
Für wen sind diese schändlichen Fesseln,
Die seit langem vorbereiteten Ketten bestimmt?
Für uns Franzosen; oh, was für eine Beleidigung!
Wie muss sie unser Blut in Wallung bringen!
Man wagt daran zu denken, gerade uns
wieder in die alte Sklaverei zu bringen.

Was denn! diese ausländischen Kohorten
sollten in unserer Heimat gebieten!
Was denn! Söldnerscharen
sollten unsere stolzen Krieger niederwerfen!
Großer Gott! von gebundenen Händen
sollte unsere Stirn unter das Joch gebeugt werden!
Gemeine Despoten sollten
die Herren über unser Schicksal werden!

Zittert, Tyrannen, und ihr, Verräter,
der Schandfleck aller Parteien:
Zittert, eure verruchten Pläne
werden endlich ihren Lohn empfangen.
Alles ist Soldat, um euch zu bekämpfen;
wenn unsere jungen Helden fallen,
bringt Frankreich neue hervor,
die bereit sind, gegen euch zu streiten. [...]

Heilige Liebe zum Vaterland,
führe und stärke unsere rächenden Arme;
Freiheit, süße Freiheit, kämpfe an der Seite deiner Verteidiger.
Der Sieg möge beim männlichen Klang deiner Stimme unter unsere Fahnen eilen.
Deine sterbenden Feinde
sollen deinen Triumph und unseren Ruhm sehen.

Die französische Revolution. Ein Lesebuch mit zeitgenössischen Berichten und Dokumenten, ausgew., übers. u. komm. v. Chris E. Paschold und Albert Gier, Stuttgart 1989, S. 210 ff.

M 8 Reaktionen auf die Marseillaise

a) Die Zeitung „Cronique de Paris" schrieb am 20.8.1792:

Man hört, dass gegenwärtig in allen Theatern das Lied: „Allons enfants de la Patrie" verlangt wird. Die Melodie [...] ist zugleich ergreifend und kriegerisch. Die Verbündeten haben es von Marseille, wo es sehr in Mode war, mitgebracht. Sie singen es sehr wirkungsvoll, und die Stelle, wo sie ihre Hüte und Säbel schwingen und im Chor rufen: „Aux armes, Citoyens!" lässt einen wirklich erschauern. Sie haben das Lied in allen Dörfern gesungen, durch die sie gezogen sind, und auf diese Weise haben die neuen Barden vaterländische und kriegerische Gefühle entfacht.

b) Der französische General Thiébault (1769–1846) schrieb über seine Eindrücke:

Es war am 30. Juli, als diese scheußlichen Verbündeten, der Auswurf von Marseille, in Paris ankamen. Das Eindringen der Briganten [Aufständischen] entfesselte den Pöbel und das Verbrechen vollends. Ich glaube, man kann sich nichts Abscheulicheres vorstellen als diese fünfhundert tollen Menschen, die zu drei Vierteln betrunken sind, fast alle in roten Mützen, mit nackten Armen und zerlumpt [...].
In dieser Weise gaben die Marseiller den Ton an, und wenn Paris seit dem 20. Juli jeden Tag trister wurde, so ist es seit dem Erscheinen dieser höllischen Sippschaft schauerlich geworden. Sie vollführte ihr Mordwerk mit Gebrüll von „Ça ira" und der Marseillaise, Liedern, von denen das erste für das Vergnügen des Tanzes und das zweite für einen würdigeren Zweck gemacht war.

Die Französische Revolution in Augenzeugenberichten, hrsg. von G. Pernoud u. S. Flaissier, 7. Aufl., München 1989, S. 142 f.

Die Rolle des Königs – Verschiedene Bildquellen vergleichen

M 9 **Ludwig XVI.**, um 1777

M 10 **Der König im Käfig der Verfassung**, um 1791

M 11 **Die Hinrichtung Ludwigs XVI.** am 21. Januar 1793, kolorierter Kupferstich

Aufgaben

1. a) Erläutere, wie es zum Ende der Monarchie kam.
   b) Welche Bedeutung hatte das Verhalten des Königs, welche die außenpolitische Lage bei dieser Entwicklung?
   → Text
2. Informiere dich über die wichtigsten Revolutionäre. → M2–M6, Lexikon, Internet
3. a) Stelle die Begriffe zusammen, die in der Marseillaise für die revolutionären Franzosen und die für die Gegner der Revolution verwendet werden.
   b) Erkläre anhand sprachlicher Besonderheiten die mitreißende Wirkung der Hymne.
   c) Erkläre, welche Einstellung gegenüber der Hymne in den zeitgenössischen Berichten zum Ausdruck kommt.
   → M7, M8
4. a) Beschreibe, wie Ludwig XVI. auf den einzelnen Abbildungen dargestellt wird.
   b) Vergleiche die Bilder untereinander. Achte auf den jeweiligen Bildtyp.
   c) Stelle anhand der Abbildungen wichtige Ereignisse der Revolution dar.
   d) Beurteile die Rolle des Königs.
   → M9–M11

M 1 Sansculotten
Die radikalen Revolutionäre aus den Unterschichten, zeitgenössische Zeichnung

Die Revolution ufert aus

Krieg und Bürgerkrieg

Nach der Gefangennahme des Königs und der Abschaffung der Monarchie stellte sich die Frage, was mit Ludwig XVI. geschehen sollte. Gegen die Girondisten, die einen Prozess ablehnten, da sie ein Eingreifen des Auslands befürchteten, setzten sich die Montagnards durch. So wurde der König im Dezember 1792 angeklagt und am 21. Januar 1793 durch die Guillotine hingerichtet.

Die Tötung eines Monarchen empfanden die europäischen Herrscher als Bedrohung und bildeten eine Koalition gegen Frankreich. Zugleich nahm der Widerstand im Innern zu. In der Vendée und anderen Gegenden Frankreichs kam es zu Aufständen gegen die Herrschaft des Konvents. Es herrschte Bürgerkrieg. Die Revolutionsregierung war 1793 von innen und außen massiv bedroht.

Hinzu kam, dass Teile der Pariser Bevölkerung radikalere Maßnahmen forderten und den Konvent unter Druck setzten. Es handelte sich dabei um die Sansculotten, die, anders als Adel und Bürgertum, „sans culottes“, das heißt „ohne Bundhosen“, auftraten, und „pantalons“, d.h. lange Hosen trugen. Sie waren kompromisslose Anhänger der Revolution und zu ihnen gehörten Handwerker ebenso wie Bettler. Sie forderten vor allem eine Verbesserung ihrer wirtschaftlichen Lage und unterstützten die nun entstehende „Schreckensherrschaft“.

M 2

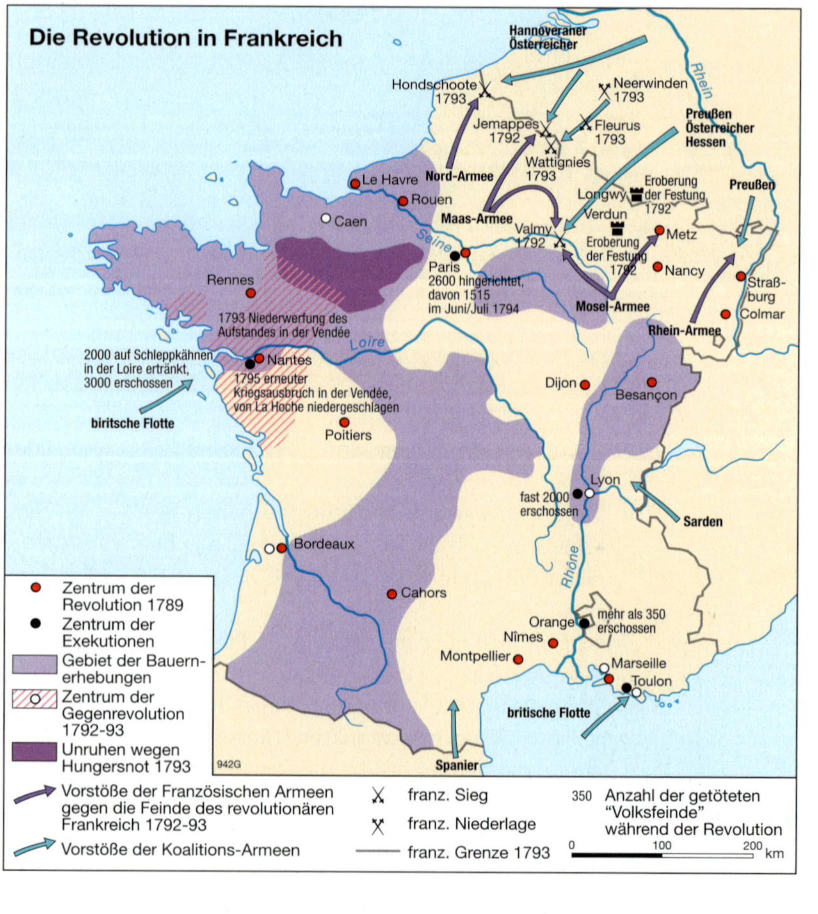

Vendémiaire	Brumaire	Frimaire	Nivôse	Pluviôse	Ventôse
„Weinlese“	„Nebel“	„Frost“	„Schnee“	„Regen“	„Wind“
22.9. – 21.10.	22.10. – 20.11.	21.11. – 20.12.	21.12. – 19.01.	20.01. – 18.02.	19.02. – 20.03.
Germinal	Floréal	Prairial	Messidor	Thermidor	Fructidor
„Saat“	„Blüten“	„Wiesen“	„Ernte“	„Hitze“	„Früchte“
21.03. – 19.04.	20.04. – 19.05.	20.05. – 18.06.	19.06. – 18.07.	19.07. – 17.08.	18.08. – 16.09.

1 Monat = 30 Tage = 3 Dekaden zu 10 Tagen – letzter Tag einer Dekade: Ruhetag;
Feiertage 17.– 21.09.

1201G

M 3 Der Revolutionskalender
Mit dem Sturz des Königs am 22. September 1792 ließen die Revolutionäre das Jahr I beginnen.

Die Schreckensherrschaft

In dieser Situation griff die Revolutionsregierung zum Mittel des Terrors und richtete im März 1793 das Revolutionstribunal ein: einen Gerichtshof, der Gegner der Revolution, aber auch Preistreiber verurteilte. In den Jahren 1793 und 1794 wurden Tausende hingerichtet, auch dann noch, als die innere und äußere Bedrohung nachgelassen hatte. Die Todesurteile vollstreckte die Guillotine, ein vom Arzt Guillotin erfundenes Fallbeil.

Zwischen den verschiedenen Revolutionsparteien brach in dieser angespannten Situation ein mörderischer Machtkampf aus. Zuerst wurden die Girondisten verfolgt und größtenteils hingerichtet, danach Danton mit seinen Anhängern sowie weitere Gruppen, sodass schließlich der Kreis um Robespierre die alleinige Macht besaß.

Bevor Robespierre am 28. Juli 1794 selbst gestürzt und hingerichtet wurde, kam es im letzten Monat seiner Regierung noch zu einer Steigerung der Schreckensherrschaft, der „Grande Terreur“. Gleichzeitig versuchte Robespierre eine neue Religion zu begründen: Im Juni 1794 fand eine aufwändige Feier zu Ehren des „Höchsten Wesens“ statt, das die menschliche Vernunft verkörperte. Auf diese Weise sollte ein Ersatz für die christliche Religion geschaffen werden.

Die Bewertung der Schreckensherrschaft war stets umstritten. Gegner der Revolution sahen in ihr eine logische Fortsetzung der Entwicklung seit 1789, Anhänger hingegen erblickten darin einen Verrat an den ursprünglichen Idealen.

M 4 Opfer der Terrorherrschaft
Abtransport von Hingerichteten, Aquarell von 1793

Kritik und Rechtfertigung des Terrors – Arbeiten mit Bild- und Textquellen

M 5 **Karikatur von 1794**

M 6 Gedanken eines Henkers

Die Familie Sanson stellte seit dem 17. Jahrhundert die Henker von Paris. In der Familiengeschichte, die ein Nachkomme verfasste, sind die Aufzeichnungen von Charles-Henri Sanson enthalten. Dieser war in der Zeit der Französischen Revolution als Henker tätig:

29. Prairial [17. Juni 1794]. Ein schrecklicher Tag! Die Guillotine hat vierundfünfzig vernichtet! Ich bin mit meinen Kräften am Ende und wäre beinahe ohnmächtig geworden. Man zeigte mir eine Karikatur, die in der Stadt kursiert und auf der ich dargestellt bin, wie ich mich inmitten einer Ebene, die, soweit das Auge reicht, mit Leichen ohne Köpfe und mit Köpfen ohne Körper bedeckt ist, selbst guillotiniere. Wenn nur mein Hals nötig wäre, um die Guillotine zu beseitigen, ich bin bereit, und der Zeichner soll nicht gelogen haben. Ich rühme mich nicht einer Sensibilität, die ich nicht besitzen kann; ich sah zu oft und aus zu großer Nähe die Leiden und den Tod meiner Mitmenschen mit an, als dass ich leicht zu beeindrucken wäre. Wenn mein Gefühl aber nicht Mitleid ist, dann muss es das Ergebnis einer Nervenkrankheit sein; vielleicht straft mich die Hand Gottes für meinen feigen Gehorsam gegen etwas, was so wenig der Gerechtigkeit ähnelt, der zu dienen ich geboren war?

Die Französische Revolution. Ein Lesebuch mit zeitgenössischen Berichten und Dokumenten, ausgew., übers. u. komm. v. Chris E. Paschold und Albert Gier, Stuttgart 1989, S. 356.

M 7 Eine Rede Robespierres

Robespierre hielt am 5.2.1794 im Konvent die folgende Rede:

Was ist also das grundlegende Prinzip der demokratischen Regierung oder der Volksregierung, das heißt, was ist die wichtigste Kraft, die sie unterstützen und antreiben soll? Es ist die Tugend! Und ich meine damit die öffentliche Tugend, die in Griechenland und Rom so viele Wunder vollbracht hat und die noch weit Erstaunlicheres im republikanischen Frankreich vollbringen soll. Ich meine jene Tugend, die nichts anderes ist, als die Liebe zum Vaterland und zu seinen Gesetzen. [...]

Von außen werden wir von allen Tyrannen umzingelt; im Innern konspirieren [verschwören sich] alle Freunde der Tyrannen gegen uns: Sie werden so lange konspirieren, bis dem Verbrechen jede Hoffnung genommen ist. Man muss die inneren und äußeren Feinde der Republik beseitigen oder mit ihr untergehen. Deshalb sei in der gegenwärtigen Lage der erste Grundsatz eurer Politik, das Volk durch Vernunft und die Volksfeinde durch Terror zu lenken.

Wenn in friedlichen Zeiten der Kraftquell der Volksregierung die Tugend ist, so sind es in Zeiten der Revolution Tugend und Terror zusammen. Ohne die Tugend ist der Terror verhängnisvoll, ohne den Terror ist die Tugend machtlos. Der Terror ist nichts anderes als die unmittelbare, strenge und unbeugsame Gerechtigkeit; er ist also eine Emanation [hier: Folge] der Tugend.

Maximilien Robespierre, Ausgewählte Texte, Hamburg 1971, S. 587 f., S. 594 f.

Die Beurteilung der Schreckensherrschaft – Unterschiedliche Perspektiven erfassen

M 8 Zwei Stellungnahmen

a) Der deutsche Schriftsteller Adolph von Knigge (1752–1796) beurteilte die Entwicklungen in Frankreich in einer Schrift aus dem Jahr 1794 folgendermaßen:

Alle Gewalttätigkeiten aber, die vorgegangen sind, alle Ermordungen, alle Plünderungen, Mordbrennereien, Ausschweifungen und überhaupt alle gesetzlosen Handlungen sind, in Vergleichung mit den Unordnungen und Gräueln, womit von jeher ähnliche, ja! viel geringere Vorfälle bezeichnet gewesen, für nichts zu rechnen. Die Revolution ist eine große, beispiellose und, sie falle aus, wie sie wolle, sie sei rechtmäßig oder widerrechtlich unternommen worden, der ganzen Menschheit wichtige Begebenheit. Ein Krieg, den irgendein ehrgeiziger Despot zur Befriedigung seiner kleinen Leidenschaften führt, [...] kostet tausendmal mehr Blut und unschuldiges Blut, und zu welchem Zwecke? Ob Gibraltar den Engländern oder den Spaniern gehört, das ist gewiss für die Welt und vielleicht für das wahre Glück der beiden streitenden Nationen selbst ein ziemlich unbedeutender Umstand; und dennoch hat der Kampf um diesen Felsen [im Spanischen Erbfolgekrieg, der 1713 beendet wurde] in einigen Stunden mehr Menschen, die gar nicht dabei interessiert waren, das Leben geraubt als ein jahrelanger Kampf um Freiheit und Gesetze in Frankreich.

Adolph Freiherr Knigge, Josephs von Wurmbrand politisches Glaubensbekenntnis mit Hinsicht auf die Französische Revolution, hrsg. von G. Steiner, Frankfurt/M. 1968, S. 53 f.

b) Der berühmte deutsche Dichter Friedrich Schiller (1759 –1805) nahm in einem Brief aus dem Jahre 1793 zu den Ereignissen in Frankreich Stellung:

Der Versuch des französischen Volkes, sich in seine heiligen Menschenrechte einzusetzen und eine politische Freiheit zu erringen, hat bloß das Unvermögen und die Unwürdigkeit desselben an den Tag gebracht und nicht nur dieses unglückliche Volk, sondern mit ihm auch einen beträchtlichen Teil Europas, und ein ganzes Jahrhundert, in Barbarei und Knechtschaft zurückgeschleudert. Der Moment war der günstigste, aber er traf eine verderbte Generation, die ihn nicht wert war und weder zu würdigen noch zu benutzen wusste. Der Gebrauch, den sie von diesem großen Geschenk des Zufalls macht und gemacht hat, beweist unwidersprechlich, dass [...] das liberale Regiment der Vernunft da noch zu frühe kommt, wo man kaum damit fertig wird, sich der brutalen Gewalt der Tierheit zu erwehren [...]. In den niederen Klassen sehen wir nichts als rohe gesetzlose Triebe, die sich nach aufgehobenem Band der bürgerlichen Ordnung entfesseln und mit unlenksamer Wut ihrer tierischen Befriedigung zueilen. [...] Es waren also nicht freie Menschen, die der Staat unterdrückt hatte, nein, es waren bloß wilde Tiere, die er an heilsame Ketten legte.

Brief Friedrich Schillers an den Herzog Friedrich Christian von Augustenburg, in: Briefe deutscher Klassiker, Leipzig 1946, S. 281 f.

Aufgaben

1. Erläutere die Bedeutung des Begriffs „Schreckensherrschaft" im Zusammenhang mit der Französischen Revolution. → Text
2. a) Erläutere, weshalb in Frankreich eine Kalenderreform durchgeführt und die Jahreszählung neu begonnen wurde.
   b) Erläutere den Sinn der Monatsnamen im Revolutionskalender.
   c) Versuche, deinen Geburtstag „umzurechnen".
   → M3
3. Vergleiche die Karikatur mit dem Tagebuch des Henkers und erläutere die Zusammenhänge.
   → M5, M6
4. Wie begründete Robespierre die Notwendigkeit des Terrors?
   → M7
5. Vergleiche die beiden Stellungnahmen zur Schreckensherrschaft.
   a) Erläutere, welche Position die beiden Autoren gegenüber der Schreckensherrschaft einnehmen.
   b) Suche in den Quellen Textstellen, die die jeweilige Perspektive aufzeigen.
   → M8

Die Revolution scheint beendet und breitet sich aus

Die Herrschaft des Direktoriums

Nach der Schreckensherrschaft war der Schrecken noch nicht zu Ende. Zwar war die Verfolgung und Hinrichtung vermeintlicher Feinde der Revolution vorbei, doch kam es nun zur grausamen Rache an den Jakobinern. Erst Ende 1795 kehrte allmählich Ruhe ein.

Im gleichen Jahr erhielt Frankreich eine neue Verfassung, die wieder Gewaltenteilung vorsah. Sie machte das Wahlrecht der Bürger erneut vom Einkommen abhängig und beschränkte den Einfluss ärmerer Bevölkerungsschichten. Somit profitierten vor allem reiche Bürger vom Sturz des Terrorregimes. An der Spitze des Staats stand ein fünfköpfiges Direktorium. Das gesellschaftliche Leben blühte wieder auf. Nach dem Zusammenbruch der radikalen revolutionären Phase wurde das Bürgertum zur bestimmenden politischen Kraft.

Die Ausbreitung der Revolution in Europa

Seit 1789 gab es in den Ländern Europas Anhänger der Französischen Revolution. Allerdings kam es in keinem anderen Land zu einer ähnlichen Entwicklung. Dies änderte sich nach 1792, als Krieg zwischen Frankreich und den anderen europäischen Mächten ausbrach.

Diese hatten sich zu einer Koalition, zu einem Bündnis zusammengeschlossen und waren zunächst erfolgreich. Spätestens seit 1794 gelangen jedoch der französischen Armee glänzende Erfolge.

Die eroberten Länder wurden in Republiken umgewandelt. So konnten nun auch außerhalb Frankreichs die Ziele der Revolution verwirklicht werden.

M 1 Verteidigung der Verfassung

Die Bildunterschrift lautet: Das Heilige Bataillon der 500 000 Republikaner verteidigt unsere Verfassung gegen die Sklaven der vereinigten Tyrannen, Stich um 1793.

Eine revolutionäre Armee

Die militärischen Siege lassen sich darauf zurückführen, dass in Frankreich zu dieser Zeit ein modernes Militärwesen entstand. Das einstige Heer des Königs wurde zum „Volksheer". Das heißt: Für alle Männer zwischen 18 und 25 Jahren galt die allgemeine Wehrpflicht. Auf diese Weise verfügte Frankreich über eine große Zahl von Soldaten, die von den Zielen der Revolution überzeugt waren und begeistert für ihr Vaterland kämpften. Auch ehrgeizige Soldaten aus dem Bürgertum, die sich in Schlachten bewährt hatten, konnten nun zu Offizieren und Generälen aufsteigen. Der berühmteste von ihnen war Napoleon Bonaparte.

M 2 **Nationalfeiertag in Paris**
Militärparade zum 14. Juli 2003

Die Bedeutung der Französischen Revolution

Worin liegt die historische Bedeutung der Revolution?

- Republik als Staatsform: An die Stelle der absoluten Monarchie trat zunächst eine konstitutionelle. Dann wurde die Monarchie ganz abgeschafft und es entstand eine Republik. Heute sind Frankreich und viele andere europäische Staaten Republiken.
- Demokratische Verfassung: Die Nationalversammlung und die französische Verfassung von 1791 galten lange Zeit als Vorbild. Besonders die Erklärung der Menschen- und Bürgerrechte und die in der Verfassung verankerte Volkssouveränität hatten nachhaltige Auswirkungen.
- Politische Parteien: Der Streit um die Französische Revolution führte dazu, dass sich politische Strömungen und später Parteien bildeten, die für das 19. und 20. Jahrhundert bestimmend blieben:
  Die Konservativen waren Gegner der Revolution und überzeugte Anhänger einer starken Monarchie.
  Die Liberalen bekannten sich zu den Zielen der Anfangsphase. Für sie war eine konstitutionelle Monarchie, wie sie die Verfassung von 1791 vorsah, das Ideal.
  Die Sozialisten wollten nicht nur die politische Freiheit, sondern auch die soziale Gleichheit erreichen. Für sie war die Französische Revolution unvollendet geblieben.
- Ende der Ständegesellschaft: Durch Geburt erworbene Vorrechte wurden immer unwichtiger, Leistung und Reichtum gewannen eine immer größere Bedeutung. Damit löste sich eine Gesellschaftsordnung auf, die seit Beginn des Mittelalters, also seit einem Jahrtausend bestimmend war.
- Wirtschaftliche Freiheit: Die Bauern wurden aus ihrer Abhängigkeit von den Grundherren befreit und konnten selbstständig wirtschaften. Dies galt auch für ehrgeizige Bürger, die leichter Handel treiben und Betriebe aufbauen konnten. Das war eine wichtige Voraussetzung für die Industrialisierung.
- Kultureller Umbruch: Neue Kleidersitten, neue Formen von Festen und Feiern sowie die gestiegene Bedeutung von Symbolen und nationalen Liedern sind Beispiele dafür. Die Begriffe „Vaterland" und „Nation" gewannen an Bedeutung.

Diese politischen, sozialen, wirtschaftlichen und kulturellen Umwälzungen blieben nicht auf Frankreich beschränkt, sondern erfassten viele Länder Europas. So ist die Französische Revolution ein entscheidender Schritt auf dem Weg zur modernen Welt.

„Eine neue Epoche der Weltgeschichte" – Ein Augenzeugenbericht

M 3 Kanonade von Valmy, 1792
Kolorierter Stich, 1825

M 4 Die Kanonade von Valmy

a) Der deutsche Dichter Johann Wolfgang Goethe erinnert sich an seine Kriegserlebnisse während des Feldzuges. Am 20.9.1792 kam es zur so genannten Kanonade von Valmy, der Entscheidungsschlacht des Krieges, die die Franzosen gewannen:

So war der Tag hingegangen; unbeweglich standen die Franzosen, Kellermann hatte auch einen bequemen Platz genommen; unsere Leute zog man aus dem Feuer zurück, und es war eben, als wenn nichts gewesen wäre. Die große Bestürzung verbreitete sich über die Armee. Noch am Morgen hatte man nicht anders gedacht, als die sämtlichen Franzosen anzuspießen und aufzuspeisen, ja mich selbst hatte das unbedingte Vertrauen auf ein solches Heer, auf den Herzog von Braunschweig zur Teilnahme an dieser gefährlichen Expedition gelockt; nun aber ging jeder vor sich hin, man sah sich nicht an, oder wenn es geschah, so war es um zu fluchen, oder zu verwünschen. Wir hatten, eben als es Nacht werden wollte, zufällig einen Kreis geschlossen, in dessen Mitte nicht einmal wie gewöhnlich ein Feuer konnte angezündet werden, die meisten schwiegen, einige sprachen, und es fehlte doch eigentlich einem jeden Besinnung und Urteil. Endlich rief man mich auf, was ich dazu denke, denn ich hatte die Schar gewöhnlich mit kurzen Sprüchen erheitert und erquickt; diesmal sagte ich: „Von hier und heute geht eine neue Epoche der Weltgeschichte aus, und ihr könnt sagen, ihr seid dabei gewesen."

Goethes Werke, Band 10, Hamburg 1959, S. 234 f.

b) Ein preußischer Offizier zog die Schlussfolgerung aus den Enttäuschungen, die die Verbündeten erfuhren. Auszug aus einem Brief, der bei einem Toten 1792 gefunden wurde:

Die französischen Emigranten haben unseren guten König und alle Ausländer auf infame Weise getäuscht. Sie hatten versichert, die Gegenrevolution würde stattfinden, sobald wir uns zeigten; sie hatten gesagt, die Linientruppen seien ein Haufen hergelaufenes Gesindel und die Nationalgarden liefen beim ersten Schuss davon. Nichts davon ist wahr. Die Emigranten haben uns nichts geliefert, und die französischen Truppen ähneln keineswegs dem Bild, das man uns von ihnen entworfen hatte. Wir haben schöne Menschen gefunden und vollendet gut berittene Kavallerie. Ihre Disziplin ist ebenso gut wir die unserer Truppen; wir haben sie Manöver ausführen sehen, die unsere Generäle nur bewundern konnten. Ihre Artillerie wird sehr gut bedient; das haben wir am 20. September [dem Tag, an der die so genannte Kanonade von Valmy stattfand] erfahren, denn sie hat viele tapfere Leute von uns getötet.

Zit. nach: Die Französische Revolution in Augenzeugenberichten, hrsg. von Georges Pernoud und Sabine Flaissier, München 1989.

Die Französische Revolution – Verschiedene Deutungen

M 5 Die Beurteilung der Revolution

a) Der englische Politiker Thomas Paine (1737–1809) hatte sich für die amerikanische Unabhängigkeit eingesetzt und äußerte sich in einer Schrift zur Französischen Revolution:

Eine der ersten Taten der Französischen Revolution war es, dass sie eine Erklärung der Menschenrechte veröffentlichte, auf deren Grundlage die neue Verfassung errichtet werden sollte […]. In der Präambel, die der Erklärung der Rechte vorangestellt ist, erscheint die Nation feierlich und eindrucksvoll, und sie bekennt sich unter der Schirmherrschaft Gottes zu ihrem Auftrag, eine Regierung zu schaffen. Das ist ein derart neues und in der europäischen Welt völlig beispielloses Ereignis, dass das Wort „Revolution" seinem Charakter nicht angemessen ist; es handelt sich vielmehr um eine „Wiedergeburt des Menschen".

Thomas Paine, Rights of Man, 1. Teil, Februar 1791, in: Common Sense and Other Political Writings, New York 1953, S. 95 ff.

b) Der französische Politiker Joseph de Maistre (1753–1821) emigrierte 1792 und veröffentlichte seine Schrift „Betrachtungen zur Französischen Revolution" in London:

Was die Französische Revolution kennzeichnet und zu einem einzigartigen Ereignis in der Geschichte macht, ist, dass sie durch und durch böse ist; nicht eine Spur von Gutem mag den Schmerz des Betrachters zu mildern; sie hat den höchsten Grad der Verderbtheit erreicht, sie ist reinster Schmutz. Auf welcher Seite der Geschichte findet man eine derartige Fülle von Lastern verzeichnet, die sich auf dem gleichen Schauplatz austoben? Welch grauenvolle Ansammlung von Gemeinheit und von Grausamkeit! Welch äußerste Sittenlosigkeit!

Joseph de Maistre, Considérations sur la France, Ausgabe von Johannet und Vermale, Paris 1936, S. 56 ff.

c) Der deutsche Schriftsteller Ernst Moritz Arndt (1769–1860) äußerte sich 1806 zur Französischen Revolution:

Ich lasse es mir daher nicht nehmen, dass die ersten Jahre der Revolution wirklich ein höherer und enthusiastischer Geist im Volke war, dass viele entschlossen waren und hofften, es werde und solle eine besondere und glückliche Verfassung aus dem Chaos der Verwirrung und dem Kampf so mancher Ideen hervorgehen. […]
Der Geist des Bösen, der so reichlich in allen Revolutionen ist und aus so wenigen wirklich das Gute und Große kommen lässt, begann nach einigen Jahren zu herrschen und herrschte bis 1795 wütend. Er fuhr in das große Volk und versteckte sich hinter einer Masse von Millionen. Nachdem Thron, Adel und Priestertum und der Bau der ersten losen Verfassung mit allem Alten gestürzt und vernichtet war, da machte die Revolution den Pöbel zum Herrn, jenes Ungeheuer, […] das zuweilen mit hunderttausend Armen alles umwirft, zuweilen mit hunderttausend Füßen nur kriecht. Es ist unmöglich, aus jener abscheulichen Zeit Licht und Klarheit zu finden und Schuld und Unschuld auseinander zu flechten und zu enträtseln. Solche Epoche klärt keine Geschichte auf. Wahn und Absicht, Schwärmerei und Bosheit, Zufall und Plan, Heroismus und Niederträchtigkeit liegen einander oft so nahe, dass nur ein Gott das Urteil sprechen möchte.

Ernst Moritz Arndt, Geist der Zeit, 1. Band, Berlin 1806, S. 172 ff.

Aufgaben

1. Erläutere die Bemerkung Goethes, „Von hier und heute geht eine neue Epoche der Weltgeschichte aus …". → M4
2. a) Fasse zusammen, wie Goethe die Ereignisse in Valmy beurteilt.
   b) Wie nahm der preußische Offizier die Schlacht in Valmy wahr?
   c) Erläutere, worin sich die beiden Einschätzungen unterscheiden. → M4
3. Stelle die wichtigsten Folgen der Französischen Revolution zusammen.
   → Text
4. a) Fasse die Urteile der drei Autoren in kurzer Form zusammen.
   b) Nenne Unterschiede und Gemeinsamkeiten bei den Bewertungen.
   c) Ordne die Autoren den im Text genannten politischen Strömungen zu.
   d) Formuliere ein eigenes Urteil über die Bedeutung der Französischen Revolution. → M5

M 1 Landschaft mit Freiheitsbaum
Gemälde von Johann Wolfgang Goethe, 1782

Freiheitsbäume wachsen empor

„Reisender, dieses Land ist frei", verkündet die Schrifttafel auf dem Aquarell von Johann Wolfgang Goethe. Angebracht ist diese Schrifttafel an einem der zahlreichen Freiheitsbäume, die 1792/93 in vielen Orten westlich des Rheins zu finden waren. Das Gemälde spielt auf eine Zeit an, die zu kurz war, um nachhaltige Veränderungen zu bewirken, aber auch zu spektakulär, um als Episode übergangen zu werden. Deshalb hat Goethe sich ein Bild von ihr gemacht.

Die Nachrichten, die seit 1789 über die Ereignisse in Frankreich langsam in das Reich eingedrungen waren, hatten hier zu heftigen Auseinandersetzungen zwischen Gegnern und Befürwortern der revolutionären Ideen geführt. In den meisten deutschen Territorien dominierte die Regierungsform des Absolutismus. So auch in Mainz, das als Sitz des wichtigsten Kurfürsten und als größte Erzdiözese des Reiches von besonderer Bedeutung war.

In der „Gelehrten Lesegesellschaft" trafen sich Bürger, um sich in Büchern und Zeitungen zu informieren und über Wahlen, Menschenrechte und „Freiheit, Gleichheit, Brüderlichkeit" zu diskutieren. Ein prominentes Mitglied der Gesellschaft war der Gelehrte Georg Forster (1754–1794), Bibliothekar der Mainzer Universität. Dieser weit gereiste Mann war mit den revolutionären Ideen der Franzosen vertraut und wollte sie auch in Mainz verbreiten.

Die Freiheit kommt ins Deutsche Reich …

Diese Gelegenheit bot sich Forster und anderen Anhängern der Revolution, nachdem die kurfürstliche Residenz Mainz am 21. Oktober 1792 von einem französischem Heer erobert worden und Kurfürst Friedrich Carl Joseph von Erthal geflohen war. Schon im November 1792 hatte der französische Nationalkonvent versprochen, „dass er allen Völkern Brüderlichkeit und Hilfe zukommen lassen wird, die ihre Freiheit wiedererlangen wollen". Daher stellte der General Custine die Bevölkerung in Mainz und anderen Städten vor die Wahl, ihre alte Verfassung zu behalten, eine neue auszuarbeiten oder die französische gleich ganz zu übernehmen.

M 2 Georg Forster (1754–1794)
Gemälde von 1787

… und die Bürger wollen sie nicht

Eine am 23. Oktober 1792 von Professoren, Studenten, Beamten und Kaufleuten gegründete „Gesellschaft der Freunde der Freiheit und Gleichheit" warb mit Flugschriften, Proklamationen und Zeitungen für die Ziele der Revolution. In einer Reihe von Orten wurden die alten Verwaltungen durch neue revolutionäre Einrichtungen, so genannte Munizipalitäten, ersetzt. Die Mehrheit der Bevölkerung blieb aber unpolitisch oder konservativ. Sie gehorchte der Besatzungsmacht, ohne deren Ideen zu übernehmen. Die Anhänger des alten Systems betonten den Wohlstand, den Kurfürst und Adel der Stadt gebracht hatten. Zwar strebten die Händler und Kaufleute nach mehr politischen Mitspracherechten und Steuergerechtigkeit. Deshalb musste man ihrer Meinung nach die Monarchie und den Kurfürsten aber noch lange nicht abschaffen. Besonders die Handwerker und Händler trauerten den geflohenen Adligen nach, denn von ihren Aufträgen hatte es

M 3 **Siegel des Jakobinerklubs** aus Mainz, 1793, Nachzeichnung

sich gut leben lassen. Nur wenige wünschten sich eine Republik ganz nach französischem Vorbild. So entschieden sich zur großen Überraschung Custines und der Mainzer Jakobiner viele Gemeinden, die alte Ordnung beibehalten zu wollen, und erklärten, sie seien gar nicht unterdrückt, hätten keine oder nur wenige Beschwerden gegen ihre Herrschaft und deshalb auch keine neue Verfassung nötig.

Darf Freiheit verordnet werden? Die Mainzer Republik ...

In dieser Situation wurde von Mainz aus die Wahl zum Rheinisch-Deutschen Nationalkonvent vorbereitet, die Februar 1793 stattfand. Das aktive Wahlrecht besaß jeder selbstständige Mann, der das 21., das passive jeder, der das 25. Lebensjahr vollendet hatte. Wegen der ablehnenden Haltung großer Teile der Bevölkerung waren Forster und andere Jakobiner davon überzeugt, dass der Weg zu einer Nation notfalls auch über Zwang und Gewalt führen musste. Zur Wahl zugelassen wurde daher nur, wer zuvor einen Eid auf die demokratischen Grundsätze (Freiheit, Gleichheit, Volkssouveränität) leistete. Wer sich die Freiheit nahm, die angebotene Freiheit abzulehnen und den Eid zu verweigern, der wurde nicht nur von der Wahl ausgeschlossen, sondern als Feind Frankreichs mit Verhaftung, Enteignung und Ausweisung bedroht. Dieses Vorgehen trug nicht gerade dazu bei, die Sympathien für die Idee der Republik zu stärken, und führte zu zahlreichen Auseinandersetzungen. Dementsprechend gering war auch die Wahlbeteiligung an vielen Orten, in Mainz gaben nur acht Prozent der Wahlberechtigten ihre Stimme ab.

Am 17. März 1793 traten im Mainzer Deutschhaus die Abgeordneten des Rheinisch-Deutschen Nationalkonvents und damit zum ersten Mal ein modernes Parlament auf deutschem Boden zusammen. Insgesamt trafen sich 130 Deputierte aus 125 Orten. Bereits am zweiten Sitzungstag rief der Konvent einen vom Reich unabhängigen „Rheinisch-Deutschen Freistaat" aus, der das Gebiet von Landau über Mainz bis Bingen umfasste, und beschloss am 21. März 1793 dessen Vereinigung (Réunion) mit Frankreich. Georg Forster überbrachte das Mainzer Réunionsangebot dem französischen Nationalkonvent in Paris, der das Angebot annahm.

... und ihre Folgen

Noch während Forster in Paris weilte, wurde Mainz von preußischen und österreichischen Truppen eingeschlossen und beschossen. Nach kurzer Belagerungszeit mussten die Franzosen im Juli 1793 kapitulieren. Während die französischen Soldaten freien Abzug aushandeln und die Stadt verlassen konnten, kam es zu einer Lynchjustiz der Bürger an den verbliebenen Mainzer Jakobinern, die verfolgt, verletzt und in Gefängnissen inhaftiert wurden. Die Freiheitsbäume mussten unter dem Spott der Bevölkerung wieder ausgegraben werden. Der Adel kehrte zurück, Georg Forster aber musste in Paris bleiben, wo er einsam und verlassen 1794 starb.

Die kurze Mainzer Republik war damit zu Ende, ihre Ideen blieben aber lebendig. Sie steht als Symbol für den noch einmal abgewendeten, letztlich aber doch unvermeidlichen Untergang des alten Reiches. Als erstes deutsches Demokratieexperiment ist sie in die Geschichte eingegangen.

M 4 Die Erklärung der Mainzer Zünfte

Am 31. Oktober 1792 gaben die Mainzer Zünfte bekannt:

Der Herr Bürger General [Custine] der französischen Republik hat uns in seiner Proklamation an die Bürgerschaft der Stadt Mainz die freye Wahl gelassen, ob wir in der alten Verfassung bleiben oder eine neue Verfassung errichten oder aber die französische Constitution annehmen wollten.
Da der Herr General so gerecht und billig war, uns in dieser so wichtigen Sache die freye Wahl zu lassen, so erkennen wir diese Grosmuth des französischen Generals mit innigstem Dankgefühl und erklären in Zuversicht auf die Gerechtigkeit und Billigkeit des Herrn Generals, [...] dass wir sowohl die Zunftverfassungen als auch die übrigen Verfassungen, welche zu dem gemeinen Wohle nützlich sind, beybehalten werden. [...]
Wir glauben auch ferner umso mehr gütige Willfahrung unserer Bitte hoffen zu können, dass das Benehmen des Herrn Generals stets durch Gerechtigkeit und Menschenliebe geleitet wird.
Die Bürgerzünfte der Stadt Mainz

Als die Revolution an den Rhein kam, hrsg. v. H. Klapheck und F. Dumont, Mainz 1994, S. 74.

M 5 Das Verhältnis der Mainzer zu den Franken

Am 15. November 1792 sagte Georg Forster im Mainzer Jakobinerklub:

Bisher war es eine schlaue Politik der Fürsten, die Völker sorgfältig voneinander abzusondern; sie an Sitten, Charakter, Gesetzen, Denkungsart und Empfindung gänzlich voneinander verschieden zu halten; Hass, Neid, Spott, Geringschätzung einer Nation gegen die andere zu nähren und dadurch ihre eigene Oberherrschaft desto sicherer zu stellen. [...]
Aber sie sind verschwunden von unserem gereinigten, der Freiheit und Gleichheit geweihten Boden, sie sind auf ewig in das Meer der Vergessenheit geworfen. [...] *Frei sein und gleich sein,* der Sinnspruch vernünftiger und moralischer Menschen, ist nunmehr auch der unsrige geworden. [...]
Lasst euch nicht irreführen, Mitbürger, durch die Begebenheiten der Vorzeit; erst vier Jahre alt ist die Freiheit der Franken und seht, schon sind sie ein neues, umgeschaffenes Volk; sie, die Überwinder unsrer Tyrannen, fallen als Brüder in unsere Arme, sie schützen uns, sie geben uns den rührendsten Beweis von Brüdertreue, indem sie ihre so teuer erkaufte Freiheit mit uns teilen wollen – und dies ist das erste Jahr der Republik! [...]
Mitbürger! Brüder! Die Kraft, die uns so verwandeln konnte, kann auch Franken und Mainzer verschmelzen zu einem Volk!

Als die Revolution an den Rhein kam, hrsg. v. H. Klapheck und F. Dumont, Mainz 1994, S. 52–53.

M 6 Freiheitsbaum
Anonymer kolorierter Kupferstich von dem am 3. November 1793 in Mainz vor dem Gerichtsgebäude errichteten Freiheitsbaum

M 7 Die Bedeutung der Mainzer Republik

a) Die Bewertung der Mainzer Republik in der Forschung ist umstritten. Der Mainzer Historiker Franz Dumont (geb. 1945) sieht die Wahlen vom Februar/März 1793 so:

Ein rein formales Demokratieverständnis, das bloß auf den Wahlakt Wert legt, wird alle Mainzer Abgeordneten von 1793 als legitime Volksvertreter ansehen. Wer aber fordert, „demokratische" Wahlen müssten auch freie Wahlen sein, der wird vielen Deputierten [Abgeordneten] die „demokratische Legitimation" absprechen müssen. Denn entscheidend war und ist doch, ob der Wähler sich [...] zwischen mindestens zwei (inhaltlichen) Alternativen frei entscheiden konnte und eben nicht durch Androhung oder gar Anwendung von Gewalt auf eine einzige festgelegt wurde. [...]
Von beiden Prämissen wich die Munizipalisierung jedoch ab: Schon durch den Eidzwang, denn mit dem vor der Wahl zu leistenden Schwur legten sich Wähler und Gewählte auf Prinzipien fest, die eigentlich erst die verfassungsgebende Versammlung hätte aufstellen können. Doch auch sie war in ihren Entscheidungen nicht frei, sondern im vorhinein auf „Freiheit und Gleichheit" verpflichtet. Bei der Wahl von Munizipalitäten und Abgeordneten konnten allenfalls verschiedene Personen, nicht aber verschiedene Richtungen gewählt werden; es gab also keine Entscheidungsfreiheit zwischen echten Alternativen.

Die Mainzer Republik, hrsg. v. Landtag Rheinland-Pfalz, Mainz 1993, S. 115–117.

b) Der ehemalige DDR-Historiker Heinrich Scheel (1915–1996) urteilt in seiner Betrachtung über die Wahlen dagegen:

Bei all dem fragt man sich doch, ob es Gründe gibt, den „Rheinisch-Deutschen Nationalkonvent", ja die Mainzer Republik überhaupt noch zu würdigen, sie gar zu „feiern"? Es gibt sie, trotz aller Einwände, Widersprüche und Mängel. [...]
Erstens: Im Mainzer Deutschhaus trat am 17. März 1793 zum ersten Mal auf deutschem Boden ein modernes Parlament zusammen. Denn die Deputierten verstanden sich [...] als Vertretung des ganzen Volkes, nicht etwa einzelner Stände.
Zweitens hat der Mainzer Konvent auch deshalb in der deutschen Verfassungsgeschichte seinen Platz, weil er als erste (und für lange Zeit einzige) parlamentarische Versammlung ausschließlich am demokratischen Prinzip orientiert war.
Drittens war dieses Parlament seiner Zeit insofern weit voraus, als es lange dauerte, bis in Deutschland wieder ein so weit gefasstes Wahlrecht angewendet wurde wie 1793 zwischen Landau und Bingen. Zwar fehlte den Wahlen, um „demokratisch" zu sein, das ausschlaggebende Kriterium der Entscheidungsfreiheit. Dennoch war die Ausdehnung des aktiven Wahlrechts auf alle über 21-jährigen, selbstständigen Männer ein Fortschritt [...] der erst wieder 1918 erreicht wurde.

Die Mainzer Republik, hrsg. v. Landtag Rheinland-Pfalz, Mainz 1993, S. 117–118.

Aufgaben

1. Was geschah in den Jahren 1792 bis 1794 in Mainz? Fasse die Ereignisse zusammen. Fertige dazu einen Zeitstrahl an.
   → Text
2. a) Schreibe die Erklärung der Mainzer Zünfte in modernes Deutsch um.
   b) Erkläre, wie die Zünfte erreichen wollten, dass ihre Ablehnung akzeptiert wurde.
   → M4
3. a) Welche Vorzüge sah Georg Forster an den Franzosen und was forderte er?
   b) Noch heute gibt es in Mainz kein Denkmal für ihn. Sucht gemeinsam Gründe, die dafür und dagegen sprechen.
   → Text, M5
4. a) Übersetze die Unterschrift zum Kupferstich „Freiheitsbaum" in heutiges Deutsch.
   b) Informiere dich über folgende Begriffe: „Freiheitsbaum", „Farben blau-weiß-rot" und „phrygische Mütze".
   c) Erläutere nun, dass es sich bei diesem Stich um eine gegenrevolutionäre Darstellung handelt.
   → M6, Lexikon oder Internet
5. a) Wie beurteilen die beiden Historiker die Wahlen vom Februar/März 1793?
   b) Welcher Position stimmst du zu? Begründe deine Meinung.
   → M7

Napoleon – Vom Landadligen zum Kaiser

Ein grandioser Aufstieg

1804 krönte sich Napoleon Bonaparte zum Kaiser der Franzosen und begründete damit das Kaisertum Napoleons. Er stammte aus einer verarmten korsischen Adelsfamilie und hatte keine Verbindung zu Europas Königshäusern. Wie war ein solch grandioser Aufstieg möglich? Um diese Frage zu beantworten, muss man den Lebensweg Napoleons und die damalige Situation in Frankreich betrachten. Erst das Zusammenspiel von persönlichem Ehrgeiz und sozialem Aufstieg, den nur die Revolution ermöglichte, kann seine Karriere erklären.

Napoleons Lebensweg

Der 1769 auf Korsika geborene Napoleon erhielt mit zehn Jahren ein Stipendium an der Militärschule von Brienne, wechselte wegen guter Leistungen nach Paris und wurde 1785 Leutnant. Danach verbrachte er einige Jahre auf Korsika und kehrte 1793 ohne feste Anstellung nach Paris zurück. Als begeisterter Anhänger der Revolution erhielt er ein militärisches Kommando und eroberte die Hafenstadt Toulon von den Royalisten zurück. Wegen dieser glänzenden militärischen Leistung beförderte ihn Robespierre 1794 – also mit 25 Jahren – zum General. Napoleon verdankte seinen Aufstieg somit der Revolution.

Da auch das Direktorium fähige Offiziere brauchte, erhielt Napoleon schon 1796 den Oberbefehl über die Italienarmee. Seine mitreißenden Reden, die Ruhm und Reichtum verkündeten, motivierten die Soldaten so sehr, dass die französische Armee die österreichischen Truppen aus Norditalien verdrängen konnte.

Ohne Rücksprache mit dem Direktorium schloss Napoleon 1797 den Frieden von Campoformio und errichtete in Oberitalien Republiken, die Frankreich kontrollierte. Der Sieg in Italien und die ihm treu ergebene Italienarmee bildeten die Grundlage seiner Macht.

Nach Paris zurückgekehrt, forderte er einen Feldzug nach Ägypten, um Englands Handel mit Indien zu stören. Napoleons Armee begleiteten Wissenschaftler, die Ägyptens Kultur erforschen und Errungenschaften der Aufklärung vermitteln sollten. Zwar konnte die Armee Ägypten erobern, doch vernichtete der englische Admiral Lord Nelson die französische Flotte 1798 bei Abukir im Mittelmeer.

M 1 **Napoleon als Erster Konsul**
Gemälde von Jean-A.-Dominique Ingres, 1804

Napoleon wird Konsul

Inzwischen geriet das Direktorium in Bedrängnis, da österreichische und russische Truppen Erfolge erzielten. Zudem gelang es nicht, den Aufständen der Royalisten und der Wirtschaftskrise Herr zu werden. Diese äußere und innere Krise führte am 9. November 1799 zum Sturz des Direktoriums, an dem sich Napoleon aktiv beteiligte.

Mit 30 Jahren wurde Napoleon „Erster Konsul“ der neuen Regierung, was praktisch die Alleinherrschaft bedeutete, denn Napoleon hatte das Ernennungsrecht der Minister und Mitkonsuln und ein Vorschlagsrecht bei Gesetzen. Obwohl die Revolution nicht lang zurücklag, zeigte sich ein Großteil der Bevölkerung mit Napoleons Alleinherrschaft einverstanden. Besonders das Besitzbürgertum wünschte eine starke Regierung, die den Schutz des Eigentums garantierte.

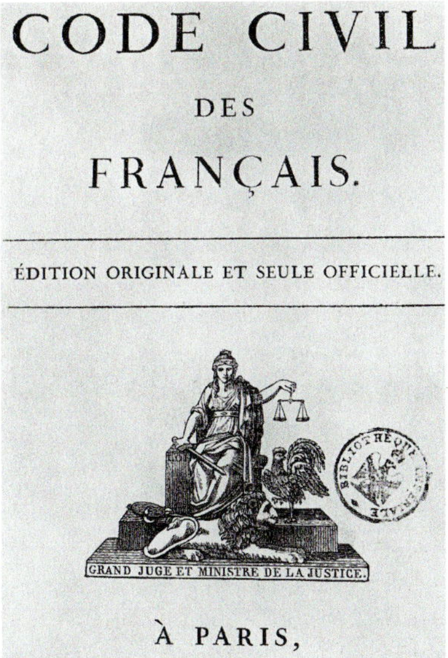
CODE CIVIL
DES
FRANÇAIS.

ÉDITION ORIGINALE ET SEULE OFFICIELLE.

GRAND JUGE ET MINISTRE DE LA JUSTICE.

À PARIS,

M 2 „Code civil"
Ausgabe von 1804

Eine Politik des Ausgleichs

Napoleon gelang es, durch verschiedene Maßnahmen sowohl Befürworter wie Gegner der Revolution für sich zu gewinnen:

- Der „Code civil" (auch: Code Napoleon), ein auf Napoleon zurückgehendes fortschrittliches Gesetzbuch, sicherte revolutionäre Errungenschaften wie Freiheitsrechte des Einzelnen und Rechtsgleichheit.
- Das Verbot von Arbeitervereinigungen, die Wiedereinführung der Sklaverei in den Kolonien, die Einführung von Schutzzöllen sowie günstige Kredite für Betriebe erfüllten Forderungen der wohlhabenden Besitzbürger.
- Ein Konkordat, das heißt ein Vertrag mit dem Papst, führte zum Ausgleich mit der Kirche. Der katholische Glaube wurde zwar als offizielle Staatsreligion anerkannt, aber der Treueid der Geistlichen auf die Verfassung, die Einsetzung der Bischöfe durch Napoleon und die Entlohnung der Geistlichen durch den Staat sicherten die staatliche Kontrolle über die Kirche.
- Geflohene Adlige erhielten das Recht zur Rückkehr.
- Staatliche Arbeitsbeschaffungsmaßnahmen, zum Beispiel der Bau von Straßen, linderten die wirtschaftliche Not vieler Franzosen.

Napoleon wird Kaiser

Schließlich ließ sich Napoleon 1804 zum „Kaiser der Franzosen von Gottes Gnaden und aufgrund der Konstitution der Republik" krönen. Damit kam er den Anhängern einer Republik entgegen. Um seine Macht zu sichern, erhob er verdiente Personen wie Minister, Militärs und Bischöfe in den Adelsstand.

Napoleon nutzte also die Umbruchsituation der Französischen Revolution für seinen persönlichen politischen Aufstieg. Dies gelang ihm nur, weil er militärisch außerordentlich erfolgreich war und durch politische Maßnahmen einen Ausgleich herbeiführen konnte. Als Kaiser wollte Napoleon seine Macht weiter steigern, die Vorrangstellung Frankreichs in Europa ausbauen und die Errungenschaften der Revolution verbreiten.

M 3 Kaiserkrönung Napoleons
in der Kathedrale Notre-Dame, Gemälde (Ausschnitt) von Jacques-Louis David, 1806

Der Kult um Napoleon – Herrscherdarstellungen kritisch beleuchten

M 4 Caesar
Statue, Rom, Ende des 1. Jahrhunderts v. Chr., Kapitolinisches Museum

M 5 Napoleon
Skizze der zerstörten Statue auf der Vendôme-Säule in Paris

M 6 Napoleons Erfolg

Der Historiker E. Weis schreibt über Napoleon:

Seine militärische Stärke lag in seiner Fähigkeit, mit Armeen von einer in Europa bis dahin unbekannten Größe von zweihunderttausend Mann oder mehr über Entfernungen von vielen hundert Kilometern in kürzester Zeit zu operieren, diese Einheiten in günstige Ausgangspositionen zu manövrieren, um die feindlichen Heere entweder von den Flanken her zu umfassen oder sie im Zentrum auseinanderzubrechen und deren Bestandteile dann einzeln zu besiegen. [...]
Er hätte diese Erfolge wohl nicht erzielt, wäre er nicht in der Lage gewesen, sich meisterhaft auf die Psyche seiner Soldaten einzustellen und sie zu höchsten Leistungen mitzureißen. Hierzu trug bei, dass er stets unter ihnen war, mit ihnen sprach und auch die Gefahren weitgehend mit ihnen teilte [...]. Bonaparte arbeitete häufig achtzehn Stunden am Tag; man schätzt, dass er in den fünfzehn Jahren seiner Herrschaft ungefähr achtzigtausend Briefe und Befehle diktiert hat. Auch während seiner zahlreichen Feldzüge regierte er persönlich und mit Erfolg. Er konnte vier Sekretären gleichzeitig diktieren, ohne auch nur einen Augenblick die Übersicht zu verlieren. Seine vielleicht größte Stärke bestand darin, dass er alle Möglichkeiten, die in einer Situation lagen, blitzschnell analysieren, entsprechende Pläne fassen und sofort detaillierte Befehle mit staunenswerter Sicherheit und Präzision erteilen konnte. [...]

E. Weis, Der Durchbruch des Bürgertums, Frankfurt/M. 1992 (Nachdruck der 2. Aufl. 1981), S. 225 f.

M 7 Napoleon als General
Auf der Brücke von Arcole, 1796, Gemälde von Antoine-Jean Gros, 1796

M 8 Napoleon als Imperator
Im Krönungsornat, Gemälde von François Gérard, 1810

Aufgaben

1. a) Stelle Gründe für den Aufstieg Napoleons zusammen.
   b) Welche besondere Fähigkeit spricht der Historiker Eberhard Weis Napoleon zu?
   → Text, M6
2. a) Vor welchem Problem stand Napoleon, als er sich zum Kaiser krönte? Wie versuchte er, dieses Problem zu lösen?
   b) Erkläre den Kaisertitel, den sich Napoleon zulegte.
   → Text
3. Untersuche die Stellung der einzelnen Personen auf dem Krönungsbild.
   → M3
4. Erkläre, wieso sich Napoleon als römischer Imperator darstellen ließ. Erläutere das Bild.
   → Text, M4, M5
5. a) Zeige auf, inwieweit Napoleon den Idealen der Französischen Revolution verbunden war.
   b) Ist Napoleon deiner Meinung nach Vollender oder Zerstörer der Revolution? Begründe deine Meinung.
   → Text
6. Erläutere, wie sich die bildliche Darstellung Napoleons änderte.
   → M1, M3, M5, M6, M7

Europa verändert sein Gesicht

Napoleon herrscht über Europa

Im Laufe weniger Jahre gelang es Napoleon, durch Feldzüge, Verträge und Bündnisse Frankreich zur führenden Macht des Kontinents zu machen. Viele Staaten Europas wurden von Frankreich abhängig. Allerdings musste Napoleon die französische Herrschaft über dieses gewaltige Gebiet sichern. Dabei wandte er verschiedene Methoden an, war aber nicht immer erfolgreich.

Territoriale Neuordnung: Das Beispiel Deutschland

Im Heiligen Römischen Reich Deutscher Nation, das aus einer Vielzahl von Herrschaften bestand, spielte Österreich die entscheidende Rolle. Nachdem die linksrheinischen Gebiete des Reichs 1801 an Frankreich gefallen waren, wurden im Frieden von Lunéville denjenigen deutschen Fürsten, die Verluste erlitten hatten, rechtsrheinische Länder als Entschädigung versprochen. Eine Kommission des Reichstags, eine so genannte Reichsdeputation, hatte die Vorgaben Napoleons umzusetzen und beschloss 1803 eine grundlegende Neuordnung Deutschlands in seinem Sinne. Die territorialen Veränderungen hatten zur Folge, dass von den über 300 eigenständigen Herrschaften nur noch 40 übrig blieben.

M 1

M 2

Baden, Württemberg und Bayern wurden beträchtlich vergrößert, denn sie sollten künftig ein Gegengewicht zu Österreich und Preußen bilden. Diese Staaten waren von Napoleon abhängig, verdankten sie ihm doch ihren Machtzuwachs. Säkularisation und Mediatisierung waren die dabei angewandten Mittel:

- Säkularisation bedeutet die Auflösung geistlicher Herrschaften, in denen etwa ein Bischof oder Abt die politische Macht ausübte, und ihre Eingliederung in weltliche Fürstentümer. Kirchliches Eigentum wurde enteignet und in weltlichen Besitz überführt.
- Mediatisierung bedeutet die Beseitigung kleinerer weltlicher Herrschaften wie zum Beispiel Reichsstädte, Reichsritter oder Grafschaften. Sie kamen unter die Staatshoheit größerer Landesherrschaften.

Das Ende des Heiligen Römischen Reiches

Zur Auflösung des Reichs trugen die Bündnisse Badens, Württembergs und Bayerns mit Frankreich bei, da das Reich damit seine Geschlossenheit verlor. Mit der von Napoleon 1806 vorgenommenen Rangerhöhung Bayerns, Württembergs und Sachsens zu Königreichen gewannen diese Staaten größere Bedeutung. Die Auszeichnung war Napoleons Dank für die Unterstützung gegen Österreich.

1806 sagten sich 16 west- und süddeutsche Staaten vom Reich los und schlossen einen Bündnisvertrag mit Frankreich: den Rheinbund. Das war das Ende des Heiligen Römischen Reichs. Kaiser Franz II. legte daraufhin die deutsche Kaiserkrone nieder, nahm aber den Kaisertitel für Österreich an, um Napoleon ebenbürtig zu sein.

Auch Preußen geriet nach einer vernichtenden Niederlage bei Jena und Auerstedt 1806 unter die Kontrolle Napoleons. Preußen musste, um künftig keine Gefahr mehr für Frankreich darstellen zu können, alle Gebiete links der Elbe abtreten und eine hohe Kriegsentschädigung zahlen.

Preußen zwischen Niederlage und Widerstand

Eine verheerende Niederlage

Auch in Preußen kam es um 1800 zu umfassenden Reformen. Allerdings war die Ausgangslage eine andere. Preußen hatte sich seit 1795 um Frieden mit Frankreich bemüht und Neutralität gewahrt. Als Napoleon den politischen Druck verstärkte, verlangte Preußen den Abzug aller französischen Truppen rechts des Rheins. Das bedeutete Krieg. Doch die als unbesiegbar geltende preußische Armee, die den Aufstieg zur Großmacht ermöglicht hatte, erlitt 1806 bei Jena und Auerstedt eine vernichtende Niederlage. Im Frieden von Tilsit musste Preußen alle Gebiete links der Elbe abtreten, aus denen Napoleon das Königreich Westfalen bildete.

Teile der preußischen Bevölkerung begrüßten den Einmarsch der Franzosen, da sie hofften, dass Napoleon auch in Preußen Reformen anstoßen würde. Doch regte sich bald Widerstand gegen die Fremdherrschaft: hohe Kriegsentschädigungen, die Folgen der Kontinentalsperre und Zwangsrekrutierungen riefen Unmut hervor.

M 1 Übergabe Berlins
Am 27.10.1806 übergeben Abgesandte Berlins Napoleon die Schlüssel der Stadt. Die bronzene Siegesgöttin auf dem Brandenburger Tor ließ Napoleon nach Paris bringen, kolorierter Kupferstich von Edme Bovinet (1767–1837).

M 2 **Karl Freiherr vom Stein (1757–1831)**

M 3 **Karl August von Hardenberg (1750–1822)**

M 4 **Wilhelm von Humboldt (1767–1835)**

Das Ziel der Reformen

Preußens Zusammenbruch hatte gezeigt, dass nur radikale Reformen das Überleben des Staats und der Monarchie garantieren konnten. Befreiung von französischer Fremdherrschaft hieß das Ziel. Die Reformen konzentrierten sich auf die Gesellschaft, die Wirtschaft und das Militär. Sie sollten bewirken, dass sich das Volk für den Staat und die Monarchie einsetzte. Der Einzelne sollte seine Fähigkeiten frei entfalten und Eigentum erwerben können, die so entstehende Konkurrenz zu wirtschaftlichem Aufschwung führen. Auch war man davon überzeugt, dass ein Bürger, der über Eigentum und Rechte verfügt, die Vorteile eines starken Staats zu schätzen weiß, da nur dieser das Eigentum schützen kann. Deshalb würde er auch bereit sein, für diesen Staat zu kämpfen.

Die Reformmaßnahmen

Die wichtigsten Reformen leiteten zwei fortschrittliche hohe Beamte ein. Bis 1808 wirkte der preußische Staatsmann Karl Freiherr vom Stein, danach Staatskanzler Karl August von Hardenberg:

- Ein Edikt über die Bauernbefreiung hob die Erbuntertänigkeit der Bauern auf und beendete ihre Abhängigkeit vom Gutsherrn. Die Bauern mussten keine Abgaben und Dienste mehr leisten und konnten Beruf und Wohnort frei wählen. Sie hatten jedoch – falls sie Bauern blieben – dem ehemaligen Herrn eine Entschädigung zu zahlen, was viele Bauern für Jahrzehnte in Schulden stürzte.
- Eine Städteordnung verwirklichte den Gedanken der städtischen Selbstverwaltung und förderte das Engagement der Bürger.
- Die Einführung der Gewerbefreiheit erlaubte es den Bürgern, jedes Gewerbe und jeden Beruf auszuüben. Der seit dem Mittelalter bestehende Zunftzwang wurde aufgehoben.
- Eine Heeresreform wurde von General Scharnhorst vorangetrieben. Allgemeine Wehrpflicht, Abschaffung der Prügelstrafe und die Öffnung der Offizierslaufbahn auch für Bürgerliche beseitigten die schlimmsten Übelstände.
- Eine Bildungsreform leitete Wilhelm von Humboldt ein. Sie verbesserte die Lehrerausbildung, verankerte das Abitur als Studienvoraussetzung und förderte die Freiheit von Lehre und Forschung. Ziel war die Entfaltung der Anlagen und Fähigkeiten eines jeden Menschen.
- 1812 wurde das „Edikt betreffend die bürgerlichen Verhältnisse der Juden im preußischen Staat“ verabschiedet. Alle in den damaligen Landesgrenzen legal lebenden Juden wurden dadurch zu „Einländern und preußischen Staatsbürgern“ und damit den Christen annähernd gleich gestellt.

Bedeutung der Reformen

Die preußischen Reformen bildeten einen radikalen Einschnitt, denn sie lösten die Ständegesellschaft auf: Nicht mehr die Herkunft war künftig entscheidend, sondern die Leistung. Obwohl sich beim Adel Widerstand regte, blieb dem König angesichts der Notlage des Staates keine andere Wahl. Die Reformen sorgten für eine schnelle Erholung Preußens und bildeten die Grundlage für den wirtschaftlichen Aufschwung und die künftige militärische Stärke des Staates. In verschiedenen Teilen Deutschlands kam es aus unterschiedlichen Gründen zu umfassenden Reformen.

M 1 Jérôme Bonaparte
König von Westphalen, Gemälde von François Baron Gérard, 1811

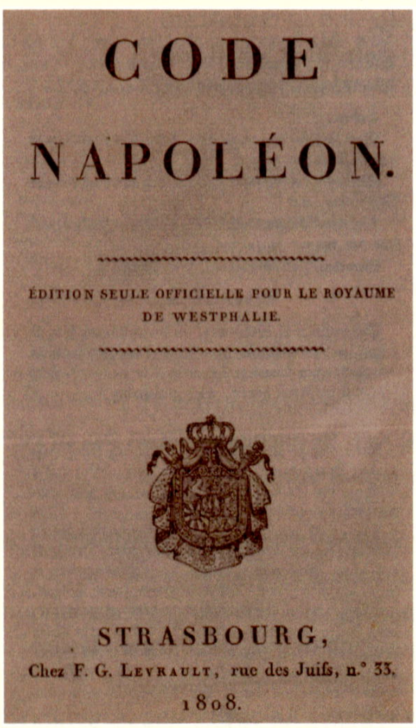

CODE

NAPOLÉON.

ÉDITION SEULE OFFICIELLE POUR LE ROYAUME DE WESTPHALIE.

STRASBOURG,

Chez F. G. Levrault, rue des Juifs, n.° 33.

1808.

M 2 „Code Napoléon"
Ausgabe für das Königreich Westphalen, 1808

Das Königreich Westphalen

Zwischen 1807 und 1813 gehörten große Teile des heutigen Bundeslandes Sachsen-Anhalt zum Königreich Westphalen. Trotz seiner kurzen Lebensdauer wurden in jenem Staat wichtige Grundlagen für die Entwicklung im gesamten 19. Jahrhundert gelegt. Wie entstand das Königreich Westphalen? Welche Spuren hinterließ dieser Staat?

Napoleonischer Modell- und Musterstaat

Im ersten Jahrzehnt des 19. Jahrhunderts befand sich Frankreich auf dem Höhepunkt seiner Macht. In dem nach der preußischen Niederlage 1807 geschlossenen Frieden hatte Napoleon unter anderem durchsetzen können, dass die von Preußen links der Elbe abzutretenden Gebiete gemeinsam mit anderen mitteldeutschen und westlich davon gelegenen Territorien in einem völlig neuen Staat zusammengefasst wurden: dem Königreich Westphalen. Der Kaiser der Franzosen wollte mit diesem Königreich bei den Deutschen, wie er selbst sagte, moralische Eroberungen machen. Zu diesem Zweck führte er in dem von über zwei Millionen Menschen bewohnten und 38 000 km² großen Staat zahlreiche und grundlegende Neuerungen ein. Deren Kern bildete die am 7. Dezember 1807 verkündete Konstitution, die erste Verfassung auf deutschem Boden. Regiert wurde das Königreich Westphalen von Napoleons jüngerem Bruder Jérôme, der mit seinem Hof in Kassel residierte.

Nach der Verkündung der Verfassung wurden im Königreich Westphalen in allen Bereichen der Gesellschaft umfassende Reformen durchgeführt. Sie zielten in ihrer Gesamtheit darauf ab, das Land nach dem französischem Vorbild mustergültig zu organisieren und zu modernisieren. Gleichzeitig sollte Westphalen als Mitglied des Rheinbunds ein starker Bündnispartner für Napoleon und ein zuverlässiges Bollwerk seines Machtbereichs in Richtung Osten sein.

Viele der Reformen wie die Einführung des Code civil und die Einführung der Gewerbefreiheit wurden zwar von weiten Teilen der Bevölkerung begrüßt, dennoch fand das neue Regime wenig Zuspruch bei der Bevölkerung. Schuld daran waren vor allem die in den napoleonischen Kriegen sehr belastende Militärpflicht sowie die drückende Steuerpolitik.

Zusammenbruch und Erbe

Nach der Völkerschlacht bei Leipzig brach das Königreich Westphalen im Herbst 1813 innerhalb kurzer Zeit zusammen. Im Zuge ihrer Rückeroberung wurden die ehemals preußischen Gebiete links der Elbe nun wieder dem Königreich Preußen zugeordnet. Die meisten napoleonischen Reformgesetze blieben hier allerdings weiterhin in Kraft. Erst in den Folgejahren ersetzte man sie durch entsprechende preußische Vorlagen. Die napoleonische Reformpolitik besaß also Langzeitwirkung und ebnete für die betreffenden Gebiete und Bewohner den Weg aus der alten ständischen Gesellschaft in das bürgerliche Zeitalter.

Historiker sind heute weitgehend einig darüber, dass das Königreich Westphalen ein napoleonischer Modell- und Satellitenstaat gewesen ist, der trotz seiner Kurzlebigkeit für die betroffenen Gebiete das Tor zur Modernisierung geöffnet hatte.

M 3 „Constitution von Westphalen"

Am 15. November 1807 wurde durch Napoleon folgende Verfassung erlassen:

Wir, Napoleon, von Gottes Gnade und durch die Constitution Kaiser der Franzosen, König von Italien und Beschützer des Rheinischen Bundes, haben in der Absicht, [...] dem Königreiche Westphalen eine Grundverfassung zu geben, welche das Glück seiner Völker sichere und zugleich deren Beherrscher die Mittel gewähre, als Mitglied des Rheinischen Bundes, zur gemeinschaftlichen Sicherheit und Wohlfahrt mitzuwirken, verordnet und verordnen wie folgt:

[...]

Art. 5 Das Königreich Westphalen macht einen Theil des Rheinischen Bundes aus. Seine Contingent soll aus fünf und zwanzig tausend Mann wirklich dienstthuender Soldaten von Waffen aller Art bestehen, nämlich: 20000 Mann Infanterie, 3500 Mann Cavallerie, 1500 Mann Artillerie.

[...]

Art. 10 Das Königreich Westphalen soll durch Constitutionen regiert werden, welche die Gleichheit aller Unterthanen vor dem Gesetze, und die freiye Ausübung des Gottesdienstes der verschiedenen Religions-Gesellschaften festsetzen.

[...]

Art. 13 Alle Leibeigenschaft, von welcher Natur sie seyn und wie sie heißen möge, ist aufgehoben, indem alle Einwohner des Königreichs die nämlichen Rechte genießen sollen.

Art. 14 Der Adel soll in seinen verschiedenen Graden und seinen verschiedenen Benennungen fortbestehen, ohne daß solcher ein ausschließendes Recht zu irgendeinem Amte, Dienste oder einer Würde, noch Befreyung von irgendeiner öffentlichen Last verleihen könne.

[...]

Art. 16 Es soll ein und dasselbe Steuer-System für alle Theile des Königreichs seyn. Die Grundsteuer soll das Fünftel der Revenuen [Einkommen] nicht übersteigen dürfen.

Art. 17 Das Münzsystem und das System der Maaße und Gewichte, welche dermalen in Frankreich bestehen, sollen im ganzen Königreiche eingeführt werden.

[...]

Art. 45 Der Codex Napoleon soll vom ersten Januar 1808 an das bürgerliche Gesetzbuch des Königreichs Westphalen seyn.

Art. 46 Das gerichtliche Verfahren soll öffentlich seyn, und in peinlichen Fällen sollen die Geschwornen-Gerichte statthaben.

[...]

Art. 53 Die Militair-Conscription soll Grundgesetz des Königreichs Westphalen seyn. Es dürfen keine Werbungen für Geld statt haben.

Gesetz – Bulletin des Königreichs Westphalen. Erster Theil, Cassel 1808, Nr. 1.

Aufgaben

1. Fasse die vorliegenden Verfassungsartikel mit deinen Worten zusammen.
   → M3
2. Erarbeite gemeinsam mit deinem Nachbarn einen Dialog, in dem ihr
   a) aus der Sicht zweier Adliger oder
   b) aus der Sicht eines Bauern und eines Städtebürgers über die neue Verfassung diskutiert.
   → M3
3. Überlege, warum Historiker das Königreich Westphalen heute als Modell- und Satellitenstaat bezeichnen.
   → Text, M2

Das Ende Napoleons

Guerillakrieg in Spanien

Der heute oft benutzte Begriff „Guerilla“, das heißt wörtlich „kleiner Krieg“, geht auf die Zeit Napoleons zurück. Als Napoleon 1808 Spanien besetzte, um die Kontinentalsperre gegen England besser überwachen zu können, zwang er den spanischen König zum Rücktritt und setzte an dessen Stelle seinen Bruder Joseph Bonaparte auf den Thron. Die Unzufriedenheit der Spanier entlud sich in einem Aufstand, den britische Truppen unter dem Herzog von Wellington unterstützten.

M 1 Das Massaker von Madrid
Am 3. Mai 1808 wurden 800 spanische Freiheitskämpfer von französischen Soldaten erschossen, zeitgenössisches Gemälde von Francisco José de Goya.

Trotz brutaler Unterdrückung gelang es den Aufständischen, Joseph Bonaparte zu vertreiben. Sie formierten sich dabei nicht als große Armee, sondern in kleinen beweglichen Kampfverbänden. Es kam nicht zu Schlachten, sondern zu einem „kleinen Krieg“ mit begrenzten Gefechten, dem die Franzosen nichts entgegensetzen konnten.

So wurde das Jahr 1808 zu einem Wendepunkt für Napoleons Herrschaft: Ein spanischer Volksaufstand hatte sich gegen die französische Fremdherrschaft erhoben und der Kaiser erlitt erstmals eine militärische Niederlage. Napoleons Ruf der Unüberwindbarkeit war dahin.

Widerstand in Tirol

Der Versuch Österreichs, Napoleons Niederlage in Spanien auszunutzen, schlug fehl: Alle wichtigen deutschen Staaten gehörten dem Rheinbund an und Preußen litt noch unter seiner Niederlage. Allerdings kam es in Tirol zu einem Volksaufstand.

Tirol gehörte damals zu Bayern, das dieses Gebiet von Napoleon als Dank für seine Unterstützung im Kampf gegen Österreich erhalten hatte. Verschiedene Maßnahmen der bayerischen Regierung provozierten die Einheimischen zum Widerstand. Unter ihrem Anführer Andreas Hofer gelang es den Tirolern, die französischen und bayerischen Truppen mehrfach zu schlagen, doch unterlagen sie schließlich der französischen Übermacht. Andreas Hofer wurde durch Verrat gefangen genommen und 1810 in Mantua erschossen.

Katastrophe in Russland

Der Russlandfeldzug 1812 führte zum endgültigen Scheitern Napoleons. Er griff an, um Russland zum Wirtschaftsboykott gegen England zu zwingen, denn der Zar erlaubte die Getreideausfuhr nach England, da das französische Exportverbot die russischen Bauern stark belastete. Napoleon bildete die „Große Armee" mit 610 000 Mann aus 20 Nationen – darunter 21 000 Sachsen – und marschierte im Juni 1812 in Russland ein. Nach der Einnahme Moskaus im September musste er jedoch den Rückzug antreten, da die Russen Moskau in Brand steckten, und kein Winterquartier mehr zur Verfügung stand.

M 2 Rückzug der Grande Armée
Aquarell, um 1812

Auf dem Rückmarsch erlitt Napoleons Armee gewaltige Verluste, denn der harte Winter forderte zahlreiche Opfer und russische Reitertruppen griffen ständig an. Besonders die Überquerung des Flusses Beresina geriet zur Katastrophe. Nur 40 000 Soldaten kehrten zurück.

Die Befreiungskriege

Nach dem Untergang der „Großen Armee" schlossen sich Russland, Österreich, Preußen, England und andere Staaten zu einer antifranzösischen Koalition zusammen. Auch der Rheinbund löste sich rasch auf. Die nun ausbrechenden Befreiungskriege wurden von einer patriotischen Begeisterung getragen, die alle Volksschichten ergriff. Viele Freiwilligenverbände beteiligten sich an den Kämpfen.

Nach der Niederlage in der Völkerschlacht bei Leipzig 1813, in der über 500 000 Soldaten aus vielen Nationen kämpften, floh Napoleon nach Paris. Dort zwangen ihn einrückende Armeen zur Abdankung und er wurde auf die Insel Elba verbannt.

Napoleons Versuch, 1815 noch einmal zurückzukehren, scheiterte. Die Alliierten besiegten ihn in der Schlacht bei Waterloo. Danach wurde er auf die ferne Insel St. Helena im Atlantik verbannt, wo er 1821 starb. Seit 1840 befindet sich Napoleons Grab im Pariser Invalidendom.

M 3 Napoleon auf St. Helena
Stich, um 1880

M 1 Ein Buch über Napoleon

Der folgende Auszug entstammt einer Biografie über Napoleon, die der Historiker Volker Ullrich im Jahr 2004 veröffentlicht hat. Der Text findet sich im letzten Kapitel, das die Überschrift „Die Legende" trägt:

„Welch ein Roman ist doch mein Leben", soll Napoleon kurz vor seinem Tod ausgerufen haben.[253] Der Zwangsaufenthalt auf der Felseninsel gab ihm Gelegenheit, dieses Leben immer wieder in allen Facetten zu erzählen, und seine Gefolgsleute waren begierig, jedes seiner Worte aufzuschnappen, um sie der Nachwelt zu überliefern. Nicht dass die Napoleon-Legende erst auf Sankt Helena entstanden wäre – bereits seit den ersten Triumphen des jungen Feldherrn in Italien hatte die propagandistische Überhöhung seines Wirkens begonnen –, doch am Ort der Verbannung erhielt sie ihre endgültige, vom entmachteten Herrscher selbst fixierte Form. Die letzten Jahre seines Lebens galten der Organisation des Nachruhms.

Im Wesentlichen aus drei Elementen setzte sich das Bild zusammen, das Napoleon von sich selbst entwarf und das über seine Jünger, allen voran Las Cases, seinen „Eckermann", nach seinem Tod popularisiert wurde.[254] Erstens stilisierte sich der Überwinder der Revolution von 1789 zu ihrem Testamentsvollstrecker, der die Bewegung von ihren Kinderkrankheiten gereinigt und damit erst ihren eigentlichen Zwecken zugeführt habe: „Ich habe den Abgrund der Anarchie zugeschüttet, ich habe Ordnung in ein Chaos gebracht. Ich habe die Revolution geläutert, habe die Völker veredelt, die Könige auf ihrem Thron gesichert. Ich habe die guten Bestrebungen gefördert, jedes Verdienst belohnt, die Grenzen des Ruhms erweitert. Das ist doch immerhin etwas!"[255]

Zweitens machte sich der Eroberer, der zuallererst Frankreichs Großmachtinteressen im Auge gehabt hatte, nun zum Anwalt der „Völkerfreiheit". Seine Hegemonialpolitik wurde europäisch verbrämt und umgedeutet in ein zukunftsweisendes Konzept, das angeblich auf eine Konföderation gleichberechtigter Nationalstaaten gezielt habe.

Und drittens wurde Napoleon nicht müde zu betonen, dass der Krieg für ihn niemals Selbstzweck gewesen sei, sondern ein Mittel, dauerhaft Frieden zu stiften. „Ich wollte redlich den allgemeinen Frieden, er sollte ehrenvoll für alle sein und die Ruhe Europas sichern."[256] Der Verwirklichung dieses Wunsches habe sich jedoch die englische Politik in den Weg gestellt; sie habe ihm keine andere Wahl gelassen, als immer wieder zu den Waffen zu greifen.

Das alles war eine ziemlich dreiste Verdrehung der historischen Tatsachen. Die liberalen Freiheiten, die Napoleon abgeschafft, die nationalen Bestrebungen, die er bekämpft hatte – sie wurden nun als eigentliche Zielmarken seiner Politik ausgegeben. Offensichtlich spekulierten Napoleon und die eifrigen Verbreiter seiner Legenden auf die Vergesslichkeit des Publikums. Und tatsächlich setzte seit 1815 ein erstaunlicher Wandel im Urteil über den einstigen Franzosen-Kaiser ein. Seine Popularität nahm von Jahr zu Jahr zu. Daran hatten die Bourbonen selbst einen entscheidenden Anteil. Denn statt eine Politik der nationalen Versöhnung zu betreiben, übten sie kleinliche Rache. So wurde Marschall Ney, der in der Schlacht von Waterloo vergeblich den Tod gesucht hatte, hingerichtet, was in der französischen Bevölkerung heftigen Unmut auslöste. Vor allem unter den Veteranen der napoleonischen Armee, den „grognards", deren Loyalität zuletzt harte Belastungsproben ausgesetzt gewesen war, grassierte eine kultartige Verehrung des „petit caporal". Die Leiden der Feldzüge waren bald vergessen; es blieben die Erinnerungen an die glorreichen Schlachtensiege, die Weltgeschichte geschrieben hatten.

Volker Ullrich: Napoleon, Eine Biographie, Reinbek bei Hamburg 2004, S. 144 f.

Anmerkungen

253 Zit. n. E. Kleßmann: Napoleon [Ein Charakterbild, Weimar 2000], S. 5.

254 Vgl. zum Folgenden J. Willms: Napoleon [Verbannung und Verklärung, München 2000], S. 129–166.

255 Las Cases [Napoleon I. Tagebuch von St. Helena, übertragen und bearbeitet von Oskar Marschall von Bieberstein, 2 Bde.], Bd. 1, S. 146 (1.5.1816) [...].

256 Montholon, [General: Geschichte der Gefangenschaft auf St. Helena, ins Deutsche übertragen und mit historischen Anmerkungen begleitet von A. Kühn, Leipzig 1846], S. 108 [...].

Umgang mit darstellenden Texten

Den direkten Zugang zur Vergangenheit bieten Quellen schriftlicher, bildlicher oder gegenständlicher Art. Geschichtswissenschaftler greifen, wenn sie etwas erforschen, auf Überlieferungen zurück. Ihre Ergebnisse präsentieren sie dann in selbstverfassten, so genannten darstellenden Texten. Die von ihnen verwendeten Quellen finden sich darin nur in Auszügen. So genannte Anmerkungen – im Text durch hochgestellte Ziffern gekennzeichnet – geben Aufschluss über die Herkunft dieser Zitate.

Wer kein Historiker ist, kann sich geschichtliches Wissen nur selten aus Quellen selbst erarbeiten, sondern greift zu Darstellungen. Auch das Geschichtsschulbuch ist eine Darstellung, allerdings ergänzt um Quellen und andere Materialien. Aber auch Geschichtswissenschaftler greifen auf die Ergebnisse ihrer Kollegen zurück, denn oft sind die Quellen weit verstreut an verschiedenen Orten, nicht ohne Weiteres zugänglich oder sehr umfangreich. So gibt es zu Napoleon unüberschaubar viel Material. Allein die Sammlung seiner privaten Briefe, die zwischen 1854 und 1870 erfolgte, umfasst insgesamt 32 Bände.

Darstellungen können umfangreiche Bücher oder kurze Aufsätze sein; sie richten sich an Experten oder historisch interessierte Leser. Deshalb sind oft Vorkenntnisse nötig, und manchmal erschließt sich der Sinn des Textes erst bei genauem Lesen und etwas Nachdenken.

Fragen an darstellende Texte

1. Verständnisprobleme
a) Lies den Text – eventuell mehrmals – aufmerksam durch.
b) Was verstehst du nicht? Ziehe zur Erklärung das Minilexikon oder ein anderes Nachschlagewerk heran.

2. Thema der Darstellung
a) Worum geht es in dem Text?
b) Begründe, ob die Überschrift deiner Meinung nach passend ist.

3. Gliederung der Darstellung
a) An welchen Stellen könnten noch zusätzliche Absätze eingefügt werden?
b) Suche für jeden Abschnitt des Textes eine passende Zwischenüberschrift.
c) Erstelle eine stickpunktartige Gliederung.

4. Inhalt und Aussage der Darstellung
a) Aus welchen Elementen setzt sich das Bild zusammen, das Napoleon der Nachwelt vermitteln wollte?
b) Wie beurteilt der Autor die Selbsteinschätzung Napoleons?
c) Wie begründet er seine Meinung? Suche passende Textstellen.

5. Sprache der Darstellung
a) Der Autor verwendet einen sachlichen Stil. Suche Beispiele.
b) „Der Verwirklichung dieses Wunsches habe sich jedoch die englische Politik in den Weg gestellt" (Zeile 54). Um welche Art von Aussage handelt es sich?
c) Suche die Stellen, in denen der Autor seine persönliche Meinung äußert. Weicht er hier von seinem sachlichen Stil ab?
d) Suche im Text Aussagen, die von Napoleon selbst stammen.
e) Weshalb verwendet der Autor solche Zitate?
f) Welche Angaben finden sich in den Anmerkungen? Erläutere die Abkürzungen.

Absolutismus in Europa

Aufklärung

Sturm auf die Bastille (1789)

Hinrichtung Ludwig XVI. (1793)

1770 | 1775 | 1780 | 1785 | 1790

Zusammenfassung

Ende des 17. Jahrhunderts gelang es dem französischen König Ludwig XIV., die politische Mitbestimmung des Adels und der Stände zu beseitigen. Die Adligen wurden zu Höflingen, die ohne politischen Einfluss in Versailles lebten. Als Stützen seiner Macht entwickelte Ludwig XIV. ein stehendes Heer, die Beamtenschaft und den Merkantilismus. Ludwig XIV. fühlte sich bei seiner Regierung nur Gott gegenüber verantwortlich und betrachtete sich als losgelöst (lat. = absolutus) von den Gesetzen. Man bezeichnet daher diese Regierungsform, die eine ganze Epoche prägte, als „Absolutismus".

Im 18. Jahrhundert übten Aufklärer wie Montesquieu, Rousseau und Voltaire Kritik am Absolutismus. Sie erklärten, jeder Mensch besitze grundsätzliche Freiheitsrechte, und wandten sich gegen Fanatismus, Intoleranz und Unwissenheit.

Die 1789 ausbrechende Französische Revolution bildet einen tiefen historischen Einschnitt. Sie markiert das Ende der ständischen Gesellschaft und den Durchbruch des Bürgertums. Wegen einer Finanzkrise berief der französische König Ludwig XVI. 1789 die Generalstände ein. Die Abgeorneten des Dritten Standes forderten eine Abstimmung nach Köpfen und erklärten sich, als das unerfüllt blieb, am 20. Juni 1789 zur Nationalversammlung. Diese verabschiedete eine Erklärung der Menschen- und Bürgerrechte und eine Verfassung, die auf der Volkssouveränität beruhte. Die Erstürmung der Bastille am 14. Juli 1789 markierte den Beginn der Französischen Revolution. Radikale Strömungen führten 1792 zur Republik und zu einer Welle revolutionären Terrors. Sie endete erst 1795 mit der Übernahme der Regierung durch ein Direktorium.

Militärische Erfolge führten zum Aufstieg von Napoleon Bonaparte. Mit seiner Kaiserkrönung 1804 begründete er eine neue Monarchie und zwang Europa unter französische Vorherrschaft. Napoleon brachte das Heilige Römische Reich zum Einsturz, womit auch die deutsche Kleinstaaterei endete. Das geschlagene Preußen führte Reformen durch, während England das Zentrum des Widerstands bildete. Napoleons Russlandfeldzug scheiterte 1812 und leitete seinen Sturz ein. Europas Staaten verbündeten sich, besiegten ihn 1813 in der Völkerschlacht bei Leipzig. 1815 wurde er auf die Insel St. Helena verbannt.

Kaiserkrönung Napoleons (1804)

Kontinentalsperre
Ende des Heiligen Römischen Reiches (1806)

Wiener Kongress (1815)

Russlandfeldzug

1800 | 1805 | 1810 | 1815 | 1820

Daten

1715 Tod Ludwigs XIV.
1740–1786
Friedrich der Große
1789 Erstürmung der Bastille
1791 Französische Verfassung
1804 Kaiserkrönung Napleons
1813–1815 Befreiungskriege
1815 Sturz Napoleons

Begriffe

Absolutismus
Merkantilismus
Aufklärung
Gewaltenteilung
Nation
Menschenrechte
Jakobiner
Verfassung

Personen

Ludwig XIV.
Friedrich II. (der Große)
Robespierre
Olympe de Gouge
Napoleon

Tipps zum Thema: Absolutismus, Aufklärung und Revolution

Filmtipp

Katharina die Große. Die Zarin aus Zerbst, Deutschland 2006
Absolutismus – Ludwig XIV. und Europa, Deutschland (FWU) 2007
Die Französische Revolution 1789, Teil I und II, Deutschland
Napoleon Bonaparte – Von der Revolution zum Wiener Kongress, Deutschland (FWU) 2005

Lesetipp

Anne Pietri: Die Spionin des Sonnenkönigs, Berlin 2007

Karla Schneider: Die abenteuerliche Geschichte der Filomena Findeisen, 2002

Johann Christoph Pickert, Lebensgeschichte des Johann Christoph Pickert, Göttingen 2006

Museen

Park Sanssouci

Schloss Karlsruhe/Badisches Landesmuseum

Wörlitzer Park

Franckesche Stiftungen zu Halle

Kommentierte Links: www.westermann.de/geschichte-linkliste

4. Auf dem Weg zum deutschen Nationalstaat

Hambacher Fest, 1832

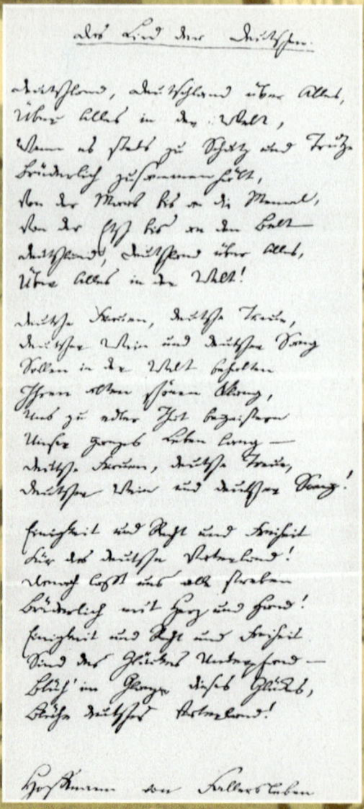

Das Lied der Deutschen.

Deutschland, Deutschland über Alles,
Über Alles in der Welt,
Wenn es stets zu Schutz und Trutze
Brüderlich zusammenhält,
Von der Maas bis an die Memel,
Von der Etsch bis an den Belt —
Deutschland, Deutschland über Alles,
Über Alles in der Welt!

Deutsche Frauen, deutsche Treue,
Deutscher Wein und deutscher Sang
Sollen in der Welt behalten
Ihren alten schönen Klang,
Uns zu edler That begeistern
Unser ganzes Leben lang —
Deutsche Frauen, deutsche Treue,
Deutscher Wein und deutscher Sang!

Einigkeit und Recht und Freiheit
Für das deutsche Vaterland!
Danach laßt uns alle streben
Brüderlich mit Herz und Hand!
Einigkeit und Recht und Freiheit
Sind des Glückes Unterpfand —
Blüh' im Glanze dieses Glückes,
Blühe, deutsches Vaterland!

Hoffmann von Fallersleben

Das Lied der Deutschen, 1841

Barrikadenkampf in Berlin, 1848

Die Paulskirche in Frankfurt

artburgfest, 1817

Die Proklamierung des deutschen Kaiserreiches, 1871

M 1 Fürst von Metternich (1773–1859)
Gemälde von Thomas Lawrence, 1815

Neuordnung Europas auf dem Wiener Kongress

Eine internationale Konferenz

Nichts erscheint heute selbstverständlicher als der Frieden in Europa. Das war zu Beginn des 19. Jahrhunderts anders: Erst mit dem Sturz Napoleons bot sich die Chance eines dauerhaften friedlichen Miteinanders. Die europäische Allianz aus England, Russland, Österreich und Preußen ließ Frankreich als Großmacht bestehen: Die Herrscher verloren trotz ihrer eigenen Machtinteressen nie den Gesichtspunkt des europäischen Gleichgewichts aus den Augen. Die Neuordnung Europas nach dem Friedensschluss sollte auf dem Wiener Kongress gestaltet werden, der von September 1814 bis Juni 1815 stattfand.

Grundsätze der Neuordnung …

Die Konferenz erreichte wichtige Ergebnisse. Das lag vor allem an dem österreichischen Staatskanzler Fürst Metternich (1773–1859). Metternich wollte eine „Restauration", das heißt eine weitgehende Wiederherstellung der alten vorrevolutionären Verhältnisse in Europa, die durch die Französische Revolution in Politik und Gesellschaft in Frage gestellt waren.

Ein weiterer Grundsatz seiner Politik war die „Legitimität" der Herrschaft: Metternich ging davon aus, dass nur die Herrschaft legitim, also rechtmäßig sei, die sich auf die alten fürstlichen Familien stützte. Er vertrat somit die Idee des Gottesgnadentums.

M 2 „Der große Wiener Friedens=Congress zur Wiederherstellung von Freiheit und Recht in Europa"
Satire von Josef Zutz, kolorierte Radierung, um 1815. Folgende Personen sind dargestellt: 1. Kaiser Franz, 2. Kaiser Alexander, 3. König v. Preußen, 4. Wellington für England, 5. König v. Dänemark, 6. König v. Bayern, 7. König v. Württemberg, 8. Kurfürst v. Hessen, 9. Herzog v. Braunschweig, 10. Talleyrand für Frankreich, 11. Mediatisierte Fürsten und Staatsminister.

M 3 **Heilige Allianz**
Symbolische Darstellung der Allianz zwischen Zar Alexander I. (links), Kaiser Franz I. (Mitte) und König Friedrich Wilhelm III. (rechts), zeitgenössisches Bild.

Darüber hinaus waren sich die Kongressteilnehmer einig in ihrem Kampf gegen politische Freiheit oder nationale Einheit. Der Grundsatz der wechselseitigen Verpflichtung gegen die Revolution wird als „Solidarität" bezeichnet.

... und ihre Umsetzung

Die drei Grundsätze „Restauration", „Legitimität" und „Solidarität" wurden aber nicht vollkommen in die Tat umgesetzt. Die Veränderungen, die in Europa seit 1789 stattgefunden hatten, waren zu tief greifend. Dies galt sowohl für die territorialen Gegebenheiten als auch für die Regierungsformen. Nur dort, wo der Fürst über die nötige Macht verfügte, ließ sich eine absolute Regierung wieder aufrichten. Zudem bestand das wichtigste Ziel des Wiener Kongresses darin, ein politisches Gleichgewicht in Europa herzustellen, und das konnte nur mit Staaten erreicht werden, die politisch überlebensfähig waren. Das hatte zur Folge, dass Bayern, Württemberg und Baden ihre territorialen Gewinne weitgehend behalten durften. Preußen gewann Teile Sachsens und große Gebiete am Rhein. Österreich erhielt Gebiete in Norditalien, verzichtete aber auf Besitzungen in Südwestdeutschland. Russland erhielt Teile Polens, die man als Kongresspolen bezeichnete, da der Wiener Kongress dies Gebilde geschaffen hatte.

Um ihrem Kampf gegen die Ideale der Französischen Revolution Ausdruck zu verleihen, schlossen der preußische König, der österreichische Kaiser und der russische Zar die „Heilige Allianz". Sie verpflichteten sich zu gegenseitigem Beistand im Falle revolutionärer Erhebungen. Diesem Bündnis traten nach und nach die meisten europäischen Herrscher bei.

Der Deutsche Bund

Entsprechend den Grundsätzen des Wiener Kongresses entstand kein deutscher Nationalstaat, den sich viele erhofft hatten, sondern nur ein lockerer Zusammenschluss: der Deutsche Bund. Dieser Staatenbund von zunächst 34 Fürsten und vier Freien Städten besaß keine zentrale Regierungsgewalt. Sein einziges Organ war der Bundestag in Frankfurt, ein Gesandtenkongress, der die Politik koordinieren sollte. Die einzelnen Staaten waren grundsätzlich gleichberechtigt und blieben souverän, mussten also keine Rechte an eine übergeordnete Instanz abgeben. Preußen und Österreich gehörten überdies nur mit einem Teil ihres Gebietes dem Bund an. Zudem waren auch der König von England für Hannover, der König von Dänemark als Landesherr in Holstein und der König der Niederlande als Regent in Luxemburg Mitglieder im Deutschen Bund.

Mehr als dieses Bündnis war aufgrund der beginnenden Rivalität zwischen Preußen und Österreich und wegen des Widerstands der süddeutschen Staaten nicht möglich. Zudem hätte ein deutscher Nationalstaat in der Mitte Europas das mühsam erreichte Machtgleichgewicht empfindlich gestört.

Trotz aller Kritik an der Neuordnung ist bemerkenswert, dass der Deutsche Bund den Föderalismus, das heißt die Eigenständigkeit der einzelnen deutschen Staaten, festigte, und dass Europa in der Folgezeit eine außergewöhnlich lange Friedenszeit erlebte.

Der Deutsche Bund – Karte und Textquelle auswerten

M 4

M 5 Der Deutsche Bund

Auszug aus der Gründungsurkunde des Deutschen Bundes vom 8. Juni 1815:

Art. 1. Die souveränen Fürsten und freien Städte Deutschlands mit Einschluss ihrer Majestäten des Kaisers von Österreich und der Könige von Preußen, von Dänemark und der Niederlande […] vereinigen sich zu einem beständigen Bunde, welcher der deutsche Bund heißen soll.

Art. 2. Der Zweck desselben ist Erhaltung der äußeren und inneren Sicherheit Deutschlands und der Unabhängigkeit und Unverletzbarkeit der einzelnen deutschen Staaten.

Art. 3. Alle Bundesglieder haben als solche gleiche Rechte; sie verpflichten sich alle gleichmäßig, die Bundesakte unverbrüchlich zu halten. […]

Art. 11. Alle Mitglieder des Bundes versprechen, sowohl ganz Deutschland als jeden einzelnen Bundesstaat gegen jeden Angriff in Schutz zu nehmen und garantieren sich gegenseitig ihre sämtlichen unter dem Bunde begriffenen Besitzungen.

Bei einmal erklärtem Bundeskrieg darf kein Mitglied einseitige Unterhandlungen mit dem Feinde eingehen, noch einseitig Waffenstillstand oder Frieden schließen. Die Bundesglieder behalten zwar das Recht der Bündnisse aller Art, verpflichten sich jedoch, in keine Verbindungen einzugehen, welche gegen die Sicherheit des Bundes oder einzelner Bundesstaaten gerichtet wären.

Zit. nach: W. Lautemann, M. Schlenke (Hg.), Geschichte in Quellen, Das bürgerliche Zeitalter 1815–1914, München 1980, S. 23 ff.

Bewertung des Deutschen Bundes – Arbeiten mit Darstellungen

M 6 Zwei Stellungnahmen

a) Der Deutsche Bund wurde im Laufe der Zeit von Historikern unterschiedlich beurteilt. Heinrich von Treitschke schrieb in seiner 1879 erschienenen und weit verbreiteten „Deutschen Geschichte im Neunzehnten Jahrhundert":

So entstand die Bundesakte, die unwürdigste Verfassung, welche je einem großen Kulturvolk von eingeborenen Herrschern auferlegt ward, ein Werk, in mancher Hinsicht noch kläglicher als das Gebäude des alten Reichs in den Jahrhunderten des Niedergangs. Ihr fehlte jene Majestät der historischen Größe, die das Reich der Ottonen noch im Verfalle umschwebte. Blank und neu stieg dies politische Gebilde aus der Grube, das Werk einer kurzlebigen, in sich versunkenen Diplomatie, die aller Erinnerungen des eigenen Volkes vergessen hatte; kein Rost der Jahrhunderte verhüllte die dürftige Hässlichkeit der Formen. Von Kaiser und Reich sang und sagte das Volk; bei dem Namen des Deutschen Bundes hat niemals ein deutsches Herz höher geschlagen. [...] Die neue Bundesakte wusste gar nichts mehr von einem deutschen Volke; sie kannte nur Bayern, Waldecker, Schwarzburg-Sondershausener Untertanen jener deutschen Fürsten, welche nach Gefallen zu einem völkerrechtlichen Vereine zusammengetreten waren. Die Nation musste den Becher der Demütigung bis zur Hefe leeren; jene württembergische Mahnung: „man werde doch nicht aus verschiedenen Völkerschaften sozusagen eine Nation bilden wollen", hatte vollständig recht behalten. [...]

Heinrich von Treitschke, Deutsche Geschichte im Neunzehnten Jahrhundert, Erster Teil, Leipzig, 1927, S. 690 f.

b) Der Bielefelder Historiker Hans-Ulrich Wehler beurteilte 1987 im zweiten Band seiner „Deutschen Gesellschaftsgeschichte", einem Standardwerk der Geschichtswissenschaft, den Deutschen Bund so:

Die ungeschriebenen Spielregeln des europäischen Staatensystems, die Interessenlagen sowohl der deutschen Einzelstaaten als auch der außerdeutschen Großmächte, nicht zuletzt aber die jahrhundertealten Traditionen einer lockeren, international garantierten Föderation der deutschen Staaten und Herrschaftsverbände bestimmten den Erfahrungshorizont der politisch handelnden Akteure. Insofern setzte sich mit innerer, interessenadäquater [mit den Interessen übereinstimmender] Konsequenz die staatenbündische Lösung durch. In veränderter Form knüpfte der neugegründete Bund an Kooperationsformen des alten Reichs und des Rheinbunds an [...]. Der Heterogenität [Ungleichartigkeit] der Bundesmitglieder, zu denen Großmächte und Zwergstaaten, konstitutionelle Monarchien und Stadtrepubliken gehörten, entsprach der Staatenbund als allgemein akzeptable, zweckmäßige Verfassungsform. Sie wurde auch dem Stabilitätsprinzip und Sicherheitsbedürfnis der post[=nach]revolutionären deutschen und europäischen Staatengemeinschaft am ehesten gerecht, da diese Lösung der deutschen Frage – wie seit 1648 – unter die Garantie der umliegenden Staaten gestellt und damit ein potenzieller Krisenherd entschärft wurde.

Hans-Ulrich Wehler, Deutsche Gesellschaftsgeschichte, Bd. 2, München 1987, S. 325.

Aufgaben

1. Erläutere, wie sich der Wiener Kongress nach außen darstellt. → M1
2. a) Welche Staaten haben von den Entwicklungen in Deutschland in Hinblick auf Gebietserweiterungen gewonnen? Welche haben verloren?
   b) War der Gebietsbesitz für Preußen im Deutschen Bund zufriedenstellend? Begründe deine Meinung mithilfe der Karte.
   → M4
3. Fasse den Inhalt der Gründungsurkunde mit eigenen Worten zusammen. Inwiefern entsprechen die Regelungen den Prinzipien des Wiener Kongresses, inwiefern nicht?
   → M5, Text
4. Vergleiche die beiden Stellungnahmen zum Deutschen Bund. Welche Aspekte bilden jeweils den Schwerpunkt der Argumentation?
   → M6

nen Garten. Zweckmäßigkeit wurde der auf Repräsentation ausgerichteten adligen Lebenswelt entgegengesetzt.

Viel Zeit verbrachten die Bürger mit ihren Kindern. Um sie auf ihr zukünftiges Leben vorzubereiten, erlernten die Töchter von ihren Müttern Handarbeiten und die Söhne wurden zum Lesen angeregt. An den Wochenenden wurden Familienausflüge in die Umgebung unternommen. Briefe verbanden die Menschen untereinander. Dem feindlichen System der Restauration wurde darin eine verstärkte Innigkeit entgegengesetzt, die heute fast rührselig erscheint. Bei diesen Feierabendbeschäftigungen wurde oft geraucht. Die Pfeife wurde zum Symbol für Ruhe und Behaglichkeit, die für die Tüchtigkeit bei der täglichen Arbeit entschädigen sollten.

Beschränktheit oder Selbstbewusstsein?

Im 18. und vor allem im 19. Jahrhundert veränderte sich die gesellschaftliche Struktur: Das Bürgertum erlebte einen sozialen Aufstieg. Dabei entstand eine Lebensweise, die sich noch in den heutigen Gewohnheiten niederschlägt. Die Familie entzog sich der Lenkung durch Staat und Kirche und schuf sich Traditionen, die Orientierung und Sicherheit in einer sich ständig verändernden Welt boten. So verlagerte sich im Biedermeier beispielsweise beim Weihnachtsfest der Schwerpunkt von der kirchlichen Feier auf das Fest der Familie. Dies unterstreicht die kulturgeschichtliche Bedeutung der Biedermeierzeit, in der sich das Bürgertum eine eigene, unverwechselbare Kultur schuf, die bis heute nachwirkt.

M 3 **Familienidyll,** Aquarell von Friedrich Wilhelm Doppelmayr, um 1830

M 4 Erinnerungen

a) Der Dramatiker Karl Gutzkow (1811–1878) berichtet in seinen Erinnerungen über das Biedermeierhaus (1852):

Die Ordnung und Pflege verbreiten überall eine Wärme und Behaglichkeit, die neben den äußeren Sinnen auch das Gemüt ergreift. Die kleinen Arbeitstische der Frauen am Fenster, die Nähkörbchen mit den kleinen Zwirnrollen, mit den blauen englischen Nadelpapieren, den buntlackierten Sternchen zum Aufwickeln der Seide, die Fingerhüte, die Scheren, das aufgeschlagene Nähkissen des Tischchens, nebenan das Piano mit den Noten, Hyazinthen in Treibgläsern am Fenster, ein Vogel in schönem Messingbauer, ein Teppich im Zimmer, der jedes Auftreten abmildert, an den Wänden die Kupferstiche, die Beseitigung alles nur vorübergehend Notwendigen auf entfernte Räume, die Begegnungen der Familie unter sich voll Maß und Ehrerbietung, kein Schreien, kein Rennen und Laufen, die Besuche mit Sammlung empfangen, abends der runde, von der Lampe erhellte Tisch, das siedende Teewasser, die Ordnung des Gebens und Nehmens, das Bedürfnis der geistigen Mitteilung [...] im Zusammenklang aller dieser Akkorde liegt eine Harmonie, ein sittliches Etwas, das jeden Menschen ergreift, bildet und veredelt.

Gutzkow, Karl, „Aus der Knabenzeit", hrsg. von Reinhold Gensel, Goldene Klassiker-Bibliothek, Berlin 1912.

b) Der Schriftsteller Gustav Freytag (1816–1896) erinnert sich an seine Jugend in einer deutschen Kleinstadt:

Wie einfach war doch der ganze Haushalt, obgleich die Eltern, nach den Verhältnissen jener Zeit, in mäßigem Wohlstande lebten. Die Papiertapete galt für einen Luxus, den wir in keiner Wohnstube hatten, die Wände waren mit bunter Kalkfarbe blau, rosa, gelb getüncht, eine kleine gemalte Rosette an der Decke der „guten" Stube wurde sehr bewundert. Auch das Streichen der Fußböden war noch ungebräuchlich, und zur großen Beschwer der Familie und der Dienstmädchen blieb ein ewiges Scheuern der weißen Dielen notwendig; die Möbel standen gradlinig und einfach, kaum ein altes Stück in Rokoko darunter; zu Mittag nur ein Gericht, am Abend erhielten die Kinder selten ein Stück Fleisch, häufig Wassersuppe, welche die Mutter durch Wurzeln oder einen Milchzusatz anmutig machte. Wein wurde nur aufgesetzt, wenn ein lieber Besuch kam. Dabei wuchsen wir gesund und rotbäckig heran. Solche Einfachheit des Tageslebens war allgemein. Wenn die Herren einmal reichlicher Geld ausgaben, geschah es in der Weinstube, die der Vater sehr selten besuchte.

Gustav Freytag, Erinnerungen aus meinem Leben. Gesammelte Werke Bd. 1, Leipzig 1887.

M 5 Des Biedermanns Abendgemütlichkeit

Gedicht von Victor von Scheffel:

Vor meiner Haustür steht 'ne Linde,
In ihrem Schatten sitz' ich gern,
Ich dampf' mein Pfeiflein in die Winde
Und lob' durch Nichtstun Gott, den Herrn.
Die Bienen summen froh und friedlich
Und saugen Blütenhonig ein,
Und alles ist so urgemütlich,
Dass ich vor innrer Rührung wein'.
Und hätt' in Deutschland jeder Hitzkopf
wie ich 'ne Linde vor der Tür
Und rauchte seinen Portoriko
Mit so beschaulichem Pläsier:
So gäb' es nicht so viel Krakehler
In dieser schönen Gotteswelt
Die Sonne schien' nicht auf Skandäler,
Und doch wär' alles wohl bestellt. Amen.

Scheffels Werke, Bd. 1, hrsg. von Friedrich Panzer, Leipzig 1919, S. 219.

Aufgaben

1. Beschreibe die Ausstattung des Zimmers und die dargestellten Figuren. Versetze dich in die Rolle eines Mitglieds dieser Familie und erzähle, wie der Alltag abläuft. → M3
2. Fasse zusammen, welche Erfahrungen aus ihrer Jugend die beiden Autoren besonders positiv bewerten. → M4
3. a) Trage das Gedicht vor. Überprüfe die Wirkung, wenn du die Linde durch eine Eiche ersetzt.
   b) Stelle in Wortlisten die Welt der Biedermänner und der „Krakehler" gegenüber. Begründe, welche dir anziehender erscheint.
   c) Formuliere die Kritik des Autors. → M5
4. Setze dich mit der Behauptung auseinander, das Biedermeier sei eine fortschrittsfeindliche Zeit gewesen. → Text

Auf dem Weg zur Revolution

Das Hambacher Fest

Am 27. Mai 1832 versammelten sich über 30 000 Bürger, Arbeiter und Bauern an der Ruine des Schlosses Hambach bei Neustadt a. d. Haardt. Wie war es in einer Zeit, in der es keine Massentransportmittel und keine elektronischen Medien gab, zu einem derartigen Volksauflauf gekommen?

Hambach lag in der Rheinpfalz, die erst durch den Wiener Kongress an Bayern gefallen war. Über ein Jahrzehnt hatte sie zur französischen Republik gehört, sodass die Bevölkerung mit politischen Freiheitsrechten vertraut war. Die wenig liberale bayerische Verfassung entsprach daher nicht den Vorstellungen der Einwohner.

Als im April 1832 in einigen Blättern Aufrufe zu einer Verfassungsfeier am Hambacher Schloss erschienen, nutzen das zwei liberale Journalisten, Johann Georg Wirth (1798–1848) und Jakob Siebenpfeiffer (1789–1845), um zu einer Gegenveranstaltung aufzurufen. Sie luden in Flugblättern zu einem Volksfest „Der deutsche Mai“. Aus Angst vor revolutionären Umtrieben zunächst verboten, ließ die Obrigkeit dieses Fest schließlich doch zu.

Wie befürchtet, entwickelte sich die Veranstaltung zu einer politischen Demonstration: Um die Verbundenheit mit den polnischen Aufständischen des Jahres 1830 zu zeigen, hissten die Teilnehmer die polnische Flagge. Auch zogen sie die schwarz-rot-goldene Fahne auf und forderten die Gründung eines deutschen Nationalstaates. Er sollte auf einer Verfassung und der Volkssouveränität basieren und in ein friedliches und geeintes Europa eingebettet sein. Aus Angst vor einer revolutionären Bewegung reagierten die deutschen Staaten auf diese Demonstration äußerst scharf und verfolgten alle tatsächlichen oder vermeintlichen Anhänger der liberalen Nationalbewegung.

M 1 Zug zum Hambacher Schloss
Collage nach einem kolorierten Stahlstich von 1832.
Die Farben der schwarz-rot-goldenen Flagge werden mit den Uniformfarben des Lützow'schen Freikorps während des Befreiungskriegs in Zusammenhang gebracht. Die Lützow'schen Jäger trugen einen schwarzen Rock mit roten Säumen und goldenen Knöpfen. 1817 auf dem Wartburgfest dienten diese Farben als Erkennungszeichen der deutschen Burschenschaft. Im Revolutionsjahr bestimmte die Frankfurter Nationalversammlung Schwarz-Rot-Gold zur Fahne des Deutschen Bundes.

M 2 Frankfurter Wachensturm am 3. April 1833. Nach Niederschlagung des Putschs gelang einigen die Flucht, die anderen erhielten lange Strafen. Die Freie Stadt Frankfurt wurde mit Bundestruppen belegt, was einer Besetzung gleichkam, kolorierter Holzstich von 1833.

Der Frankfurter Wachensturm

Demonstrierten Liberale beim Hambacher Fest für die Umgestaltung Deutschlands, so glaubten einige Revolutionäre, die politischen Veränderungen im Handstreich herbeiführen zu können. Sie hofften, dass die Revolution losbrechen werde, wenn in Frankfurt – dem Sitz des Deutschen Bundestags – ein erfolgreicher Aufstand stattfände. Dabei zählten sie auf die Mithilfe der unzufriedenen ärmeren Bevölkerung Frankfurts und der hier untergekommenen polnischen Flüchtlinge. Etwa 50 Männer besetzten im April 1833 die Frankfurter Hauptwache, doch kam niemand den Revolutionären zu Hilfe, sodass die Aktion in wenigen Stunden zusammenbrach.

Die Göttinger Sieben

Als Königin Viktoria 1837 den englischen Thron bestieg, konnte sie im Königreich Hannover – das damals in Personalunion mit England verbunden war – nicht regieren. Dies verbot das deutsche Fürstenrecht, das eine weibliche Erbfolge nicht zuließ. Deshalb gelangte 1837 Viktorias Onkel Ernst August auf den hannoverschen Thron. Dem ihm vorauseilenden schlechten Ruf schien er bald gerecht zu werden.

Er stellte die alte Verfassung von 1819 wieder her und entband seine Beamten vom Eid auf die neue liberale Verfassung. Sieben berühmte Professoren der Göttinger Universität – unter ihnen Jakob und Wilhelm Grimm – fühlten sich jedoch an ihren Eid gebunden. Der König entließ daraufhin alle sieben, vier von ihnen mussten innerhalb von drei Tagen das Land verlassen. Diese Willküraktion des Königs rief bei Radikalen, Liberalen und gemäßigten Konservativen im ganzen Deutschen Bund Mitleid, Bewunderung oder auch helle Empörung hervor. Der Ruf nach Veränderung erhielt neue Nahrung.

Der Aufstand der schlesischen Weber

Auch die wirtschaftlichen und sozialen Verhältnisse verlangten Veränderungen. Wer kein Vermögen oder Land besaß, verdiente sein Geld als Knecht, Besenbinder, Holzhacker, Tagelöhner oder als Fabrik- und Manufakturarbeiter. Bei wachsender Bevölkerung und Missernten kam es rasch zu Hungersnöten und Epidemien, was die Unterschichten in Armut und Elend stürzte, denn staatliche Hilfsprogramme wie heute gab es nicht.

Ein besonders wichtiges Produkt war Leinen. Die deutschen Weber konnten jedoch trotz langer Arbeitszeiten und der Mithilfe ihrer Kinder nicht mit den billigen, industriell gefertigten Baumwollstoffen aus England konkurrieren. Die Folge war, dass die Weber Not litten. Insbesondere in Schlesien drohte sogar eine Hungerkatastrophe, da die Weber auch noch durch Abgaben an die Grundherren belastet waren.

Es kam zu einem Verzweiflungsakt: Etwa 300 Weber protestierten gegen die unhaltbaren Zustände, stürmten die Fabrik eines Textilunternehmers und zerschlugen Gebäude und Maschinen. Allerdings kam keine Person zu Schaden. Der Aufstand, der sich rasch ausbreitete, wurde unter Einsatz des Militärs blutig niedergeschlagen. Zehn Weber fanden den Tod, zahlreiche andere wurden verhaftet und verurteilt. Die Not der Weber und die brutale Beendigung der Hungerrevolte fanden überregionale Beachtung.

Die nationale Bewegung – Dokumente auswerten

M 3 Das Hambacher Fest

Aus der Festrede des demokratischen Publizisten Johann Georg August Wirth vom 27. Mai 1832 auf dem Hambacher Schloss:

Das Land, das unsere Sprache spricht, das Land, wo unsere Hoffnung wohnt, wo unsere Liebe schwelgt, wo unsere Freuden blühen, das Land, wo das Geheimnis aller unserer Sympathien und all unserer Sehnsucht ruht, dieses schöne Land wird verwüstet und geplündert, zerrissen und entnervt, geknebelt und entehrt. Reich an allen Hilfsquellen der Natur, sollte es für alle seine Kinder die Wohnung der Freude und der Zufriedenheit sein, allein ausgesogen von 34 Potentaten, ist es für die Mehrzahl seiner Bewohner der Aufenthalt des Hungers, des Jammers und des Elends. [...]

Die Ursache der namenlosen Leiden der europäischen Völker liegt einzig und allein darin, dass die Herzöge von Österreich und die Kurfürsten von Brandenburg den größten Teil von Deutschland an sich gerissen haben und unter dem Titel der Kaiser von Österreich und der Könige von Preußen nicht nur ihre eigenen Länder nach orientalischen Formen beherrschen und deren Kräfte zur Unterdrückung der Freiheit und Volkshoheit der europäischen Nationen verwenden, sondern auch ihr Übergewicht über die kleineren Länder Deutschlands benützen, um auch die Kräfte dieser dem Systeme fürstlicher Alleinherrschaft und despotischer Gewalt dienstbar zu machen.

Bei jeder Bewegung eines Volkes, welche die Erringung der Freiheit und einer vernünftigen Staatsverfassung zum Ziel hat, sind die Könige von Preußen und Österreich durch Gleichheit der Zwecke, Gesinnungen und Interessen an Russland geknüpft, und so entsteht jener furchtbare Bund, der die Freiheit der Völker bisher immer noch zu töten vermochte. [...]

In dem Augenblick, wo die deutsche Volkshoheit in ihr gutes Recht eingesetzt sein wird, in dem Augenblick ist der innigste Völkerbund geschlossen, denn das Volk liebt, wo Könige hassen, das Volk verteidigt, wo die Könige verfolgen, das Volk gönnt das, was es selbst mit seinem Herzblut zu erringen trachtet, und, was ihm das Teuerste ist, die Freiheit, Aufklärung, Nationalität und Volkshoheit, auch dem Brudervolk: Das deutsche Volk gönnt daher diese hohen, unschätzbaren Güter auch seinen Brüdern in Polen, Ungarn, Italien und Spanien.

Wenn also das deutsche Geld und das deutsche Blut nicht mehr den Befehlen der Herzöge von Österreich und der Kurfürsten von Brandenburg, sondern der Verfügung des Volkes unterworfen sind, so werden Polen, Ungarn und Italien frei, weil Russland dann der Ohnmacht verfallen ist und sonst keine Macht mehr besteht, welche zu einem Kreuzzug gegen die Freiheit der Völker verwendet werden könnte.

Deutsche Geschichte in Quellen und Darstellung, hrsg. von Wolfgang Hardtwig und Helmut Hinze, Bd. 7, Stuttgart 1997, S. 95 ff.

M 4 Das Lied der Deutschen

Heinrich Hoffmann von Fallersleben (1798–1874) dichtete das „Lied der Deutschen" 1841:

Deutschland, Deutschland über alles,
über alles in der Welt,
Wenn es stets zu Schutz und Trutze
brüderlich zusammenhält.
Von der Maas bis an die Memel,
von der Etsch bis an den Belt:
Deutschland, Deutschland über alles,
über alles in der Welt!

Deutsche Frauen, deutsche Treue,
deutscher Wein und deutscher Sang
Sollen in der Welt behalten
ihren alten schönen Klang.
Uns zu edler Tat begeistern,
unser ganzes Leben lang:
Deutsche Frauen, deutsche Treue,
deutscher Wein und deutscher Sang!

Einigkeit und Recht und Freiheit
für das deutsche Vaterland!
Danach lasst uns alle streben
brüderlich mit Herz und Hand!
Einigkeit und Recht und Freiheit
sind des Glückes Unterpfand:
Blüh' im Glanze dieses Glückes,
blühe, deutsches Vaterland!

Aufstand der Schlesischen Weber – Eine Bildquelle interpretieren

Das Elend in Schlesien.

Hunger und Verzweiflung.

Offizielle Abhülfe.

M 5 „Das Elend in Schlesien und dessen Offizielle Abhülfe"
Holzschnitt aus: „Fliegende Blätter", 1848

Aufgaben

1. a) Erarbeite aus dem Text, wie Johann Georg Wirth die Lage Deutschlands sah.
   b) Welche Ursachen machte Wirth für den von ihm angeprangerten Zustand verantwortlich?
   c) Erläutere, wie die von ihm geforderte neue politische Ordnung aussehen sollte. Gibt es heute Organisationen, die den Vorstellungen von Wirth entsprechen?
   → M3
2. a) Fasse jede der drei Strophen vom „Lied der Deutschen" mit eigenen Worten zusammen.
   b) Welcher politischen Richtung lässt sich Heinrich Hoffmann von Fallersleben aufgrund des Textes zuordnen?
   → M4
3. Nenne Übereinstimmungen und Unterschiede zwischen den Aussagen von Johann Georg Wirth und Heinrich Hoffmann von Fallersleben.
   → M3, M4
4. a) Wieso wird heute nur noch die dritte Strophe des „Liedes der Deutschen" bei offiziellen Anlässen gesungen?
   b) Entscheide: Soll man in der Schule die Nationalhymne auswendig lernen? Sind dergleichen nationale Symbole nötig oder überholt?
   → M4
5. Vergleiche Zielsetzung und Ablauf des Hambacher Festes mit dem Wartburgfest.
   → M3, M4 (Seite 140)

Die Revolution von 1848/49

Der Ausbruch der Revolution

Die „Deutsche Tribüne“, die der Mitorganisator des Hambacher Fests Johann Georg Wirth herausgab, prophezeite 1832, dass bis zum Jahr 1850 ein Kampf zwischen Reaktion und Liberalismus stattfinden werde: „1819: untätiges Murren; 1832: Widerstand; 1840 oder 1850: Sieg. So wird es kommen!“ Den Kampf brachte das Jahr 1848 tatsächlich.

Am 23. Februar 1848 brach in Paris ein Aufstand aus: Kleinbürger, Arbeiter und Bauern forderten das allgemeine Wahlrecht und stürmten das Schloss. „Bürgerkönig“ Louis Philippe (1773–1850), der 1830 selbst durch eine Revolution an die Macht gelangt war, floh nach England. Die Republik wurde ausgerufen und eine provisorische Regierung eingesetzt – diese Nachricht verbreitete sich sofort in ganz Europa.

Ein „heißer März“

Auch in Deutschland flammten überall Aufstände auf. Die Menschen forderten Freiheitsrechte, politische Mitwirkung und die schon 1815 zugesagten Verfassungen. In den deutschen Klein- und Mittelstaaten fanden im März Volksversammlungen und Demonstrationen statt. Die Fürsten reagierten hilflos und überrascht auf die so genannten Märzforderungen und gaben nach. Fast ohne Gewalt und Blutvergießen hatten die Revolutionäre ihre Ziele durchgesetzt.

M 1

M 2 **Der König verneigt sich** vor den gefallenen Revolutionären, die in den Hof des Berliner Schlosses gebracht werden, Holzstich (Ausschnitt), April 1848.

Aufstände in Wien und Berlin

In Wien kam es am 13. März zu blutigen Unruhen mit Toten und Verwundeten. Noch in der Nacht erklärte Metternich seinen Rücktritt und floh ins Londoner Exil. Am 15. März ließ der Kaiser verkünden, dass die Zensur abgeschafft werde. Er versprach eine Verfassung, die Aufstellung einer Nationalgarde und die Einberufung einer Ständeversammlung aus allen Landesteilen der Habsburger Monarchie. Besonders die nichtdeutschen Nationalitäten im Habsburgerreich erkannten in der Revolution die Chance, ihre Unabhängigkeit zu erringen: Ungarn, Tschechen und Italiener erhoben sich gewaltsam gegen Habsburgs Herrschaft. Da die österreichische Monarchie erheblich gefährdet war, scheute der kaiserliche Hof nicht vor militärischem Einsatz zurück, der mit russischer Unterstützung schließlich zum Erfolg führte.

Am 16. März erreichte die Nachricht, dass die Wiener Regierung kapituliert hatte, Berlin. Auch hier brachen nun Straßenkämpfe aus. Angesichts der 254 Todesopfer – darunter acht Frauen und drei Kinder – lenkte König Friedrich Wilhelm IV. (1840–1861) ein. Er versprach, alle Forderungen der Aufständischen, die „Märzforderungen“, zu erfüllen, Preußen in Deutschland aufgehen zu lassen und selbst die politische Führung zu übernehmen.

Revolution in München

Einen besonderen Verlauf nahm die Revolution in Bayern. München war als Haupt- und Residenzstadt das Zentrum der Ereignisse, aber auch in anderen Landesteilen kam es zu Unruhen und Aufständen. Schon vor dem Ausbruch der Revolution in Paris war die Unzufriedenheit mit König Ludwig I. groß. Dieser hatte wegen eines Konflikts mit katholischen Professoren die Münchner Universität schließen lassen. Auch stieß sein zusehends eigenmächtiger Regierungsstil auf Kritik. Dass er überdies seine Geliebte Lola Montez besonders bevorzugte, erregte große Empörung. Hinzu kamen wirtschaftliche Probleme der Bevölkerung. Schließlich dankte Ludwig verbittert ab. Sein Nachfolger Max II. ging auf viele Forderungen der Revolutionäre ein.

M 3 **Frankfurter Paulskirche** Am 30. März 1848 treffen sich die Delegierten zum Frankfurter Vorparlament in der Paulskirche, Lithografie, um 1848.

Auf dem Weg zu Verfassung und Nationalstaat

Zwar hatten im März 1848 die Revolutionäre in den einzelnen Staaten gesiegt, allerdings war Deutschland noch nicht geeint. Ende März 1848 trafen sich in Frankfurt die Abgeordneten aus den einzelnen Landtagen und andere bekannte Politiker. Dieses „Vorparlament“ beschloss, dass im Mai 1848 ein deutsches Nationalparlament in Frankfurt zusammentreten sollte. Seine Abgeordneten wurden in allgemeinen, freien und gleichen Wahlen bestimmt.

Am 18. Mai 1848 kamen über 600 Vertreter des deutschen Volks in der Frankfurter Paulskirche zusammen. Sie sollten eine Verfassung für alle Deutschen und einen nationalen Staat schaffen. Doch über die politische Gestalt und den Aufbau dieses „Deutschen Reichs“ gab es unterschiedliche Vorstellungen: Sollte der neue Staat eine Republik oder eine Monarchie sein? Welche Rechte sollte die neue Zentralregierung erhalten, welche sollten bei den Einzelstaaten verbleiben? Sollte auch Österreich einbezogen werden? Wer sollte Staatsoberhaupt sein?

Die Revolution in Bildern – Den Verlauf rekonstruieren

M 4 Die Ereignisse in Berlin am 18. und 19. März 1848 sind in Bildern des zeitgenössischen „Neuruppiner Bilderbogens" festgehalten.

Erster Angriff der Kavallerie auf das unbewaffnete Volk vor dem königlichen Schloss in Berlin

M 5 Barrikade in der neuen Königs-Straße am 19. März 1848

M 6 Seine Majestät Friedrich Wilhelm IV. König von Preußen verkündet in den Straßen seiner Hauptstadt die Einheit der deutschen Nation.

Großdeutsche oder kleindeutsche Lösung? – Unterschiedliche Perspektiven erfassen

M 7 Zwei Stellungnahmen

Der Abgeordnete Joseph von Würth hielt im Januar 1849 vor der deutschen Nationalversammlung in Frankfurt folgende Rede:

Wir werden aufgefordert, eine Teilung von Deutschland vorzunehmen, wie sie in der deutschen Geschichte noch nicht vorgekommen ist. [...] Lassen Sie sich nicht von der Hoffnung täuschen, dass das, was Sie jetzt gewaltsam trennen, so schnell sich wieder zusammenfügen werde. Die deutschen Länder Österreichs waren immer Kernlande des Deutschen Reichs, sie waren immer ein Teil von Deutschland; sie wollen es bleiben, sie wollen die tausendjährigen Bande nicht aufgeben [...]. Österreich wird, wenn es von Deutschland gegen seinen Willen getrennt ist, den Einfluss, den es bisher immer in Deutschland hatte und den es jetzt aufgeben soll, zu erhalten suchen. Es wird die Missstimmung benutzen, die in vielen Teilen Deutschlands gegen die neue Gestaltung der Dinge vorhanden sein wird, es wird auf die Schwäche und Zerrissenheit Deutschlands spekulieren. Deutschland dagegen wird, wenn Sie diese Trennung vornehmen, mit den abgetrennten deutsch-österreichischen Provinzen, deren Verlust es nicht verschmerzen kann, beständig liebäugeln. Es wird die deutschen Brüder, die von Deutschland losgerissen sind, wieder zu sich herüber zu ziehen suchen. Es wird beständig hinarbeiten auf den Zerfall des österreichischen Kaisertums.
Ich fürchte, wenn wir die Trennung vollziehen, so wird Österreich Deutschland und Deutschland Österreich zu erobern suchen; beide aber werden sich dabei verbluten unter dem Hohn und dem Jubel unserer gemeinsamen Feinde. Freuen werden sich dabei nur die Deutschland feindlichen Mächte: Russland, England und Frankreich.

Hans Fenske (Hg.), Vormärz und Revolution 1840–1849, Darmstadt 1991, S. 395f.

b) Ein Bericht des Verfassungsausschusses der Frankfurter Nationalversammlung vom Oktober 1848 kommt hinsichtlich der politischen Struktur zu folgender Wertung:

Die Erfahrungen während des Bestehens des Deutschen Bundes und die Erwägung des Zwecks eines Bundesstaats lassen keine Zweifel, dass jede Teilnahme eines Staates, der zugleich Bundesstaat ist und zugleich nichtdeutsche Länder beherrscht, mannigfaltige Störungen herbeiführen und hindernd der Erreichung der Bundeszwecke entgegentreten kann.
Unvermeidlich kann ein solcher Staat wegen seiner außerdeutschen Besitzungen in Kriege verwickelt werden, welche ihn in Feindschaften mit anderen Staaten bringen, den Staat zu außerordentlichen Opfern nötigen können, welche die Mittel zur Erfüllung seiner Bundespflichten beschränken. [...]
Diese Erwägungen führen zu der Aufstellung des Grundsatzes: Kein Teil des Deutschen Reiches darf mit Nichtdeutschen zu einem Staate vereinigt sein. Die Zeit ist gekommen, in welcher diejenigen, welche an der künftigen Verfassung Deutschlands zu bauen berufen sind, sich klarmachen müssen, dass Deutschlands Einheit nur durchgeführt werden kann, wenn diejenigen Staaten, welche als Glieder das Reich bilden, ganz und mit ungeteiltem Interesse Bundesglieder werden.

Hans Fenske (Hg.), Vormärz und Revolution 1840–1849, Darmstadt 1991, S. 353f.

Aufgaben

1. Erarbeite anhand der Karte, wo im Jahr 1848 liberale und nationale Aufstände stattfanden.
   → M1
2. Beschreibe mithilfe des Neuruppiner Bilderbogens den Verlauf der Revolution in Berlin.
   → M4–M6
3. a) Welche Haltung nimmt der Abgeordnete Würth hinsichtlich der Frage ein, ob Österreich einem politisch geeinten Deutschland angehören soll?
   b) Nenne die Argumente, die der Verfassungsausschuss gegen eine Einbeziehung Österreichs anführt.
   → M7

M 1 **Das Paulskirchenparlament**
Lithografie (Ausschnitt) von 1848

Die Revolution scheitert

Arbeit des Parlaments

Zunächst waren die Beratungen des Parlaments für drei bis vier Monate geplant. Das war angesichts der Aufgaben und der grundsätzlichen Fragen, die geklärt werden mussten, keine lange Dauer. Schon einfache Gesetze benötigen heute ein Vielfaches an Beratungszeit. Zudem verfügten die Abgeordneten meist über keine praktische politische Erfahrung. Sie kamen aus ganz unterschiedlichen gesellschaftlichen und staatlichen Traditionen.

Das Jahr 1848 gilt als wichtige Etappe in der Entwicklung politischer Parteien in Deutschland, die sich in den Debatten in der Paulskirche erst allmählich herausbildeten. Neben der Beschäftigung mit dem Text der Verfassung war es für die Politiker ein wichtiges Anliegen, das Volk durch parlamentarische Reden aufzuklären, die in Zeitungen weite Verbreitung fanden.

So stand die Nationalversammlung vor einer dreifachen Aufgabe:

Politische Verfahren mussten entwickelt, die Verfassung mit ihren Grundrechten formuliert und konkrete politische Entschlüsse über die Gestaltung Deutschlands getroffen werden.

Von der großdeutschen zur kleindeutschen Lösung

Dass die Nationalversammlung politisch ohnmächtig war, zeigte sich in Schleswig-Holstein. Dort hatte sich Dänemark im Frühjahr 1848 das Herzogtum Schleswig einverleibt, wogegen die Paulskirche protestierte. Sie musste aber die militärische Initiative Preußen überlassen und, da sie kein eigenes Heer hatte, im September einem ohne ihre Mitwirkung ausgehandelten Waffenstillstand zustimmen.

Ende Oktober geriet die Nationalversammlung weiter unter Druck. Nachdem die Österreicher einen neuen Aufstand in Wien niedergeschlagen hatten, stellte auch der preußische König Friedrich Wilhelm IV. die Herrschaft im eigenen Land wieder her. Im Dezember 1848 zwang er Preußen eine Verfassung auf, die auf den ersten Blick erstaunlich liberal war. Sie besaß einen Grundrechtekatalog, doch behielt sich der König die letzte Entscheidung vor.

Als problematisch erwies sich die künftige Stellung Österreichs in einem geeinten Deutschland. Große Teile der Habsburger Monarchie

M 2

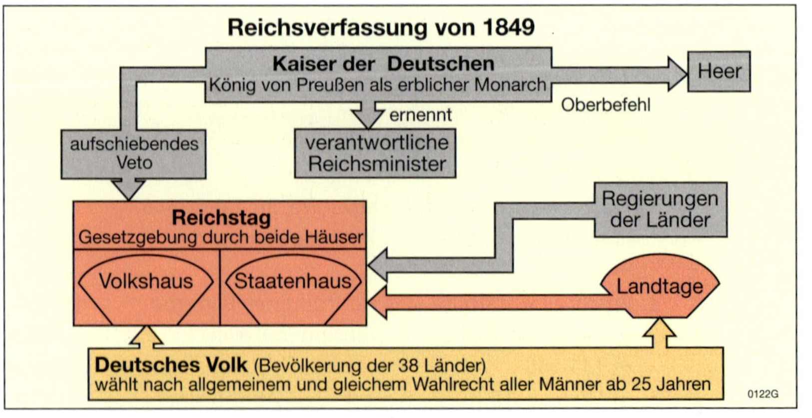

Frühling

Sommer

Herbst

M 3 „Michel und seine Kappe im Jahr 1848"

In Zeichnungen und Karikaturen wird die Figur des Michel stellvertretend für die Deutschen verwendet, Karikatur von 1849.

gehörten nicht zum Deutschen Bund, sodass der Vielvölkerstaat hätte aufgelöst werden müssen. Andererseits war es schwer vorstellbar, Italiener, Kroaten, Ungarn und Tschechen in einen deutschen Nationalstaat einzubeziehen. Es gab daher weiterhin heftige Diskussionen zwischen Befürwortern und Gegnern der großdeutschen Lösung.

Nach dem Sieg der Gegenrevolution in Wien verlor die großdeutsche Idee an Ausstrahlung, zumal Österreich an einem ungeteilten Vielvölkerstaat festhielt. Als einzig mögliche Alternative schien vielen Parlamentariern nur noch die Zusammenarbeit mit Preußen zu bleiben.

Die Verfassung von 1849

Die Beratungen über eine kleindeutsche Lösung waren langwierig und von heftigen Auseinandersetzungen geprägt. In der Schlusssitzung im März 1849 verabschiedeten die Parlamentarier eine Verfassung, die erstmals in der deutschen Geschichte Bürgerrechte verankerte. Darunter versteht man Menschenrechte wie die Freiheit der Person oder die Gleichheit vor dem Gesetz.

In dieser Sitzung setzten sich endgültig die Befürworter eines „kleindeutschen" Kaiserreichs ohne Österreich durch. Deutscher Kaiser und Staatsoberhaupt sollte der preußische König sein.

Entstanden war eine erstaunlich demokratische Verfassung, bei der sich das Volk, das heißt Männer ab 25 Jahren, durch allgemeine, gleiche und geheime Wahlen an der Politik beteiligen konnte. Der Grundrechtekatalog der Paulskirchenverfassung beeinflusste noch die demokratischen Verfassungen der Jahre 1919 und 1949.

Die Verfassung trat jedoch nie in Kraft, da der preußische König die von der Nationalversammlung angebotene Kaiserkrone ablehnte. Er berief sich dabei auf die fehlende Zustimmung der anderen deutschen Fürsten, erklärte aber in einem vertraulichen Brief, die Krone trage den „Ludergeruch der Revolution" und sei „ein Reif aus Dreck und Letten". Möglicherweise schreckte der König auch vor außenpolitischen Konsequenzen zurück und fürchtete Spannungen mit Österreich und dem absolutistischen Russland.

Das Nachspiel

Nach Ablehnung der Kaiserkrone durch den preußischen König löste sich die Nationalversammlung im April 1849 auf. Nur eine kleine Gruppe radikaler Demokraten bildete in Stuttgart ein „Rumpfparlament", das der württembergische König im Juni gewaltsam auflöste.

In anderen Gegenden Deutschlands wie in Sachsen oder Baden kam es zu bewaffneten Aufständen. Sie wurden militärisch niedergeschlagen, obwohl die Revolutionäre in Baden sogar ein „Volksheer" aufstellten. Nach Erstürmung der Festung Rastatt durch preußische Truppen wurden zahlreiche Aufständische standrechtlich erschossen. In Sachsen vertrieben die Dresdner ihren König, der seine Rückkehr ebenfalls nur der preußischen Armee verdankte.

Die Enttäuschung des liberalen Bürgertums über die gescheiterte Revolution war groß, doch hatte sich der Wille des Volkes nach politischer Mitbestimmung und nationaler Einheit deutlich offenbart. Auf Dauer ließen sich diese Forderungen nicht mehr unterdrücken.

Trotz alledem – Ein Lied auswerten

M 4 Trotz alledem

Der Dichter und Publizist Ferdinand Freiligrath (1810–1876) schrieb kurz vor der Niederschlagung der Revolution Anfang Juli 1848 in Düsseldorf das Gedicht „Trotz alledem“:

Das ist der Wind der Reaktion
mit Mehltau, Reif und alledem!
Das ist die Bourgeosie am Thron,
der annoch steht, trotz alledem!
Trotz alledem und alledem,
trotz Blutschuld, Trug und alledem,
er steht noch, und er hudelt uns
wie früher fast, trotz alledem!

Die Waffen, die der Sieg uns gab,
der Sieg des Rechts trotz alledem,
die nimmt man sacht uns wieder ab,
samt Kraut und Lot und alledem!
Trotz alledem und alledem,
trotz Parlament und alledem,
wir werden unsre Büchsen los,
Soldatenwild, trotz alledem!

Doch sind wir frisch und wohlgemut,
und zagen nicht, trotz alledem!
Aus tiefer Brust des Zornes Glut,
die hält uns warm, trotz alledem!
Trotz alledem und alledem,
es gilt uns gleich, trotz alledem,
wir schütteln uns: Ein garst´ger Wind,
doch weiter nichts, trotz alledem!

Denn ob der Reichstag sich blamiert,
Professorhaft, trotz alledem!
Und ob der Teufel reagiert
mit Huf und Horn und alledem,
trotz alledem und alledem,
trotz Dummheit, List und alledem,
wir wissen doch: Die Menschlichkeit
behält den Sieg, trotz alledem!

Und ob der Prinz zurück auch kehrt
mit Hurra, Hoch und alledem:
Sein Schwert ist ein gebrochen Schwert,
ein ehrlos Schwert, trotz alledem,
ja doch, trotz all´ und alledem,
der Meinung Acht, trotz alledem,
die brach den Degen ihm entzwei
vor Gott und Welt, trotz alledem!

Nur was zerfällt, vertretet ihr,
seid Kasten nur, trotz alledem!
Wir sind das Volk, die Menschheit wir,
sind ewig drum, trotz alledem!
Trotz alledem und alledem,
so kommt denn an, trotz alledem!
Ihr hemmt uns, doch ihr zwingt uns nicht
– unser die Welt, trotz alledem!

Freiheitsbewegung in der deutschen Geschichte, hrsg. von der GEW Baden-Württemberg, Bezirk Nordbaden, Karlsruhe 1990, S. 46.

Die Ablehnung der Kaiserkrone – Eine Karikatur interpretieren

M 5 Aus dem Lexikon

In einem Lexikon finden sich folgende Begriffe, die zum Verständnis der Karikatur beitragen:

Adler

Heraldik. Der A. ist neben dem Löwen das am weitesten verbreitete aller Wappenbilder. [...] Allgemein wird der Doppel-A. der Kaiser des MA. als Symbolisierung der Teilung des Kaisertums in ein weströmisches und ein oströmisches betrachtet.

Friedrich Wilhelm IV.

F. Wilhelm IV., König (1840–61), *Berlin 15.10.1795, † Potsdam 2.10.1861. Geprägt durch die Romantik, verstand er das Amt des preuß. Königs als Mittelpunkt aller christlich-ständischer Traditionen und Reformbestrebungen und als das des Feldherrn in einem verstärkten Dt. Bund unter Österreichs polit. Führung. F. Wilhelm war künstlerisch und wissenschaftlich begabt, doch war seine Politik häufig widerspruchsvoll. Durch die Berufung des Vereinigten Landtags 1847 suchte er einen ständischen Staatsaufbau zu verwirklichen, versagte sich aber eine Gesamtverfassung. Die ihm von der Frankfurter Nationalversammlung 1849 angetragene dt. Kaiserkrone lehnte er ab.

Wilhelm Heinrich von Gagern

Wilhelm Heinrich August Frhr. von, Politiker, *Bayreuth 20.8.1799, † Darmstadt 22.5.1880, Mitgl. der Burschenschaft, 1820–33 in hessen-darmstädt. Dienst. Als Liberaler war er 1848 Mitgl. des Vorparlaments und wurde am 19.5. zum Präs. der Frankfurter Nationalversammlung gewählt.

Pickelhaube

Pickelhaube (mhd. beckelhube, zu Becken), Lederhelm mit Metallbeschlag und -spitze, 1842 von der preuß. Armee eingeführt, in abgewandelter Form im dt. Heer bis zum 1. Weltkrieg.

Germania

Germania, 1) lat. Form von Germanien. 2) Die Personifikation Germaniens in röm. Zeit als trauernde Gefangene, in otton. Zeit als gekrönte Frauengestalt dargestellt; im 19. Jh. Sinnbild des 1871 geeinten dt. Reiches.

Borussia [nlat.], Preußen. Frauengestalt als Sinnbild Preußens.

Aus: dtv-Brockhaus Lexikon, 20 Bände, München 1984, hier Bd. 1, S. 49 f.; Bd. 6, S. 302, S. 178 f., S. 134, Bd. 14, S. 132.

M 6 Ablehnung der Krone

„Wat heulst'n, kleener Hampelmann?"
„Ick habe Ihr'n Kleenen 'ne Krone jeschnitzt, nu will er se nich!", Karikatur von Ferdinand Schröder aus den „Düsseldorfer Monatsheften", 1849.

Aufgaben

1. a) Fasse die Strophen von Freiligraths Gedicht jeweils in einem Satz zusammen.
   b) Welcher politischen Richtung lässt sich Freiligrath zuordnen? Begründe deine Meinung.
   → M4
2. a) Beschreibe die Karikatur von Ferdinand Schröder und benenne die Figuren und Gegenstände mithilfe der Lexikonartikel.
   b) Formuliere mit eigenen Worten, was der Karikaturist aussagen wollte.
   → M5, M6

M 1 **Otto von Bismarck (1815–1898)**
Fotografie aus dem Jahr 1862, kurz vor Bismarcks Berufung zum Ministerpräsidenten

Die Errichtung eines deutschen Nationalstaats

Können einzelne Personen Geschichte machen?

Kann ein einziger Mensch den Lauf der Geschichte verändern? Dies ist eine Frage, die sich Geschichtswissenschaftler immer wieder gestellt haben. Dabei wird häufig der Name eines preußisch-deutschen Politikers genannt: Otto von Bismarck (1815–1898).

Bismarck stammte aus einer alten preußischen Adelsfamilie, für die Treue zum Königshaus einen wichtigen Wert darstellte. Er war Gegner der Revolution von 1848/49 und stand den Forderungen des liberalen Bürgertums mit Ablehnung gegenüber. Allerdings sah er in der Errichtung eines deutschen Nationalstaats eine Chance zur Machterweiterung für Preußen.

Der Aufstieg Bismarcks

Otto von Bismarck war Gesandter in Russland, als er 1862 vom preußischen König Wilhelm I. zum Ministerpräsidenten ernannt wurde. Dies geschah in einer problematischen innenpolitischen Lage: Zwischen dem König und der liberalen Mehrheit des preußischen Abgeordnetenhauses war umstritten, ob Wilhelm bei der von ihm gewünschten Heeresreform auf die Zustimmung des Parlaments angewiesen war. Der Konflikt spitzte sich auf die Frage zu, wer tatsächlich die Macht im Staat habe. Als einziger namhafter Politiker erklärte sich Bismarck dazu bereit, den Kampf mit dem Parlament aufzunehmen und die Forderung des Königs durchzusetzen. Aus diesem Grund wurde er von den liberalen Abgeordneten scharf kritisiert.

Die deutsche Frage nach 1850

Nach der gescheiterten Revolution von 1848/49 hatte sich in Mitteleuropa die Herrschaft der Fürsten gegen die nationalen und liberalen Bestrebungen des deutschen Bürgertums durchgesetzt. Der 1815 gegründete Deutsche Bund wurde zwar wieder errichtet, aber diese Lösung der „deutschen Frage“ stieß in der Öffentlichkeit immer mehr auf Kritik. Die Konkurrenz der beiden Großmächte Preußen und Österreich um die Vorherrschaft im Deutschen Bund machte die Situation noch komplizierter. Zwar besaß Österreich noch eine Vormachtstellung, aber immer deutlicher zeichneten sich die Schwächen des Habsburgerstaates ab. Die Konflikte zwischen den verschiedenen Nationalitäten im Vielvölkerstaat Österreich nahmen zu. Auf der anderen Seite gewann Preußen an wirtschaftlichem und politischem Einfluss und wollte sich nicht mehr mit der bisherigen untergeordneten Rolle begnügen. Die vielen mittleren und kleinen deutschen Fürstentümer wollten nach Möglichkeit ihre Unabhängigkeit gegenüber den beiden großen Mächten erhalten, entschieden also je nach Lage, ob sie eher Preußen oder Österreich zuneigten. Bayern orientierte sich dabei eher an Österreich.

Die Einigung Deutschlands

Eine erste Möglichkeit, sich als nationaler Politiker zu profilieren, erhielt Bismarck im Jahr 1864, als es zu einem Konflikt um Schleswig-Holstein kam. Während Schleswig autonomer Bestandteil Dänemarks war, gehörte Holstein zum Deutschen Bund. Beide Herzogtümer regierte der dänische König. Als Dänemark entgegen einem internationalen Abkommen Schleswig von Holstein trennen und sich einverleiben wollte, rief das in der deutschen Nationalbewegung helle Empörung hervor. Bismarck ergriff die günstige Gelegenheit. Im Deutsch-Dänischen Krieg von 1864 entriss Preußen mit Unterstützung Österreichs den Dänen Schleswig.

Der Konflikt spitzt sich zu
Die nächsten Jahre waren vom Streit zwischen Preußen und Österreich darüber geprägt, was mit beiden norddeutschen Herzogtümern geschehen sollte. 1866 führte der immer aggressiver ausgetragene Konflikt schließlich zum Krieg zwischen Preußen und Österreich. Obwohl die meisten mittleren und kleinen Staaten auf die Seite Österreichs traten, gelang Preußen, das technisch und strategisch überlegen war, der entscheidende Sieg in der Schlacht von Königgrätz im Norden Böhmens. Österreich verlor im Friedensschluss zwar keine Gebiete, musste jedoch der Auflösung des Deutschen Bundes und seinem Ausscheiden aus Deutschland zustimmen. Einige deutsche Staaten wie Hannover und Kurhessen wurden Teil des Königreichs Preußen. Die restlichen Länder nördlich des Mains mussten dem neuen Norddeutschen Bund unter Preußens Vorherrschaft beitreten.

M 2

M 3 Siegessäule in Berlin
Zur Erinnerung an die Siege von 1864, 1866 und 1870 wurde am 2. September 1873 auf dem Königsplatz in Berlin diese Säule errichtet.

Bayern und die anderen im Süden Deutschlands gelegenen Staaten blieben unabhängig, um den Sicherheitsinteressen Österreichs und Frankreichs Rechnung zu tragen. Allerdings waren sie gezwungen, so genannte Schutz- und Trutzbündnisse mit Preußen zu schließen.

Mit diesem militärischen und politischen Erfolg gewann Bismarck die Zustimmung großer Teile der liberalen Nationalbewegung.

Die Gründung des deutschen Kaiserreichs

In Frankreich wuchs das Misstrauen gegenüber dem immer mächtiger werdenden Preußen. Die sich verstärkenden diplomatischen Spannungen zwischen beiden Staaten führten schließlich 1870 zum Krieg. Auslöser war ein Konflikt um die spanische Thronfolge. Der als König vorgesehene Prinz aus einer Nebenlinie des preußischen Königshauses der Hohenzollern stieß in Frankreich auf heftige Ablehnung. Obwohl die Hohenzollern ihren Kandidaten zurückzogen, wollte Frankreich einen „ewigen“ Verzicht erreichen.

Diese Forderung wies der preußische König zurück und teilte dies Bismarck in einem Telegramm aus seinem Kurort Bad Ems mit. Dieser kürzte die „Emser Depesche“ so geschickt, dass die deutsche Öffentlichkeit über das Verhalten Frankreichs empört war und die Bevölkerung Frankreichs das preußische Vorgehen als Beleidigung der französischen Nation empfand. Die Kriegserklärung Frankreichs führte in ganz Deutschland – also auch in den süddeutschen Staaten – zu einer Welle nationaler Begeisterung.

Der Sieg aller verbündeten deutschen Staaten ermöglichte die Errichtung eines deutschen Nationalstaats. Im Spiegelsaal des Schlosses von Versailles wurde am 18. Januar 1871 der preußische König Wilhelm zum deutschen Kaiser ausgerufen. Das war die Gründung des deutschen Kaiserreichs.

Die Rolle Bayerns

Bayern konnte sich nur schwer damit abfinden, seine Eigenständigkeit aufzugeben. Nachdem sich abzeichnete, dass die anderen Staaten dem neuen Reich beitraten, zog Bayern nach, um sich nicht selbst zu isolieren. Allerdings konnte das Königreich sich einige Sonderrechte sichern. König Ludwig II. erhielt dafür, dass er im so genannten Kaiserbrief dem preußischen König die Kaiserwürde antrug, großzügige Geldzahlungen. Nach einer heftigen Debatte stimmte das bayrische Parlament mit knapper Mehrheit dem Beitritt zum neuen Reich zu.

Die Rolle Bismarcks

Historiker sind sich einig, dass Bismarck bei dieser Entwicklung eine entscheidende Rolle spielte. Die Meinung, dass er gleichsam allein die deutsche Einigung herbeiführte, wird heute differenzierter gesehen, denn die Entstehung von Nationalstaaten war eine allgemeine Entwicklung in Europa. Die europäische Mächtekonstellation, die politische und wirtschaftliche Entwicklung in Deutschland – insbesondere die von Preußen und Österreich –, der Einfluss der liberalen Nationalbewegung und die Rolle der Öffentlichkeit bildeten Voraussetzungen und Grundlagen für das entschiedene Handeln Bismarcks. Sein Anteil an der Reichsgründung muss dennoch hoch veranschlagt werden.

Stimmen zur Reichsgründung – Verschiedene Positionen

M 4 Drei Stellungnahmen

a) Nach 1871 gab es zahlreiche Publikationen, die sich mit der Gründung des Reiches beschäftigten. Aus dem in Speyer erschienenen „Festalbum zur Friedensfeier. Zum Besten verwundeter und invalid gewordener deutscher Krieger" von 1871:

Betrachten wir nun in Kürze die Wirkungen des Krieges und seiner militärischen Erfolge.

1. Es vollzieht sich die politische Einigung Deutschlands, lange ersehnt und erstrebt, eine Frucht mancher Tränensaat, ein Jugendtraum der besten Männer bis in ihr hohes Greisenalter, ein Schlachtenkind, aber in der Wiege umstanden und gesegnet von den Genien des Friedens.
2. Zum Schutz dieser politischen Einheit entsteht eine starke Zentralgewalt, ohne die geschichtlich tief gewurzelte Eigenart der verschiedenen deutschen Stämme aufzuheben. Das Deutsche Reich wird nicht etwa bloß wieder aufgerichtet, sondern ersteht in neuer Gestaltung mit erblicher Kaiserwürde.
3. Elsass und Deutsch-Lothringen kommen wieder zum Reich. Das gewonnene Metz sichert den Frieden gegen Frankreich.
4. Die gesicherte Lage gegen den bisherigen Erbfeind sichert dem Deutschen Reich nach außen seine Bedeutung. Das deutsche Kaisertum ist der Friede.
5. Seine innere Organisation sichert ihm den Frieden nach innen. Die nationale Erhebung erzeugt eine dem zersetzenden Zwist und Hader der Parteien fremde nationale Richtung, Stimmung und Haltung. [...]
7. Eine natürliche Folge ist die Achtung der deutschen Nation in Europa und bei den gesitteten Völkern der Welt.

Und nun, du hochbegnadetes, reichgesegnetes deutsches Volk, lass diese großen Errungenschaften, verbrieft und gesiegelt in den ersten Märztagen des Jahres 1871, deiner Treue und Mannheit als ein köstliches Kleinod, erworben durch das Herzblut deiner besten Söhne, anvertraut sein!

Wache vor allem über deine Jugend, dass sie künftigen Tagen fähig und würdig werde, dieses Heiligtum in sichere Obhut zu nehmen!

Fenske, Hans (Hg.), Im Bismarckschen Reich 1871–1890, Darmstadt 1978, S. 47 f.

b) Der Historiker Heinrich von Sybel schrieb am 27. Januar 1871 an einen Freund:

Lieber Freund, ich schreibe von all diesen Quisquilien [Belanglosigkeiten] und meine Augen gehen immer herüber zu dem Extrablatt und die Tränen fließen mir über die Backen. Wodurch hat man die Gnade Gottes vedient, so große und mächtige Dinge erleben zu dürfen? Und wie wird man nachher leben?

Was zwanzig Jahre der Inhalt alles Wünschens und Strebens gewesen, das ist nun in so unendlich herrlicher Weise erfüllt! Woher soll man in meinen Lebensjahren noch einen neuen Inhalt für das weitere Leben nehmen?

Fenske, Hans (Hg.), Im Bismarckschen Reich 1871–1890, Darmstadt 1978, S. 37.

c) Ein Soldat, der am Krieg gegen Frankreich teilgenommen hatte, schrieb am 6. März 1871:

Die Nachricht vom Frieden – vom lang ersehnten Frieden – habe ich in Vesoul bekommen. [...]

Es wäre fruchtloses – ich möchte beinahe sagen lächerliches Bemühen, wenn ich die Gefühle wiedergeben sollte, welche mich erfüllten, als die Klänge des Festzapfenstreichs durch das Städtchen Vesoul ertönten. – Fern von der Heimat, in der jetzt tausend- und abertausendfacher Kerzenglanz die frohe Tatsache verkündet, feierte ich mit den Landwehrleuten des Bataillons Crossen aus einem schlesischen Husarenregiment den Frieden! – den wirklichen Frieden.

Mir war, ich kann nicht sagen wie zu Mut – so dankbar – so froh und doch das herbe Wehmutsgefühl, bei dem Gedanken an all die Gräuel und Schrecken des Krieges – des in unserem Jahrhundert noch möglichen Krieges.

Jetzt sollen wir ja Freunde sein, die wir uns seither zerfleischten. Jetzt ist unser deutsches Vaterland gerettet, steht groß und einig da.

„Der Kaiser von Deutschland lebe hoch", rief ich in die Truppenmenge hinein, lauter Trommelwirbel begleitete das hundert- und aberhundertfach tönende Hoch!

Fenske, Hans (Hg.), Im Bismarckschen Reich 1871–1890, Darmstadt 1978, S. 38 f.

Der „Sedantag" – Ein nationaler Feiertag?

M 5 Eine Rede und zwei Kommentare

a) Die Schlacht bei der nordfranzösischen Stadt Sedan im September 1870 war eine Vorentscheidung im deutsch-französischen Krieg. Dieser Tag wurde im Kaiserreich groß gefeiert. Kaiser Wilhelm II. brachte bei der 25-Jahr-Feier des Sedantages folgenden Trinkspruch dar:

Wenn Ich am heutigen Tage einen Trinkspruch auf Meine Garden ausbringe, so geschieht es froh bewegten Herzens; denn ungewöhnlich feierlich und schön ist der heutige Tag. Den Rahmen für die heutige Parade gab ein in Begeisterung aufflammendes Volk, und das Motiv für die Begeisterung war die Erinnerung an die Gestalt, an die Persönlichkeit des großen verewigten Kaisers.

Wer heute und gestern auf die mit Eichenlaub geschmückten Fahnen blickte, der kann es nicht getan haben ohne wehmütige Rührung im Herzen; denn der Geist und die Sprache, die aus dem Rauschen dieser zum Teil zerfetzten Feldzeichen zu uns redeten, erzählten von den Dingen, die vor 25 Jahren geschahen und von dem großen Tage, da das Deutsche Reich wieder auferstand.

Groß war die Schlacht und heiß war der Drang und gewaltig die Kräfte, die aufeinanderstießen. [...] Für ihre Güter, ihren Herd und ihre zukünftige Einigung kämpften die Deutschen; darum berührt es uns auch so warm, dass ein jeder, der des Kaisers Rock getragen hat oder ihn noch trägt, in diesen Tagen von der Bevölkerung besonders geehrt wird – ein einziger aufflammender Dank gegen Kaiser Wilhelm I.

Und für uns, besonders für die Jüngeren, [steht] die Aufgabe, das, was der Kaiser gegründet, zu erhalten.

Doch in die hohe, große Festesfreude schlägt ein Ton hinein, der wahrlich nicht dazu gehört; eine Rotte von Menschen, nicht wert, den Namen Deutscher zu tragen, wagt es, das deutsche Volk zu schmähen, wagt es, die uns geheiligte Person des allverehrten verewigten Kaisers in den Staub zu ziehen. Möge das gesamte Volk die Kraft finden, die unerhörten Angriffe zurückzuweisen! Geschieht es nicht, dann rufe Ich Sie, um der hochverräterischen Schar zu wehren, um einen Kampf zu führen, der uns befreit von solchen Elementen.

Die Reden Kaiser Wilhelms II. 1888–1895, Leipzig 1913, S. 314 ff.

b) Kommentar der Zeitung Münchener Neueste Nachrichten:

Zum ersten Male findet das nichtswürdige Gebahren, das nun schon so lange Tag für Tag die edelsten Empfindungen, die tiefsten Gefühle und die teuersten Überlieferungen des deutschen Volkes mit der giftigen Jauche des gemeinsten sozialdemokratischen Jargons übergießt und die gesamte anständige Presse zur Abwehr mit blutigen Hieben herausfordert, auch an offizieller Stelle die wohlverdiente Kennzeichnung und Brandmarkung. [...]

Münchener Neueste Nachrichten, 4.9.1895, Vorabendblatt, S. 1.

c) Kommentar der Münchner Post:

Der Kaiser hat am Skt. Sedan nebst anderen erlassenen Kundgebungen auch eine interessante Rede gehalten. [...]

Auf die Auslassungen des Monarchen zu entgegnen verbietet bekanntlich das Strafgesetzbuch und es ist eben nur ein Zeichen der Zeit, wenn die sich anständig nennende bürgerliche Presse den Wortlaut der Kaiserrede nicht nur triumphierend gegen uns ins Feld führt, sondern dieselbe auch noch in geschmacklosester Weise zu fruktifizieren [zu verbreiten] bemüht ist. [...]

Das ist ein Eiertanz. Derartiges ist dummes, plumpes Getrampel, wie man es vom Weltblatt und seinem Anhang übrigens gewohnt ist. Man scheint dort immer zu vergessen, dass „die Rotte von Menschen, die nicht wert sind, den Namen Deutscher zu tragen", stärkste politische Partei im Reiche ist.

Münchener Post, 5.9.1895, S. 3.

M 6 Am 2. September 1895, Fotografie von 1895

Eine Rede zum Jahrestag analysieren

M 7 100 Jahre nach der Gründung

Der deutsche Bundespräsident Gustav Heinemann hielt 1971 folgende Rede:

Unsere Geschichte ist in vieler Hinsicht anders verlaufen als die unserer Nachbarn. Man hat uns eine „verspätete Nation" genannt.
In der Tat haben wir unsere nationale Einheit 1871 später und unvollkommener erlangt als andere Nationen. Der Ruf nach Einheit erhob sich in den Befreiungskriegen gegen Napoleon, bei den unruhigen Studenten auf dem Wartburgfest 1817, in der großartigen Volksfeier 1832 auf dem Hambacher Schloss und sonderlich im Sturm und Drang der Jahre 1848/49. Aber ein jedes Mal wurde der Ruf von jenen Dutzenden von Fürstenstaaten erstickt, in die Deutschland zerrissen blieb.

Als das Deutsche Reich vor 100 Jahren in Versailles ausgerufen wurde, war keiner von den 1848ern zugegen. Ja, Männer wie August Bebel und Wilhelm Liebknecht und andere Sozialdemokraten, die sich gegen den nationalistischen Übermut des Sieges über Frankreich geäußert hatten, saßen in Gefängnissen. Um den Kaiser standen in Versailles allein die Fürsten, die Generäle, die Hofbeamten, aber keine Volksvertreter.

Die Reichsgründung hatte die Verbindung von demokratischem und nationalem Wollen zerrissen. Sie hat das deutsche Nationalbewusstsein einseitig an die monarchisch-konservativen Kräfte gebunden, die in den Jahrzehnten vorher dem demokratischen Einheitswillen hartnäckig im Wege gestanden hatten.

Für unsere französischen Nachbarn war es eine tiefe Demütigung, dass unser Nationalstaat in ihrem Lande ausgerufen und ihnen zugleich Elsass-Lothringen weggenommen wurde. Diese Demütigung konnte Frankreich nicht vergessen.

Gustav W. Heinemann, Reden und Interviews, hrsg. v. Presse- und Informationsamt der Bundesregierung, Bd. 2, Bonn 1971.

Aufgaben

1. a) Stelle die wichtigsten Daten zu Bismarcks Lebenslauf zusammen.
   b) Ergänze die Angaben im Buch durch weitere Informationen aus Lexika oder dem Internet.
   → Text, Lexikon oder Internet
2. Erstelle eine Tabelle der Ereignisse, die zur Gründung des deutschen Kaiserreichs führten.
   → Text
3. a) Erschließe, welche Einstellung zur Reichsgründung in den Zeugnissen der Zeitgenossen zum Ausdruck kommt.
   b) Formuliere eine mögliche Gegenposition in einem Antwortbrief.
   → M4
4. a) Weshalb findet es Kaiser Wilhelm II. wichtig, den Sedantag zu feiern?
   b) Gegen wen richtet sich seine Kritik im vorletzten Absatz?
   c) Stelle dar, wie die Münchener Neuesten Nachrichten die Rede des Kaisers beurteilen.
   d) Erläutere die Aussage „Auf die Auslassungen des Monarchen zu entgegnen verbietet bekanntlich das Strafgesetzbuch".
   e) Wie kommentiert die Münchner Post die Beurteilung der Münchener Neuesten Nachrichten?
   → M5
5. a) Erläutere die im Text vom Bundespräsidenten Gustav Heinemann 1971 genannten historischen Ereignisse.
   b) Erkläre, warum Deutschland in Heinemanns Augen eine „verspätete Nation" war.
   c) „Die Reichsgründung hatte die Verbindung von demokratischem und nationalem Wollen zerrissen." Was meinte der damalige Bundespräsident mit diesem Satz?
   → M7
6. „Können einzelne Personen Geschichte machen?" Welche Antwort gibt der Schulbuchtext auf diese Frage? → Text

1. Kaiser Wilhelm I.
2. Großherzog von Baden
3. Otto von Bismarck
4. Kriegsminister Roon (Vertrauter Bismarcks; bei der Zeremonie wegen Krankheit nicht anwesend)
5. Gruppe der Offiziere
6. Kaiserwappen und Krone
7. Gruppe der einfachen Soldaten
8. Kronprinz Friedrich

11242E

M 1 **Die Proklamierung des deutschen Kaiserreiches**
Holzstich von Anton von Werner, um 1880

M 2 **Die Proklamierung des deutschen Kaiserreiches,** Gemälde von Anton von Werner, 1885

Historienbilder – Bilder aus der Geschichte

Bilder, die Szenen aus der Geschichte darstellen, waren im 19. Jahrhundert besonders geschätzt. Die Werke der so genannten Historienmalerei fanden weite Verbreitung: Als Gemälde von beträchtlicher Größe schmückten solche Bilder öffentliche Gebäude oder illustrierten als Schwarz-Weiß-Abbildungen Bücher und Zeitschriften. Gemeinsam war ihnen, dass sie bedeutsame historische Ereignisse möglichst genau darstellten, sodass der Eindruck einer fotografischen Wiedergabe entstand.

Ein auch heute noch berühmtes Historienbild ist „Die Proklamierung des deutschen Kaiserreiches“ von Anton von Werner (1843–1915), der in Deutschland als Maler hoch angesehen war. Er war am 18. Januar 1871 in Versailles bei der Ausrufung des deutschen Kaiserreichs anwesend, mithin Augenzeuge der damaligen Ereignisse. In den folgenden Jahren erstellte er mehrere Fassungen, die in Berlin an herausgehobenen Stellen öffentlicher Gebäude angebracht wurden.

Während der Holzstich als Illustration in Büchern Verwendung fand, war das Gemälde aus dem Jahr 1885 als Geburtstagsgeschenk des Kaisers für Otto von Bismarck gedacht. Der Vergleich der beiden Darstellungen zeigt deutliche Unterschiede. Dies ist umso verwunderlicher, als beide Bilder vom selben Maler stammen, der überdies Augenzeuge der Ereignisse war.

Fragen an bildliche Quellen

1. Entstehung des Bildes

a) Wer hat das Gemälde in Auftrag gegeben, wer den Holzstich?
b) Für welchen Zweck waren die Bilder gedacht?
c) Lassen sich Hinweise auf die Entstehung in den Bildern entdecken?

2. Beschreibung der Bilder

a) Suche die im oberen Bild gekennzeichneten Personen auf der unteren Darstellung. Vergleiche deren jeweilige Position.
b) Informiere dich mithilfe eines Lexikons über die dargestellten Personen.
c) Wer steht jeweils im Mittelpunkt des Bildes?
d) Untersuche, ob im unteren Bild auch einfache Soldaten dargestellt sind.
e) Welche Perspektive hat der Maler jeweils gewählt?
f) Beschreibe die auf den Bildern dargestellte Stimmung.
g) Vergleiche die Architektur. Ist derselbe Raum dargestellt?

3. Deutung des Bildes

a) Überlege, ob es sich bei den Bildern um wirklichkeitsgetreue Abbildungen des Ereignisses handelt.
b) Wer wird auf den Bildern als „Reichsgründer" dargestellt?
c) Wird die Reichsgründung als Ereignis der deutschen oder der preußischen Geschichte dargestellt?

Zwischen Demokratie und Obrigkeitsstaat

Die Reichsverfassung

Das 1871 im Spiegelsaal des Versailler Schlosses gegründete deutsche Kaiserreich war der erste deutsche Nationalstaat mit einer Verfassung, denn der Entwurf der Revolution von 1848 trat nie in Kraft. Die Basis bildete die Verfassung des 1866 errichteten Norddeutschen Bundes. Der neue Staat galt als Bündnis der Fürsten der Einzelstaaten und nicht – wie 1848/49 – als Ausdruck des Volkswillens. Unter den Bundesstaaten des neuen Reichs, die eine große Selbstständigkeit besaßen, hatte Preußen eine Sonderstellung inne: Der preußische König war zugleich deutscher Kaiser, der preußische Ministerpräsident oft zugleich Reichskanzler, und im Bundesrat, der Vertretung der Einzelstaaten, konnte Preußen wichtige Entscheidungen blockieren.

Der Reichstag bildete innerhalb der Reichsverfassung die Vertretung des Volkes. Seine Abgeordneten wurden in freier, gleicher und geheimer Wahl von allen Männern ab 25 Jahren gewählt. Dies war im europäischen Vergleich sehr fortschrittlich. Gewählt wurde nach dem Mehrheitswahlrecht, das heißt, dass das gesamte Reich in Wahlkreise eingeteilt wurde: Gewählt war nur derjenige, der die Mehrheit der Stimmen in einem Wahlkreis auf sich vereinigte. Die Stimmen der unterlegenen Kandidaten spielten für die Zusammensetzung des Reichstags keine Rolle mehr.

M 1

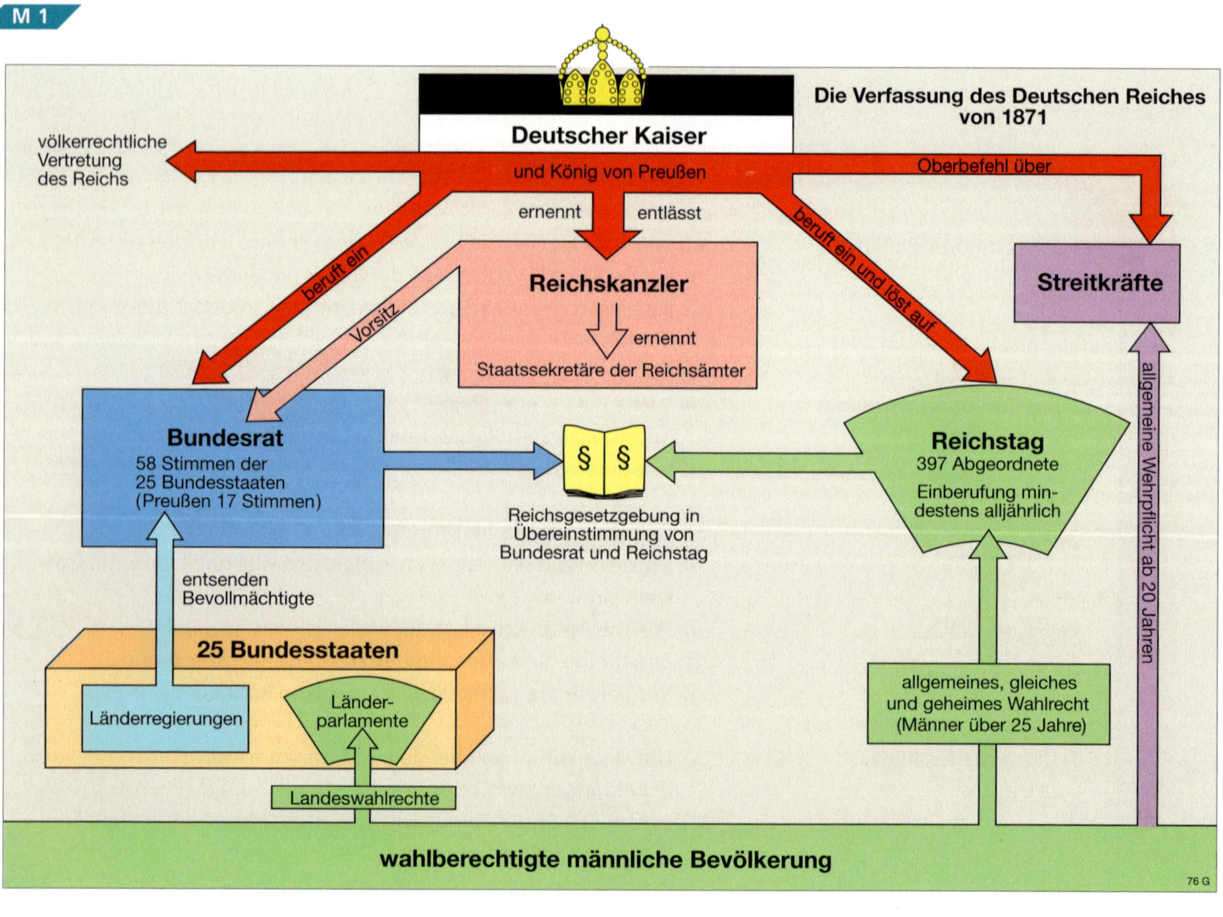

M 2 Nationalflagge und Reichskriegsflagge
Die Nationalflagge des Kaiserreichs bestand aus den Farben Preußens (Schwarz-Weiß) und der alten Reichsstädte. Im Kriegsfall wehte die Reichskriegsflagge mit Eisernem Kreuz und Reichsadler.

Auf die Regierungsbildung hatte der Reichstag keinen Einfluss, da der Reichskanzler allein vom Kaiser berufen oder entlassen wurde und nur ihm verantwortlich war. Außerdem konnte der Kaiser den Reichstag jederzeit auflösen und Neuwahlen anberaumen.

Der Reichstag besaß jedoch das Recht der Gesetzesinitiative und musste jedem Reichsgesetz, besonders dem für die Regierung wichtigen Haushalt, zustimmen. Als beschlossen galt ein Gesetz aber nur, wenn der Bundesrat - die Vertretung der Einzelstaaten - ebenfalls zugestimmt hatte. Um Gesetze verabschieden zu können, war der Reichskanzler auf die Mehrheit des Reichstags angewiesen, die er sich immer wieder neu suchen musste.

Zudem wurden die öffentlichen Debatten im Reichstag für die politische Meinungsbildung in Deutschland immer wichtiger.

Die politischen Parteien

In den Parlamenten der Bundesstaaten schlossen sich Abgeordnete gleicher politischer Meinung zu Gruppen zusammen. Es handelte sich dabei um lockere Verbindungen einflussreicher und in der Bevölkerung angesehener Persönlichkeiten - so genannte „Honoratioren". Diese Honoratiorenparteien besaßen jedoch keine Parteiorganisation. Erst nach und nach kam es zu einer intensiveren Zusammenarbeit über die Grenzen der Einzelstaaten hinweg, da die Notwendigkeit bestand, reichsweit aufzutreten, um bei Reichstagswahlen Erfolg zu haben.

So entwickelten sich allmählich im gesamten Deutschen Reich einheitliche Parteien. Bemerkenswert ist, dass die Parteien stärker als heute Interessen bestimmter Bevölkerungsgruppen vertraten. Die Bereitschaft zur Zusammenarbeit zwischen den Parteien war deshalb nicht besonders ausgeprägt. Die wichtigsten politischen Richtungen im Kaiserreich waren:

- Die Liberalen forderten den Schutz der Bürgerrechte, politische Mitsprache der Bevölkerung in einem deutschen Nationalstaat sowie möglichst große Freiheit im wirtschaftlichen Bereich. Unter dem Eindruck von Bismarcks Reichseinigung spaltete sich die liberale Bewegung aber in zwei Richtungen. Während den Linksliberalen die demokratischen Rechte des Volkes besonders am Herz lagen und sie Bismarck eher ablehnend gegenüberstanden, rückte bei den Nationalliberalen die Forderung nach nationaler Größe in den Mittelpunkt. Sie waren zu einer Zusammenarbeit mit dem Reichskanzler bereit. Die liberalen Parteien fanden vor allem im Bildungs- und Besitzbürgertum Anhänger.
- Die Konservativen organisierten sich nur notgedrungen als Partei, da sie der Demokratie skeptisch gegenüberstanden und Parlamente als Entscheidungsorgane ablehnten. Sie setzten auf die alleinige Regierungsgewalt des Monarchen. Ihre Wähler waren Adlige, aber auch traditionell königstreu eingestellte Bevölkerungsschichten.
- Das Zentrum war die Partei der Katholiken. Es verdankte seine Gründung den konfessionellen Verhältnissen im Kaiserreich, denn nach dem Ausschluss Österreichs stellten die Katholiken nur etwa ein Drittel der Bevölkerung. Außerdem war Preußen als führender Einzelstaat protestantisch geprägt. In dieser Situation schlossen sich Katholiken aus allen Schichten im Zentrum zusammen, um für ihre

M 3 Reichsadler
Das Wappen des Deutschen Reichs war der Reichsadler mit preußischem Wappenschild und der Krone des Heiligen Römischen Reiches Deutscher Nation.

Rechte und Überzeugungen und gegen den anscheinend übermächtigen Protestantismus einzutreten.

- Die Sozialdemokraten organisierten sich im Zuge der Industrialisierung als eigene Partei und vertraten die immer größer werdende Arbeiterschicht. Seit 1891 hieß sie „Sozialdemokratische Partei Deutschlands" (SPD). Ihr Ziel war es, die soziale Situation der Arbeiterschaft zu verbessern und dem Volk größere demokratische Mitsprache zu sichern. In Anknüpfung an die Theorien von Karl Marx lehnten die Sozialdemokraten die Gesellschaftsordnung des Kaiserreichs grundsätzlich ab und setzten zeitweise auf eine revolutionäre Veränderung der Gesellschafts- und Wirtschaftsordnung.

M 4 Obrigkeitsstaat

Ein ostelbischer Junker zu seinen Dorfbewohnern nach der Wahl: „Es ist eine liberale Stimme abgegeben worden. Der Schulmeister kriegt von heute ab keine Kartoffeln mehr."
Undatierte Zeichnung von Eduard Thöny (1866–1950)

Politische Verbände und Vereine

Neben den Parteien entwickelten sich im Kaiserreich bald Vereine, die die politischen Interessen ihrer Mitglieder vertraten. So organisierten sich die Arbeiter in Gewerkschaften, um ihre Interessen gegen die Unternehmer durchzusetzen. Um 1900 gehörte die deutsche Gewerkschaftsbewegung bereits zu den größten der Welt. Auch die Unternehmer hatten eigene Verbände. Darüber hinaus schlossen sich viele weitere Interessengruppen zusammen, seien es die Landwirte, die Angestellten, die Frauen oder die Lehrer. Sowohl die Entwicklung der Parteien als auch der politischen Vereine zeigt, dass sich im Verlauf des Kaiserreichs immer mehr Menschen für politische Zusammenhänge interessierten und versuchten, ihre eigenen Interessen durchzusetzen.

Der „Obrigkeitsstaat"

Ein zentraler Unterschied zwischen dem Kaiserreich und dem heutigen Deutschland bestand in der Einstellung der Bevölkerung zum Staat. Im Kaiserreich galt die „Obrigkeit" – d. h. die Repräsentanten des Staates – als höchste Autorität, deren Entscheidungen man unwidersprochen hinzunehmen hatte. Hohe Wertschätzung besaß auch das Militär, das in der preußischen Geschichte und bei der deutschen Einigung eine wichtige Rolle gespielt hatte.

Disziplin, Ordnung und Gehorsam galten daher als wichtige Werte. Trotz demokratischer Ansätze in der Reichsverfassung und der Politisierung größerer Bevölkerungskreise bestimmten kritiklose Unterordnung unter die staatliche Autorität und die Bewunderung alles Militärischen das politische Klima im Kaiserreich.

M 5 „Im Bad"

„Herr Lieutenant tragen das Monocle im Bad?"
„Äh, befürchte, sonst für Civilisten gehalten zu werden."
Karikatur aus dem Simplicissimus, 1897

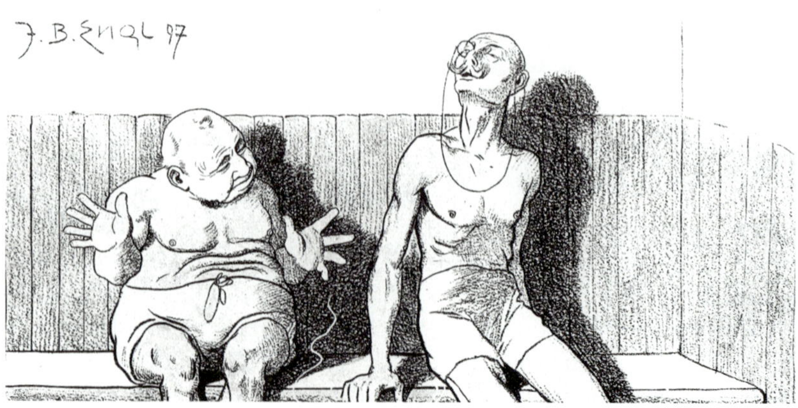

Ergebnisse der Reichstagswahlen – Arbeit mit einer Statistik

Wahlen zum Reichstag 1871 bis 1912

Wahl	Wahlbeteiligung (in %)	Konservative		Liberale		Zentrum		Sozialdemokraten	
		Stimmen-anteil (in%)	Anzahl der Sitze	Stimmen-anteil (in%)	Anzahl der Sitze	Stimmen-anteil (in%)	Anzahl der Sitze	Stimmen-anteil (in%)	Anzahl der Sitze
1871	50,78	23,0	94	46,6	202	18,6	63	3,2	2
1874	60,89	14,1	55	39,7	208	27,9	91	6,8	9
1877	60,39	17,6	78	38,2	180	24,8	93	9,1	12
1878	63,14	26,6	116	33,6	138	23,1	94	7,6	9
1881	56,08	23,7	78	37,8	162	23,2	100	6,1	12
1884	60,35	22,1	106	36,9	125	22,6	99	9,7	24
1887	77,19	25,0	121	36,4	131	20,1	98	10,1	11
1890	71,25	19,1	93	34,3	118	18,8	106	19,8	35
1893	72,20	19,2	100	27,8	101	19,1	96	23,3	44
1898	67,76	15,5	79	23,6	95	18,8	102	27,2	56
1903	75,78	13,5	75	23,2	87	19,8	100	31,7	81
1907	84,35	13,6	84	25,4	103	19,4	105	28,9	43
1912	84,53	12,2	57	26,1	87	16,4	91	34,8	110

Quelle: Gerhard A. Ritter (Hg.), Das Deutsche Kaiserreich 1871 - 1914, Göttingen 1977, S. 78g.

11273E

M 6

Aufgaben

1. a) Nenne die Befugnisse von Kaiser, Reichkanzler, Reichstag und Bundesrat.
   b) Welches der vier Verfassungsorgane ist deiner Meinung nach das wichtigste? Begründe.
   → Text, M1
2. a) Erläutere, worin der Witz der Karikatur „Im Bad" besteht.
   b) Überlege, wie die Karikatur verändert werden müsste, damit sie auf heutige Verhältnisse zutrifft.
   c) Erkläre den Begriff „Militarismus".
   → M5
3. a) Erläutere, was man unter „Wahlbeteiligung" versteht.
   b) Untersuche, wie sich die Wahlbeteiligung im Lauf der Zeit verändert hat. Was lässt sich daraus schließen?
   c) Erstelle ein Diagramm, in das du die Wahlergebnisse der einzelnen politischen Richtungen einträgst. Trage auf der x-Achse die Jahreszahlen ein und auf der y-Achse den Prozentanteil der Stimmen.
   d) Erstelle ein weiteres Diagramm, in das du auf der y-Achse die Anzahl der Sitze einträgst.
   e) Welche Hauptentwicklungen kannst du bei den Wahlergebnissen der einzelnen politischen Richtungen erkennen?
   → M6

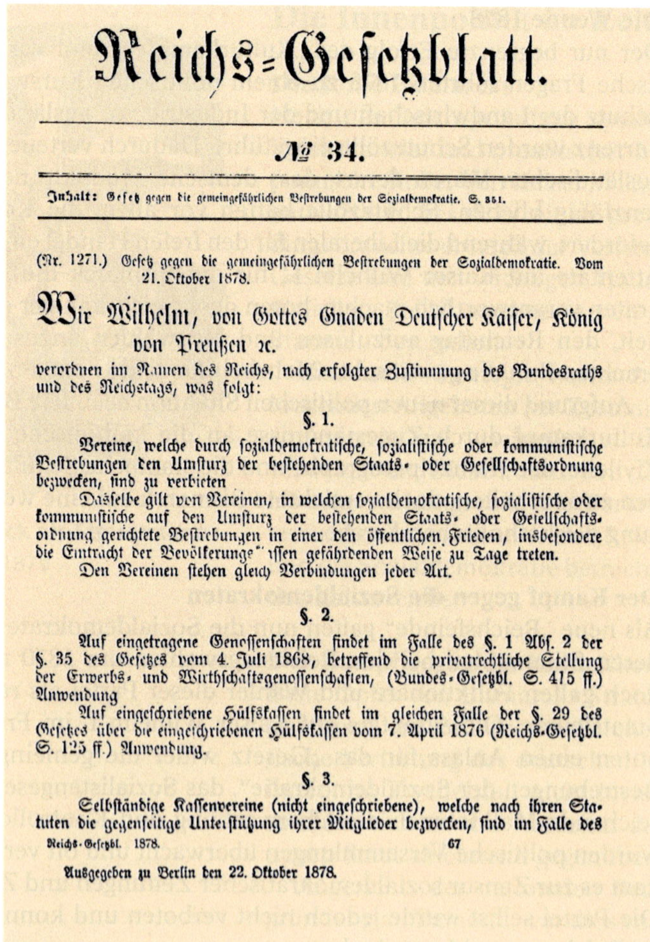

Reichs-Gesetzblatt.

№ 34.

Inhalt: Gesetz gegen die gemeingefährlichen Bestrebungen der Sozialdemokratie. S. 351.

(Nr. 1271.) Gesetz gegen die gemeingefährlichen Bestrebungen der Sozialdemokratie. Vom 21. Oktober 1878.

Wir Wilhelm, von Gottes Gnaden Deutscher Kaiser, König von Preußen ꝛc.

verordnen im Namen des Reichs, nach erfolgter Zustimmung des Bundesraths und des Reichstags, was folgt:

§. 1.

Vereine, welche durch sozialdemokratische, sozialistische oder kommunistische Bestrebungen den Umsturz der bestehenden Staats- oder Gesellschaftsordnung bezwecken, sind zu verbieten

Dasselbe gilt von Vereinen, in welchen sozialdemokratische, sozialistische oder kommunistische auf den Umsturz der bestehenden Staats- oder Gesellschaftsordnung gerichtete Bestrebungen in einer den öffentlichen Frieden, insbesondere die Eintracht der Bevölkerungs[illegible]ssen gefährdenden Weise zu Tage treten.

Den Vereinen stehen gleich Verbindungen jeder Art.

§. 2.

Auf eingetragene Genossenschaften findet im Falle des §. 1 Abs. 2 der §. 35 des Gesetzes vom 4. Juli 1868, betreffend die privatrechtliche Stellung der Erwerbs- und Wirthschaftsgenossenschaften, (Bundes-Gesetzbl. S. 415 ff.) Anwendung

Auf eingeschriebene Hülfskassen findet im gleichen Falle der §. 29 des Gesetzes über die eingeschriebenen Hülfskassen vom 7. April 1876 (Reichs-Gesetzbl. S. 125 ff.) Anwendung.

§. 3.

Selbständige Kassenvereine (nicht eingeschriebene), welche nach ihren Statuten die gegenseitige Unterstützung ihrer Mitglieder bezwecken, sind im Falle des

Reichs-Gesetzbl. 1878. 67

Ausgegeben zu Berlin den 22. Oktober 1878.

M 4 **Reichsgesetzblatt**
Faksimile, 1878

M 5 Das Sozialistengesetz

August Bebel berichtet in seinen Memoiren über die Auswirkungen des Sozialistengesetzes:

Sobald das Gesetz verkündet und in Kraft getreten war, fielen die Schläge hageldicht. Binnen wenigen Tagen war die gesamte Parteipresse mit Ausnahme des Offenbacher Tageblatts und der Fränkischen Tagespost in Nürnberg unterdrückt. Das gleiche Schicksal teilte die Gewerkschaftspresse mit Ausnahme des Organs des Buchdruckerverbandes, des „Korrespondenten“. Auch war der Verband der Buchdrucker, abgesehen von den Hirsch-Dunckerschen Vereinen, die einzige Gewerkschaftsorganisation, die von der Auflösung verschont blieb. Alle übrigen fielen dem Gesetz zum Opfer. Ebenso verfielen der Auflösung die zahlreichen lokalen sozialdemokratischen Arbeitervereine, nicht minder die Bildungs-, Gesang- und Turnvereine, an deren Spitze Sozialdemokraten standen […].

Das Trümmerfeld des Zerstörten wurde erweitert durch die Verbote der nicht periodisch erscheinenden Literatur. […]

Während wir so in voller Tätigkeit waren, aus den Trümmern, die das Sozialistengesetz uns bis dahin geschaffen hatte, zu retten, was zu retten möglich war, wurden wir am 29. November mit der Nachricht überrascht, dass am Abend zuvor der „Reichsanzeiger“ eine Proklamation des Ministeriums veröffentlichte, wonach der kleine Belagerungszustand über Berlin verhängt wurde. Dieser Hiobsbotschaft folgte am nächsten Tage die Mitteilung, dass 67 unserer bekanntesten Parteigenossen, […] bis auf einen sämtliche Familienväter, ausgewiesen worden seien. Einige mussten binnen 24 Stunden die Stadt verlassen […].

Damals gingen die Gerichte noch nicht so weit, Sammlungen für die Ausgewiesenen zu bestrafen, später aber, als die Behörden solche Sammlungen ausdrücklich auf Grund des Sozialistengesetzes verboten, wurde die Rechtsprechung eine andere. Wir mussten jetzt die Sammlungen ausschließlich für die Familien der Ausgewiesenen vornehmen […]. Die fortgesetzten Ausweisungen und die Schikanierung der Ausgewiesenen durch die Polizei hatten aber einen Erfolg, den unsere Staatsretter nicht vorausgesehen. Durch die Verfolgungen aufs Äußerste erbittert, zogen sie von Stadt zu Stadt, suchten überall die Parteigenossen auf, die sie mit offenen Armen aufnahmen, und übertrugen jetzt ihren Zorn und ihre Erbitterung auf ihre Gastgeber, die sie zum Zusammenschluss und zum Handeln anfeuerten. Dadurch wurde eine Menge örtlicher geheimer Verbindungen geschaffen, die ohne die Agitation der Ausgewiesenen kaum entstanden wären.

August Bebel, Aus meinem Leben, 3. Teil, Berlin 1930, S 20 ff., zit. nach: Manfred Görtemaker, Deutschland im 19. Jahrhundert, Bonn 1994, S. 289 ff.

M 6 Die deutsche Sozialversicherung
Plakat von 1913

Aufgaben

1. a) Fasse mit eigenen Worten zusammen, wie Otto von Bismarck mit den Parteien im Reichstag umging.
   b) Weshalb trat Bismarck 1890 zurück?
   → Text
2. a) Erkläre den Titel „Gesetz gegen die gemeingefährlichen Bestrebungen der Sozialdemokratie".
   b) Fasse den §1 des Sozialistengesetzes zusammen.
   c) Überlege, warum die im Reichstag vertretene Partei nicht verboten wurde.
   → Text, M4
3. a) Erläutere, wie sich das Sozialistengesetz in der Praxis auswirkte.
   b) Welche politische Position vertritt August Bebel?
   → M5
4. a) Benenne die Einzelversicherungen, die die Sozialversicherung umfasste, und erläutere deren Leistungen im Einzelnen.
   b) Wie wird die Überschrift begründet „Die deutsche Sozialversicherung steht in der ganzen Welt vorbildlich und unerreicht dar"?
   c) Informiere dich, welche Versicherungen heute noch existieren und wie deren Leistungen gestaltet sind.
   → M6, Internet oder Lexikon

Die Außenpolitik des Deutschen Reichs 1871–1890

Bismarcks „Alptraum der Bündnisse"

Wie lässt sich nach drei Kriegen und einer erheblichen Veränderung der europäischen Kräfteverhältnisse eine dauerhafte Friedensordnung schaffen? Das war die Frage, die sich nach der Gründung des deutschen Kaiserreichs stellte.

Unter preußischer Führung war ein neuer großer Staat in Mitteleuropa entstanden. Frankreich fühlte sich gedemütigt, weil es nicht nur Elsass und Lothringen an das Deutsche Reich abtreten und hohe Kriegsentschädigungen zahlen musste, sondern auch seine bisher beanspruchte Führungsrolle auf dem europäischen Kontinent eingebüßt hatte. Auch die übrigen Nationen betrachteten die Machtverschiebung zugunsten des neuen deutschen Nationalstaats mehr oder weniger argwöhnisch. Im Gegensatz zur politischen Situation nach dem Zusammenbruch der napoleonischen Herrschaft kam es zu keinem Friedenskongress, sondern es musste ein Interessenausgleich der einzelnen europäischen Staaten erfolgen.

Reichskanzler Bismarck, der auch das Auswärtige Amt leitete, war bemüht, die Existenz des neuen Deutschen Reichs dauerhaft zu sichern. Er folgte dabei mehreren Prinzipien:

- Das Deutsche Reich ist „saturiert", das heißt es erhebt keine weiteren territorialen Ansprüche und erwirbt keine Kolonien in Übersee.
- Das Deutsche Reich muss verhindern, dass sich andere Staaten gegen Deutschland verbünden. Eine solche Situation betrachtete Bismarck als „Alptraum der Koalitionen". Insbesondere Frankreich muss politisch isoliert werden.
- Das Deutsche Reich muss darauf bedacht sein, dass sich Spannungen zwischen Staaten nicht im Zentrum Europas entladen, sondern in seinen Randgebieten – der „Peripherie" – oder in Übersee.

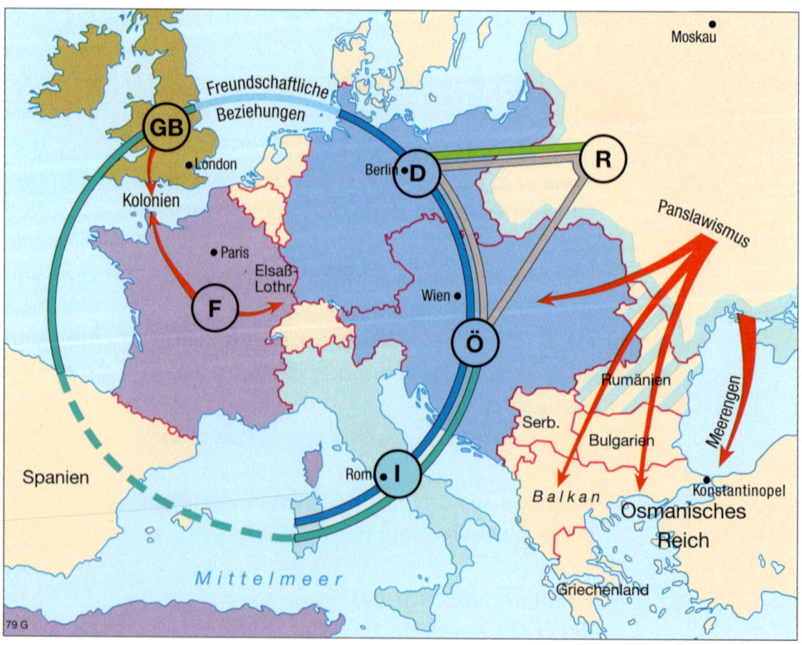

M 1

Das europäische Bündnissystem unter Bismarck

- Dreikaiserabkommen (1873)
- Zweibund (1879)
- Dreibund (1882)
- Dreibund-Erweiterung (1883)
- Rückversicherungsvertrag (1887)
- Mittelmeerabkommen (1887)
- Spannungen und offene Fragen

0 500 km

M 2 „Friede"
Zwischen einem russischen und einem französischen Soldaten balanciert der Reichskanzler die Friedenspalme, Karikatur von 1888.

Das Bündnissystem des deutschen Kaiserreichs

Bismarck bemühte sich in den folgenden Jahren, diese Leitlinien umzusetzen, indem er eine Reihe von Bündnissen und Abkommen schloss. Dies gestaltete sich außerordentlich schwierig. Um ein Zusammengehen von Frankreich und Russland zu verhindern, suchte er den Ausgleich mit Russland. Dieser 1873 vereinbarte Beistandspakt richtete sich gegen eine im Vertrag nicht genannte Macht: Für Deutschland war das Frankreich, für die Russen Österreich-Ungarn.

Um die Beziehungen zwischen Österreich-Ungarn und Russland zu festigen, deren Machtinteressen in Südosteuropa aufeinanderstießen, kam es im selben Jahr zum Dreikaiserabkommen zwischen den Monarchen von Russland, Österreich und Deutschland. Damit betonten die drei konservativen Herrscher zwar ihre gemeinsamen Interessen, doch kam ein förmliches Bündnis nicht zu Stande. England hielt sich traditionell von Bündnissen fern und war nur an einem „Gleichgewicht der Mächte" auf dem europäischen Kontinent interessiert.

Konflikte auf dem Balkan

Der Streit der Großmächte um Einfluss auf dem Balkan und im östlichen Mittelmeer war damals ein brennendes politisches Problem. Als es 1877 zum Krieg zwischen dem Osmanischen Reich und Russland kam, konnte Bismarck 1878 auf dem Berliner Kongress einen Ausgleich herbeiführen, da das Deutsche Reich keine eigenen Interessen auf dem Balkan verfolgte. Zwar fand Bismarcks Rolle als „ehrlicher Makler" Anerkennung, trübte aber die Beziehungen zu Russland, weil die zaristische Regierung mehr Zugeständnisse erwartet hatte.

Der Ausbau des Bündnissystems

Da sich das Verhältnis zu Russland nach dem Berliner Kongress abkühlte, vereinbarte Bismarck 1879 ein Verteidigungsbündnis mit Österreich-Ungarn, den so genannten Zweibund, aus dem nach Italiens Beitritt im Jahr 1882 der Dreibund entstand.

Um jedoch ein russisch-französisches Bündnis zu verhindern, schloss Bismarck 1887 den geheimen Rückversicherungsvertrag mit Russland. Die Regierungen in Berlin und St. Petersburg verpflichteten sich darin zur Neutralität, falls einer der Vertragspartner Krieg gegen eine dritte Großmacht führen sollte. Die Verpflichtung zur Neutralität entfiel jedoch, falls Deutschland Frankreich oder Russland Österreich-Ungarn angreifen sollte. Daher war diese Vertragsklausel mit dem Zweibund nur bedingt vereinbar.

Beurteilung der Außenpolitik

Mit diesem Netz von Verträgen gelang es Bismarck, Russland, Österreich-Ungarn und Italien trotz aller politischen Gegensätze in ein Bündnissystem einzubinden. Vor allem aber verhinderte er ein Bündnis zwischen Russland und Frankreich, das Deutschland von zwei Seiten bedroht hätte, und sicherte damit die Existenz des neuen deutschen Kaiserreichs.

Allerdings wurde das nach und nach entstandene Bündnissystem immer komplizierter und war auch nicht frei von Widersprüchen. Insofern blieb es ständig gefährdet, zumal wenn sich die Spannungen zwischen den europäischen Mächten verschärften.

M 3 Das Kissinger Diktat

Zur Zeit der Balkankriege (1875–1878) entwarf Bismarck während eines Aufenthalts 1877 in Bad Kissingen eine Idealvorstellung zur außenpolitischen Stellung Deutschlands unter den europäischen Staaten:

Ein französisches Blatt sagte neulich von mir, ich hätte „le cauchemar des coalitions“ [den Alptraum der Bündnisse]; diese Art Alp wird für einen deutschen Minister noch lange, und vielleicht immer, ein sehr berechtigter bleiben. Koalitionen gegen uns können auf westmächtlicher Basis mit Zutritt Österreichs sich bilden, gefährlicher vielleicht noch auf russisch-österreichisch-französischer; eine große Intimität zwischen zweien der drei letztgenannten Mächte würde der dritten unter ihnen jederzeit das Mittel zu einem sehr empfindlichen Drucke auf uns bieten. In der Sorge vor diesen Eventualitäten, nicht sofort, aber im Lauf der Jahre, würde ich als wünschenswerte Ergebnisse der orientalischen Krisis für uns ansehen:

1. Gravitierung [Schwerpunktverlagerung] der russischen und der österreichischen Interessen und gegenseitigen Rivalitäten nach Osten hin,

2. der Anlass für Russland, eine starke Defensivstellung im Orient und an seinen Küsten zu nehmen und unseres Bündnisses zu bedürfen,

3. für England und Russland ein befriedigender Status quo, der ihnen dasselbe Interesse an Erhaltung des Bestehenden gibt, welches wir haben,

4. Loslösung Englands von dem uns feindlich bleibenden Frankreich wegen Ägyptens und des Mittelmeers,

5. Beziehungen zwischen Russland und Österreich, welche es beiden schwierig machen, die antideutsche Konspiration gegen uns gemeinsam herzustellen, zu welcher zentralistische oder klerikale Elemente in Österreich etwa geneigt sein möchten.

Wenn ich arbeitsfähig wäre, könnte ich das Bild vervollständigen und feiner ausarbeiten, welches mir vorschwebt: nicht das irgendeines Ländererwerbes, sondern das einer politischen Gesamtsituation, in welcher alle Mächte außer Frankreich unser bedürfen und von Koalitionen gegen uns durch ihre Beziehungen zueinander nach Möglichkeit abgehalten werden.

Günter Schönbrunn (Bearb.), Das bürgerliche Zeitalter 1815–1914, München 1980, S. 454 f.

M 4 Bismarck als „Weichensteller“

Englische Karikatur zur Rolle Bismarcks auf dem Berliner Kongress 1878; auf den Lokomotiven sind der britische Union Jack und der russische Doppeladler abgebildet.

M 5 Bismarck-Denkmal in Hamburg

Zu Ehren Bismarcks wurden in Deutschland über 500 Denkmäler erbaut. Das Bismarck-Denkmal in Hamburg ist 34 m hoch und wurde von 1901 bis 1906 errichtet.

M 6 Bismarcks Ruhestätte

Theodor Fontane schrieb am 31. Juli 1898 folgendes Gedicht:

Nicht in Dom oder Fürstengruft,
Er ruh in Gottes freier Luft
Draußen auf Berg und Halde,
Noch besser tief, tief im Walde;
Widukind lädt ihn zu sich ein:
„Ein Sachse war er, drum ist er mein,
Im Sachsenwald soll er begraben sein."

Der Leib zerfällt, der Stein zerfällt,
Aber der Sachsenwald, der hält,
Und kommen nach dreitausend Jahren
Fremde hier des Weges gefahren
Und sehen, geborgen vorm Licht der Sonnen,
Den Waldgrund in Efeu tief eingesponnen
Und staunen der Schönheit und jauchzen froh,
So gebietet einer: „Lärmt nicht so; –
Hier unten liegt Bismarck irgendwo."

Theodor Fontane, Gedichte, herausgegeben von Joachim Krueger und Anita Golz, Bände 1–3, Berlin: Aufbau-Verlag, 2. Aufl. 1995, Bd. 2, S. 97

Aufgaben

1. Fasse die außenpolitischen Zielsetzungen Bismarcks mit eigenen Worten zusammen.
   → Text
2. Erläutere Bismarcks „Alptraum der Bündnisse".
   → M3
3. Untersuche, warum Bismarcks Bündnissystem nicht frei von Widerspüchen war.
   → Text
4. Nenne Gründe für die Geheimhaltung des Rückversicherungsvertrags zwischen Russland und dem Deutschen Reich.
   → Text
5. Erläutere die Interessengegensätze zwischen Russland und Östereich-Ungarn auf dem Balkan. Informiere dich über den Begriff „Panslawismus" und beziehe die gewonnenen Erkenntnisse in deine Überlegungen ein.
   → Text, Internet
6. a) Beschreibe die englische Karikatur von 1878.
   b) Erläutere, was der Karikaturist über Bismarcks Politik aussagen wollte.
   → M4
7. a) Welche Einstellung zu Bismarck zeigt das Hamburger Bismarck-Denkmal und das Gedicht Fontanes?
   b) Gibt es in deiner Umgebung ein Bismarck-Denkmal? Recherchiere!
   c) Wie bewertest du die Bismarckverehrung? Begründe deine Meinung.
   → M5, M6

M 1 **Wilhelm II.**
Deutscher Kaiser (1888–1918), Farbfotografie von 1906

Das Deutsche Reich unter Wilhelm II.

Wilhelm II. und der „Wilhelminismus“

Die zweite Hälfte des Kaiserreichs seit etwa 1890 wird oft als Zeit des „Wilhelminismus“ bezeichnet. Dieser Begriff leitet sich her vom letzten deutschen Kaiser Wilhelm II. (1859–1941), Sohn des Kronprinzen Friedrich und Enkel Kaiser Wilhelms I. Im Drei-Kaiser-Jahr 1888, als sein Großvater und sein Vater kurz nacheinander starben, wurde er mit 29 Jahren deutscher Kaiser und König von Preußen.

Bis zum Ende des Kaiserreichs 1918, also 30 Jahre lang, versuchte Wilhelm die Politik zu bestimmen. Im Unterschied zu seinem Großvater, der Bismarck weitgehend freie Hand gelassen hatte, beanspruchte der neue Kaiser die Entscheidungsgewalt. Er wollte, wie es damals hieß, ein „persönliches Regiment“ führen. Dies führte zum Konflikt mit Bismarck, der 1890 wegen politischer Meinungsverschiedenheiten um seine Entlassung bat.

Der Verantwortung dieses „persönlichen Regiments“ war der Kaiser aber nur bedingt gewachsen. Er bevorzugte persönliche Berater aus seiner Jugendzeit und aus der militärischen Führung, die eine Art Nebenregierung des Reichs bildeten. Allerdings gelang es Wilhelm nicht, sich gegen die regulären Verfassungsorgane wie den Reichstag oder den Reichskanzler durchzusetzen. Viele innenpolitische Vorhaben des Kaisers schlugen daher fehl.

Das prunkvolle und herrische Auftreten des Kaisers blieb nicht ohne Wirkung. Seine Begeisterung für alles Militärische stieß in weiten Teilen der Bevölkerung auf Widerhall. Insofern gilt er als Repräsentant der damaligen Verhältnisse und seine Regierungszeit als „wilhelminische Epoche“.

Die innenpolitische Entwicklung

Während der Herrschaft Wilhelms II. erreichte ein Prozess seinen Höhepunkt, der bereits unter Bismarck begonnen hatte: Immer mehr Menschen interessierten sich für politische Fragen. Die Debatten und

M 2 **Verhaftung**
Während eines Streiks der Kohlenarbeiter in Berlin-Moabit wird ein Streikposten verhaftet, Fotografie von 1910.

Abstimmungen im Reichstag rückten in den Mittelpunkt des Interesses, und es bildeten sich verschiedene Organisationen, die die politische Meinung der Bevölkerung zu beeinflussen suchten. Bei den Wahlen verschoben sich die politischen Gewichte zugunsten der SPD, die kontinuierlich wuchs und schließlich die meisten Abgeordneten im Reichstag stellte. Der Kaiser und seine Regierung betrachteten das als Gefahr für den Staat und versuchten die Sozialdemokraten - ähnlich wie mit dem Sozialistengesetz - zu unterdrücken. Dies scheiterte allerdings am Widerstand des Reichstags. Zwischen der Mehrheit des Parlaments und der Regierung des Kaisers war eine Zusammenarbeit immer weniger möglich.

Notwendige Reformen wie eine Demokratisierung der Reichsverfassung konnten wegen dieser Gegensätze nicht durchgeführt werden. Während Deutschland zu einer modernen Industriegesellschaft heranwuchs, blieb die staatliche Ordnung unangetastet und wurde den neuen Verhältnissen nicht angepasst.

Manche Neuerungen gelangen dennoch. So wurde im Jahr 1900 das bis heute gültige Bürgerliche Gesetzbuch (BGB) verabschiedet, das für Deutschland eine einheitliche Rechtsgrundlage schuf.

Die Militarisierung des Lebens

In der Öffentlichkeit spielte das Militär eine immer größere Rolle, was Wilhelm II. nachdrücklich förderte. Die Ableistung des Wehrdienstes und der Rang eines Reserveoffiziers waren für das berufliche und gesellschaftliche Fortkommen außerordentlich wichtig.

Große Bedeutung hatten auch entsprechende Interessenverbände. Im Alldeutschen Verband setzten sich Lehrer, Professoren und Journalisten dafür ein, die nationale Gesinnung der Bevölkerung zu heben. Mehr als eine Million Mitglieder zählte der Flottenverein. Er unterstützte das kaiserliche Ziel, eine große deutsche Kriegsflotte zu bauen, die es mit der britischen Flotte aufnehmen konnte. Noch größer war der Kyffhäuser-Bund: ein Zusammenschluss von 32 000 Kriegervereinen mit 2,8 Millionen Mitgliedern. Militarismus und Nationalismus waren im Reich also weit verbreitet.

M 3 Wilhelm mit seinen Söhnen
Vor dem Berliner Schloss auf dem Weg zur Neujahrsparade, Fotografie von 1914

M 4 Wilhelm II.
Porträt in der Uniform der Gardekürassiere, Gemälde von 1895

M 5 „Der Kaiser“

Walther Rathenau, der spätere, von Rechtsextremisten 1922 ermordete Außenminister der Weimarer Republik, schrieb 1919 über den Kaiser Wilhelm II. und das Kaiserreich:

Man war reich geworden, mächtig geworden, und wollte es der Welt zeigen; so, wie sich der reisende Neuling im Ausland benahm, kritisch, laut und maßgeblich, so wollte man sich in Welthändeln benehmen. Eine Politik der Telegramme und plötzlichen Entschlüsse lag in dieser Linie. Ein überhitztes, tatsachenhungriges Großstadtleben, auf Technik und so genannte Errungenschaften gestellt, begierig nach Festen, Erstaunlichkeiten, Aufzügen und lärmenden Nichtigkeiten, für die der Berliner die Spottnamen Klimbim und Klamauk erfunden hat, verlangte eine Repräsentation, die Rom und Byzanz, Versailles und Potsdam auf einer Platte vereinigte. [...]

Die kindliche Folgsamkeit ländlicher Hintersassen und die nutzbringende Loyalität ihrer Beschützer, der Abhängigkeitssinn der Staats- und Hofpfründener, die Hurradisziplin der Kriegervereine labte sich an Erlassen, worin der Untertan allergnädigst zurechtgewiesen wurde, und an Hofberichten, worin allerhöchste Herrschaften auszufahren geruhten. Barhäuptige Oberbürgermeister hätten nicht am Brandenburger Tor jeden kleinen Raubfürsten im Namen einer gebildeten Bürgerschaft angewinselt und Gelübde der Huldigung und Treue bis zum letzten Blutstropfen ausgestoßen, preußische Grenadiere hätten nicht vor Säuglingen und angeheirateten Landprinzessinnen stramm gestanden und getrommelt, wenn nicht ein Tropfen im deutschen Blut gewesen wäre, der von Würde nichts wusste und wollte, den der Knechtsdienst freute.

Es hätte beim Monarchen einer unerbittlichen inneren Richtkraft, einer gewaltsamen Umstellung des dynastischen Denkens bedurft, [...] um zu sagen: so will ich das Volk nicht. So will ich mich nicht inmitten des Volkes. Wenn sie schon gezwungen sein wollen, so werde ich sie zur Würde und Freiheit zwingen.

Es hätte einen Kampf gegeben mit allen jenen unglücklichen Halb- und Scheinexistenzen [...]. Mit Magnaten und Aristokraten. Mit Hof- und Kommissgeneralen. Mit Bankdirektoren, Industrie-Herren, Hanseaten. Mit allen, denen ein byzantinisches Kaisertum Geld, Macht, Stellung und Glanz brachte. Hoffnungslos war der Kampf nicht, aber sehr gefährlich. Verloren, war er reine Tragik; gewonnen, die Rechtfertigung und Neubegründung deutscher Monarchie.

Es ist kein Vorwurf, dass dem Monarchen das Problem unsichtbar war. Aus dem, was er hätte bekämpfen sollen, zog er seine Bestätigung [...].

Nie hat eine Epoche mit größerem Recht den Namen ihres Monarchen geführt. Die Wilhelminische Epoche hat am Monarchen mehr verschuldet als der Monarch an ihr; sie waren verstrickt in Leben und Tod.

Walther Rathenau, Der Kaiser. Eine Betrachtung. Berlin 1919, S. 41 ff. und S. 44.

M 6 „Der – Die – Das"
Karikatur von Bruno Paul, erschienen in der Zeitschrift „Simplicissimus", 1897

Aufgaben

1. a) Erläutere den Begriff „Wilhelminismus".
   b) Wie verstand Wilhelm II. seine politische Rolle?
   → Text
2. a) Beschreibe die Darstellung Wilhelms II. in ihren einzelnen Elementen.
   b) Welchen Gesamteindruck vermittelt das Bild?
   c) Beschaffe dir eine Darstellung des französischen Königs Ludwig XIV. Nenne Gemeinsamkeiten und Unterschiede.
   → M4
3. a) Welche Eigenschaften Wilhelms II. werden in der Darstellung von Walther Rathenau hervorgehoben?
   b) Ist Rathenaus Einstellung gegenüber dem Kaiser wohlwollend oder ablehnend? Begründe deine Einschätzung anhand des Textes.
   → M5
4. a) Beschreibe die Karikatur „Der – Die – Das".
   b) Erkläre, was der Karikaturist aussagen wollte.
   → M6

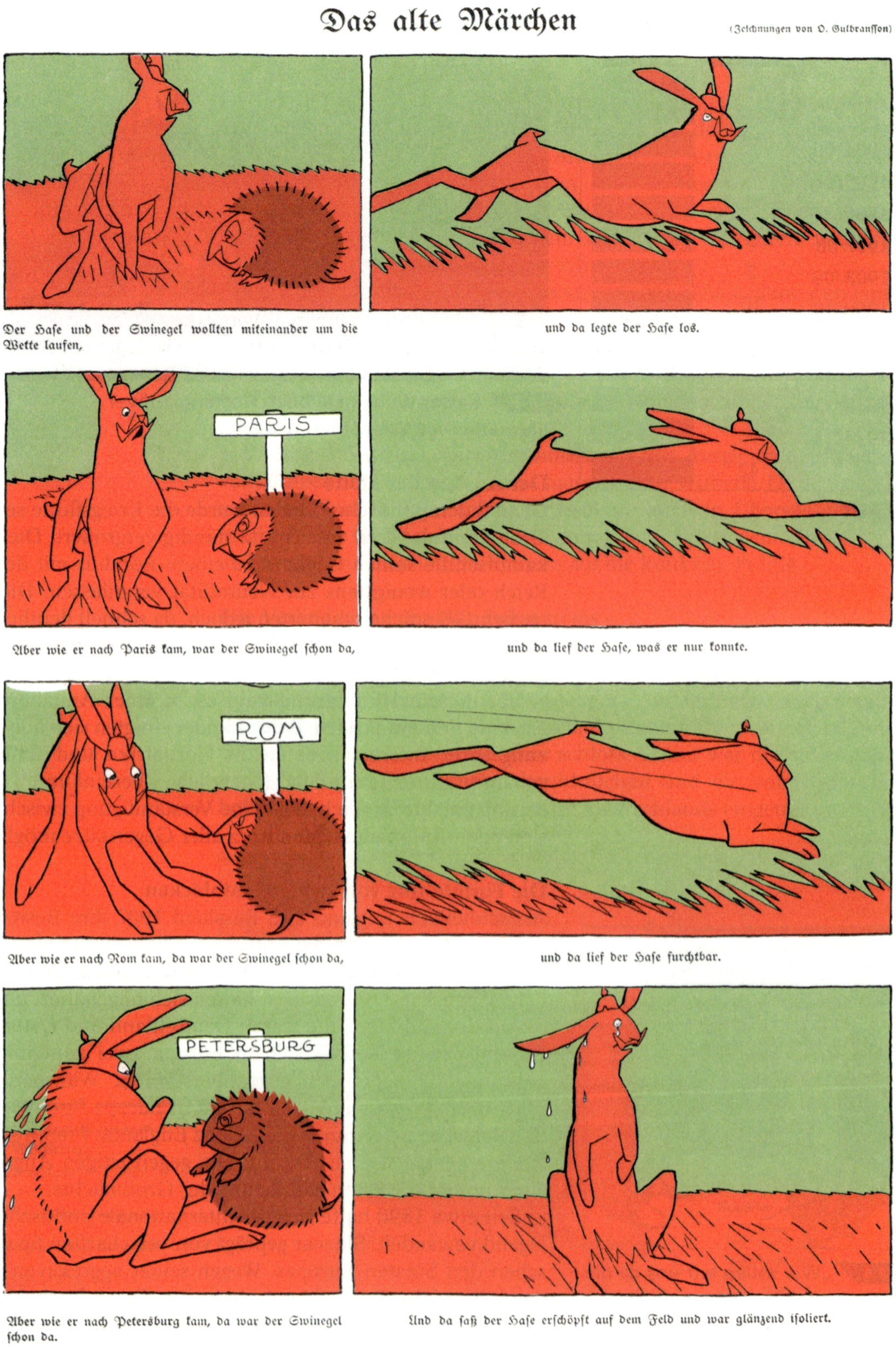

M 5 **„Das alte Märchen"**, Karikatur des Simplicissimus, 1908

M 6 Umstrittene Außenpolitik

a) Die Außenpolitik Deutschlands in wilhelminischer Zeit wird in der historischen Forschung unterschiedlich bewertet. Der Historiker Klaus Hildebrand schreibt 1995:

Seit den Neunzigerjahren des 19. Jahrhunderts war immer öfter von einem „Weltreich" als dem Ziel deutscher Außenpolitik die Rede. Der kühne Begriff und sein ehrgeiziger Anspruch drängten den Nationalstaat in die imperiale Richtung, formten ihn zum Expansionsstaat um […].
Die fatale Konsequenz des ungestümen Aufbruchs wurde überdeutlich: Forsch in die Weltpolitik auszuschreiten brachte vor allem Gefahr und Rückschritt mit sich, untergrub die nationalstaatliche Grundlage des Reiches und trug ein selbstmörderisches Risiko in sich. […]
Eine Flotte zu bauen und nach Kolonien zu streben entsprach dem […] globalen Gesetz des imperialistischen Zeitalters. Spezifisch für die deutsche Außenpolitik war, dass das Wettrüsten zu See wie ein Sprung ins Abenteuer gewagt wurde, bevor der eigene Nationalstaat fertig und die kontinentale Sicherheit konsolidiert war. […]
Europas unmissverständliche Antwort auf die empörende Herausforderung der anmaßenden Deutschen schlug sich in jener Auskreisung des wilhelminischen Reiches nieder, die dieses umgehend als seine „Einkreisung" beklagte.

Klaus Hildebrand, Das vergangene Reich. Deutsche Außenpolitik von Bismarck bis Hitler 1871–1945, Stuttgart 1995

b) Der britische Historiker John C. G. Röhl widmet sich in seiner 2001 erschienenen Biografie vor allem der Persönlichkeitsstruktur und den politischen Zielen Wilhelms II.:

Wilhelm hat die neue Weltpolitik nicht nur durch seine grandiose Geltungssucht weitaus rasanter vorangetrieben, als die erfahrenen Beamten im Reichskanzlerpalais und im Auswärtigen Amt für ratsam hielten; durch seine sprunghaften und unberechenbaren Vorstöße auf der weltpolitischen Bühne wirkte er für die Regierungen der anderen Mächte äußerst irritierend und alarmierend.
Immer wieder aufs Neue an den Rand der Verzweiflung getrieben, glaubten die Staatsmänner in London, Paris und St. Petersburg, es nicht nur mit einem gefährlichen internationalen Rivalen zu tun zu haben, sondern auch mit einem übermächtigen und hyperaktiven Herrscher, der nicht ganz zurechnungsfähig zu sein schien.
Nicht weniger beunruhigt waren die deutschen Diplomaten, die oft genug Anlass hatten, angesichts der kaiserlichen Inkonsequenz die Hände über dem Kopf zusammenzuschlagen. […]
Beim Übergang zur Weltpolitik spielte außerdem die Erwartung mit, durch spektakuläre außenpolitische Erfolge das angeschlagene Ansehen der Monarchie wieder aufzurichten.

John C.G. Röhl, Wilhelm II. Der Aufbau der persönlichen Monarchie 1888–1900, München 2001, S. 1030 f.

Aufgaben

1. Vergleiche Bismarcks außenpolitische Ziele mit denen Wilhelms II. Nenne wesentliche Unterschiede.
   → Text, M1
2. a) Erläutere, worin die neue Außenpolitik ab 1890 bestand.
   b) Beschreibe mithilfe der Karte, wie sich die Bündnisse in Europa veränderten.
   → Text, M1
3. a) Nenne die Ziele, die das Deutsche Reich mit dem Ausbau der Flotte verfolgte.
   b) Erläutere anhand der Karikaturen die Auswirkungen der deutschen Flottenpolitik.
   → Text, M2, M4, M5
4. a) Erzähle das „alte Märchen" vom Hasen und vom Igel.
   b) Wen soll der Hase darstellen? Achte auf die Kopfbedeckung und den Bart.
   c) Wofür stehen die Städtenamen?
   d) Wen soll der Igel darstellen?
   e) Welche Aussage über deutsche Außenpolitik enthält die Bildergeschichte?
   → M5
5. a) Fasse die Aussagen der beiden Historiker mit eigenen Worten zusammen.
   b) Wie beurteilen die beiden Historiker den Versuch Deutschlands, „Weltpolitik" zu betreiben?
   → M6
6. Verfasse eine Denkschrift, wie die Spannungen zwischen den europäischen Mächten nach deiner Meinung hätten gelöst werden können.

M 1 **Arbeiterwohnung**
Arbeiterfamilie in der Wohnküche, die zugleich als Schlafraum diente, Foto um 1890

M 2 **Fabrikantenvilla**
Haus eines Nürnberger Unternehmers, erbaut im Stil eines Renaissanceschlosses, Foto von 1890

Gesellschaftlicher Wandel im Kaiserreich

Die Industriegesellschaft entsteht
Die Industrialisierung führte zu einem grundlegenden gesellschaftlichen Wandel: Deutschland entwickelte sich zu einer modernen Industriegesellschaft. Dieser soziale Wandel ist nicht denkbar ohne ein starkes Bevölkerungswachstum. Von 1866 bis 1914 wuchs die Bevölkerung von rund 40 auf 68 Millionen Menschen, eine Steigerung um 70 Prozent. Aber auch die einzelnen Schichten der Gesellschaft und ihre Stellung zueinander veränderten sich.

Die Industrialisierung führte zur Entstehung einer neuen Bevölkerungsschicht: der Arbeiter. Sie setzten sich aus ganz verschiedenen Gruppen zusammen: Kumpel und Stahlkocher in der Montanindustrie, weibliche Hilfskräfte in der Textilbranche, gut ausgebildete Facharbeiter im Maschinenbau, Wander- und Saisonarbeiter, die auf Großbaustellen arbeiteten, sowie ein Heer von Arbeitskräften in allen nur denkbaren Industriesparten. Sie alle suchten Arbeit in den ständig neu aus dem Boden schießenden Fabriken und lebten in den grauen Arbeitersiedlungen der rasch wachsenden Industriestädte.

Trotz dieser verwirrenden Vielfalt der Beschäftigtenstruktur entwickelten die Arbeiter allmählich das Bewusstsein, zu einer Klasse zu gehören, das heißt zu einer durch gemeinsame Arbeits- und Lebensbedingungen geprägten Klasse. Dies gemeinsame Schicksal schweißte sie zusammen, sodass man auch von einem „Vierten Stand“ sprach.

Das Bürgertum war die Schicht, die das Kaiserreich prägte. Es zerfiel in verschiedene Gruppen, die sich in ihrer Lebensweise und im Einkommen stark voneinander unterschieden. Gemeinsam war ihnen, dass der Vater ein regelmäßiges Gehalt bezog, die Familie mit väterlicher Strenge führte und die Mutter ein behütetes Heim – meist mit zahlreichen Kindern – versorgte. Anders als bei der Unterschicht der Arbeiter war ihre Existenz nicht von täglicher Not bedroht.

Zu den Kleinbürgern zählten Handwerker, kleine Kaufleute, Beamte und Angestellte. Ihre Tugenden hießen Pflichttreue, Pünktlichkeit, Unbestechlichkeit und Leistungsbereitschaft. Das Bildungsbürgertum umfasste Ärzte, Juristen, Lehrer, Professoren. Politische und gesellschaftliche Bedeutung gewann jedoch das Besitzbürgertum, das durch die Industrialisierung reich geworden war: Fabrikanten, Bankiers, Großkaufleute. Ein „standesgemäßes“ Auftreten mit komfortablem Haus und vornehmer Kleidung kostete oft gewaltige Summen.

Der Adel behauptete seine Vorherrschaft und besetzte auch weiterhin die führenden Stellen in der Politik und im Militär. Gesellschaftlicher Mittelpunkt war der kaiserliche Hof, auf den sich Hochadel und grundbesitzender Landadel konzentrierten.

Die Industrialisierung bot vielen Menschen große Aufstiegschancen, weil die entstehenden Industriebetriebe flexible und gut ausgebildete Arbeitskräfte brauchten. Die wachsende Zahl von Menschen, die in der Verwaltung tätig waren, führte zur Herausbildung einer eigenen Berufsgruppe: der Angestellten. Sie arbeiteten – wie auch heute – in den Unternehmensverwaltungen sowie im Dienstleistungssektor bei Handel, Banken und Versicherungen. Während es 1882 etwa 610 000 Angestellte gab, waren es 1907 schon fast zwei Millionen.

M 3 Magdeburg im Jahre 1910
Das Bild vom Hasselbachplatz lässt den gründerzeitllichen Boom von Magdeburg erahnen, Bildpostkarte, um 1910.

Leben in der Großstadt

Die Entstehung von Großstädten und ihr enormes Wachstum hatten beträchtliche Auswirkungen auf die soziale Struktur. Der Prozess der Verstädterung wird als Urbanisierung bezeichnet, abgeleitet von lat. urbs = Stadt. Berlin war 1871 mit 827 000 Einwohnern bereits die drittgrößte Stadt Europas, 1905 wurde die Einwohnerzahl von zwei Millionen überschritten. Der soziale Zusammenhalt, wie ihn das Land und die Kleinstadt kannten, wich der Anonymität in den neuen Ballungszentren. Hier trat die Bedeutung familiärer und verwandtschaftlicher Beziehungen zurück und wurde ersetzt durch lockere Kontakte im Stadtviertel oder im Betrieb.

Ausbau des Bildungssystems

Da die Industrialisierung immer mehr gut ausgebildete Arbeitskräfte forderte, wurde das Bildungssystem stark ausgebaut. Bildung bildete die Grundlage für den sozialen Aufstieg, eine Chance nicht nur für Männer, sondern zunehmend auch für Frauen.

Zwar gab es die allgemeine Schulpflicht seit längerer Zeit, doch setzte sie sich erst im Kaiserreich allgemein durch. Dies führte zum Ausbau der Volksschulen, was sich in einer großen Zahl neuer Schulgebäude niederschlug. Aber auch die höheren Schulen entwickelten sich weiter. Zunächst war das humanistische Gymnasium mit den Schwerpunkten Griechisch und Latein die einzige höhere Schule. Dann traten andere Schularten hinzu, die als moderne Fremdsprachen Englisch und Französisch oder naturwissenschaftliche Fächer wie Physik und Chemie in den Mittelpunkt stellten.

M 4 Volksschüler
Ein Volksschullehrer mit seiner Klasse im Westerwalddorf Hergenroth.

M 5 Frauenzeitschrift
Ab 1903 gab die Lehrerin Helene Lange (1848–1930) die Monatszeitschrift „Die Frau" heraus, die sich für die Gleichberechtigung der Frauen einsetzte.

Einerseits ermöglichte der Ausbau des Bildungswesens vielen Menschen einen sozialen Aufstieg. Andererseits waren Gymnasien und Universitäten für Arbeiterkinder kaum zugänglich. Das Bildungssystem verstärkte daher trotz positiver Ansätze noch lange Zeit die gesellschaftlichen Unterschiede.

Eine neue Familienform breitet sich aus

Die heutige Form der Familie, die aus Eltern und Kindern und somit zwei Generationen besteht, ist im Wesentlichen erst im Kaiserreich entstanden. Zuerst setzte sich diese Kleinfamilie, die auch „Kernfamilie" genannt wird, im Bürgertum als Lebensform durch.

Vor der Industrialisierung war auf dem Land die bäuerliche Großfamilie mit mehreren Generationen und den unverheirateten Geschwistern des Hoferben die Regel. In den Städten lebten die Angehörigen des Bürgertums meist in Drei-Generationen-Familien, in den unterbürgerlichen Schichten waren uneheliche Kinder und Lebensgemeinschaften weit verbreitet. Durch die jetzt erfolgende Abwanderung vieler Menschen vom Land in die Städte lösten sich die Großfamilien auf, die in Notzeiten Rückhalt geboten hatten.

Die veränderte Rolle der Frau

Den rechtlichen Status der Frau definierte das Kaiserreich als „Frau und Mutter". Auch die 1900 erfolgte Neufassung des Bürgerlichen Gesetzbuchs kannte keine Gleichberechtigung der Frau, denn sie unterstand der Vormundschaft des Vaters bzw. Ehemanns. Der Mann bestimmte, wo die Familie wohnte, wie sie lebte, wie das Geld verwendet wurde. Er allein konnte auch darüber entscheiden, ob seine Frau berufstätig sein durfte. Dennoch veränderte sich die wirtschaftliche und soziale Stellung der Frau im Kaiserreich grundlegend. Dabei ist zwischen Frauen aus dem Bürgertum und aus der Arbeiterschaft zu unterscheiden. Im Bürgertum sorgten nur unverheiratete Frauen für sich selbst. Für verheiratete Frauen war Berufstätigkeit unüblich. In der Arbeiterschaft hingegen mussten Frauen arbeiten, da der Lohn des Mannes für die Existenz der Familie meist nicht reichte.

Da die Notwendigkeit einer standesgemäßen Beschäftigung stieg, machten sich junge Frauen und deren Väter Gedanken um eine gute Schulbildung. Ab 1900 durften Mädchen Jungengymnasien besuchen und wurden schließlich auch zum Hochschulstudium zugelassen. Das Selbstbewusstsein der Frauen stieg, und es entstanden verschiedene Frauenvereine, die sich 1894 im „Bund Deutscher Frauenvereine" zusammenschlossen. Dieser forderte eine bessere Ausbildung für Mädchen, volle politische und bürgerliche Rechte – besonders auch das Wahlrecht – sowie Zugang zu allen Berufen. Ab 1908 durften Frauen politischen Vereinen und Parteien beitreten, doch erhielten sie das Wahlrecht erst 1918.

Auch im Alltag zeigten sich Veränderungen. So war es für Frauen zunächst undenkbar, eine Badeanstalt oder ein Strandbad zu besuchen. Später gab es Badeabteilungen nur für Frauen, die durch hohe Wände von denen der Männer getrennt waren. Schließlich wurde das gemeinsame Baden von Männern und Frauen akzeptiert.

Eine neue Form der Judenfeindschaft

Die Juden erhielten im Verlauf des 19. Jahrhunderts nach und nach immer mehr Rechte und galten als „Staatsbürger jüdischen Glaubens". Allerdings wurden sie im Staatsdienst, an den Universitäten und in der Armee massiv benachteiligt. Als Folge der jahrhundertelangen Diskriminierung waren sie vor allem in freien Berufen, zum Beispiel als Ärzte oder Rechtsanwälte, im Handel- und Dienstleistungssektor oder im künstlerischen Bereich tätig. Trotz rechtlicher Gleichstellung und gesellschaftlicher Anpassung blieben in manchen Bevölkerungskreisen Vorbehalte. Neu am Antisemitismus – das heißt Judenfeindschaft – im Kaiserreich war, dass Juden nicht mehr wie früher wegen ihrer Religion, sondern wegen angeblicher rassischer Unterschiede angegriffen wurden. Es wurde behauptet, dass Juden von Natur aus betrügerisch, raffgierig und ohne Moral seien.

Diese Vorstellungen waren weit verbreitet. So war der evangelische Hofprediger von Kaiser Wilhelm II., Adolf Stoecker, einer der schärfsten Antisemiten. Doch auch in bestimmten Parteien und in einflussreichen Verbänden wie dem „Alldeutschen Verband" wurden entsprechende Positionen vertreten. Der Antisemitismus der Nationalsozialisten lässt sich bis ins Kaiserreich zurückverfolgen.

M 6 „Die fünf Frankfurter"
Antisemitische Postkarte, um 1900

Der Zionismus

Als Reaktion auf den Antisemitismus entstand die zionistische Bewegung unter Führung von Theodor Herzl. Diese forderte die Bildung eines jüdischen Staates in Palästina. Auch wenn daraufhin Juden auswanderten, kam dies für die Mehrheit der jüdischen Bevölkerung, die sich in Deutschland zu Hause fühlte, nicht in Frage. Viele Juden organisierte sich seit 1893 im „Centralverein deutscher Staatsbürger jüdischen Glaubens". Der Verein forderte in seinem Programm nicht nur die Gleichberechtigung, sondern bekannte sich auch zum Ziel der Integration. So hieß es: „Wir sind nicht deutsche Juden, sondern deutsche Staatsbürger jüdischen Glaubens" und „Wir deutschen Staatsbürger jüdischen Glaubens stehen fest auf dem Boden der deutschen Nationalität". Diese Sätze stehen stellvertretend für das nationale Selbstverständnis vieler deutscher Juden im deutschen Kaiserreich.

M 7 Theodor Herzl (1860–1904)
Schriftsteller und zionistischer Politiker, Fotografie, um 1900

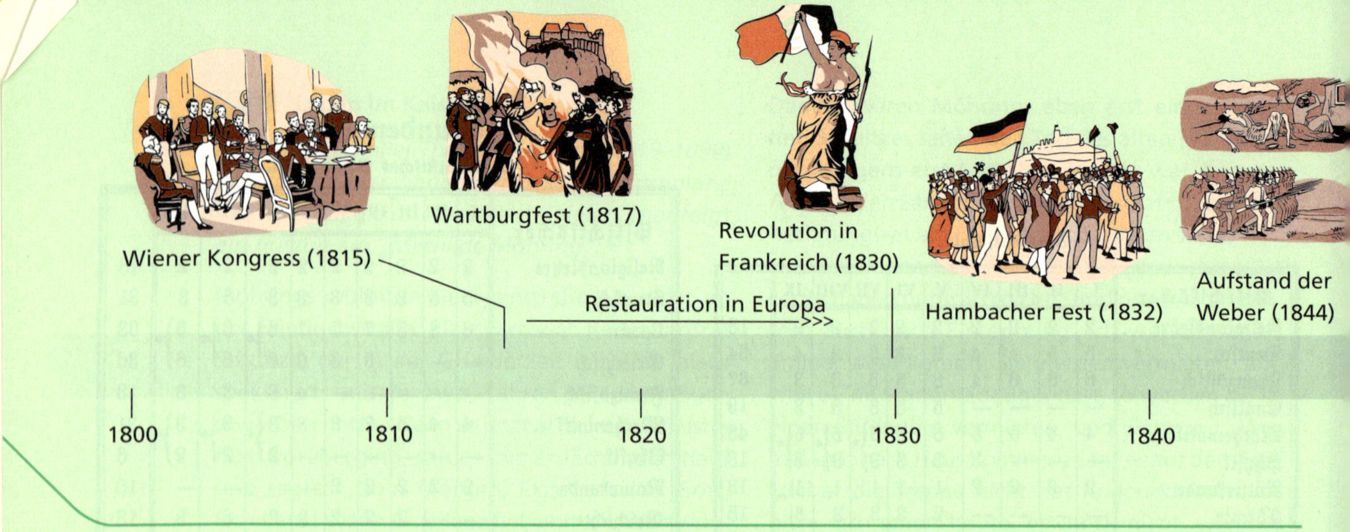

Zusammenfassung

Nach dem Untergang Napoleons stellte der Wiener Kongress die vorrevolutionären Verhältnisse wieder her. Das Heilige Römische Reich ließ sich jedoch nicht wieder beleben und wurde durch den Deutschen Bund – einen lockeren Staatenbund – ersetzt. Die Regierungen bekämpften liberale und nationale Strömungen, so zum Beispiel durch die Polizeimaßnahmen der Karlsbader Beschlüsse.

Vor allem im Bildungsbürgertum wirkten die Ideen von Freiheit, Recht und Vaterland fort. Sie äußerten sich in politischen Schriften und Liedern oder Demonstrationen wie dem Wartburgfest (1817) und dem Hambacher Fest (1832). Dies zeigte, dass sich die Völker mit der Restauration überkommener Verhältnisse nicht abgefunden hatten. Ausgehend von Frankreich und Paris entluden sich die Spannungen 1830 und 1848 in zwei Revolutionswellen, die nahezu ganz Europa erfassten.

Die Revolution von 1848 zielte in Deutschland auf einen Nationalstaat. Das Volk wählte eine Nationalversammlung, die in der Frankfurter Paulskirche tagte. Ihre Bestrebungen, ein neues deutsches Kaiserreich auf parlamentarischer Grundlage zu schaffen, blieben jedoch erfolglos. Die Revolution scheiterte und die Fürsten setzten ihre Herrschaft erneut durch. Offen blieb die Frage nach einem deutschen Nationalstaat und liberalen Verfassungen.

Dass Deutschland in einem einheitlichen Nationalstaat vereinigt wird, war eine Forderung, die seit Beginn des 19. Jahrhunderts immer wieder erhoben wurde. Diese Hoffnung wurde allerdings erst 1871 – nach einer Reihe von Einigungskriegen – mit der Gründung des Deutschen Kaiserreichs erfüllt.

Der neue Staat war eine konstitutionelle Monarchie, die dem Kaiser und dem von ihm abhängigen Reichskanzler zwar große Macht einräumte, aber auch dem vom Volk gewählten Reichstag einigen Einfluss zugestand. Das Parlament und die in ihm vertretenen politischen Richtungen – Konservative, Liberale, Sozialdemokraten und Katholiken – gewannen immer mehr an öffentlicher Wirkung. Allerdings nutzte Otto von Bismarck seine Stellung als Reichskanzler und bestimmte bis zu seinem Rücktritt 1890 maßgeblich die deutsche Politik.

volutionen in
ropa (1848/49)

Reichsgründung (1871)

1860	1870	1880	1890	1900

Daten

1815 Wiener Kongress
1817 Wartburgfest
1832 Hambacher Fest
1848/49 Revolution in Deutschland
1871 Reichsgründung

Begriffe

Deutscher Bund
Restauration
Liberalismus
Karlsbader Beschlüsse
Deutsches Kaiserreich
Sozialgesetzgebung
Sozialistengesetz
Antisemitismus

Personen

Fürst von Metternich
Otto von Bismarck

Tipps zum Thema: Auf dem Weg zum deutschen Nationalstaat

Filmtipp

Hambach, Vormärz und die Revolution von 1848, 50 min, Deutschland (FWU) 2007

Die Gründung des Deutschen Reiches, Teil I und II, Deutschland 1998

Für Kaiser, Gott und Vaterland, Deutschland 2001

Lesetipp

Willi Fährmann:
Der lange Weg des Lukas B., München 2005

Museen

Hambacher Schloss
Frankfurter Paulskirche
Deutsches Historisches Museum, Berlin
Hoffmann-von-Fallersleben-Museum, Wolfsburg
Kulturhistorisches Museum Magdeburg
Museum Haldensleben (Biedermeier)

Kommentierte Links: www.westermann.de/geschichte-linkliste

Ein Werbeplakat, Ende 19. Jh.

Sorgen der Arbeiterfrauen,
Zeichnung, 1909

„Der Streik", Gemälde von Robert Koehler, 1886

George Stephensons „Rocket" von 1829

Arbeiterfamilie in ihrer Wohnung, 1907

Die „Jahrhunderthalle" in Bochum

Karl Marx (1818–1883)

Vom Spinnrad zur Spinnmaschine – Eine technische Entwicklung nachvollziehen

M 5 Spinnrad
Höhere Nachfrage nach Stoffen erfordert eine Weiterentwicklung der Herstellung von Garn. Dieses wird aus Fasern wie etwa Wolle zu einem Faden versponnen. Um den Drall zu erhalten, verwendete man Tausende von Jahren einfache Spindeln. Das Spinnrad erleichterte und beschleunigte den Spinnvorgang, Foto von 2003.

M 6 Spinnmaschine
Der englische Weber James Hargreaves entwickelte um 1764 die erste Spinnmaschine, die so genannte „Spinning Jenny“: Bei dieser sitzen auf dem schräg in das Grundgestell eingebauten Rahmen Spulen mit Vorgarn (A). Von hier wird der Faserstrang über die so genannte Klaue (B) zu den senkrecht im Grundgestell stehenden Spindeln geleitet (C). Die Klaue ist auf Rollen auf dem Rahmen hin- und herschiebbar. Die Spindeln werden durch ein Handrad (D) über eine Walze (E) angetrieben, von der die Drehbewegung durch Riemchen auf kleine Rollen auf den Spindelachsen (F) übertragen wird. Ein Draht (G) wird – fernbedient – von den Spindelspitzen aus heruntergedrückt, wenn der Faden beim Spinnen über die Spindelspitze abspringen soll.

Zit. nach: Almut Bohnsack, Spinnen und Weben. Entwicklung von Technik und Arbeit im Textilgewerbe, Reinbek 1981, S. 197.

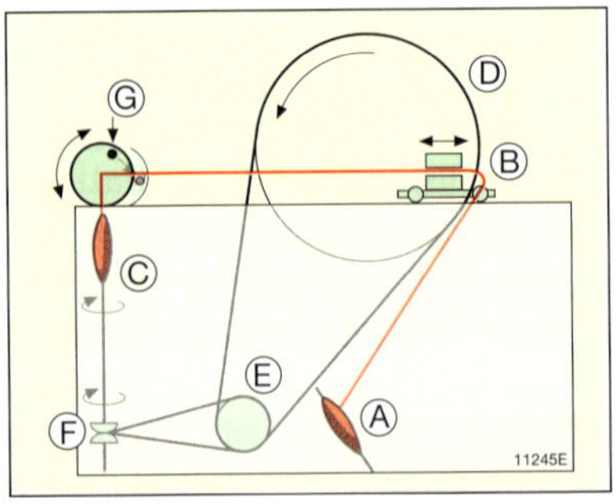

Die industrielle Entwicklung in Europa – Eine thematische Karte auswerten

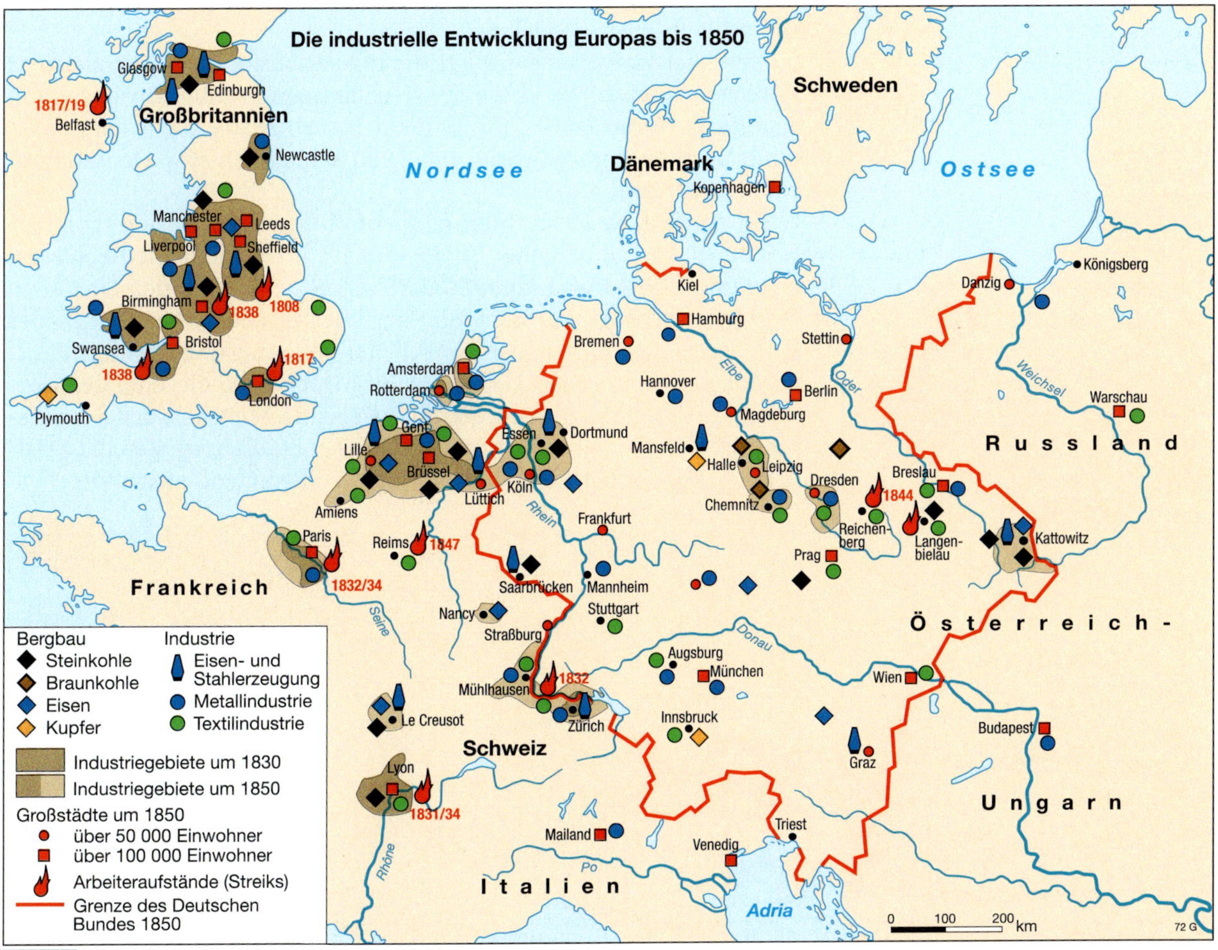

M 7

Aufgaben

1. a) Suche die im Text genannten Rohstoffvorkommen auf den thematischen Karten.
   b) Erläutere den Zusammenhang zwischen Rohstoffvorkommen und industriellen Standorten in England.
   c) Welche günstigen Faktoren erleichterten den überseeischen Warenaustausch?
   → Text, M3, M7
2. a) Untersuche, welche Vorteile die Mechanisierung in der Textilproduktion brachte.
   b) Überlege, inwieweit durch diese Form der Produktion auch andere Bereiche der Industrie gefördert wurden.
   c) Erläutere, welche Auswirkungen diese Produktionsform auf die Arbeiter hatte.
   → Text
3. a) Versuche aus einem Bausch Watte einen Faden zu flechten.
   b) Inwieweit stellt das Spinnrad eine Erleichterung dieses Vorganges dar?
   c) Beschreibe die Funktionsweise eines Spinnrads.
   d) Untersuche, welche Folgen der Einsatz von Spinnmaschinen auf die Produktion und die Arbeitsverhältnisse hatte.
   e) Überlege, welche Folgen das Fehlen von Spinnmaschinen auf unser Leben heute hätte.
   → Text, M4, M5, M6
4. Fasse zusammen: Warum war England das „Mutterland" der Industrialisierung?
   → Text

Anfänge der Industrialisierung in Deutschland

Die schlechte Ausgangslage

Im Vergleich zu England erfolgte die Industrialisierung in Deutschland zeitlich verzögert. Die Phase der so genannten Frühindustrialisierung dauerte bis Mitte des 19. Jahrhunderts. Erst ab 1850 erfolgte der umfassende Ausbau der Industrie; um 1900 schließlich war Deutschland eine Industriegesellschaft.

Die territoriale Zersplitterung Deutschlands erwies sich lange als Hemmnis der industriellen Entwicklung. Unterschiedliche Rechtssysteme und Zollgrenzen lähmten den Verkehr zwischen den einzelnen Territorien. Zwar gab es in Städten wie Augsburg, Nürnberg oder Solingen Schwerpunkte handwerklicher Fertigung und in einigen Mittelgebirgen Zentren mit Heimarbeitern. Doch blieb die Zahl der dort Beschäftigten gering, denn die überwiegende Mehrheit der Bevölkerung arbeitete in der Landwirtschaft. In den Städten regelten die Zünfte die handwerkliche Produktion, was sich hemmend auswirkte.

M 1

Der Deutsche Zollverein (bis 1842)

- Preußischer Zollverband mit Anschlüssen 1828
- Mitteldeutscher Handelsverein 1828 – 1831
- Bayerisch-Württembergischer Zollverein 1828 – 1833
- Deutscher Zollverein 1834
- Beitritte bis 1842
- Grenze des Deutschen Bundes 1839
- Eisenbahnen bis 1855

L. = Lippe,
S.-L. = Schaumburg-Lippe
W. = Waldeck

0 50 100 km

M 2 **Friedrich Harkort (1793–1880).** Der Industrielle gründete große Fabriken, bemühte sich um soziale Einrichtungen und war ein führender Politiker im preußischen Abgeordnetenhaus, Gemälde von Wilhelm Volkhart, um 1850.

Der Staat greift ein

Einen wichtigen Schritt in die Zukunft bildeten Reformen, die Länder wie Preußen oder Bayern einleiteten. Die Bauernbefreiung beendete die jahrhundertelange Erbuntertänigkeit, ermöglichte den Bauern die Selbstständigkeit oder zwang sie zur Lohnarbeit. Weitere Gesetze hoben den Zunftzwang auf und gewährten allen Bewohnern Freizügigkeit und Gewerbefreiheit. So konnte jeder einen Betrieb mit beliebigen Produkten eröffnen. Durch Gewerbe- und Industrieausstellungen, durch Bankgründungen, die neuen Unternehmern Kapital zur Verfügung stellten, sowie durch zahlreiche Einzelmaßnahmen unterstützte der Staat die Industrialisierung. Auch im Bereich der Erziehung wurde der Staat aktiv. So gründete er Schulen, die der Ausbildung neuer technischer Eliten dienten.

Auch die Handelspolitik trug entscheidend zum Wandel der deutschen Wirtschaftsstruktur bei. 1818 schaffte Preußen die Zölle zwischen seinen Provinzen ab. Die süddeutschen Staaten reagierten 1828 mit der Gründung eines eigenen Zollvereins. 1834 schuf der Deutsche Zollverein allmählich einen einheitlichen deutschen Wirtschaftsraum. Das brachte den Mitgliedsstaaten durch die Ausweitung des Handels eine kräftige Belebung der Wirtschaft. Viele Historiker betrachten die Gründung des Deutschen Zollvereins als entscheidenden Schritt zur nationalen Einheit Deutschlands.

Die Rolle der Unternehmer

Eine nicht zu unterschätzende Rolle bei der Industrialisierung Deutschlands spielten Unternehmerpersönlichkeiten. So brachte der Industrielle Friedrich Harkort (1793–1880) von einer Informationsreise durch England Facharbeiter und Techniker mit. Es gelang ihm, Kredite zu erhalten und 1819 die „Mechanischen Werkstätten Harkort u. Co." in Wetter an der Ruhr zu gründen. 1820 wurden dort die ersten beiden Dampfmaschinen produziert. Harkort errichtete Kupfer- und Eisenwalzwerke und förderte die Eisenbahn und Binnenschifffahrt. Bis 1871 war er zudem als Liberaler politisch tätig.

M 3 **Harkort'sche Fabrik 1834** auf Burg Wetter. Hier baute Harkort den ersten Hochofen ohne Rauchgemäuer: 16 m hoch, nur umgeben von Eisenreifen, Gemälde von Alfred Rethel, um 1834.

Vor- und Nachteile des Fabrikwesen – Argumente sammeln

M 4 Eine Erörterung (1841)

In einem Jahresbericht über die Königliche Kreis-, Landwirtschafts- und Gewerbeschule zu Regensburg für das Schuljahr 1840/41 wurde über das Fabrikwesen Folgendes geschrieben:

Als bedeutende Vorteile unseres Fabrikwesens können mit unumstößlicher Gewissheit geltend gemacht werden:
1. dass viele Artikel für den heutigen Bedarf nur und einzig auf dem Fabrikwege herzustellen seien,
2. dass die Fabriken, solange sie im Gange sind, mehr Hände beschäftigen, als früher einzelne Handwerker in demselben Fache beschäftigt waren,
3. dass ein gleichmäßiger, zu berechnender Effekt nur durch Maschinen erzielt werden könne,
4. dass die Handwerker teils durch Hilfe von Maschinen und Fabrikwaren, teils wegen Konkurrenz mit diesen bedeutenden Aufschwung erhielten,
5. dass viele der menschlichen Gesundheit schädliche Arbeiten durch Maschinen verrichtet werden, und
6. der menschlichen Kraft ein würdigeres und zweckmäßigeres Feld angewiesen wird.

Die Nachteile des Fabrikwesens sind nicht minder auffallend, sie verdienen umso mehr die ernsteste Betrachtung, als solche durch zweckdienliche Vorkehrungen und Verwaltungsmaßregeln großenteils gehoben werden könnten.
Es kann durch das Stillestehen einer Fabrik die Einwohnerschaft einer ganzen Gegend um den täglichen Unterhalt gebracht werden, weil die Fabrikarbeiter sich in andere Verrichtungen nicht zu schicken wissen, woraus sich von selbst ergibt, dass die Ausbildung dieser Leute teils durch die Einseitigkeit der Arbeit, teils durch den Umstand, dass die Kinder schon von frühester Jugend an in den Fabriken beschäftigt werden, sehr niedergehalten wird. Eine fernere Folgerung ist diese, dass auf solche Weise der arbeitenden Klasse die Mittel entzogen werden, sich höher zu schwingen und Selbstständigkeit zu erlangen; denn, indem jedes Unternehmen schon zum Beginne sehr bedeutende Mittel und umfassende Kenntnisse erheischt, verbinden sich gewöhnlich Leute von hohem Wohlstande mit einem wissenschaftlich gebildeten, unternehmenden Kopfe (der Kapitalist mit dem Ingenieur in England), wo dann der letztere alle Arbeiten angibt, leitet und in jedem Sinne des Wortes für alle denkt.
Obwohl menschliche Kräfte durch die Maschinen erspart und wichtigem Zwecke zugewendet werden können, wollen sich, abgesehen von obigem Grunde, doch die Fabrikarbeiter nie zur Feldarbeit, der ersten und nützlichsten aller Verrichtungen bequemen, können es auch nicht, weil diese einen gesunden Körper erfordert: Deshalb finden wir es häufig, wenn es in Gegenden an Feldarbeitern fehlt, so hunderte von Fabrikgehilfen auf Beschäftigung warten.
Dann werden nur zu häufig neue Luxusgegenstände erfunden und mit diesen bisher unbekannte Bedürfnisse eingeführt, die, wenn sie nicht als Fabrikwaren außerordentlich wohlfeil geliefert würden, nie Eingang fänden; oder es werden Gewerbe, welche weder große geistige Fähigkeiten noch bedeutenden Aufwand von Handarbeit erfordern, gänzlich durch eine Fabrik unterdrückt.
Wir gedenken hier eines einzigen Falles: Vor einigen Jahren kamen die Haarbürsten in Aufnahme, und ein industrieuser Engländer fasste den Plan, diesen Artikel im Großen anfertigen zu lassen. Das Unternehmen glückte, erhielt Ausdehnung, alles, was irgend von Borsten zu Markte kam, wurde durch englische Agenten aufgekauft, und jetzt sieht sich ein großer Teil von Europa (in Deutschland mehrere Gegenden ganz ausschließlich) mit Bürsten aller Arten aus England versehen, sodass den einschlägigen Handwerkern, welche auf keine Weise mit den englischen Unternehmern konkurrieren konnten, nichts übrig blieb, als Niederlassungen eines ausländischen Fabrikates zu errichten.
Ähnlich verhält sichs mit unzähligen Artikeln. – Der größte Nachteil aber, der aus der leichten Maschinenproduktion erwuchs, ist ohne Zweifel ein hoch gesteigerter Kleiderluxus und Hang zum Aufwand bei den minder bemittelten Volksklassen, nebst all den Übeln, die sich hieran knüpfen.

Konrad v. Zwehl/Susan Boenke (Hg.), Aufbruch ins Industriezeitalter, Bd. 3: Quellen zur Wirtschafts- und Sozialgechichte Bayerns vom ausgehenden 18. Jahrhundert bis zur Mitte des 19. Jahrhunderts, München 1985, S. 137 f.

Gegenwart und Zukunft – Eine Karikatur interpretieren

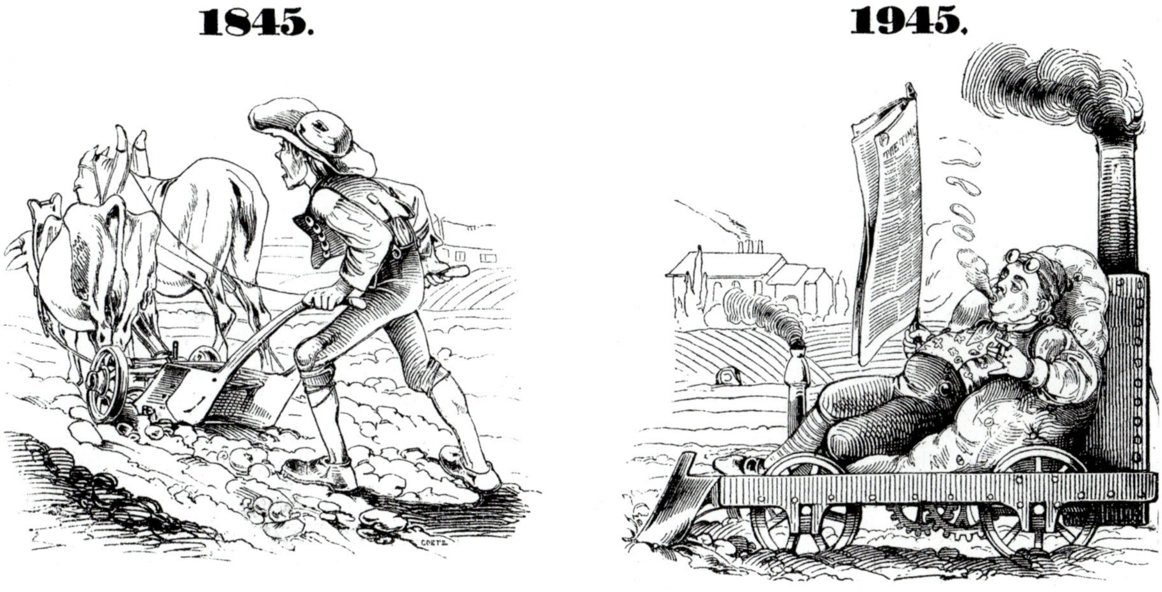

M 5 **„1845–1945"**
Karikatur aus: „Fliegende Blätter", 1845

Aufgaben

1. a) Untersuche, ab wann man von der Industrialisierung Deutschlands sprechen kann.
   b) Wann setzt der industrielle Aufholprozess Deutschlands ein?
   → Text
2. Erkläre, welche verschiedenen Maßnahmen die Länder ergriffen, um die Industrialisierung Deutschlands voranzutreiben.
   → Text
3. Erläutere die Rolle der Unternehmer.
   → Text
4. a) Ordne die Beitritte der Länder zum Deutschen Zollverein zeitlich ein.
   b) Welche Vorteile brachte den Ländern der Beitritt zum Deutschen Zollverein?
   c) Erkläre, welche politische Bedeutung dem Deutschen Zollverein zukommt.
   d) Warum ist Österreich dem Zollverein nicht beigetreten? Suche nach Gründen.
   → Text, M1
5. Analysiere den Bericht von 1841 zum Fabrikwesen.
   a) Welche Vorteile schildert der Bericht?
   b) Welche Gefahren werden dargestellt?
   c) Wie beurteilst du die dargestellten „Gefahren" aus heutiger Sicht?
   → M4
6. a) Wie wird die Situation 1848 dargestellt?
   b) Beurteile, inwieweit die Vision für 1945 verwirklicht wurde.
   → M5

M 1 **Erste Eisenbahnstrecke**

Am 7. Dezember 1835 wurde zwischen Nürnberg und Fürth die erste deutsche Eisenbahnstrecke eröffnet. Ihre Länge betrug 6,5 km, die Lokomotive „Adler" stammte aus England.

Deutschland auf dem Weg zum Industriestaat

Der Durchbruch der Industrialisierung

Nach zögerlichem Beginn vollzog sich zwischen 1850 und 1870 der Durchbruch zur Industriegesellschaft. Diese Periode wird in der Wissenschaft oft als „Take-off Phase", als Phase des endgültigen „Abhebens" bezeichnet. Die Industrialisierung breitete sich in regional unterschiedlicher Geschwindigkeit aus, zuerst in Schlesien, Sachsen und im Rheinland, später in Westfalen, Hessen, Baden, Württemberg und Bayern. Neben Industrieregionen gab es von wirtschaftlichen Neuerungen weitgehend unberührte Gebiete. Während die politischen und sozialen Veränderungen durch das Scheitern der Revolution von 1848/49 gehemmt wurden, setzte sich der Prozess der Industrialisierung beschleunigt fort.

Der Eisenbahnbau als Leitsektor

Wesentliche Triebkraft hinter der Beschleunigung der Industrialisierung war der Eisenbahnbau, dessen Anfänge in der ersten Hälfte des 19. Jahrhunderts liegen. Trotz anfänglicher Widerstände wurde nun Kapital in bisher ungekanntem Ausmaß eingesetzt, um die neue Technik zu finanzieren. Der Staat unterstützte den Ausbau eines Eisenbahnnetzes und genehmigte die Gründung von Aktiengesellschaften: Gegen Einlage einer Geldsumme konnten Anteilscheine an einem Unternehmen, also Aktien, erworben werden. Dies verschaffte dem Unternehmen Geld. Die Aktionäre hofften natürlich auf Gewinn, mussten aber bei schlechtem Geschäft auch die Verluste tragen.

Die Entwicklung der Eisenbahn

1814 hatte George Stephenson eine betriebstaugliche Dampflokomotive erfunden; 1820 wurden erstmals Eisenbahnschienen aus gewalztem Stahl hergestellt; 1825 ging die erste öffentliche Eisenbahnstrecke zwi-

M 2 **Eisenbahn in Magdeburg**

Ansicht der Magdeburg – Halle – Leipziger – Eisenbahn, kolorierte Lithografie, um 1840 schen Stockton und Darlington in Betrieb. Am 7. Dezember 1835 wurde die erste deutsche Eisenbahnstrecke von 6,5 km Länge zwischen Nürnberg und Fürth eröffnet. Die Lokomotive „Adler“ hatte Stephenson in England gebaut, Flussschiffe und Ochsengespanne hatten sie zu ihrem Einsatzort transportiert. Der Lokomotivführer William Wilson, von Stephenson persönlich ausgebildet, baute sie an Ort und Stelle zusammen. Die herausragende Rolle englischer Technik zeigte sich daran, dass Wilsons Einkommen das des Direktors der Eisenbahnlinie erheblich übertraf.

In der Folgezeit bestimmten die Deutschen zunehmend das Eisenbahnwesen. Der in München geborene Joseph Anton von Maffei (1790–1870) erwarb 1838 ein Eisenhammerwerk in München. Er stellte Ingenieure aus George Stephensons Firma ein und erwarb so englisches Fachwissen auf dem Gebiet des Dampflokomotivbaus. 1841 war die erste Maffei-Dampflokomotive fertig. Bis 1870 lieferte die Firma mehr als 400 Lokomotiven allein an die Bayerischen Staatsbahnen, von denen manche über 50 Jahre ihren Dienst versahen. – In Berlin gründete August Borsig (1804–1854) eine Eisengießerei und Maschinenbauanstalt, die schon bald Lokomotivreparaturen ausführte und 1841 die ersten eigenen Lokomotiven produzierte. 1875 zählte Borsig neben Baldwin in den USA zu den größten Lokomotivfabriken der Welt und belieferte Staatsbahnen im In- und Ausland.

Die weitere Entwicklung verlief rasant: Die Bahn erwies sich als großer finanzieller Erfolg und beförderte innerhalb eines Jahres über 240 000 Personen. Durch das „Eisenbahnfieber“ schnellte die Zahl der eisen- und stahlverarbeitenden Betriebe in die Höhe und ließ den Bedarf an Arbeitskräften sprunghaft steigen. Davon profitierten Arbeitslose auch in ländlichen Gebieten. Das sich ausweitende Streckennetz verbilligte den Transport von Menschen und Gütern. Die Reisedauer zwischen den Städten verkürzte sich beträchtlich und die ungewohnte Mobilität veränderte das Lebensgefühl der Menschen entscheidend.

M 3 Lokomotive (1867)
Lokomotiven wie diese der Berliner Fabrik Schwarzkopff bestimmten die zweite Hälfte des 19. Jh.

M 4 Schnellzuglokomotive (1906)
Gebaut bei Maffei in München zog sie den Rheingoldexpress und fuhr einen Geschwindigkeitsrekord von 154 km/h.

Die Anfänge der Eisenbahn – Dokumente auswerten

M 5 Eisenbahnfahrt

Der folgende Bericht schildert, wie ein Zeitgenosse eine Eisenbahnfahrt im Jahr 1839 erlebte:

Wir sitzen; die Maschine gibt sich mit einem durchdringenden Pfiffe selbst das Zeichen und rollt davon. Das Ungetüm jagt rasselnd, dampfend, schnaubend dahin und darüber kommt die ganze Gegend in Unordnung und fährt wie besessen durcheinander. Die fernen Höhen rücken eiligst näher, einzelne Häuser schießen pfeilschnell daher und fahren pfeilschnell wieder davon. [...]
Die Maschine hält: Wir sind in Lochhausen, einem stillen, verlegenen Dörfchen, zwei Stunden von München, von welchem ehedem nur die nächsten Nachbarn etwas wussten und das nun den Münchnern so bekannt geworden ist, wie Neuberghausen oder Hessellohe. Diese Ortschaft war nämlich viele Monden lang der Port, in dem der Dampfwagen seine Fahrt beschloss, zu einer Zeit, da er noch in Windeln lag und sich nicht weiter getraute, weil die Schienen nicht gelegt waren.
Damit ging ein glücklicher Stern auf für Lochhausen, das überrascht und freudetrunken täglich Hunderte von Hauptstädtern ankommen sah, die die Eisenbahn hatten probieren wollen. Diese Frequenz hat allerlei abgesetzt; ein solcher Niederschlag ist zum Beispiel der schmucke Wirtshauspavillon von Holz rechts der Bahn und das mächtige Belvedere gleichen Stoffes zu seiner Seite. [...] Auch ist hier eine Anhöhe durchgegraben, deren Ränder ein gemauerter Bogen verbindet, welcher geschmackvoll entworfen und nagelneu, wie er ist, die Umgebung nicht wenig heraushebt.
Nach ein paar Minuten, während deren manche Passagiere ausgeschifft und andere an Bord geladen worden sind, macht sich der Zug wieder auf und eilt wieder tobend davon. Doch wird noch an verschiedenen Dörfern gehalten, ehe wir nach Nannhofen kommen, das acht Stunden von München liegt und gegenwärtig der äußerste Punkt ist, bis zu dem die Lokomotive geht. Allenthalben werden an den Stationen Gebäude errichtet für die Leute der Bahn und geräumige Hallen zur Unterkunft für die Wartenden. [...]
Nun sind wir in Nannhofen und steigen immerhin zufrieden aus, wenn auch anderthalb Stunden darauf gegangen sind, um eine Strecke von acht Stunden zurückzulegen. Diese lange Dauer der Fahrt ist zunächst dem oftmaligen Anhalten zuzuschreiben; denn außer der Zeitversäumnis in den verschiedenen Dörfern geht aus der Kürze der Stationen auch noch der Übelstand hervor, dass der Drache an der Spitze nie dazu kommt, seine Flügel so recht kräftig zu schlagen, weil er immer schon wieder am Ziele ist, wenn er gerade in den besten Eifer geraten will.

Zit. nach: Konrad v. Zwehl/Susan Boenke (Hg.), Aufbruch ins Industriezeitalter, Bd. 3: Quellen zur Wirtschafts- und Sozialgechichte Bayerns vom ausgehenden 18. Jahrhundert bis zur Mitte des 19. Jahrhunderts, München 1985, S. 173f.

M 6 „Eisenbahnvermessung“

„Aber mein Herr, so schätzenswert mir die Ehre Ihres Besuches ist, so muss ich doch gestehen, dass ich die Absicht hatte, auch heute dort in dem Bette zu schlafen.“
Der Geometer: „Herr, schlafen Sie, wo Sie wollen, aber merken Sie sich diese offizielle Verkündigung: Im Namen der Eisenbahn! Wer irgendeinen der zu der Vermessung nötigen Pfähle auch nur kurze Zeit herauszieht, muss die gesamten Vermessungskosten zahlen. Im Namen der Eisenbahn! – Guten Abend“, Karikatur, 1845

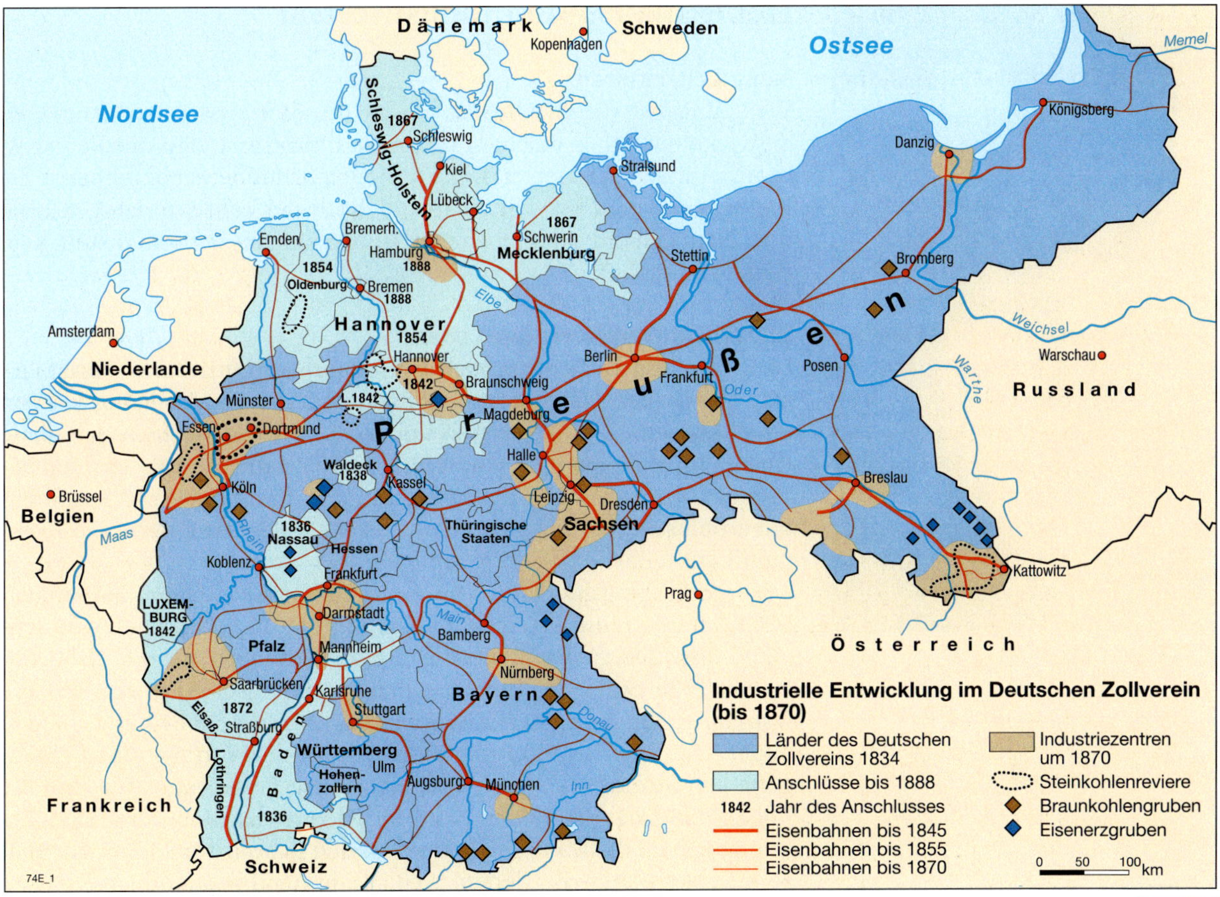

M 7

Länge der Eisenbahnstrecken in Deutschland			
Jahr	**km**	**Jahr**	**km**
1845	2131	1880	33865
1850	5822	1885	37572
1855	7781	1890	41818
1860	11026	1895	45203
1870	18560	1900	49878
1875	27795	1905	54680

nach: Werner Sombart, Die deutsche Volkswirtschaft im 19. Jahrhundert (1903), Darmstadt 1954, S. 493

M 8

Aufgaben

1. a) Welche Auswirkungen hat der Eisenbahnbau auf das Land?
   b) Wie stehen der Verfasser des Berichts über die Eisenbahnfahrt und der Karikaturist zum Ausbau der Bahn?
   → Text, M5, M6
2. a) Beschreibe das Streckennetz der Eisenbahn bis 1870.
   b) Erkläre, welche Probleme sich daraus für die industrielle Erschließung Deutschlands ergeben. → M7, M8
3. a) Berechne den prozentualen Zuwachs der Streckenlängen zwischen 1845 und 1875.
   b) Welche Rückschlüsse lässt dies auf Deutschlands industrielle Entwicklung zu?
   → M7, M8

M 1 **Glühbirne**
Werbeplakat,
Ende 19. Jahrhundert

M 2 **Waschmittel**
Werbeplakat,
Anfang 20. Jahrhundert

Deutschland - Ein Industriestaat

Neue Leitsektoren

War zunächst die Eisenbahn Motor des Wirtschaftswachstums, so entwickelten sich in rascher Folge neue Industriezweige, die die Industrialisierung vorantrieben. Ende des 19. Jahrhunderts übernahmen die Elektro- und die Chemieindustrie die Rolle der Leitsektoren. Um 1900 war Deutschland endgültig zum Industriestaat geworden und kein Agrarland mehr.

Elektrizität verändert das Leben

Die Telegrafie hatte als moderne Kommunikationstechnik bereits im amerikanischen Bürgerkrieg und in den deutschen Einigungskriegen eine bedeutende Rolle gespielt und fand nun zunehmend auch zivile Anwendung. Das von Alexander Bell 1876 erfundene erste brauchbare Telefon, über das schon ein Jahr später aus Berlin das erste kontinentaleuropäische Telefongespräch geführt wurde, erleichterte die Kommunikation über große Entfernungen.

Die Erfindung der Glühbirne durch Thoma Alva Edison 1879 machte Gaslaternen und Petroleumlampen in den Industriestaaten zunehmend überflüssig. Grundlage dieser Entwicklungen war das 1866 von Werner von Siemens entdeckte dynamoelektrische Prinzip, das die Grundlage für die Umwandlung mechanischer in elektrische Energie bildet. Die Elektrizitätswerke dienten zunächst vor allem der Erzeugung von Strom für die Beleuchtung. Zukunftweisend war jedoch die Verwendung des Stroms für den Betrieb von Elektromotoren. Sie verdrängten bald die Dampfmaschine aus den Fabriken und ermöglichten es auch kleineren Betrieben, sich moderner Produktionsweisen zu bedienen. Besondere Bedeutung erlangte der Elektromotor auch im Verkehr; so konnten zum Beispiel die Wohnungen der Arbeiter dank der elektrischen Straßenbahn in größerer Entfernung von der Arbeitsstätte gebaut werden. 1913 stand bereits der Hälfte der deutschen Bevölkerung Strom zur Verfügung.

Aufstieg der Chemieindustrie

In der zweiten Hälfte des 19. Jh. führten verschiedene Entdeckungen zum rasanten Aufstieg der Chemie- und Farbenindustrie, und die deutsche Chemieindustrie errang mit ihrer Produktion und Innovation die internationale Vorherrschaft. An großen Flüssen gelegene Städte wurden zu Produktionszentren, da dort die Rohstoffversorgung einfacher war und genügend Kühlwasser zur Verfügung stand. Allerdings begann damals auch die Einleitung von Schadstoffen in die Flüsse.

Seit 1900 wirkten Elektrizität und Chemie immer stärker zusammen, besonders im Bereich der Metallverarbeitung. Deutschland war zu einer wirtschaftlichen Weltmacht und zum größten Indstrieproduzenten nach den USA aufgestiegen.

Entstehung von Großbetrieben

In dieser Phase bildeten sich im Bereich der neuen Leitsektoren sowie im Bergbau und der Schwerindustrie immer mehr Großbetriebe. Siemens, Krupp, Thyssen, AEG, BASF und Bayer sind hierfür Beispiele.

Sie entstanden im Zuge des enormen Wirtschaftswachstums oder durch Zusammenlegung bisher selbstständiger Firmen. Solche durch Kapitalbeteiligung miteinander verflochtene Firmen unter einheitlicher Leitung bezeichnet man als „Konzerne".

Der Konzentrationsprozess konnte dazu führen, dass die Konkurrenz ausgeschaltet wurde und marktbeherrschende Großunternehmen auf bestimmten Sektoren die Preise weitgehend allein diktierten.

Industrielandschaften entstehen – Die preußische Provinz Sachsen
In der Mitte des 19. Jahrhunderts setzte auch in der preußischen Provinz Sachsen die Industrialisierung in vollem Umfang ein. Auf den fruchtbaren Böden um Magdeburg wurden seit den 1830er-Jahren verstärkt Zuckerrüben angebaut. Neben Zuckerrübenzuchtwirtschaften entstanden zahlreiche Zuckerfabriken. Deren hoher Energiebedarf förderte die Braunkohleförderung in der Provinz. Bergbau, Landwirtschaft und Industrie verflochten sich eng miteinander und ließen große Agrar-Industrieunternehmen entstehen. Diese suchten enge Verbindungen zur Wissenschaft. So wurde in Halle 1862 der erste deutsche Lehrstuhl für Landwirtschaftswissenschaften geschaffen. Der Braunkohle-Unternehmer Carl Adolf Riebeck verfolgte die Anfänge der Mineralölchemie und veredelte die stark bitumenhaltige „gelbe" oder „weiße Kohle", die als minderwertig galt, in Schwelereien. Die Produktion von Teer, Industrieöl und Paraffin in seinen Werken steht am Beginn der chemischen Industrie in der preußischen Provinz Sachsen, deren Zentrum der Bitterfelder Raum wird.

Dem wachsenden Bedarf an Maschinen entsprangen weitere, überregional bedeutende Betriebe. Die Magdeburger Maschinenbaufirma Rudolf Wolf entwickelte sich zum führenden Hersteller für die in der Landwirtschaft begehrten Lokomobilen. Seit 1840 wurde die Bahnverbindung von Dresden nach Leipzig bis nach Halle weitergeführt und verband so erstmals zwei deutsche Staaten miteinander, was den Handel erleichterte. Die „Zuckerprovinz" wurde zu einem bedeutenden Industriegebiet Deutschlands.

M 3 Zuckerfabrik
in Magdeburg, 19. Jahrhundert

Wolfen – Eine Industriestadt in Sachsen-Anhalt
Im 19. und 20. Jahrhundert wurde aus einem kleinen Bauerndorf an der Grenze zu Anhalt ein blühender Industriestandort. Der bedeutendste Wolfener Betrieb, die Filmfabrik, beschäftigte in den 85 Jahren seines Bestehens mehr als 100 000 Menschen.

M 4 Greppiner Ziegel
Ornamente an einem alten Gasthof in Wolfen, Foto von 2008

Brennbare Erde, Tone und Steine
Seit 1680 war bekannt, dass in der Bitterfelder Region Braunkohlevorkommen existierten. Die „brennbare Erde" wurde im 18. Jahrhundert an die Salzsieder in Halle geliefert. Aber Wassereinbrüche schränkten den Abbau stark ein. Erst der Einsatz von Dampfmaschinen für die Wasserpumpen ab 1839 änderte das. 1857 wurde die Eisenbahnstrecke Dessau-Bitterfeld eröffnet, sodass die geförderte Kohle zu Zuckerfabriken, Ziegeleien und anderen Industriebetrieben transportiert werden konnte.

Seit etwa 1860 versuchten die Braunkohleunternehmer, auch den beim Abbau anfallenden Ton zu verarbeiten. Der Aufschwung der Gründerzeit ließ 1871 die „Greppiner Werke A.G. für Baubedarf und Braunkohlen" entstehen, die neben den charakteristischen gelben Ziegelsteinen Ornamente, Figuren, und glasierte Schmucksteine herstellte. Ende des 19. Jahrhunderts erlebte das Werk seine Blütezeit. Die berühmten Greppiner Ziegel wurden für Bahnhofs- und andere Wirtschaftsbauten bis nach Berlin, Düsseldorf, Hannover, Stettin und sogar nach Rom und Paris verkauft.

M 5 AGFA-Werbeplakat
1929

Farben, Film und Fasern
Da durch den Fluss Mulde genügend Brauchwasser verfügbar war, siedelten sich Ende des 19. Jahrhunderts weitere Unternehmen an, so 1895 die Actien-Gesellschaft für Anilin-Fabrikation (AGFA) Berlin.

Die Photographische Abteilung des AGFA-Werks sollte ebenfalls erweitert werden. Doch die zunehmende Industrialisierung hatte die Luftverhältnisse in Berlin so verschlechtert, dass die Filmproduktion dadurch gefährdet wurde. Die Unternehmensleitung entschloss sich, eine neue Filmfabrik in Wolfen zu errichten. 1909 wurde sie als bisher größte Anlage ihrer Art gebaut. In den 1920er-Jahren stieg das Wolfener Unternehmen zur größten europäischen Filmfabrik auf.

Die riesigen Ausmaße der AGFA-Werke veränderten die Struktur des Dörfchens Wolfen vollständig. Investitionen und Engagement des Konzerns sorgten für den Bau von Wohnsiedlungen für Angestellte und Arbeiter der Betriebe.

Von AGFA zu ORWO
Die Trennung des Landes in zwei deutsche Staaten 1949 hatte auch eine Trennung der AGFA-Werke zur Folge. Der Wolfener Filmfabrik stand eine zweite in Leverkusen gegenüber. Seit 1964 vertrieb das Wolfener Werk Fotomaterial, Tonbänder und Kassetten unter der Bezeichnung ORWO (Original Wolfen).

Die Wende von 1989 überstanden die Wolfener Werke nicht. Die 20 000 Mitarbeiter wurden nach 1989 abgebaut. Bemühungen um eine Gesamtprivatisierung der sanierungsbedürftigen ehemaligen AGFA-Betriebe scheiterten, sodass die Produktion von Farbe, Faser und Film bis auf wenige privatisierte Werkstätten fast gänzlich eingestellt wurde.

M 6 Ein Verbot schädlicher Fabriken?

a) Die Magdeburgische Zeitung vom 9. Oktober 1890 berichtet über Vorgänge in Berlin:

Steglitz will sich den Charakter eines Villenortes nicht nehmen lassen. Vor einiger Zeit kam die Firma Gebrüder Avenarius bei der Behörde um die Erlaubniß ein, auf einem der Feldmark Steglitz gehörigen, bisher unbebauten Grundstücke eine Carbolineum Fabrik errichten zu dürfen. Darob entstand in ganz Steglitz eine kaum zu beschreibende Aufregung, weil jedermann fürchtete, die bisher so gute Luft werde verdorben und weiteres Wohnen in Steglitz unmöglich werden. Auch die Bahnverwaltung und in erster Linie die Gemeindevertretung schloß sich diesem Protest an. Doch nur mit halbem Erfolge. Das schließlich angerufene Verwaltungsgericht konnte für die geplante Anlage zwar gewisse Vorsichts und Sicherheitsmaßnahmen verlangen, in der Sache selbst aber diese nicht verbieten. In der Erkenntniß war indessen darauf verwiesen worden, daß dergleichen Fabrikanlagen durch örtliche Polizeiverordnungen von vornherein verboten werden könnten. Diesen Fingerzeig auffassend hat nunmehr unter dem 1. October d. J. der Amtsvorsteher von Steglitz unter Zustimmung des Amtsausschusses eine entsprechende Orts-Polizeiverordnung erlassen. [...] Hoffentlich wird damit der erwünschte Zweck erreicht und einer großen Zahl von Beamten, Schriftstellern, Kaufleuten u.s.w., deren Gesundheit nach des Tages Last und Mühen den Aufenthalt in frischer, reiner Luft fordert, ein so bequem zu erreichender Vorort, wie Steglitz bisher war, erhalten.

b) Polizei-Verordnung vom 1. Oktober 1890:

§ 1. Die Errichtung von Fabrikgebäuden und solcher Anlagen, welche beim Betriebe durch Verbreitung schädlicher Dünste bzw. starken Rauches oder durch Erregung ungewöhnlichen Geräusches, Gefahren, Nachtheile oder Belästigungen des Publikums herbeiführen, ist untersagt.
§ 2. Zuwiderhandlungen gegen diese Verordnung werden mit Geldbuße bis zu 9 Mark, im Unvermögensfalle mit entsprechender Haft bestraft.
Steglitz, den 1. Oktober 1890
Der Amtsvorsteher

c) Der preußische Innenminister am 13. Juli 1891:

Wenn in der Polizeiverordnung die Errichtung von Fabrikgebäuden ganz allgemein und ohne Beschränkung auf gewisse Kategorien und bestimmte Ortstheile untersagt wird, so kann ich diese einem vollständigen Verbote des Großgewerbebetriebes innerhalb des Amtsbezirks Steglitz gleichkommende Maßnahme nicht für zulässig erachten.

Aus: Geh. Staatsarchiv Preuß. Kulturbesitz, Rep. 120 BB IIa 1 Nr.1 adh. 1, Bl. 122ff.

Aufgaben

1. Nenne die Leitsektoren, die in der zweiten Hälfte des 19. Jahrhunderts immer wichtiger wurden.
   → Text
2. Untersuche den „Vorgang Steglitz".
   a) Stelle die Absichten und Handlungsmöglichkeiten der beteiligten Personen und Gruppen gegenüber.
   b) Versetze dich in die Lage der Steglitzer Bürger und diskutiere die Stellungnahme des Innenministers.
   → M6
3. Diskutiert am Beispiel der AGFA-Fabriken Wolfen Vor- und Nachteile der Ansiedlung von Industriebetrieben außerhalb der städtischen Ballungsräume.
   → Text
4. Informiere dich, welche Bedeutung die chemische Industrie heute in der Region Bitterfeld hat.
   → Internetrecherche

Roheisenproduktion
(in 1000 Tonnen)

Jahr	Belgien	Frankreich	Deutsches Reich	Russland	Groß-britannien	USA
1870	565	1178	1261	359	6059	
1880	608	1725	2468	449	7873	
1890	788	1962	4100	828	8031	
1900	1019	2714	7550	2937	9104	
1910	1852	4038	13111	3047	10173	
1914	1454	2736	12481	4137	9067	27304 (1912)

Quelle: Wolgang J. Mommsen, Imperialismus, Hamburg 1977, S. 34 11251E

M 1

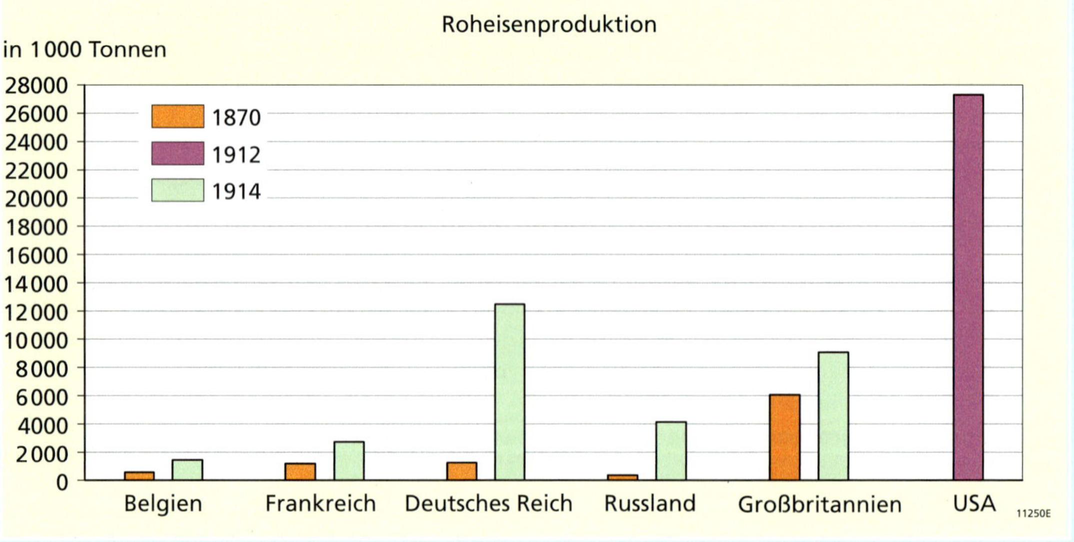

M 2

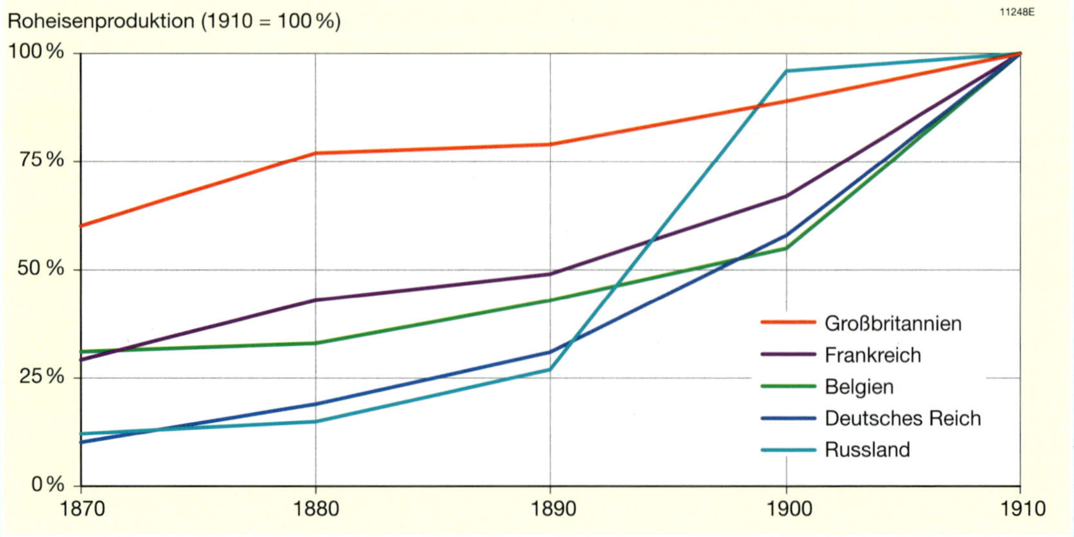

M 3

Statistiken und Diagramme zur Industrialisierung

Statistiken sind heute allgegenwärtig. Fast alles wird zahlenmäßig erfasst. Es handelt sich dabei um nach bestimmten Gesichtspunkten ausgewählte und geordnete Daten, die meist in Tabellen zusammengestellt werden. Sehr häufig veranschaulicht man statistische Ergebnisse auch grafisch in einem Diagramm.

Es gibt dabei verschiedene Formen: So informieren Kreisdiagramme, die wie eine Torte in Einzelstücke aufgeteilt sind, über die Anteile an einem Ganzen. Balken- oder Säulendiagramme werden oft verwendet, wenn Daten zu einem bestimmten Phänomen zu verschiedenen Zeitpunkten miteinander vergleichen werden sollen. Kurvendiagramme geben eine kontinuierliche Entwicklung wieder.

Die Erstellung von Statistiken ist jedoch eine relativ junge Errungenschaft. Da für frühere Zeiten keine entsprechenden Daten existieren, müssen sich Historiker anderweitig behelfen oder auf Schätzungen zurückgreifen.

Heute wird zum Beispiel die Wirtschaftsleistung eines Landes durch das Bruttosozialprodukt angegeben, das ist der Wert aller in einem Jahr produzierten Waren und erbrachten Dienstleitungen. Wenn dieser Wert ansteigt, spricht man von Wirtschaftswachstum.

Für das 19. Jahrhundert gibt es keine entsprechenden Daten. Aber für das Verständnis der Industrialisierung ist es wichtig zu wissen, ob, in welchem Zeitraum und wie stark die Wirtschaft eines Landes gewachsen ist oder wann es wirtschaftliche Krisen gab. Deshalb behelfen sich die Historiker damit, die Entwicklung der Roheisenproduktion zu untersuchen. Besonders die Nachfrage aus den Bereichen des Maschinenbaus und des Eisenbahnbaus erforderte immer größere Eisenmengen, sodass Rückschlüsse möglich sind, in welchem Umfang und mit welcher Schnelligkeit die Industrialisierung in den jeweiligen Ländern erfolgte.

Fragen an bildliche Quellen

1. Thema der Statistik

a) Erläutere die Bedeutung der Roheisenproduktion für die Industrialisierung.
b) Finde genaue Überschriften für die einzelnen Darstellungen.

2. Darstellung der Statistik

a) Zeichne aufgrund der Angaben in M1 eine Kurve.
b) Benenne markante Veränderungen bei der Roheisenproduktion in den einzelnen Ländern.
c) Welche Vorteile hat die Darstellung in M2 mit Säulendiagrammen?
d) Überlege, welche Informationen dabei verloren gehen.
e) Informiere dich über den Begriff „Index".
f) Wieso wurde für das Jahr 1910 der Index 100 angesetzt?
g) Bedeutet der Index 100 im Jahr 1910, dass zu diesem Zeitpunkt alle Länder die gleiche Menge Roheisen produzierten?

3. Informationsgehalt der Statistik

a) Welche Darstellung enthält die meisten Informationen?
b) Welchen Vorteil hat die Darstellung mit Indexzahlen? Vergleiche dazu die mit den Werten der Tabelle (M1) angefertigte Kurve.
c) Welche Darstellungsform ist am besten geeignet, um die Entwicklung der Roheisenproduktion zu veranschaulichen?
d) Welcher Staat wies zwischen 1890 und 1910 das größte Wirtschaftswachstum auf?

Soziale Folgen der Industrialisierung

M 1 Sorgen der Arbeiterfrauen
Jede neue Schwangerschaft vermehrte die Sorgen der Arbeiterfrau. Erst ab 1900 ging die durchschnittliche Kinderzahl auf vier zurück, Zeichnung von Käthe Kollwitz, 1909.

Die Entstehung des „Proletariats"

Mit der Industrialisierung änderte sich die Gesellschaft in England und – zeitlich versetzt – in Deutschland grundlegend. Da viele Menschen in der Landwirtschaft kein Auskommen mehr fanden oder ihr Glück in der Fabrik suchten, zogen sie in die rasch wachsenden Städte. Dazu kamen viele arbeitslose Handwerker, deren Produkte nicht mit der Massenware aus den Fabriken konkurrieren konnten und die nicht länger durch Zünfte geschützt waren. Da sie fast keinen Besitz mehr hatten, sondern „von der Hand in den Mund" lebten, wurden sie „Proletarier" genannt. Dieser Begriff ist vom lateinischen „Proles" – Nachkommen abgeleitet. Er bringt zum Ausdruck, dass die Proletarier nur ihre eigene Arbeitskraft und die ihrer Familie besaßen.

Ihnen gegenüber standen die Fabrikbesitzer, denen die Produktionsstätten und Maschinen gehörten, die also im Besitz der so genannten „Produktionsmittel" waren. Mit kaufmännischem Geschick, guten technischen Kenntnissen sowie Risikobereitschaft und Glück konnten solche Fabrikherren reich werden. So übernahm der Stahlunternehmer Alfred Krupp 1826 den kleinen Familienbetrieb in Essen mit sieben Arbeitern. Bis zu seinem Tod 60 Jahre später baute er die Firma zu einem Weltunternehmen mit 21 000 Mitarbeitern aus.

Bedrückende Armut

Armut war in früheren Zeiten eine bekannte Erscheinung. Die bedrückende Armut der Arbeiterschaft trat mit der Industrialisierung jedoch massenhaft auf. Dies nannte man damals „Pauperismus" von lat. pauper – arm. Der Grund dafür war, dass in der ersten Hälfte des 19. Jahrhunderts Arbeitsplätze in der Landwirtschaft und im Handwerk wegfielen, aber in den wenigen Fabriken noch nicht genügend neue entstanden. Hinzu kam ein rasanter Bevölkerungsanstieg, der die Situation noch verschärfte. Aber auch als die Industrialisierung fortschritt und eine große Zahl von Fabriken entstanden war, blieb die Lage der Arbeiter noch lange Zeit außerordentlich schlecht.

Schlechte Arbeitsbedingungen und fehlende soziale Absicherung

Da viele Menschen Arbeit suchten, gab es ein Überangebot an Arbeitskräften und eine hohe Arbeitslosigkeit. Das nutzten die Fabrikbesitzer aus. Sie zahlten niedrige Löhne und ließen die Arbeiter extrem lange arbeiten, wobei Arbeitzeiten von bis zu 16 Stunden keine Seltenheit waren. Allein gut ausgebildete Facharbeiter verdienten relativ gut, da sie nicht so leicht zu ersetzen waren.

Die meisten Fabriken hatten unzumutbare Arbeitsbedingungen, denn nur wenige Arbeitsplätze verfügten über Schutzvorrichtungen. Arbeitsunfälle waren an der Tagesordnung. Ein verletzter oder kranker Arbeiter blieb jedoch ohne finanzielle Unterstützung, denn es gab weder eine Lohnfortzahlung im Krankheitsfall noch eine Kranken- oder Unfallversicherung. Arbeitslosigkeit und Arbeitsunfähigkeit durch Krankheit oder Unfall waren für Arbeiterfamilien daher existenzbedrohend und konnten schnell zu Obdachlosigkeit und völliger Verarmung führen.

M 2 Große Wäsche
Das Rubbeln der Wäsche auf dem Waschbrett war eine sehr kraftraubende Tätigkeit, Foto von 1932.

Kinder- und Frauenarbeit

Meist reichte ein Verdienst nicht für die ganze Familie, sodass Kinder und Frauen mitarbeiten mussten. Sie wurden in der Fabrik oder am „Heimarbeitsplatz" noch schlechter bezahlt: Frauen verdienten oft nur die Hälfte, Kinder ein Viertel vom Lohn eines ungelernten Arbeiters. Arbeiterkinder konnten wegen der Fabrikarbeit gar nicht oder nur kurz zur Schule gehen. Sie waren damit von Bildung und besseren Arbeitsplätzen ausgeschlossen. Zudem schadete die lange und schwere Arbeit ihrer Gesundheit. Der Staat griff mit Verboten ein: In Preußen wurde 1839 Fabrikarbeit für Kinder unter 9 Jahren untersagt. Erst ab 1891 bestand jedoch ein wirksamer Schutz für die unter 13-Jährigen.

Für die Frauen bedeutete die Arbeit eine gewaltige Mehrbelastung: Sie mussten sich um die Kinder und den Haushalt kümmern – elektrische Haushaltsgeräte gab es noch nicht – und täglich mehrere Stunden in der Fabrik oder zu Hause an einem Heimarbeitsplatz arbeiten. Da der Verdienstausfall zu hoch gewesen wäre, konnten sich die Frauen auch nicht während der Schwangerschaft oder nach der Entbindung schonen. Neben der Fabrikarbeit fanden Mädchen manchmal eine Anstellung als Dienstmädchen. Meist hatten sie bei der „Herrschaft" eine Schlafstelle und mussten rund um die Uhr zur Verfügung stehen.

Elende Wohnverhältnisse

Wegen des akuten Wohnungsmangels drängten sich viele Menschen auf sehr kleinem Raum – sechs Personen in einem Zimmer waren lange Zeit keine Seltenheit. Dabei bewohnte eine Familie eine kleine und meist teure Wohnung mit 1–2 Zimmern.

Bis Ende des 19. Jahrhunderts gab es in vielen Ballungsgebieten weder fließendes Wasser noch eine Kanalisation. Die Wohnungen waren dunkel, schlecht zu lüften, häufig kalt, feucht oder gar schimmlig. Unter diesen unhygienischen Bedingungen konnten sich gefährliche Krankheiten wie Tuberkulose oder Cholera stark ausbreiten. Um das Familieneinkommen aufzubessern, wurden Teile der engen Wohnungen untervermietet. Oft vermietete man auch ein Bett im Rhythmus der Fabrikschichten stundenweise an mehrere Schlafgänger.

M 3 Mietskasernen
Berlin-Wedding, Foto von 1929

Arbeiter und Unternehmer im Widerstreit – Bild- und Textquellen auswerten

M 5 **„Der Streik"**, Gemälde von Robert Koehler, 1886

M 6 Alfred Krupp

Alfred Krupp an seine Arbeiter (1877) :

Ich habe den Mut gehabt, für die Verbesserung der Lage der Arbeiter Wohnungen zu bauen, ihnen Schulen zu gründen und Einrichtungen zu treffen zur billigen Beschaffung von allem Bedarf. Ich habe mich dadurch in eine Schuldenlast gesetzt, die abgetragen werden muss. Damit dies geschehen kann, muss jeder seine Schuldigkeit tun in Frieden und Eintracht und in Übereinstimmung mit unsern Vorschriften [...].
Genießet, was Euch beschieden ist. Nach getaner Arbeit verbleibt im Kreise der Eurigen, bei den Eltern, bei der Frau und den Kindern und sinnt über Haushalt und Erziehung. Das sei Eure Politik, dabei werdet ihr frohe Stunden erleben. Aber für die große Landespolitik erspart Euch die Aufregung. Höhere Politik treiben erfordert mehr freie Zeit und Einblick in die Verhältnisse, als dem Arbeiter verliehen ist.

Wilhelm Berdrow (Hg.), Alfred Krupps Briefe 1826–1887, Berlin 1928, S. 346 ff.

M 7 „Der Herr im Haus"

Der Industrielle Stumm-Halberg berichtet 1878 über sein System der „milden und der strengen Hand":

Wenn ein Fabrikunternehmen gedeihen soll, so muss es militärisch, nicht parlamentarisch geordnet sein. Hat ein Arbeiter einmal die Autorität des Arbeitgebers über den Haufen geworfen, dann wird die Autorität auf anderen Gebieten, in Staat und Kirche, sehr bald folgen. [...]
Ich könnte eine ganze Reihe von Handlungen von Arbeitern außerhalb des Betriebes nennen, gegen die ich es für die absolute Pflicht eines Arbeitgebers halte, einzuschreiten und sich nicht auf den bequemen Standpunkt zurückzuziehen und zu sagen: das, was der Arbeiter außerhalb des Betriebes macht, ist mir gleichgültig.
Ich tue damit einfach meine Pflicht als Mensch, als Christ und als Haupt der großen Neunkircher Arbeiterfamilie.

Fritz Hellwig, Carl Ferdinand Freiherr von Stumm-Halberg, Heidelberg 1936, S. 295–300.

Die Geburt einer Idee – Eine politische Kampfschrift analysieren

M 8 „Manifest der Kommunistischen Partei"

a) Karl Marx und Friedrich Engels verfassten im Auftrag des „Bundes der Kommunisten" dessen programmatische Schrift, das „Manifest der Kommunistischen Partei". Im Februar 1848 wurde das Manifest veröffentlicht und verbreitete sich rasch in revolutionären Kreisen. Die vermutlich einflussreichste politische Schrift im Bereich des Sozialismus und Kommunismus beginnt folgendermaßen:

Ein Gespenst geht um in Europa – das Gespenst des Kommunismus. Alle Mächte des alten Europa haben sich zu einer heiligen Hetzjagd gegen dies Gespenst verbündet, der Papst und der Zar, Metternich und Guizot, französische Radikale und deutsche Polizisten.
Wo ist die Oppositionspartei, die nicht von ihren regierenden Gegnern als kommunistisch verschrien worden wäre, wo die Oppositionspartei, die den fortgeschritteneren Oppositionsleuten sowohl wie ihren reaktionären Gegnern den brandmarkenden Vorwurf des Kommunismus nicht zurückgeschleudert hätte?
Zweierlei geht aus dieser Tatsache hervor.
Der Kommunismus wird bereits von allen europäischen Mächten als eine Macht anerkannt.
Es ist hohe Zeit, dass die Kommunisten ihre Anschauungsweise, ihre Zwecke, ihre Tendenzen vor der ganzen Welt offen darlegen und dem Märchen vom Gespenst des Kommunismus ein Manifest der Partei selbst entgegenstellen.
Zu diesem Zweck haben sich Kommunisten der verschiedensten Nationalität in London versammelt und das folgende Manifest entworfen, das in englischer, französischer, deutscher, italienischer, flämischer und dänischer Sprache veröffentlicht wird. [...]

b) Das Manifest endet wie folgt:

Die Kommunisten unterstützen überall jede revolutionäre Bewegung gegen die bestehenden gesellschaftlichen und politischen Zustände. In allen diesen Bewegungen heben sie die Eigentumsfrage [...] als die Grundfrage der Bewegung hervor. Die Kommunisten arbeiten endlich überall an der Verbindung und Verständigung der demokratischen Parteien aller Länder.
Die Kommunisten verschmähen es, ihre Ansichten und Absichten zu verheimlichen. Sie erklären es offen, dass ihre Zwecke nur erreicht werden können durch den gewaltsamen Umsturz aller bisherigen Gesellschaftsordnung. Mögen die herrschenden Klassen vor einer kommunistischen Revolution zittern. Die Proletarier haben nichts in ihr zu verlieren als ihre Ketten. Sie haben eine Welt zu gewinnen.
Proletarier aller Länder, vereinigt euch!

Karl Marx, Friedrich Engels, Manifest der Kommunistischen Partei, in: Karl Marx, Friedrich Engels – Ausgewählte Schriften in zwei Bänden, Band 1, Berlin 1966, S. 56 f.

Aufgaben

1. Nenne Ursachen, Folgen und Gefahren der Massenarmut.
   → Text
2. Nenne die Ansätze zur Lösung der „Sozialen Frage".
   → Text
3. a) Unterteile das Bild „Der Streik" in Abschnitte mit Handlungsschwerpunkten und beschreibe die „Geschichte" der jeweiligen Handlung.
   b) Überlege, warum das Bild die Entstehung eines Streiks so ausführlich darstellt.
   → M5
4. a) Wie begründen die Unternehmer Krupp und Stumm-Halberg ihren Standpunkt?
   b) Erläutere das Bild, das beide Unternehmer von Arbeiter und Arbeitgeber haben.
   → M6, M7
5. a) Fasse das Programm und die Vorstellungen des „Bundes der Kommunisten" zusammen.
   b) Wie charakterisiert Marx die Geschichte der Menschheit?
   c) Erkläre, warum Unternehmer und Politiker den Kommunismus als bedrohlich empfanden.
   → Text, M8

Der Harz – Ein beliebtes Urlaubsziel

Als nördlichstes Mittelgebirge Deutschlands ist der Harz für Besucher aus dem In- und Ausland heute ein wichtiges Urlaubsziel. Mehr als eineinhalb Millionen Gäste kommen allein jedes Jahr auf den 1142 m hohen Brockengipfel. Wo sind die Ursprünge für den Tourismus in dieser Region zu suchen? Wie erfolgte die Erschließung des Mittelgebirges?

M 1 Harzquer- und Brockenbahn
Die Eisenbahn trug ab der Mitte des 19. Jahrhunderts wesentlich zur touristischen Erschließung des Harzes bei. Besondere Bedeutung bis in die Gegenwart besitzt die 1899 eröffnete Brockenbahn, die ihre Fahrgäste bis auf den höchsten Harzgipfel befördert, aktuelles Foto.

Die ersten Harzreisenden

Ab dem 16. Jahrhundert wagten sich vorwiegend einzelne Naturwissenschaftler in die damals weitgehend unerschlossenen Wälder des Harzes. Sie nahmen große Schwierigkeiten auf sich, um beispielsweise die Pflanzen- und Tierwelt zu erkunden. Straßen und sichere Wege fehlten hier ebenso wie Herbergen und Gasthäuser. Größte Mühe bereitete es, den Brocken zu besteigen. Neben den zahlreichen Klippen und umgestürzten Bäumen erschwerte den Forschern besonders das Klima in den Höhenlagen das Fortkommen. Hinzu kam der in der damaligen Bevölkerung weitverbreitete Aberglaube, dass der höchste Harzgipfel ein Treffpunkt von Hexen und Teufeln sei.

Anfänge der touristischen Erschließung

Mit der Aufklärung nahm die Zahl der Harzreisenden zu. Vor allem Gelehrte und Studenten, Adlige und Künstler brachen im 18. und beginnenden 19. Jahrhundert auf, um das Gebirge zu erkunden oder um sich an seinen Naturschönheiten zu erfreuen. Wichtige touristische Ziele waren damals neben dem Brocken die Rübeländer Höhlen, die Bergwerke von Clausthal-Zellerfeld, Ruinen wie der Regenstein bei Blankenburg und die Felsformationen der Roßtrappe bei Thale.

Mit der langsamen Zunahme der Reisenden ging die Erschließung des Gebirges einher. Das Grafenhaus Stolberg-Wernigerode, zu dessen Besitz der Brocken gehörte, ließ so bereits in der ersten Hälfte des 18. Jahrhunderts direkt auf dem Gipfel dieses Berges ein kleines steinernes Schutzhaus, das „Wolkenhäuschen“, errichten. Gleichzeitig wurden Wege angelegt, die es den Harzbesuchern ermöglichten, von Wernigerode bzw. Ilsenburg mit Pferdewagen bis hinauf zum Brocken zu fahren. Im Jahre 1800 eröffnete direkt auf dem Harzgipfel ein Wirtshaus, das „Brockenhaus“. Es wurde im Verlaufe des 19. und beginnenden 20. Jahrhunderts schrittweise vergrößert und modernisiert.

Die Sommer- und Winterfrischen

Die mit der Industrialisierung einhergehenden Veränderungen führten dazu, dass mehr und mehr Menschen aus dem Bürgertum der Großstädte Erholung vom Arbeitsalltag suchten. Besonders Unternehmer, Beamte, Akademiker und Offiziere verfügten über die notwendigen Geldmittel, um für ihre Familie einen mehrwöchigen Aufenthalt in einer der Sommerfrischen zu bezahlen. Zu solchen touristischen Räumen entwickelten sich in der zweiten Hälfte des 19. Jahrhunderts im Harz Städte wie Goslar, Harzburg oder Wernigerode, die am Fuß des Gebirges lagen, eine reizvolle Umgebung sowie ein gesundes und mildes Klima boten. Höher gelegene Orte wie Schierke und Braunlage profitierten später besonders von der Entdeckung des Skisports. Sie entwickelten sich zu so genannten Winterfrischen.

M 2 **Der Brocken** Kupferstich, Anfang des 19. Jahrhunderts

M 3 **Der Brocken** Holzstich, Ende des 19. Jahrhunderts

M 4 **Der Brocken** Fotografie, Anfang des 21. Jahrhunderts

Aufgaben

1. Beschreibe und vergleiche die beiden Stiche aus dem 19. Jahrhundert. Achte dabei besonders auf die abgebildeten Personen und Gebäude.
   → M2, M3
2. Versetze dich mit deinem Banknachbarn in zwei der auf den Stichen dargestellten Personen. Führt einen Dialog über eure Eindrücke auf dem Brokken.
   → M2, M3
3. Erkläre mithilfe der drei Bilder die Nutzung des Brockengipfels zu unterschiedlichen Zeiten.
   → M2, M3, M4

Erfindung der Dampfmaschine (1769)

Wiener Kongress (1815)

Erste Eisenbahnstrecke in Deutschland eröffnet (1835)

Karl Marx verfasst das Kommunistisch Manifest (184

1765 | 1780 | 1805 | 1820 | 1835

Zusammenfassung

Seit dem Ende des 18. Jahrhunderts vollzog sich eine Entwicklung von weltgeschichtlicher Bedeutung: die Industrielle Revolution. Die Produktion von Gütern erfolgte nunmehr in Fabriken mithilfe von Maschinen, zugleich ergab sich ein tief greifender Wandel im Leben und Denken aller Menschen.

Die Industrialisierung begann mit der Erfindung der Dampfmaschine von James Watt 1789, die ein Zeitalter der Maschinen und Fabriken einleitete. Ausgehend von England als führender Industrienation erfasste die Entwicklung um 1830 auch Mitteleuropa und Deutschland. Während in England jedoch die Textilindustrie der Industrialisierung zum Durchbruch verhalf, war in Deutschland der Eisenbahnbau der auslösende Faktor. Staatliche Maßnahmen förderten die Entwicklung aller Industriesparten und bildeten eine wichtige Voraussetzung für Deutschlands industriellen Aufschwung.

In Industrieregionen wie dem Bitterfelder Raum wurden der Bergbau, die chemische Industrie sowie der Maschinenbau zu Vorreitern einer industriellen Entwicklung. Hier und in anderen Ballungsgebieten kam es zu einer Verstädterung: Industriestädte erlebten einen gewaltigen Bevölkerungszuwachs.

Besonders in ihrer frühen Phase zeigte sich aber auch die Schattenseite der Industriellen Revolution am Elend der Arbeiterklasse. Sie erduldete unzumutbare Arbeitsbedingungen, menschenunwürdige Wohnverhältnisse, niedrige Löhne, schwere Frauen- und Kinderarbeit sowie nahezu uneingeschränkte Willkür des Arbeitgebers.

Versuche zur Lösung der „Sozialen Frage" kamen von einzelnen Unternehmern, der Kirche, vor allem jedoch durch die vom Staat eingeleitete Sozialgesetzgebung. Die Arbeiter selbst bemühten sich im Rahmen von Gewerkschaften und Arbeiterparteien um eine Durchsetzung ihrer Interessen. Revolutionär wirkte die Lehre des Kommunismus, die Karl Marx und Friedrich Engels 1848 in ihrem „Kommunistischen Manifest" propagiert hatten. Sie enthielt die Vorstellung einer klassenlosen, gerechten Gesellschaft, die durch Umsturz der bestehenden Gesellschaftsordnung erreicht werden sollte.

Zunehmende Industrialisierung
——————>>> in Deutschland

Industriezentren entstehen

Urbanisierung

Deutschland ist Industrienation

1865 | 1880 | 1885 | 1910 | 1925

Daten

1769 Erfindung der Dampfmaschine durch James Watt

um 1780 und 1830 Beginn der Industrialisierung in England und Deutschland

1835 Erste deutsche Eisenbahn

Begriffe

Industrielle Revolution
Kommunismus
Proletariat
Soziale Frage
Gewerkschaften

Personen

James Watt
Karl Marx
Alfred Krupp

Tipps zum Thema: Industrialisierung und Soziale Frage

Filmtipp

Industrialisierung und Soziale Frage. Auftakt an der Ruhr, Deutschland 2005

Die Industrielle Revolution, Deutschland 2004

Moderne Zeiten. Webstuhl, Stickstoff, Mikroskope, Deutschland 2000

Lesetipp

Waldtraut Lewin: Luise, Hinterhof Nord. Ein Haus in Berlin 1890, Ravensburg 2007

Karin Grütter/Annamarie Ryter: Stärker, als ihr denkt, München 1991 (Schweizer Jugendliteraturpreis)

Museen

Technikmuseum Magdeburg
Kulturhistorisches Museum Magdeburg
Börde-Museum Burg Ummendorf
Brikettfabrik Zeitz Herrmannschacht
Industrie- und Filmmuseum Wolfen

Kommentierte Links: www.westermann.de/geschichte-linkliste

Kartoffel-Verkauf
am Alexanderplatz in Berlin, Fotografie um 1916

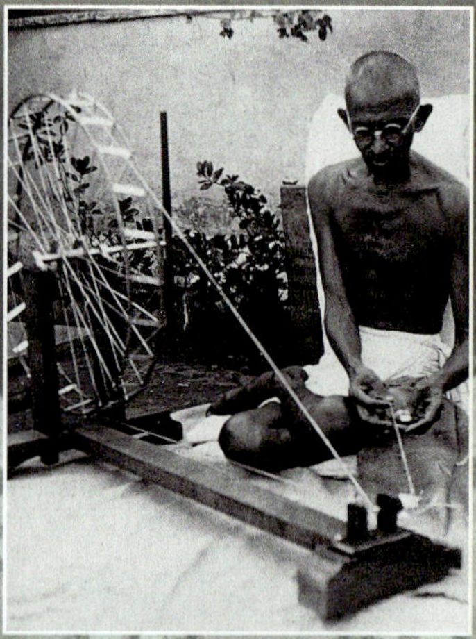

Mahatma Gandhi (1869–1948)
Fotografie, Anfang 20. Jh.

Soldatenabschied 1914

Ein Deutscher in Ostafrika, 1906
Der Reichstagsabgeordnete Otto Arendt besucht die deutsche Kolonie

Gräberfelder in Verdun

Das Zeitalter des Imperialismus

Vorgeschichte

Seit Beginn der Neuzeit hatten europäische Seefahrer immer neue Regionen der Erde in Amerika, Afrika, Asien und Australien entdeckt. Ihnen folgten Eroberer, Missionare und Kaufleute, die in den gewonnenen Gebieten Handelsniederlassungen und Missionsstationen errichteten. Aus dem Zusammenschluss dieser verschiedenartigen Besitzungen in Übersee entstanden die Kolonialreiche Spaniens, Portugals, Großbritanniens und anderer europäischer Staaten. Häufig waren dabei private Handelsgesellschaften Träger der Kolonialpolitik, die die Regierung des Mutterlandes förderte, ohne aber direkt dafür verantwortlich zu sein. Fast alle Kolonialerwerbungen folgten dem Grundsatz „The flag follows the trade“: Die Flagge folgt dem Handel!

Historische Einordnung

Die Entstehung rivalisierender Nationalstaaten und die fortschreitende Industrialisierung veränderten jedoch das Mächtesystem. Die gro-ßen Industrieländer verfolgten seit Ende des 19. Jahrhunderts eine aktive Kolonialpolitik, vorangetrieben durch einen übersteigerten Nationalismus. Statt einzelne „Schutzgebiete“ zu erwerben, suchten sie künftig einen möglichst umfangreichen Herrschaftsraum (lat. imperium) außerhalb der nationalen Grenzen zu gewinnen. Der sprunghafte Fortschritt

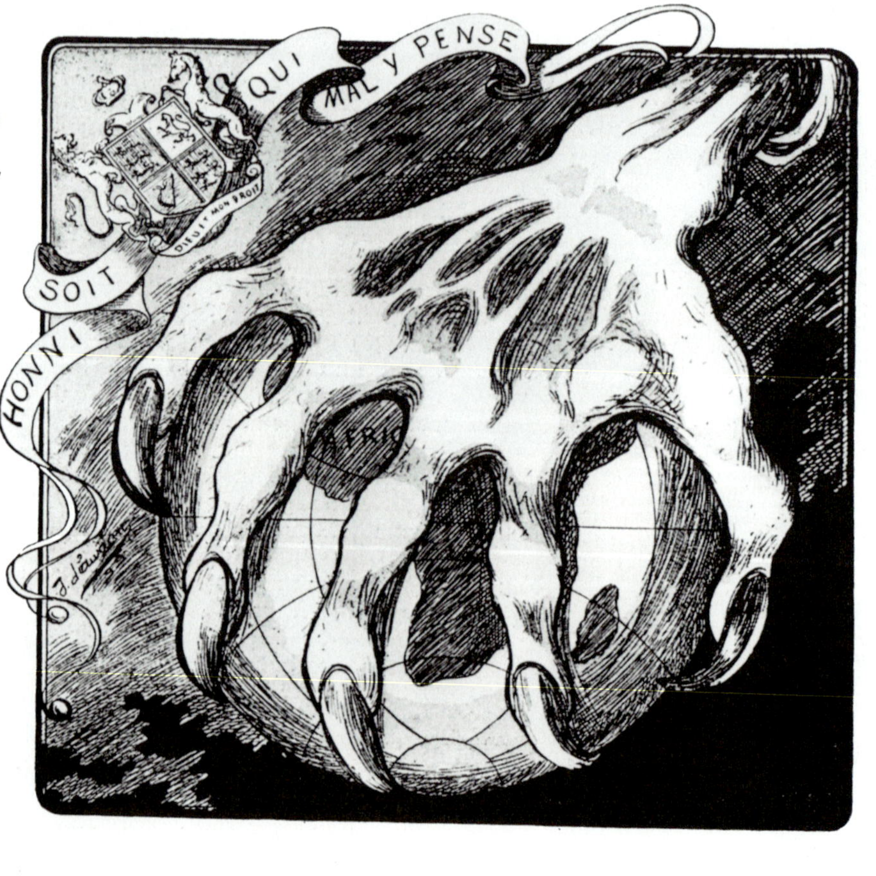

M 1 Die Welt in der Kralle
Die französische Karikatur von 1899 zeigt die Welt in den Krallen Großbritanniens. Der Text „Verachtet sei, wer Böses dabei denkt“ ist das Motto des höchsten englischen Ordens.

der Technik und die wachsende Industrieproduktion ermöglichten die Durchdringung großer Räume. Dieses Streben nach umfassender Beherrschung fremder Gebiete nennt man Imperialismus.

Der Imperialismus erreichte sein Ziel durch militärische Intervention, Kapitalexport und kulturelle Beeinflussung. So machte er ein Land und seine Bevölkerung abhängig und schuf die Voraussetzungen für seine koloniale Ausbeutung.

Bestimmende Faktoren des Imperialismus waren jedoch nicht nur Rohstoffinteressen und überseeische Absatzmärkte: Imperialistische Herrschaft rechtfertigte sich auch mit der angeblichen „Mission des weißen Mannes“, die westliche Zivilisation in allen Teilen der Welt zu verbreiten. Das ging einher mit der festen Überzeugung einer Überlegenheit der „weißen Rasse“.

Europäisierung und Aufteilung der Welt

Eckdaten für das Zeitalter des Imperialismus sind die Besetzung Ägyptens durch Großbritannien im Jahr 1882 und das Ende des Ersten Weltkriegs 1918. Von den europäischen Staaten trieb Großbritannien als früh entwickeltes Industrieland zuerst eine imperialistische Politik, Deutschland als spät entstandener Nationalstaat zuletzt. Daneben beteiligten sich vor allem Frankreich, Italien, Japan, Belgien und die USA am Wettlauf um die Aufteilung der Welt.

M 2

Kolonialreiche um 1914

Besitzungen:

- Belgien (B)
- Dänemark (Dk)
- Deutschland (D)
- Frankreich (F)
- Großbritannien (GB)
- Italien (I)
- Japan (J)
- Niederlande (N)
- Portugal (P)
- Russland
- Spanien (S)
- Vereinigte Staaten (USA)

Koloniale Besitzungen – Arbeiten mit Statistiken

M 3

Großbritannien – koloniale Besitzungen 11252E

Besitzungen in	1881 km²	1881 Bevölkerung	1895 km²	1895 Bevölkerung	1912 km²	1912 Bevölkerung
Europa	375	172613	328	203266	328	246458
Amerika	9267707	5278366	9491401	6790070	10335558	9534141
Afrika	670953	2141645	5965519	27161174	6209602	35833501
Asien	4400768	243697000	5324379	296749727	5281000	324628804
Australien/ Ozeanien	8055489	2616131	8240059	4773707	8261341	6452978
gesamt	22395292	253905755	29021686	335677944	30087829	376695882

Quelle: Wolfgang J. Mommsen, Imperialismus, Hamburg 1977, S. 37

M 4

Die Französische Republik – koloniale Besitzungen 11253E

Besitzungen in	1881 km²	1881 Bevölkerung	1895 km²	1895 Bevölkerung	1912 km²	1912 Bevölkerung
Afrika	320972[1]	3288756	2381476	14894783	6480200[2]	27292626
Asien	60007	1863000	490009	19132263	720759	17294392
Amerika	124504	257548	81993	377341	82000	452005
Australien/ Ozeanien	21103	61000	623599	3845728	623770	3458107
gesamt	526586	5470304	3577077	38850115	7906729	48497130

[1] ohne Senegambien und Gabun
[2] ohne Marokko (1911: 569400; 3,6 Mill.)

Quelle: Wolfgang J. Mommsen, Imperialismus, Hamburg 1977, S. 37

M 5

Das Deutsche Reich – koloniale Besitzungen 11254E

Besitzungen in	1881 km²	1881 Bevölkerung	1895 km²	1895 Bevölkerung	1912 km²	1912 Bevölkerung
Afrika	–	–	2385100	6950000	2657300	11163539
Neuguinea	–	–	255900	387000	242000	602478
Südsee-Inseln	–	–	400	12824	2600	37985
China	–	–	–	–	552	173225
gesamt	–	–	2641400	7349824	2907452	11977277

Quelle: Wolfgang J. Mommsen, Imperialismus, Hamburg 1977, S. 37

M 6

USA – koloniale Besitzungen 11255E

Besitzungen in	1881 km²	1881 Bevölkerung	1895 km²	1895 Bevölkerung	1912 km²	1912 Bevölkerung
Mittelamerika und Westindische Inseln[1]	–	–	–	–	10567	1272267
Pazifik[2]	–	–	–	–	297027	8387918
gesamt	–	–	–	–	307594	9660185

[1] Philippinen; Samoa; Sulu-Arch
[2] nicht mitgezählt wurden Alaska, Columbia, Hawaii

Quelle: Wolfgang J. Mommsen, Imperialismus, Hamburg 1977, S. 37

Imperialismus – Einen Begriff klären

M 7 Imperialismus

a) Der Begriff „Imperialismus" wurde zu verschiedenen Zeiten unterschiedlich gebraucht, wie die folgenden Ausschnitte aus einem Konversationslexikon zeigen. Aus dem Jahre 1905:

Imperialismus (neulat.), Bezeichnung für den politischen Zustand der Staaten, in denen, wie unter römischen Kaisern, nicht das Gesetz, sondern die auf Militärmacht sich stützende Willkür des Regenten herrscht.

Meyers Großes Konversations-Lexikon, 6. Auflage, 9. Band, Leipzig/Wien 1905, S. 778.

b) Aus dem Jahr 1927:

Imperialismus (neulat.), ein politisches, zu verschiedenen Zeiten verschieden verwendetes Schlagwort. [...]
Neuen Inhalt erhielt das Wort nach 1900 [...]: einerseits Zusammenschluss Großbritanniens mit seinen Kolonialreichen, Organisation des Weltreichs, dazu Ausdehnung, planmäßiges Ausgreifen, um den Zusammenschluss zu ermöglichen, Wettbewerber auszuschalten [...]; außerhalb Großbritanniens jedes Herrschaftsstreben im Gegensatz zur grundsätzlichen Selbstbeschränkung und zur Betonung des Innerstaatlichen. Im engeren Sinn wird I. das Streben nach dem „Großreich" genannt. In beiden Bedeutungen dient das Wort auch zur Kennzeichnung älterer entsprechender Geschichtsepochen.
H. Fredjung („Das Zeitalter des Imperialismus", 1919-22, 3 Bde.) hat zuerst die Zeit von 1880 bis zum Weltkrieg als Zeitalter des I. bezeichnet.

Meyers Lexikon, 7. Aufl., 6. Band, Hornberg-Korrektur, Leipzig 1927, Sp. 377 f., hier 377.

c) Aus dem Jahr 1974:

Imperialismus [frz., zu lat. imperialis = die Staatsgewalt betreffend, kaiserlich],
polit.-ökonom. Herrschaftsverhältnis mit dem Ziel, die Bevölkerung eines fremden Landes mit polit., ökonom., kulturellen und ideolog. Mitteln zu beeinflussen, auszubeuten, abhängig zu machen und direkt oder indirekt zu beherrschen. Historisch wurde die Bez. zuerst auf die Beherrschung von Absatz- und Kapitalmärkten angewandt, dann auch auf die polit.-ökonom. Expansionspolitik der europ. Großmächte, Japans und der USA vom letzten Drittel des 19. Jhs. bis zum 1. Weltkrieg, deren Ziel die Imperialismusbildung oder die polit.-formale Kontrolle (auch Interessensphäre) unterentwickelt-vorindustrieller, meist überseeischer Gebiete war.

Meyers Enzyklopädisches Lexikon, Mannheim/Wien/Zürich 1974, Bd. 12, Hf–Iz, S. 485.

Aufgaben

1. a) Erläutere, weshalb die Entstehung von Kolonialreichen eine „Europäisierung der Welt" bedeutete.
   b) Nenne den Zeitraum, in dem es zum Aufbau von Kolonialreichen kam.
   → Text
2. a) Beschreibe, wie sich der Kolonialbesitz in den angegebenen Staaten zwischen 1881 und 1912 entwickelt hat.
   b) Welches der angegebenen Länder hatte den größten Kolonialbesitz?
   c) Auf welchen Kontinenten lagen die Schwerpunkte des Kolonialbesitzes von Großbritannien, Frankreich, dem Deutschen Reich und der USA?
   → M3–M6
3. Beurteile, bei welchem Staat der Kolonialbesitz geografisch besonders günstig lag.
   → M2
4. a) Vergleiche die Lexikoneinträge aus den Jahren 1905, 1927 und 1974. Seit wann wird der Begriff zur Bezeichnung einer historischen Epoche verwendet?
   b) Wie wird der Imperialismus in den Lexikonartikeln von 1927 und 1974 jeweils bewertet?
   c) Suche eine aktuelle Definition und überlege, ob sich die Bedeutung des Begriffes seit 1974 verändert hat.
   → M7, Internet oder Lexikon

Britischer Imperialismus

Großbritannien beherrscht ein Weltreich

Als das Zeitalter des Imperialismus begann, besaß Großbritannien bereits zahlreiche Kolonien. Dieses Kolonialreich zu vergrößern, war das Ziel des Premierministers Benjamin Disraeli (1868–1880). Er legte den Grund zum britischen Empire, dem britischen Weltreich.

Machtpolitische Grundlage des britischen Empire war die Flotte. Um den Seeweg nach Indien - der wichtigsten Kolonie - zu sichern, erwarb der britische Staat die Aktien des Suezkanals und unterwarf Ägypten 1882 seiner „Schutzherrschaft“. Mit dem „Kap-Kairo-Plan“ verfolgte London die Absicht, ein geschlossenes Kolonialgebiet von Südafrika bis Ägypten zu errichten. Führender Vertreter des Commonwealth-Gedankens war der Kolonialminister Joseph Chamberlain.

Indien - Das britische „Kronjuwel“

Der indische Subkontinent zerfiel in zahlreiche Fürstentümer, die die Engländer durch Verträge und Waffengewalt nach und nach unter ihre Herrschaft brachten. Daneben bestand Britisch-Indien als unmittelbar unterworfenes Gebiet, das der englischen Verwaltung unterstand. Um die Abhängigkeit der Kolonie zu unterstreichen, veranlasste Disraeli die englische Königin Viktoria im Jahr 1877, den Titel einer „Kaiserin von Indien“ anzunehmen. Königin Viktoria hat das Land, dessen Kaiserin sie war, jedoch nie gesehen. An der Spitze der Verwaltung stand vielmehr ein Vizekönig.

Die indischen Völker mussten nicht nur durch Steuern das Militär und die Beamten der Kolonialmacht unterhalten, sondern auch Tribute an die britische Staatskasse entrichten. Große Profite erzielten auch die englischen Kaufleute und Kapitäne, denn britische Industriewaren überschwemmten den indischen Markt. Indische Plantagen lieferten Baumwolle, Tee und Jute, eine Faser, die zur Herstellung von Verpackungsmaterial genutzt wurde. Zur besseren Erschließung ihrer Kolonie bauten die Engländer Straßen, Eisenbahnen und Häfen. Diese Maßnahmen begünstigten vor allem die Verbreitung britischer Industrieprodukte.

M 1 **Königin Viktoria (1837–1901)** mit einem indischen Diener, Fotografie, Ende 19. Jahrhundert

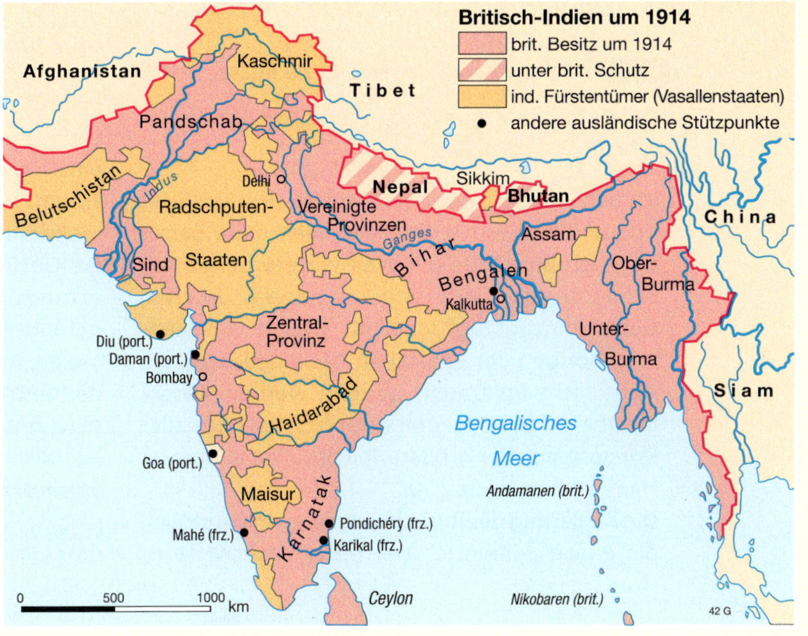

M 2

Direkte und indirekte Herrschaft

Die Einheit der Kolonie sicherten Beamte, Militär und Polizei. Für die Verwaltung hatte London einen besonderen Dienst geschaffen, den „Indian Civil Service“. Die indischen Fürsten begrüßten die Tätigkeit der englischen Beamten und unterstützten sie, denn die Engländer verstanden es, sich die Sympathien der einheimischen Oberschicht zu verschaffen. So konnten sie gleichsam eine indirekte Herrschaft ausüben.

Der indische Freiheitskampf

Mit dem aufkommenden Nationalgefühl der Inder wuchs auch die Bereitschaft zum Widerstand gegen die Fremdherrschaft. Gebildete Vertreter der Mittelschicht verlangten mehr Einfluss auf die Regierung. Um den Forderungen entgegenzukommen und die Unzufriedenheit zu kanalisieren, unterstützten die Briten die Bildung eines National-Kongresses, dessen erste Sitzung 1885 in Bombay erfolgte. Aus ihm ging die Kongress-Partei als stärkste Partei des Landes hervor.

Hungersnöte, Pestepidemien und die Teilung der Provinz Bengalen stärkten jedoch um 1900 die Kampfbereitschaft der indischen Nationalisten gegen die britische Herrschaft. Sie führten ihren Kampf mit Terror und Boykott (Kaufstreik) gegen englische Einrichtungen und Waren. Auf den Boykott reagierte die britische Regierung mit harten Gegenmaßnahmen. Die indischen Nationalisten gingen jedoch dazu über, entwürdigende Strafen als Opfer für den Freiheitskampf klaglos hinzunehmen. So entstand der gleichermaßen selbstbewusste und friedliche Widerstandswille der Inder als grundlegende Voraussetzung für Mahatma Gandhis Politik des passiven Widerstands.

Im Ersten Weltkrieg stellte Indien über eine Million Soldaten den britischen Streitkräften zur Verfügung. Viele Inder erwarteten als Ausgleich dafür die politische Unabhängigkeit, die Großbritannien jedoch erst im Jahr 1947 gewährte.

M 3 **Mahatma Gandhi (1869–1948)**
Der Freiheitskämpfer am Spinnrad, Fotografie, Anfang 20. Jh.

Cecil Rhodes – Ein Vertreter des Imperialismus

M 4 Die auserwählte englische Rasse

Der britische Kolonialpolitiker Cecil Rhodes im Jahr 1877:

Ich behaupte, dass wir die erste Rasse in der Welt sind und dass es für die Menschheit umso besser ist, je größere Teile der Welt wir bewohnen. Ich behaupte, dass jedes Stück Land, das unserem Gebiet hinzugefügt wird, die Geburt von mehr Angehörigen der englischen Rasse bedeutet, die sonst nicht ins Dasein gerufen worden wären. Darüber hinaus bedeutet es einfach das Ende aller Kriege, wenn der größere Teil der Welt in unserer Herrschaft aufgeht. [...]
Die Förderung des Britischen Empire, mit dem Ziel, die ganze zivilisierte Welt unter britische Herrschaft zu bringen, die Wiedergewinnung der Vereinigten Staaten, um die angelsächsische Rasse zu einem einzigen Weltreich zu machen. Was für ein Traum! Aber dennoch ist er wahrscheinlich. Er ist realisierbar. [...]
Da [Gott] sich die englischsprechende Rasse offensichtlich zu seinem auserwählten Werkzeug geformt hat, durch welches er einen auf Gerechtigkeit, Freiheit und Frieden gegründeten Zustand der Gesellschaft hervorbringen will, muss es auch seinem Wunsch entsprechen, dass ich alles in meiner Macht Stehende tue, um jener Rasse soviel Spielraum und Macht wie möglich zu verschaffen.

Wolfgang J. Mommsen, Imperialismus. Seine geistigen, politischen und wirtschaftlichen Grundlagen, Hamburg 1977, S. 48f.

M 5 „The Rhodes Colossus"

„Striding from Cape to Cairo"
(to stride = ausschreiten; große Schritte machen), englische Karikatur von 1892

Mahatma Gandhi – Ein Kämpfer für die Freiheit

M 6 Gewaltloser Widerstand

Aus Mahatma Gandhis Buch „Hind Swaraj" („Indische Selbstregierung"), 1908:

Wir werden die Freiheit erlangen, wenn wir lernen, uns selbst zu beherrschen. Wir brauchen nur zuzugreifen. Diese Freiheit ist kein Traum. Wir brauchen daher nicht zu warten. Die Freiheit, die ich dir und mir vor Augen führen will, ist von solcher Art, dass wir, wenn wir sie einmal begriffen haben, bis an unser Lebensende danach trachten, andere zu überreden, es uns nachzutun. Doch solche Freiheit muss von jedem Einzelnen am eigenen Leibe erfahren werden. Ein Ertrinkender kann nie einen Ertrinkenden retten. [...]

Ich glaube doch, dass du die Millionen Indiens glücklich sehen willst und nicht, dass du nur die Regierungsgewalt an dich bringen möchtest. Wenn dem so ist, dann gibt es nur einen Gedanken: Wie können die Millionen zur Selbstregierung gelangen? [...]

Passiver Widerstand ist eine Methode der Erringung von Rechten durch persönliches Leiden; es ist das Gegenteil von bewaffnetem Widerstand. Wenn ich mich weigere etwas zu tun, das gegen mein Gewissen geht, dann setze ich meine Seelenstärke ein.

Nehmen wir an, die Regierung hat ein Gesetz erlassen, das mich betrifft, das ich jedoch nicht billigen kann. Wenn ich die Regierung durch Gewaltanwendung dazu zwinge, das Gesetz zu widerrufen, wende ich sozusagen die Stärke meines Körpers an. Wenn ich jedoch das Gesetz übertrete und die Strafe für diese Übertretung auf mich nehme, dann wende ich meine Seelenstärke an. Es geht dabei um die Selbstaufopferung. Jedermann gesteht ein, dass die Selbstaufopferung weit höher zu bewerten ist als die Aufopferung anderer. [...]

Es ist eine Tatsache, dass die indische Nation im Allgemeinen den passiven Widerstand in den verschiedensten Lebensbereichen angewandt hat. Wir arbeiten mit unseren Herrschern nicht zusammen, wenn sie uns zuwider sind. Das ist passiver Widerstand. Ich kann mich an einen Fall erinnern: Als in einem kleinen Fürstenstaat einige Bauern sich durch einen Befehl des Fürsten beleidigt fühlten, zogen sie aus ihrem Dorf aus. Der Fürst war betroffen, entschuldigte sich bei seinen Untertanen und widerrief den Befehl. In Indien gibt es viele solcher Fälle. Wirkliche Selbstregierung ist nur dort möglich, wo passiver Widerstand die leitende Kraft des Volkes ist. Jede Regierung ist fremde Regierung. [...]

Aufgrund meiner langen Erfahrung glaube ich, dass jemand, der für sein Vaterland passiven Widerstand leisten will, vollkommene Keuschheit bewahren muss, freiwillige Armut auf sich nehmen muss, der Wahrheit folgen muss und sich zur Furchtlosigkeit erziehen muss.

Dietmar Rothermund, Der Freiheitskampf Indiens, Stuttgart 1976, S. 40 f.

Aufgaben

1. a) Stelle dar, warum es Großbritannien gelang, ein Weltreich aufzubauen.
   b) Erläutere, warum Indien als „Kronjuwel" bezeichnet wurde.
   → Text
2. Erkläre anhand eines Beispiels den Unterschied zwischen direkter und indirekter Herrschaft.
   → Text
3. a) Wie rechtfertigt Cecil Rhodes die britischen Kolonialherrschaft in Indien?
   b) Beurteile die Position von Cecil Rhodes aus deiner heutigen Sicht.
   → M4
4. Beschreibe die Karikatur und erläutere Titel und Untertitel.
   → M5
5. a) Fasse die Argumentation von Gandhi knapp zusammen.
   b) Sind passiver und gewaltloser Widerstand identisch? Begründe.
   c) Überlege, unter welchen Voraussetzungen passiver Widerstand erfolgreich sein kann.
   → M6

M 1 Speicherstadt in Hamburg
In der Hafenstadt Hamburg wurde ab 1884 die so genannte Speicherstadt als Freihafen errichtet, um hier insbesondere Kolonialwaren wie Kaffee und Tee zollfrei zwischen zu lagern, Fotografie von 2004.

Deutschland als Kolonialmacht

Erste Anfänge unter Bismarck

In den Ländern Afrikas und Asiens, die von der europäischen Kolonialherrschaft geprägt wurden, finden sich nur geringe deutsche Spuren. Das liegt daran, dass Deutschland im Gegensatz zu Großbritannien und Frankreich erst spät die imperialistische Arena betrat. Bismarck lehnte den Erwerb von Kolonien ab, weil ihm die Stabilisierung des 1871 gegründeten Deutschen Reichs im europäischen Mächtefeld wichtiger erschien als eine weitere Expansion in Übersee. Seine Außenpolitik folgte dem Grundsatz, Spannungen zwischen den europäischen Großmächten nach außen – also möglichst in die Kolonien – abzuleiten, um Deutschlands schwierige geografische Lage in der Mitte Europas zu sichern.

Im Zeitalter des Imperialismus entschied aber die in Übersee betriebene Politik zunehmend über die Position der Großmächte. Daher wurde im Kaiserreich immer häufiger gefordert, dass Deutschland beim Wettlauf um die Aufteilung der Welt nicht länger tatenlos zusehen solle. So bestimmte das Streben nach Prestige und Gleichberechtigung viele politische Entscheidungen.

Besonders Vertreter der Großindustrie verlangten den Erwerb von Kolonien. Sie versprachen sich davon die Einfuhr billiger Rohstoffe und die Erschließung neuer Absatzmärkte für die stark gestiegene Industrieproduktion. So erwarb das Deutsche Reich nach 1884 so genannte „Schutzgebiete" in Afrika und in der Südsee. Dazu zählten Togo, Kamerun, Deutsch-Ostafrika, Deutsch-Südwestafrika und Inselgruppen im Pazifik wie die Marshall-Inseln. Im Vergleich zu anderen Mächten war dieser Kolonialbesitz jedoch unbedeutend.

M 2

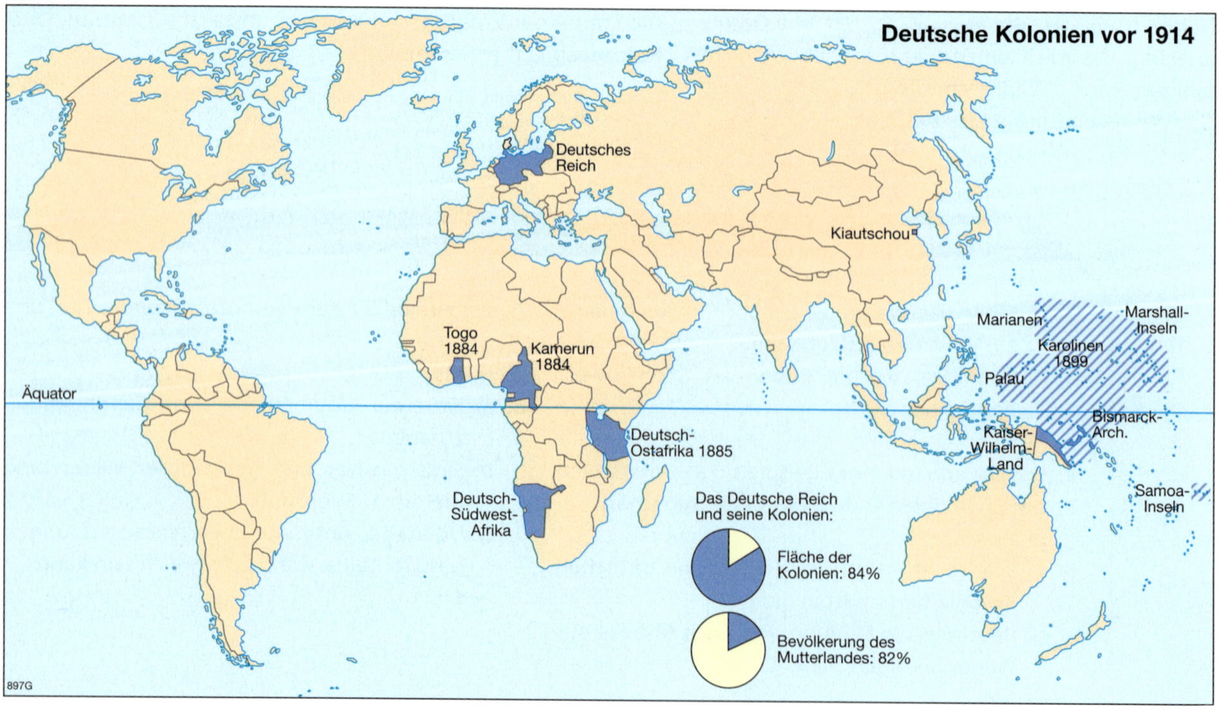

Deutschlands Eintritt in den Kreis der imperialistischen Großmächte

Nach Bismarcks Rücktritt vom Amt des Reichskanzlers 1890 und dem Beginn des „persönlichen Regiments" Kaiser Wilhelms II. betrieb das Deutsche Reich eine offensive imperialistische Politik. Deutschland wollte, wie der damalige Reichskanzler von Bülow erklärte, auch einen „Platz an der Sonne".

Interessengruppen wie der Alldeutsche Verband und der Flottenverein unterstützten auf aggressive Art und Weise diese Politik in der Öffentlichkeit. Da die älteren Kolonialmächte jedoch entschlossen waren, ihre Positionen zu behaupten, erschien ihnen Deutschland als Störenfried und lästiger Konkurrent.

Der Aufbau einer starken Kriegsflotte seit 1897 markierte den Übergang Deutschlands zur Weltpolitik. Damit verfolgte Admiral Alfred von Tirpitz, Staatssekretär des Reichsmarineamtes, das Ziel, die vom Kaiserreich beanspruchte Weltmachtstellung gegenüber Großbritannien durchzusetzen. „Unsere Zukunft liegt auf dem Wasser", meinte Kaiser Wilhelm II. Das Flottenbauprogramm trübte indes die Beziehungen zu Großbritannien, das sich jetzt zu einem Rüstungswettkampf gezwungen sah, um seine Überlegenheit zur See aufrechtzuerhalten und sein Empire zu sichern.

Deutschland als Kolonialmacht

Bis zum Beginn des Ersten Weltkriegs 1914 hatte Deutschland sein Kolonialreich nicht wesentlich erweitern können. Weder wirtschaftlich noch bevölkerungspolitisch als Siedlungsland besaßen die deutschen Kolonien nennenswerte Bedeutung. Zudem waren die Kriege, die Deutschland zur Sicherung seiner Herrschaft führte, äußerst blutig und kostspielig. So zum Beispiel die Niederschlagung des Aufstands der Herero 1904/05 in Südwest-Afrika: Truppen unter General von Trotha trieben das Volk in die wasserlose Omaheke-Wüste, wo Zehntausende umkamen. Kriegsgewinnler waren allein Reeder und weiße Siedler.

M 3 „So kolonisiert der Deutsche"
Zeichnung (Ausschnitt) von Thomas Theodor Heine aus dem „Simplicissimus", 1904

Deutschland und seine Kolonien – Unterschiedliche Quellen auswerten

M 4 „Ein Platz an der Sonne"

Bernhard von Bülow, Staatssekretär im Auswärtigen Amt und von 1900 bis 1909 Reichskanzler, hielt am 6. Dezember 1897 folgende Rede im Reichstag:

Die Zeiten, wo der Deutsche dem einen seiner Nachbarn die Erde überließ, dem anderen das Meer und sich selbst den Himmel reservierte, wo die reine Doktrin thront –
[Heiterkeit – Bravo]
diese Zeiten sind vorüber. Wir betrachten es als eine unserer vornehmsten Aufgaben, gerade in Ostasien die Interessen unserer Schifffahrt, unseres Handels und unserer Industrie zu fördern und zu pflegen. […]
Wir müssen verlangen, dass der deutsche Missionar und der deutsche Unternehmer, die deutschen Waren, die deutsche Flagge und das deutsche Schiff in China geradeso geachtet werden, wie diejenigen anderer Mächte.
[Lebhaftes Bravo.]
Wir sind endlich gern bereit, in Ostasien den Interessen anderer Großmächte Rechnung zu tragen, in der sicheren Voraussicht, dass unsere eigenen Interessen gleichfalls die ihnen gebührende Würdigung finden.
[Bravo!]
Mit einem Worte: Wir wollen niemand in den Schatten stellen, aber wir verlangen auch unseren Platz an der Sonne.
[Bravo!]
In Ostasien wie in Westindien werden wir bestrebt sein, getreu den Überlieferungen der deutschen Politik, ohne unnötige Schärfe, aber auch ohne Schwäche unsere Rechte und unsere Interessen zu wahren.
[Lebhafter Beifall.]

Stenografische Berichte über die Verhandlungen des Reichstags, Bd. 1, Berlin 1898, S. 60, zit. nach: Geschichte in Quellen und Darstellung, Bd. 8, Stuttgart 2000, S. 269 f.

M 5 „Deutsches Colonien- und Reisespiel"
Ein Gesellschaftsspiel, um1900

Aufstand der Herero in Bild und Texten

M 6 Ende des Hereroaufstands
Überlebende des 1904 ausgebrochenen Hereroaufstands auf dem Marsch in die Zwangsarbeit. Dem Völkermord fielen etwa 80 % der Herero zum Opfer. Ihr Land wurde enteignet und an deutsche Siedler und Firmen verkauft, Fotografie, um 1907.

M 7 Aufstand der Herero

a) In der Darstellung des deutschen Generalstabs über den Aufstand der Herero hieß es 1904:

Keine Mühen, keine Entbehrungen wurden gescheut, um dem Feinde den letzten Rest seiner Widerstandskraft zu rauben; wie ein halb zu Tode gehetztes Wild war er von Wasserstelle zu Wasserstelle gescheucht, bis er schließlich willenlos ein Opfer der Natur seines eigenen Landes wurde. Die wasserlose Omaheke sollte vollenden, was die deutschen Waffen begonnen hatten: die Vernichtung des Hererovolkes […].
Das Röcheln der Sterbenden und das Wutgeschrei des Wahnsinnes […] sie verhallten in der erhabenen Stille der Unendlichkeit! Das Strafgericht hatte sein Ende gefunden. Die Hereros hatten aufgehört, ein selbstständiger Volksstamm zu sein.

Die Kämpfe der deutschen Truppen in Südwestafrika, Berlin 1906, S. 211–218.

b) Stellungnahme des Auswärtigen Amtes aus dem Jahre 2006:

Die Auseinandersetzung zwischen der damaligen deutschen Kolonialverwaltung und den Herero im Jahre 1904 ist ein dunkles Kapitel unserer bilateralen Beziehungen. Die Bundesregierung bekennt sich zu der besonderen historischen und moralischen Verantwortung gegenüber Namibia. Der Deutsche Bundestag hat dies in seinen Entschließungen vom April 1989 und Juni 2004 bestätigt. Die Bundesregierung kommt ihrer besonderen Veranwortung insbesondere durch eine verstärkte bilaterale Zusammenarbeit, auch auf dem Gebiet der Entwicklungszusammenarbeit, nach. Namibia erhält pro Kopf der Bevölkerung den größten Anteil an Entwicklungshilfe in Afrika.

Auswärtiges Amt, 2006.

Aufgaben

1. Stelle dar, warum Deutschland erst relativ spät Kolonialpolitik betrieb. → Text
2. a) Stelle die Argumente zusammen, mit denen Bernhard von Bülow den Anspruch auf einen „Platz an der Sonne" begründete.
   b) Wie deutest du die Reaktion der Abgeordneten auf die Aussagen Bülows?
   → M4
3. a) Beschreibe die Abbildung auf dem Gesellschaftsspiel.
   b) Erläutere, welche Einstellungen zu den Kolonien deutlich werden.
   → M5
4. a) Informiere dich über den Herero-Aufstand.
   b) Überlege, ob der Aufstand gegen die Kolonialherrschaft und ob das Vorgehen gegen den Aufstand gerechtfertigt waren.
   → M6, Internet oder Lexikon
5. a) Welche Einstellung gegenüber den Herero wird im Bericht von 1904 deutlich? Begründe dies am Text.
   b) Welche Beurteilung der damaligen Ereignisse ist aus der Stellungnahme von 2006 ersichtlich?
   → M7

M 1 **Das Attentat von Sarajewo**
Verhaftung des Attentäters, Foto vom 28.06.1914

M 2 **Russland schützt Serbien**
In einer russischen Zeitung erschienene Abbildung vom Juli 1914

Der Erste Weltkrieg

Der Erste Weltkrieg – Die „Urkatastrophe des 20. Jahrhunderts“
Der Erste Weltkrieg gilt als Ereignis von weltgeschichtlicher Bedeutung: Mit ihm endete das „alte Europa“ und er bildete den Auftakt zu Kriegen und Konflikten, die das 20. Jahrhundert erschütterten. Deshalb hat der amerikanische Historiker und Diplomat George F. Kennan den Ersten Weltkrieg die „Urkatastrophe des 20. Jahrhunderts“ genannt. Wie kam es dazu und wer war daran schuld?

Ein Attentat als Auslöser
Am 28. Juni 1914 erschoss ein serbischer Attentäter den österreichischen Thronfolger Franz Ferdinand und seine Frau Sophie während ihrer Fahrt durch die bosnische Hauptstadt Sarajewo. Dieses Gebiet bildete seit 1908 einen Teil Österreich-Ungarns, was auf den Widerstand anderer Mächte und der serbischen Bevölkerung stieß. Der Plan Franz Ferdinands, den Slawen im Habsburgerreich mehr Selbstständigkeit zu gewähren, hatte unter den Nationalisten Serbiens Hass hervorgerufen: Sie träumten von einem eigenen Großreich und bekämpften den Vielvölkerstaat. Das Attentat von Sarajewo bot der österreichischen Regierung zwar einen Anlass gegen Serbien vorzugehen, doch schien sich zunächst nur eine der üblichen politischen Krisen anzubahnen. Im Juli 1914 verschärfte sich aber die politische Lage.

Die Julikrise
In Wien herrschte zunächst keine einheitliche Meinung über die weitere Vorgehensweise. Während die militärische Führung ein sofortiges gewaltsames Eingreifen befürwortete, befürchteten manche Politiker eine Einmischung Russlands, das eigene Interessen auf dem Balkan verfolgte. Es unterstützte panslawistische Bestrebungen mit dem Ziel, ein slawisches Großreich unter russischer Vorherrschaft zu errichten. Vieles hing davon ab, ob Österreich-Ungarn Rückendeckung von Deutschland erhalten würde.

Da das Deutsche Reich Russlands militärische Stärke fürchtete und ein Interesse an der Erhaltung der Habsburger Monarchie als einzigem Bündnispartner hatte, sagte Wilhelm II. dem österreichischen Kaiser Franz Joseph am 6. Juli unbedingte Bündnistreue zu.

Dieser so genannte „Blankoscheck“ ermutigte die Regierung in Wien, Serbien am 23. Juli ein Ultimatum zu überreichen, das auf 48 Stunden befristet war. Es forderte unter anderem, dass Österreich an der Verfolgung, Verhaftung und Bestrafung der Attentäter beteiligt sein sollte. Dies hätte einen Eingriff in die inneren Angelegenheiten Serbiens und eine Verletzung seiner Souveränität bedeutet und war daher unannehmbar.

Großbritannien versuchte den Konflikt zu entschärfen, machte aber deutlich, dass es im Kriegsfall an der Seite Russlands und Frankreichs stehen würde. Trotz dieser Versuche bestanden die Spannungen fort und verschärften sich weiter. Schließlich erklärte Österreich-Ungarn am 28. Juli 1914 Serbien den Krieg. Die Versuche der deutschen Regierung, den Bündnispartner zu bremsen, kamen zu spät. Bereits am 29. Juli begann Russland mit der Mobilmachung. Letzte Versuche Kaiser Wilhelms, durch persönliche Telegramme an die mit ihm verwandten Herrscher Englands und Russlands eine Lokalisierung des Kriegs zu erreichen, blieben erfolglos. Der Mechanismus der Bündnisse setzte sich in Bewegung, die Militärmaschinerie rollte. Binnen weniger Tage, ja Stunden, befanden sich die europäischen Mächte im Krieg.

Wer war schuld am Ersten Weltkrieg?

Die Frage, wer für den Ausbruch des Ersten Weltkriegs verantwortlich sei, war bereits 1914 umstritten und erregte in der Folgezeit immer wieder die Gemüter. Die Antworten reichten von eindeutigen Schuldzuweisungen an einzelne Staaten bis hin zu der Aussage, alle Mächte seien mehr oder weniger unbeabsichtigt in den Krieg hineingeraten. Entscheidend für eine Beurteilung ist, wie man das Verhalten der einzelnen Staaten in der Julikrise bewertet.

M 3

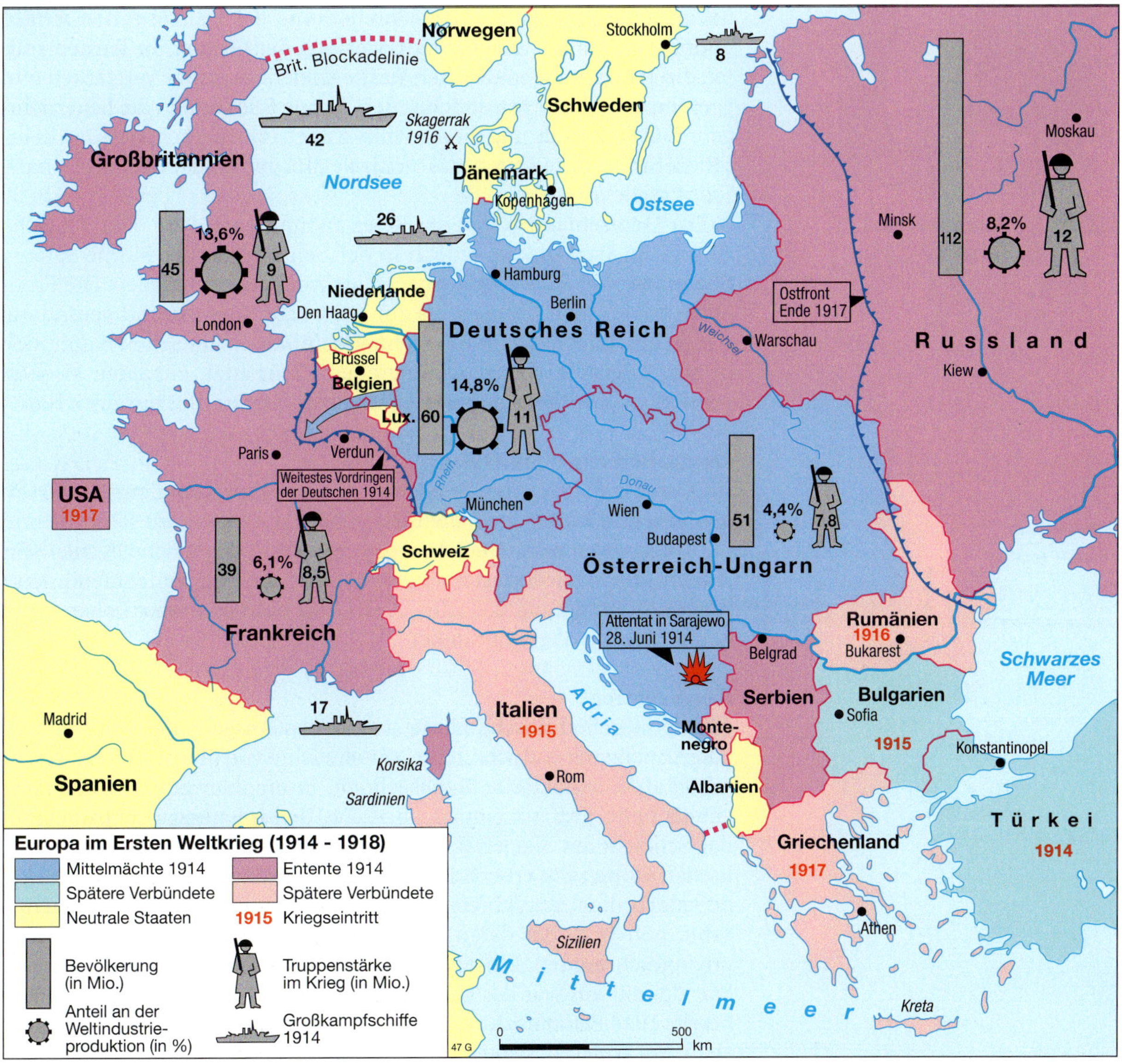

M 4 **Soldatenabschied**
Fotografie, 1914

Kriegsbegeisterung und „Burgfrieden"
Nach Kriegsausbruch erfasste eine Woge nationaler Begeisterung ganz Europa. Alle Völker empfanden die Auseinandersetzung als Verteidigungskrieg und glaubten, ihr Land trüge keine Schuld an seinem Ausbruch. Sogar die Arbeiterparteien, die die Politik der Regierungen heftig kritisiert und Frieden und internationale Verständigung gefordert hatten, schlossen sich den nationalen Kriegsanstrengungen an. Auch die deutschen Sozialdemokraten stimmten im Reichstag der Bewilligung von Kriegskrediten zur Finanzierung des Krieges zu. Die Bereitschaft, angesichts der gefährlichen Lage auf innenpolitische Auseinandersetzungen zu verzichten, wurde als „Burgfrieden" bezeichnet.

Vom Bewegungskrieg zum Stellungskrieg im Westen
Der vom preußischen Generalfeldmarschall Schlieffen entwickelte Plan sah vor, Frankreich innerhalb weniger Wochen rasch zu besiegen, bevor englische Truppen zur Unterstütung der französischen Armee eintreffen konnten. Nach Niederwerfung der Gegner im Westen sollten die Truppen die schwachen Kräfte an der Ostgrenze verstärken und gemeinsam mit der österreichischen Armee Russland in die Knie zwingen. Zur Durchführung dieses Plans war es erforderlich, dass die deutschen Streitkräfte durch das neutrale Belgien und Luxemburg nach Frankreich vorstießen.

Für Deutschland verlief der Krieg anfangs nach Plan. Der deutsche Angriff im Westen kam jedoch in der Schlacht an der Marne Anfang September 1914, also bereits nach vier Wochen, zum Stehen. Die Front erstarrte von der Nordsee bis zur Schweizer Grenze und veränderte sich in den folgenden Jahren nicht wesentlich. Beide Seiten hatten sich in einem System von Schützengräben verschanzt, die jeden Vorstoß vereitelten. Der Bewegungskrieg war zum Stellungskrieg geworden.

Deutsche Erfolge im Osten
Im Osten gelang es der deutschen Armee unter den Generälen Hindenburg und Ludendorff, die Russen bei Tannenberg zu schlagen und die Front zu stabilisieren. Die österreichisch-ungarische Armee war jedoch durch Niederlagen so geschwächt, dass sie zunehmend deutscher Unterstützung bedurfte. Auch hier kam es in der Folgezeit zu keinen großen Veränderungen.

Der Seekrieg
Die überlegene britische Flotte sperrte den Ausgang der Nordsee und den Ärmelkanal und schnitt die Mittelmächte von überseeischem Nachschub ab. Die deutsche Hochseeflotte, in die man große Hoffnungen gesetzt hatte, griff nur einmal, im Mai 1916, ins Kriegsgeschehen ein. In der Schlacht am Skagerrak vor der dänischen Küste fügte sie der englischen Flotte zwar erhebliche Verluste zu, konnte die englische Blockade jedoch nicht durchbrechen. Die Hoffnung der deutschen Generäle ruhte nun trotz der damit verbundenen politischen Risiken auf dem uneingeschränkten Einsatz von Unterseebooten. Vom militärischen Standpunkt aus war der Krieg für Deutschland und seine Verbündeten bereits 1914 kaum noch zu gewinnen. Auf der anderen Seite fehlten aber auch den anderen Staaten die Mittel für einen entscheidenden Erfolg.

M 5 An der Front
Mit Gasmaske ausgerüsteter Soldat einer deutschen Munitionskolonne, Fotografie 1918

Kriegserfahrung an der Front

Im August 1914 hatten sich viele junge Männer freiwillig zum „Dienst für das Vaterland“ gemeldet; Bilder und Berichte dokumentieren diese allgemeine Kriegsbegeisterung. Als die Soldaten an die Front kamen, trugen hohe Verluste und das Grauen des Kriegs zur Ernüchterung bei. Die jeden Tag lauernde tödliche Bedrohung sowie Hunger und Erschöpfung bestimmten den Alltag des Frontsoldaten. Die Stäbe hinter den Linien litten hingegen keinen Mangel und verloren zunehmend den Bezug zur Realität des einfachen Soldaten.

Versuche, Bewegung in den Stellungskrieg der Westfront zu bringen, blieben erfolglos. Sie scheiterten unter großen Verlusten in Minensperren und Drahtverhauen und unter dem Maschinengewehrfeuer aus tief gestaffelten Grabensystemen. Auch der Einsatz immer stärkerer Artillerie brachte keine Entscheidung in diesen Materialschlachten.

In der Schlacht von Verdun Anfang 1916 versuchte die deutsche Heeresleitung, dem Krieg eine entscheidende Wende zu geben: Die Franzosen sollten durch Konzentration der Angriffe auf einen Punkt „weißbluten“. Granaten aus Tausenden Geschützen verwandelten das Kampfgebiet in eine Mondlandschaft, etwa 700 000 Deutsche und Franzosen fanden den Tod. Doch führte die „Hölle von Verdun“ zu keinem Ergebnis und wurde zum Symbol für die Sinnlosigkeit des Kriegs.

Ein moderner Krieg

Technik und Wissenschaft fanden im Ersten Weltkrieg ein blutiges Experimentierfeld. Dies unterschied ihn von früheren Kriegen. Der Einsatz von Giftgas erhöhte die Zahl der Opfer, führte aber keine Entscheidung herbei. Als wirksamer erwiesen sich gegen Kriegsende gepanzerte Raupenfahrzeuge, so genannte Tanks, die Schutz vor Infanteriefeuer boten und Frontdurchbrüche ermöglichten.

Erstmals fand der Krieg auch in der Luft statt. Aufklärungsflugzeuge lieferten Bilder vom Kriegsgeschehen, Jagdmaschinen kämpften um die Lufthoheit, Bomber unterstützten den Angriff der Truppen. Gegen Kriegsende wuchs die technische Überlegenheit von Deutschlands Gegnern: Besonders Tanks und die alliierte Luftüberlegenheit setzten den Deutschen zu.

M 6 Schlachtfeld bei Verdun
Fotografie, Februar 1916

Das Augusterlebnis – Schriftliche Quellen vergleichen

M 7 Reaktionen bei Kriegsbeginn

a) Die Ausrufung des Kriegszustands rief ganz unterschiedliche Reaktionen hervor: Die regierungsnahe Presse berichtet aus Berlin:

Was sich vom 30. Juli bis heute [6. August] in Berlin abspielte, ist eine Offenbarung des starken nationalen Empfindens, das in unserem Volke lebt. [...] Wer die Massen in den Straßen Berlins gesehen hat, wer fortgerissen mit ihnen marschierte, der wird Eindrücke bekommen haben, die sich ihm bis an das Lebensende nicht verwischen werden. [...] Welch ein großer Tag war das! Die Erregung stieg zu einer nicht beschreibbaren Höhe an. [...] Man war brüderlich; der Arbeiter, der in der Bluse barhäuptig die Fahne trug, der Akademiker, der neben ihm schritt, Kaufleute, Wandervogelscharen, Studenten mit dem Verbindungsband auf der Brust, Soldaten, die, zum Teil schon in der grauen Felduniform, sich singend in die Reihen der Marschierenden eingegliedert hatten. Oft ging man Arm in Arm, in Reihen zu 30 und 40 Menschen.

Norddeutsche Allgemeine Zeitung, 6. August 1914, S. 1.

b) Die sozialdemokratische „Volkszeitung" aus Düsseldorf kommentiert:

In ganz ungeheuerlicher, unglaublicher Weise ist in den letzten Tagen die Bevölkerung planmäßig in eine Aufregung hineingehetzt worden, die zur Besinnungslosigkeit führt, führen soll, um die Volksmassen den Plänen gewisser Kreise gefügig zu machen. Mit gewissenlosen Hetzartikeln und erlogenen Nachrichten wird versucht, dem Volke die Meinung beizubringen, als ob es jeden Tag von Russland und Frankreich mit Krieg überzogen werden könnte. Dadurch soll die Bevölkerung hier in Deutschland in eine Kriegsstimmung hineingehetzt werden.

Volkszeitung, 31. Juli 1914, S. 1.

c) Ein Pfarrer berichtet aus Südbayern:

Die Verhängung des Kriegszustandes am 31. Juli und der Mobilmachungsbefehl vom 1. August haben in Marienheim dieselbe Aufregung, ja Bestürzung hervorgerufen wie anderswo. War doch die Ernte noch nicht hereingebracht und waren doch im Ort selbst wie in der ganzen reformierten Pfarrgemeinde eine Anzahl von Militärdienstpflichtigen, die sich sofort zum Abschied von den Ihrigen rüsten mussten.

Aufzeichnung des Pfarramts Marienheim in Südbayern; zit. bei: Benjamin Ziemann: Front und Heimat. Ländliche Kriegserfahrungen im südlichen Bayern 1914–1923. Essen 1997, S. 43.

d) Tagebuchnotiz eines Bremer Sozialdemokraten (1. August):

Der ganze Bahnhof voll von Menschen. Die katzenjämmerlichste Stimmung herrschte, die ich je erlebt habe. Mütter, Frauen und Bräute und die übrigen Angehörigen bringen die jungen Männer zum Zuge und weinen. Alle haben das Gefühl: es geht direkt zur Schlachtbank. [...] Auf dem Bahnhof spielen sich unangenehme Abschiedsszenen ab. Die alte Mutter umarmt ihren Sohn, und beide verharren lange Zeit in dieser Stellung. Abfahrt.

Wilhelm Eildermann, Jugend im ersten Weltkrieg, Berlin 1972, S. 61f.

M 8 Kriegsbegeisterte Jugendliche in Berlin, 1. August 1914

Briefe von der Front – Den Aussagewert von Quellen einschätzen

M 9 **Feldpostkarte von 1916 – Vorderseite**

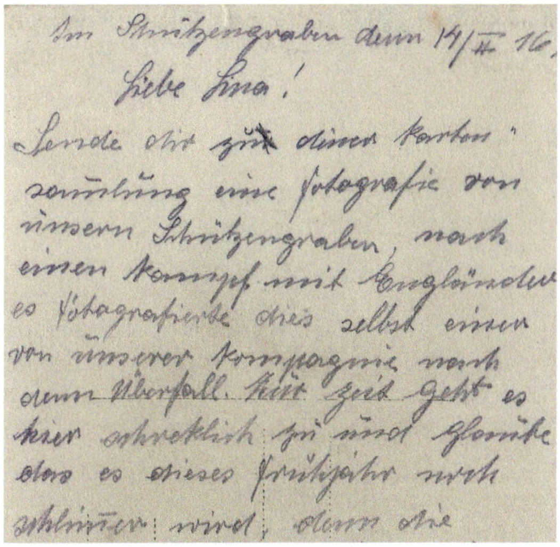

Im Schützengraben den 14/II 16.
Liebe Lina!
Sende dir zu deiner Karten sammlung eine Fotografie von unsern Schützengraben, nach einen Kampf mit Engländer es Fotografierte dies selbst einen von unserer Kompagnie nach dem Überfall. Zur zeit geht es hier schreklich zu und glaube das es dieses Frühjahr noch schlimmer wird, denn die

Feldpostkarte – Rückseite (Ausschnitt)

Folgender Text ist auf der Rückseite zu lesen:

„Im Schützengraben den[n] 14/II 16.
Liebe Lina!
Sende dir zu deiner Kartensammlung eine Fotografie von unsern Schützengraben, nach einem Kampf mit Engländern, es fotografierte dies selbst einer von unserer Kompagnie nach dem Überfall. Zur zeit geht es hier schreklich zu und glaube das es dieses Frühjahr noch schlimmer wird, denn die entscheidung fällt mal hier in Frankreich. Unsere Artillerie schießt zur zeit so stark das der boden wankt, nathürlich bleiben Sie uns auch nichts schuldig.
Grüße dich sowie deine Iben Eltern frdlch
Gruß an Emil wenn du Ihm schreibst
Hans G."

Aufgaben

1. a) Erkläre den Schlieffen-Plan.
   b) Prüfe, welche völkerrechtlichen Probleme dieser Plan beinhaltete.
   → Text
2. Erläutere den Zusammenhang zwischen dem Attentat vom 28. Juni 1914 in Sarajewo und dem Ausbruch des Ersten Weltkriegs.
   → Text
3. a) Untersuche anhand der Karte zum Ersten Weltkrieg das Kräfteverhältnis zwischen den Mittelmächten und der Entente.
   b) Welche Rückschlüsse lassen sich aus der Analyse der Kräfteverhältnisse über den Ausgang des Krieges ziehen?
   → M3
4. a) Fasse die Aussagen der jeweiligen Texte knapp zusammen.
   b) Erläutere, wie die Reaktion der Bevölkerung jeweils wahrgenommen wird.
   c) Inwiefern unterscheiden sich die Texte a und b einerseits und c und d andererseits? Achte auf die Herkunft der Texte.
   d) Gab es im Juli/August eine allgemeine Kriegsbegeisterung? Erörtere diese Frage mithilfe der Texte.
   → M7
5. a) Versuche die Schrift auf der Feldpostkarte zu entziffern.
   b) Erkläre, warum Soldaten solche Feldpostkarten nach Hause schickten.
   c) Analysiere anhand des vorliegenden Beispiels, welche Informationen solche Karten enthielten und welche nicht.
   d) Beurteile, wie aufschlussreich solche Karten als historische Quellen sind. Bedenke auch, dass die Karten, bevor sie abgesandt wurden, kontrolliert werden konnten.
   → Text, M8

Kriegswende und Kriegsende

M 1 **Nachricht vom Soldatentod**
Zeitgenössische Lithografie von Käthe Kollwitz

Krieg an der „Heimatfront"

In Deutschland war niemand auf einen mehrjährigen Krieg vorbereitet. So musste die Wirtschaft rasch auf Kriegsproduktion umgestellt werden. Da die meisten Männer an der Front kämpften, mussten Frauen, Jugendliche und Invaliden an ihre Stelle treten. Ungelernt oder nur rasch angelernt hielten sie die Produktion am Laufen. Die Herstellung kriegswichtiger Güter beeinträchtigte die Produktion von Lebensmitteln. Sie wurden zusehends rationiert, sodass die Bevölkerung Hunger litt. Besonders in den Städten entstanden Schwarzmärkte, deren hohe Preise sich nur Wohlhabende leisten konnten.

Bei schlechten Ernten wie 1916 bildeten minderwertige Futterrüben oft die Grundlage der Ernährung. Ersatzstoffe wie Kunsthonig sollten dem Mangel abhelfen. Aus Brennnesseln wurden Stoffe hergestellt, Stahlfedern ersetzten bei Fahrrädern den Gummireifen.

Der Staat forderte die Bevölkerung auch auf, Edelmetalle zur Finanzierung des Krieges zu spenden, sogar Kirchenglocken wurden eingeschmolzen. So bestimmte die Kriegssituation das zivile Leben: Es entstand eine „Heimatfront".

M 2 **Kartoffel-Verkauf 1916**
am Alexanderplatz in Berlin, zeitgenössische Fotografie

Die Diktatur der Obersten Heeresleitung (OHL)

Trotz der schwierigen Situation hielten die Parteien den „Burgfrieden" ein. Doch die politischen Verhältnisse in Deutschland änderten sich, da die Oberste Heeresleitung unter den Generälen Hindenburg und Ludendorff immer mehr Vollmachten erlangte. Schließlich übten die beiden Militärs eine fast diktatorische Macht aus. Sowohl der Kaiser als auch der Reichstag verloren angesichts der Notsituation des Krieges an Einfluss.

M 3 **„Destroy This Mad Brute – Enlist"**
amerikanisches Plakat, um 1917

1917 – Wendejahr des Krieges

Anfang 1917 schien der Krieg einen toten Punkt erreicht zu haben, denn keine Macht konnte auf einen entscheidenden Sieg hoffen. Die englische Blockade hatte zu wachsender Not in Deutschland und zu Versorgungsschwierigkeiten an der Front geführt. Das veranlasste die Oberste Heeresleitung, den uneingeschränkten U-Boot-Krieg wieder aufzunehmen. Bereits 1915 hatten deutsche U-Boote das britische Passagierschiff „Lusitania" im Atlantik versenkt. Nur weil Deutschland auf einen weiteren U-Boot-Einsatz verzichtete, traten die USA damals nicht in den Krieg ein. Die neuerliche Ankündigung führte im April 1917 jedoch zum Kriegseintritt der USA. Damit stand ein Land von gewaltiger Wirtschaftskraft auf Seiten der Alliierten.

Nach der russischen Oktoberrevolution von 1917 drängten die neuen kommunistischen Machthaber auf einen schnellen Frieden, um die inneren Probleme besser bewältigen zu können. Russland schied somit aus der Entente aus und schloss mit den Mittelmächten den „Frieden von Brest-Litowsk", in dem es große Gebiete abtreten musste.

Bemühungen um Frieden

Allmählich geriet der „Burgfrieden" im Deutschen Reich ins Wanken. Die Hungersnot im Winter 1916/17 verstärkte die Kriegsmüdigkeit und Friedenssehnsucht. Die Krise wurde offenbar, als der Zentrumsabgeordnete Matthias Erzberger seine Zweifel an der Wirksamkeit des U-Boot-Krieges äußerte und das Zentrum, die Liberalen und die SPD in einer Friedensresolution forderten, Deutschland solle seine Bereitschaft zu einem Verständigungsfrieden bekunden. Diese Friedensbemühungen blieben ebenso erfolglos wie die des Papstes Benedikt XV. und des neuen österreichischen Kaisers Karl I., der dem 1916 verstorbenen Franz Joseph auf dem Thron gefolgt war.

Dem Zusammenbruch entgegen

Am 8. Januar 1918 entwarf der amerikanische Präsident Woodrow Wilson in 14 Punkten ein politisches Programm, das eine stabile demokratische Weltordnung garantieren sollte. Zwar setzte Deutschland den Krieg fort, doch brachten die militärischen Offensiven keine Entscheidung. Vielmehr führte die wachsende Überlegenheit der Alliierten, die von den USA mit Kriegsmaterial und Soldaten unterstützt wurden, an allen Fronten zum Scheitern. Ab Juli 1918 zeigte sich eine nachhaltige Erschöpfung des Heers und die Oberste Heeresleitung gestand endlich Deutschlands Niederlage ein. Sie drängte die Regierung zum sofortigen Waffenstillstand.

Im Oktober 1918 war es zu einer Verfassungsänderung gekommen, die das deutsche Kaiserreich zur parlamentarischen Monarchie machte. Der neue liberale Reichskanzler Max von Baden übermittelte dem amerikanischen Präsidenten unverzüglich das deutsche Waffenstillstandsgesuch. Hierin erkannte er Wilsons Friedensprogramm als Verhandlungsgrundlage an.

Als die Seekriegsleitung am 28. Oktober 1918 der Hochseeflotte den Befehl zum Auslaufen gab, führte das zur Meuterei der Matrosen. Diese weitete sich schnell zu einer Revolution aus, die ganz Deutschland erfasste und wenig später zum Ende der Monarchie führte.

„Die Heimatfront“ – Quellen auswerten

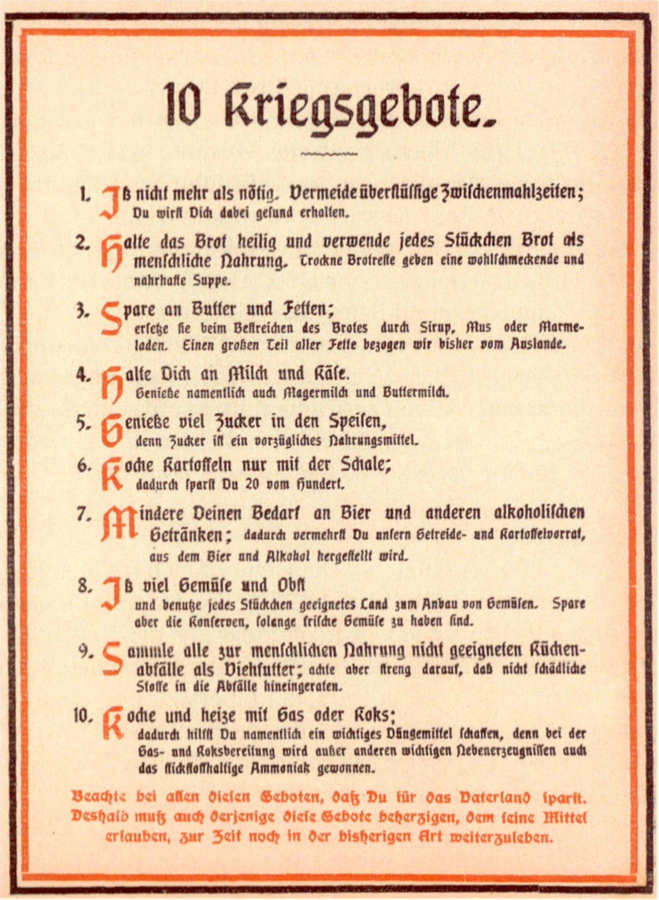

M 4 **Aufruf,** Frankfurt 1915

M 5 Hungerjahr 1916

Aus einem Flugblatt aus dem Kriegsjahr 1916:

Was kommen musste, ist eingetreten: Der Hunger!

In Leipzig, in Berlin, in Charlottenburg, in Braunschweig, in Magdeburg, in Koblenz und Osnabrück, an vielen anderen Orten gibt es Krawalle der hungernden Menge vor den Läden mit Lebensmitteln.

Und die Regierung des Belagerungszustandes hat auf den Hungerschrei der Massen nur die Antwort: verschärften Belagerungszustand, Polizeisäbel und Militärpatrouillen.

Herr von Bethmann-Hollweg [der Reichskanzler] klagt England des Verbrechens an, den Hunger in Deutschland verschuldet zu haben […]

Indessen, die deutsche Regierung hätte wissen müssen, dass es so kommen musste: Der Krieg gegen Russland, Frankreich und England musste zur Absperrung Deutschlands führen. […]

Der Krieg, der Völkermord ist das Verbrechen, der Aushungerungsplan nur eine Folge dieses Verbrechens.

Die bösen Feinde haben uns „eingekreist“, plärrten die Kriegsmacher. Warum habt ihr eine Politik gemacht, die zur Einkreisung führte?, ist die einfachste Gegenfrage. […]

Auf das Verbrechen der Anzettelung des Weltkrieges wurde ein weiteres gehäuft: Die Regierung tat nichts, um dieser Hungersnot zu begegnen. Warum geschah nichts? Weil den Regierungssippen, Kapitalisten, Junkern, Lebensmittelwucherern der Hunger der Massen nicht wehe tut, sondern zur Bereicherung dient. Weil, wenn man von Anfang an den Kampf gegen Hunger und Not durch ernsthafte Maßnahmen aufgenommen hätte, den verblendeten Massen der furchtbare Ernst der Lage klar geworden wäre. Dann wäre aber die Kriegsbegeisterung alsbald verraucht.

Deshalb hat man die Volksmassen mit Siegestriumphgeheul betäubt und sie gleichzeitig den agrarischen und kapitalistischen Lebensmittelwucherern ausgeliefert. […]

Jetzt vertröstet man uns auf die kommende Ernte: Alle Not werde ein Ende haben, wenn die neue Frucht da ist – auch das ist bewusster Schwindel. Die einfache Rechnung sagt: In zweiundzwanzig Kriegsmonaten wurden zwei Ernten verzehrt, außerdem die großen Vorräte an Viehfutter, Zucker und anderen Produkten, die zu Kriegsbeginn im Lande lagerten; ferner alles, was in den besetzten Gebieten, in Belgien, in Nordfrankreich, Polen, Litauen, Kurland, Serbien an Lebensmitteln „requiriert“ wurde. Jetzt gibt es nichts mehr. Die besetzten Gebiete sind kahl gefressen, die Menschen sterben bereits Hungers in Polen und in Serbien. […]

Was soll werden?

Man kann noch ein halbes Jahr, vielleicht ein ganzes Jahr Krieg führen, indem man die Menschen langsam verhungern lässt. Dann wird aber die künftige Generation geopfert. Zu den furchtbaren Opfern an Toten und Krüppeln der Schlachtfelder kommen weitere Opfer an Kindern und Frauen, die infolge des Mangels dem Siechtum verfallen.

Ernst Drahn/Susanne Leonhard, Unterirdische Literatur im revolutionären Deutschland während des Weltkrieges. Berlin 1920, S. 52–54.

Bilanz des Krieges – Arbeiten mit einer Darstellung

M 6 „Verlorene Generation"

Der englische Historiker John Keegan schreibt über die Verluste im Ersten Weltkrieg:

Der Streifen britischer Soldatenfriedhöfe, der sich von der Kanalküste bis zur Somme und darüber hinaus erstreckt, bildet zugleich eine idealisierte Gedenkstätte für alle auf den Schlachtfeldern des Großen Krieges Gefallenen, derer nicht gedacht wird. Ihre Zahl ist gewaltig. Zu den Gefallenen des Britischen Empire und Frankreichs kommen 1,5 Millionen des Habsburgerreiches, 2 Millionen Deutsche, 1,7 Millionen Russen, 460 000 Italiener und viele Hunderttausende Türken, die nie gezählt wurden. Im Verhältnis zur Zahl derjenigen, die sich freiwillig meldeten oder eingezogen wurden, könnte die Zahl der Opfer erträglich erscheinen. Für Deutschland waren es 3,5 Prozent aller im Heer Dienenden.
Berechnet man den prozentualen Anteil der jüngeren Jahrgänge, dann überschreiten die Zahlen bei weitem das, was emotional verkraftet werden konnte. Zwischen 1914 und 1918 war die männliche Sterbeziffer in Großbritannien sieben bis acht Mal, in Frankreich (wo 17 Prozent des Heeres fielen) zehn Mal so hoch wie in Friedenszeiten. Die Verluste bei den jüngsten Altersgruppen in Deutschland waren ähnlich hoch: Zwischen 1870 und 1899 wurden etwa 16 Millionen Knaben geboren; nahezu alle wurden im Krieg eingezogen und rund 13 Prozent fielen. Nimmt man die Zahlen für diejenigen Gruppen, die aufgrund ihres Alters sofort zum Heer eingezogen wurden, so ergeben sich – wie in Frankreich und Großbritannien – noch höhere Verluste. Die Jahrgänge 1892–1895, das heißt die jungen Männer, die bei Kriegsausbruch 19 bis 22 Jahre alt waren, wurden um 35– 37 Prozent reduziert. Es fiel also jeder Dritte. Kein Wunder, dass man im Deutschland der Nachkriegszeit von einer „verlorenen Generation" sprach, dass deren Eltern durch den gemeinsamen Schmerz verbunden waren, dass die Überlebenden das Gefühl hatten, auf unerklärliche Weise dem Tod entronnen zu sein, und oft eine Spur von Schuld, manchmal Wut und Rachegelüste empfanden. Solche Gefühle lagen britischen und französischen Kriegsteilnehmern fern, die lediglich hofften, dass die Schrecken des Stellungskrieges sich nicht wiederholen würden, solange sie oder ihre Söhne lebten.
Sie gärten jedoch in den Köpfen vieler Deutscher, vor allem in dem „Frontsoldaten" Adolf Hitler, der im September 1922 in München eine Rachedrohung ausstieß, die den Boden für einen zweiten Weltkrieg bereitete.

John Keegan, Der Erste Weltkrieg, Reinbek 2004, S. 586.

Aufgaben

1. a) Erkläre den Begriff „Heimatfront".
   b) Erläutere die Bedeutung, die die Oberste Heeresleitung im Krieg spielte.
   → Text
2. Erläutere, warum 1917 als Wendejahr des Krieges bezeichnet wird.
   → Text
3. a) Welche der im Aufruf aus Frankfurt genannten Regeln sind angesichts der Situation im Krieg brauchbar, welche sind es nicht?
   b) Beurteile die Wirkung, die der Aufruf vermutlich auf die Bevölkerung hatte.
   → M4
4. a) Nenne die politischen Forderungen, die im Flugblatt erhoben werden.
   b) Überlege, bei wem diese Forderungen auf Zustimmung gestoßen sind.
   → M5
5. a) Stelle zusammen, wie hoch die Zahl der Toten in den einzelnen Ländern war.
   b) Welche Altergruppe war von den Verlusten besonders betroffen?
   c) Erläutere den Begriff „verlorene Generation".
   → M6

M 1 Soldatenfriedhof Reillon in Lothringen
Auf dem 1920 errichteten Friedhof liegen über 4000 französische und deutsche Soldaten aus dem 1. Weltkrieg begraben. Später wurden hier auch Gefallene des 2. Weltkriegs beigesetzt. Die hellen Grabsteine im Vordergrund kennzeichnen deutsche Gräber, die Kreuze im Hintergrund um die französische Fahne sind Gräber gefallener Franzosen.

Kriegserinnerung – Friedensmahnung?

Stätten der Erinnerung – Soldatenfriedhöfe
Nach dem Ersten Weltkrieg mit seiner unvorstellbaren Zahl an Toten erwachte bei der Bevölkerung aller beteiligten Staaten der Wunsch, an die gefallenen Soldaten zu erinnern. Dies geschah auf zweierlei Weise: Auf den Schlachtfeldern des Weltkriegs legte man riesige Soldatenfriedhöfe an, während in den Städten und Dörfern der Kriegsnationen Denkmäler und Gedenktafeln an die Toten erinnerten.

Die Gefallenenfriedhöfe auf den Schlachtfeldern unterschieden sich nur wenig voneinander. Endlose Felder mit gleichförmigen Gräbern reihten sich aneinander. Ein Soldatengrab sollte wie das andere aussehen und so die Gleichheit im Tod symbolisieren. So entstand der Eindruck, dass aus dem Heer der Lebenden nun ein Heer der Toten geworden war. Der Gefallene blieb auch nach seinem Tod Soldat, war Teil einer militärischen Formation und kein Individuum.

In allen Ländern räumte man den Gefallenen ein ewiges Ruherecht ein und machte die Pflege der Soldatenfriedhöfe zu einer staatlichen Aufgabe. Indem der Soldatentod zur öffentlichen Angelegenheit erklärt wurde, erhielt er zugleich einen höheren Rang als der zivile Tod.

Auf den Soldatenfriedhöfen wurden zentrale Monumente errichtet, doch vermied man es, an das Grauen des Kriegs und die tausendfachen Qualen der sterbenden Soldaten zu erinnern. So wurden die Soldatenfriedhöfe zu Erinnerungsstätten, die militärischen Geist atmeten und weniger gegen kriegerische Gewalt aufriefen.

M 2 **Ehrenmal von Ernst Barlach**
aufgestellt 1929 im Magdeburger Dom. Das damals als „Verhöhnung" angesehene Denkmal wurde von den Nazis entfernt und nach dem 2. Weltkrieg wieder aufgestellt.

M 3 **Kriegerdenkmal in Erlangen**
Das Monument wurde 1930 errichtet. Es zeigt einen Krieger, dessen rechte Hand auf einem zerbrochenen Schwert ruht. Die Linke ist an einen Steinblock gefesselt. Auf einem der Blöcke ist ein Vers von Goethe eingemeißelt: „Allen Gefahren zum Trutz sich erhalten." Die amerikanischen Besatzer ließen die Statue nach 1945 zerstören.

Dokumentation
Macht eine Exkursion und sucht „euer" Kriegerdenkmal auf:
- Fotografiert es oder zeichnet es ab und haltet Größe, Anordnung und Inhalt der Inschriften fest.
- Zählt die Namen der Gefallenen.
- Beschreibt den Ort, an dem sich das Denkmal befindet.
- Notiert den Zeitraum, auf den sich das Denkmal bezieht, sowie Angaben zum Auftraggeber.

Stätten des Erinnerns – Kriegerdenkmäler

Neben den Kriegerfriedhöfen entstanden seit Mitte der Zwanzigerjahre in fast allen Orten Denkmäler für die Gefallenen des Krieges. Manchmal waren es einfache Gedenktafeln mit den Namen der toten Soldaten, manchmal aufwändige Monumente, an denen jährlich Gedenkfeiern und Kranzniederlegungen stattfanden. In jedem Fall sollte die Erinnerung an die Toten des Krieges wachgehalten werden.

Zur Symbolfigur des Weltkriegs wurde der einfache Soldat. Sein Tod auf dem Schlachtfeld sollte nicht vergebens gewesen sein und so stand auch hier eher der Gedanke der Heldenverehrung und der Idealisierung vom „Tod für das Vaterland" im Vordergrund. Umstritten waren daher Werke wie das von Ernst Barlach (links oben), die eine andere Sichtweise vermittelten.

Aufgaben

1. Hältst du Soldatenfriedhöfe oder Kriegerdenkmäler für eine angemessene Art der Erinnerung? Begründe deine Meinung.
2. Was sollte das Erlanger Kriegerdenkmal dem Betrachter sagen? Überlege, warum die amerikanischen Besatzungsbehörden nach dem Zweiten Weltkrieg die Statue zerstören ließen. → M3
3. Was wollte Barlach mit seinem Kriegerdenkmal aussagen? Erkläre, warum es bei Teilen der Bevölkerung auf Ablehnung stieß. → M2
4. Gibt es in deinem Heimatort ein Denkmal für die Gefallenen des Ersten Weltkriegs? Untersuche, welche Botschaft es vermitteln will.

Auszug aus dem Heimatort — Exerzieren im Schmutz — Essen gegen Liebe

M 1 **Standbilder** aus dem Film „Im Westen nichts Neues"

Wir analysieren einen zeitkritischen Film

„Im Westen nichts Neues"
1929 erschien der in 42 Sprachen übersetzte Antikriegsroman des deutschen Autors Erich Maria Remarque „Im Westen nichts Neues". Es sollte „dieses Buch weder eine Anklage noch ein Bekenntnis sein, sondern nur über eine Generation berichten, die vom Krieg zerstört wurde – auch wenn sie seinen Granaten entkam", so der Autor. Das Buch wurde 1929/30 mit triumphalem Erfolg in den USA verfilmt.

Der Inhalt
Angesteckt von der Kriegsbegeisterung und bestärkt vom Klassenlehrer meldet sich 1914 eine Abiturklasse geschlossen zum Kriegseinsatz. Vom früheren Briefträger Himmelstoß werden sie während der Ausbildung bis zur Erschöpfung schikaniert. Ein Rotkreuzzug voll Verwundeter, der erste Kampfeinsatz, der erste Tote unter ihnen, Nässe, Strapazen, Gas und Granaten lassen rasch Illusionen verfliegen.

Der erfahrene Soldat Katczinsky („Kat") lehrt die Jungen das Überleben. Dennoch stirbt in den ersten Gefechten die halbe Kompanie. Der Schüler Kemmerich, dem ein Bein amputiert wird, stirbt im Lazarett. Seine guten Stiefel wechseln nach und nach den Besitzer. Mit französischen Mädchen tauschen die Soldaten „Wurst gegen Liebe".

Paul Bäumer, die Hauptfigur, wird verwundet und kommt ins Lazarett. Auf Heimaturlaub erkennt er, dass er mit seiner Familie und seinem alten Lehrer nicht mehr viel gemeinsam hat.

Bei einem Artillerieangriff gerät Paul in einen Granattrichter. Dort ersticht er einen Franzosen und erkennt, dass er keinen Feind, sondern einen Menschen – den Drucker Duval – getötet hat.

Kurz vor Kriegsende 1918 beobachtet Paul während einer Feuerpause einen Schmetterling und greift nach ihm. Dabei wird er erschossen. Der Heeresbericht meldet an diesem Tag: „Nichts Neues von der Westfront." Paul Bäumers Tod ist nur eine kleine, unwichtige Episode im mörderischen Krieg.

M 2 **Regisseur Lewis Milestone**
Er wurde für seine Regieleistung im Film „Im Westen nichts Neues" 1930 mit dem Oscar ausgezeichnet.

Kampf in Schützengräben

Heimaturlaub bei der kranken Mutter

Maschinengewehrstellung

Ein Film im Meinungsstreit

In Amerika war das Publikum gebannt „durch die erstaunliche Kraft eines sachlichen, schrecklichen Dramas“, sodass der Streifen einen riesigen Erfolg hatte. Seine Brisanz machte „Im Westen nichts Neues“ zum Antikriegsfilm schlechthin. Willkürliche Schnitte der deutschen Zensur verstümmelten jedoch den Film. Geschnitten wurden damals fast alle Schleiferszenen der Rekruten sowie ein Gespräch, in dem die Soldaten dem Kaiser die Schuld am Krieg gaben.

Am 21.11.1930 gelangte der Film in die Kinos. Sofort kam es zu gezielten Störmaßnahmen durch die Nazis mit der Begründung, das Ansehen der deutschen Soldaten werde in den Dreck gezogen. Der Regisseur wurde angegriffen mit dem Argument, er sei ein „jüdischer Deutschenhetzer“. 1933, gleich nach der „Machtergreifung“, verbot Hitler den Film. 1952 wurde der Film wieder für deutsche Kinos freigegeben, wobei die Szene mit dem sterbenden Franzosen Duval fehlte. In dieser Szene verletzt Paul Bäumer den Soldaten Duval im Kampf und muss dann – da er den Bombentrichter auf dem Schlachtfeld nicht verlassen kann – mehrere Stunden dessen Todeskampf verfolgen. Erst 1984 kam es zur Ausstrahlung der ungekürzten Originalfassung im ZDF.

M 3 **Deutsches Filmplakat,** 1952

Wie wirkt ein Film?

Ein Film ist ein sehr komplexes Medium. Bild und Ton wirken zusammen und nehmen den Zuschauer gefangen. Der Eindruck, den ein Film hinterlässt, ist allerdings – auch wenn viele Bilder im Kopf bleiben – schwer nachzuvollziehen. Im Unterschied zu einem Buch ist es bei einem Kinobesuch nicht möglich, zurückzublättern und einzelne Stellen noch einmal zu betrachten.

Anhand einzelner Szenen ist es aber möglich, sich die Wirkungsweise von Filmen vor Augen zu führen. Dazu bedarf es jedoch einiger Kenntnisse über die Filmsprache. Von zentraler Bedeutung für die Wirkung einzelner Einstellungen ist die Perspektive der Kamera, aus der eine Szene gefilmt wird.

M 4 Standbilder aus der „Duval-Szene"

M 5 Einstellungen und Perspektiven

M 6 Glossar: Perspektiven und Einstellungen

a) Die Kamera als bewegliches Aufnahmeinstrument kann ein Geschehen aus verschiedenen Positionen aufnehmen. Diese prägen auch die Sicht des Zuschauers auf das Geschehen. Drei Perspektiven werden unterschieden:

Als **Normalsicht** wird eine Kamerahöhe von etwa 1,70 m (der Augenhöhe eines erwachsenen Menschen) bezeichnet. Sie gilt als normal, weil sie unserer alltäglichen Wahrnehmung am ehesten entspricht.
Als **Froschperspektive** wird ein Kamerablick von unten nach oben bezeichnet. Dem Zuschauer wird durch eine solche Kameraposition eine dem Abgebildeten untergeordnete Position nahegelegt, so, als müsse auch er aufblicken.
Die **Vogelperspektive** bringt den Zuschauer umgekehrt in eine erhöhte Position über das Dargestellte, verschafft ihm eine Übersicht, so, als hätte er Macht über das Geschehen.
Zwischen den Perspektiven gibt es Übergänge. Aufsicht und Untersicht können extrem, aber auch nur geringfügig angewendet werden, auch kann sich innerhalb einer Einstellung die Kameraperspektive verändern. Mit den Perspektiven werden keine festen Bedeutungszuweisungen verbunden. […] Die Perspektive ist nur ein Darstellungsmodus, die Bedeutung des so Gezeigten ergibt sich erst aus der Relation zum Kontext der gesamten Geschichte und aus der sonstigen Charakterisierung des Gezeigten.

b) Die Einstellungsgröße bestimmt, wie groß ein Mensch oder ein Gegenstand zu sehen ist. Hier werden folgende Einstellungen unterschieden:

Weit: Weite Landschaften, Panoramen werden so gezeigt, dass sich der Einzelne in der Landschaft verliert.
Totale: Ein Überblick über ein Geschehen wird vermittelt, ein Eindruck des Ganzen, in dem aber der Einzelne noch zu erkennen ist.
Halbtotale: Die Figur ist ganz zu sehen, ihre Körpersprache dominiert, es ist Raum für Aktion.
Halbnah: Die Figur ist bis zu den Oberschenkeln bzw. zu den Knien zu sehen. Man sieht jetzt viel Umraum, die Figur tritt zu anderen Figuren in deutliche Beziehung, die Mimik ist zugunsten der Gestik in den Hintergrund getreten.
Nah: Ein Brustbild bzw. bis zum Bauch. Es ist dies die gemäßigt-normale Distanz des Ansagers und Nachrichtensprechers.
Groß: Ein Kopf wird bis zum Hals oder zur Schulter gezeigt. Der Zuschauer kann so die Mimik des Gezeigten genau verfolgen, jeder Augenaufschlag, jedes Zucken des Mundwinkels bekommt Bedeutung.
Detail: Hier ist nur ein sehr kleiner Ausschnitt zu sehen, ein Auge, ein Mund, die Finger am Abzugshahn des Revolvers.

Fragen an darstellende Texte

1. Entstehung des Films

a) Wann entstand „Im Westen nichts Neues"?
b) Wer war an der Entstehung des Films beteiligt?
c) Wie wurde die literarische Vorlage umgesetzt?

2. Filmsprache

a) Beschreibe die Wirkung, die die Szenenfotos auf dich haben.
b) Benenne mithilfe des Glossars die jeweils gewählte Einstellung.
c) Vergleiche die möglichen Kameraeinstellungen. Nenne die wesentlichen Unterschiede.
d) Überlege, warum sich der Regisseur für eine bestimmte Einstellung entschied. Warum hat er denkbare andere Sichtweisen, wie sie die Zeichnungen zeigen, nicht gewählt?

3. Wirkung des Films

a) Wie wurde „Im Westen nichts Neues" aufgenommen?
b) Wie veränderten sich die Reaktionen auf den Film im Lauf der Zeit?

Reichsgründung (1871)

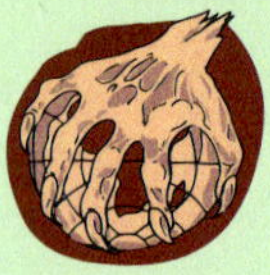

Zeitalter des Imperialismus >>>

Außenpolitik unter Reichskanzler Bismarck (1871–1890)

>>> Wilhelm II., Deutscher Kaiser (seit 1888)

1870 | 1875 | 1880 | 1885 | 1890

Zusammenfassung

Obwohl bereits seit dem Zeitalter der Entdeckungen europäische Staaten in anderen Erdteilen Handelstationen errichtet hatten und die neuen Gebiete zum Teil wirtschaftlich und militärisch kontrollierten, setzte erst im 19. Jahrhundert ein beschleunigter Wettlauf nach eigener Machtentfaltung in fremden Gebieten ein. Nationales Sendungsbewusstsein spielte hierbei ebenso eine entscheidende Rolle wie das Gefühl eigener kultureller, zivilisatorischer und technischer Überlegenheit.

Zwar wurde die Weitergabe mancher Errungenschaften an die eroberten und kontrollierten Gebiete als Geschenk der überlegenen Zivilisation dargestellt, es dominierte aber meist das Interesse an wirtschaftlicher Ausbeutung der Kolonien und Unterdrückung der einheimischen Bevölkerung. Der Wettlauf um neue Gebiete führte zunehmend zu Spannungen zwischen den beteiligten Mächten. Neben den etablierten Kolonialmächten wie etwa Spanien, England und Frankreich traten auch Deutschland, Italien, Japan und die USA als junge Staaten in den Wettbewerb um Macht, Prestige sowie militärische und wirtschaftliche Vorteile ein. Die imperialistischen Bestrebungen der Großmächte und die daraus resultierenden Spannungen trugen einen wesentlichen Teil zum Ausbruch des Ersten Weltkrieges bei. Die Kolonien spielten im Verlauf des Krieges nur eine untergeordnete Rolle.

Ein Attentat und darauffolgende diplomatische Verwicklungen waren die Auslöser für die „Urkatastrophe“ des 20. Jahrhunderts. Der Krieg zeigte die Verwendung moderner technischer Kampfmittel und bezog die Zivilbevölkerung in ungeahntem Maße in das Kriegsgeschehen mit ein. Etwa zehn Millionen Menschen wurden zu Opfern des Krieges. Am Ende stand der Zerfall des alten europäischen Staatensystems und der Verlust einer ganzen Generation. Die Folgen des Krieges bestimmten die politischen und wirtschaftlichen Entwicklungen für Jahrzehnte.

Aufstand der Herero (1904/1905)

Attentat in Sarajewo (28.06.1914)

Erster Weltkrieg (1914 –1918)

Entente Cordiale (1904)

———>>> Deutsche Flottenpolitik

1900 | 1905 | 1910 | 1915 | 1920

Daten

1914–1918 Erster Weltkrieg

Begriffe

Imperialismus

Personen

Tipps zum Thema: Imperialismus und Erster Weltkrieg

Filmtipp

Der Untertan, 104 min, DDR 1951

Im Westen nichts Neues, USA 1929/30

Das deutsche Kaiserreich 1871–1918, Deutschland 2006

Lesetipp

Dolf Verroen: Wie schön weiß ich bin, Wuppertal 2005

Hermann Schulz: Dem König klaut man nicht das Affenfell, Wuppertal 2006

Andy Crawford/Simon Adams: Der Erste Weltkrieg (aus dem Englischen von Werner Horwath), Hildesheim 2007

Museen

Deutsches Historisches Museum, Berlin

Mémorial de Verdun, Fleury-devant-Douaumont

Stiftung Haus der Geschichte, Bonn

Kommentierte Links: www.westermann.de/geschichte-linkliste

Gewaltsamer Ursprung der Leibeigenschaft
Heidelberger Bilderhandschrift des Sachsenspiegels, um 1330

Bettlerfamilie mit Kindern
Holzschnitt aus Augsburg, 1532

„Sturm"
Radierung von Käthe Kollwitz aus dem Bilderzyklus „Ein Weberaufstand", 1897

Die heilige Elisabeth spendet ein Almosen
Miniatur, 1529

Armut in der Dritten Welt
Brasilien, 2003

Lebensmittelverteilung an Obdachlose
Köln, 2008

M 1 Armut in der Dritten Welt
Brasilien, 2003

M 2 Armut in Deutschland
Köln, 2007

M 3 Lebensmittelverteilung an Obdachlose in Köln, 2008

Was ist Armut?

Armut – Versuch einer Annäherung

Armut hat es immer gegeben: in der Steinzeit, im Altertum, im Mittelalter und in der Neuzeit. Der Begriff selbst ist allerdings vieldeutig und auch die Wissenschaftler sind sich da keineswegs einig. Auch die Wirtschaftsordnung scheint bei der Armut eine untergeordnete Rolle zu spielen: Armut gab und gibt es in sehr vielen Gesellschaften. Allerdings sind die Erscheinungsformen der Armut, der betroffene Personenkreis und die Zuwendung, die Armen zuteil wird, sehr verschieden.

Absolute und relative Armut

Armut, das lässt sich ganz allgemein sagen, ist Ausdruck eines Mangels. Die menschlichen Grundbedürfnisse wie Nahrung, Kleidung und Wohnung können nicht oder nicht hinreichend befriedigt werden. Wenn dieser Mangel existenzgefährdend ist, spricht man von absoluter Armut. Unter absoluter Armut leiden nach einer Schätzung der Weltbank aus dem Jahre 2008 etwa 1,2 Mrd. Menschen.

Doch es gibt auch eine andere Armut, relative Armut genannt, die sich besonders in den entwickelten Industriestaaten zeigt. Es gibt hier Altersarmut, Armut bei Arbeitslosen, bei kinderreichen Familien, bei alleinerziehenden Müttern, bei Behinderten, bei ethnischen Minderheiten. Unter den Armen sind auch solche, die zwar einen mehr oder weniger sicheren Arbeitsplatz haben, aber das Einkommen ist so niedrig, dass es nur wenig über dem Existenzminimum liegt.

Die von relativer Armut Betroffenen sind zwar nicht in ihrer körperlichen Existenz bedroht, obwohl die Übergänge zur absoluten Armut fließend sind, aber sie können nicht in angemessener Weise am gesellschaftlichen Leben teilnehmen, was vielfach auch Auswirkungen auf die Kinder hat. Bildungschancen können nicht genutzt werden, die Teilnahme an Reisen und kulturellen Veranstaltungen muss unterbleiben, angemessene Gesundheitsfürsorge ist nicht finanzierbar, plötzlich eintretende Ereignisse (z. B. Krankheit) führen zu Not und Verschuldung. Diese relative Armut in Deutschland wird auch als „neue Armut" bezeichnet. Gelegentlich ist auch freiwillige Armut anzutreffen, wie sie sich in der Lebensweise so genannter Aussteiger zeigt.

Wer ist arm?

Die Messung der relativen Armut ist schwierig. In der Europäischen Union gilt als relativ arm, wer weniger als 60 % des Durchschnittsverdienstes des jeweiligen Landes zur Verfügung hat. Manche Wissenschaftler nehmen auch 50 % als Grenzwert; andere orientieren sich an der Lebenslage, wollen also auch den Besitz und die konkrete Bedürftigkeit berücksichtigen. Folglich gibt es über das Ausmaß der Armut in Deutschland sehr widersprüchliche Aussagen, was aber auch etwas mit der Interessenlage der Beteiligten zu tun haben könnte. Die offiziellen staatlichen Stellen setzen die Zahl der Armen oft niedriger, die vielen Hilfsorganisation wie die Caritas, die Arbeiterwohlfahrt oder die Diakonie eher höher an. Zu berücksichtigen ist, dass es auch eine verdeckte Armut gibt, weil manche Bedürftige zum Beispiel aus Unwissenheit oder Scham keine staatliche Hilfe in Anspruch nehmen und somit statistisch nicht erfasst werden.

Die Armut und die Hoffnung sind Mutter und Tochter. Indem man sich mit der Tochter unterhält, vergisst man die andere.
Jean Paul, Aphorismen

Armut schändet nicht, aber sie drückt.
Sprichwort

Armut treibt zur Arbeit.
Sprichwort

Es werden so viele schöne Worte über Freiheit geredet, aber nichts in der Welt macht so unfrei wie Armut.
Andersen Nexö, Erinnerungen

Die armen Leut brauchen Courage.
Brecht, Mutter Courage und ihre Kinder

Die Armut ist eine vorzügliche Lebensschule.
Gneditsch, Rede über die Bestimmung des Dichters

Ist Armut die Mutter des Verbrechens, dann ist Mangel an Verstand ihr Vater.
La Bruyére, Vom Menschen

Viele trieb Armut in den Krieg, vielen gab sie Mut, besonders wenn der Gegner reich war.
Petrarca, An Kaiser Karl IV. in Prag

Denn auf der Welt gibt es nichts Erniedrigenderes und Beschämenderes als die Armut, die aus deinem Antlitz, Blick, der Kleidung, dem Schmuck spricht.
Tammsaare, Ich liebte eine Deutsche

Armut ist eben gewiss kein hoher Glanz von innen, oder wie Vater Rilke das nannte, sondern eine einzige Sauerei.
Tucholsky, An Nuuna

Armut – ein Verbrechen, für das es im Klassenstaat keine mildernden Umstände gibt.
Worm, Juristisches Abc

Da steh ich nun ich armer Tor!
Und bin so klug als wie zuvor.
Goethe, Faust

Es gibt was aus der Armenkasse! (Schläge)
Drohung im Berliner Volksmund

Doch Armut muss die Zunge wetzen /
Und bäumt sich manchmal auf im Joch.
Villon, Das Testament

M 4 Zitate zur Armut

Aufgaben

1. Erkläre den Unterschied zwischen absoluter und relativer Armut.
2. Erläutere die Probleme, die sich hinter der „verdeckten Armut" verbergen.
3. Zeige auf, dass es zwischen der Lebensweise in den entwickelten Industriestaaten und der Armut in der „Dritten Welt" Zusammenhänge gibt.
4. Arbeitet mit den Zitaten zur Armut:
   a) Recherchiere Informationen über die Autoren und die geschichtlichen Hintergründe.
   b) Diskutiert in der Klasse über die Zitate. Welche Zitate gefallen euch, welche eher nicht? Begründet eure Meinungen.

Armut und Armenfürsorge im Mittelalter

In der Gegenwart wird das Wort „arm“ im Allgemeinen als Gegenwort zu „reich“ verwendet. In der Hauptbedeutung bezeichnet „arm sein“, dass ein Mangel an lebensnotwendigen Gütern besteht. Armut und Reichtum sind zwei aufeinander bezogene gegensätzliche Pole. Das war nicht immer so. Auch der Begriff „Armut“ hat, wie die Sprache insgesamt, eine Geschichte. Damit ist gemeint, dass die Begriffe „arm“ und „Armut“ einen Bedeutungswandel durchgemacht haben. Im Frühen Mittelalter bezeichnete „arm“ nicht primär den Mangel an Besitz, sondern den Mangel an Fürsorge und Obhut. Arm war, wer „verwaist“ war, schutzlos, vereinsamt, verlassen, folglich bemitleidenswert und zumeist auch mittellos bzw. besitzlos. Diesen „schicksalhaften“ Zusammenhang von machtlos und besitzlos erfuhren nicht nur massenweise die Bauern, sondern gelegentlich auch Angehörige des Adels oder des Klerus. So verwundert es nicht, dass im Laufe der Jahrhunderte – im Zusammenhang mit der Entstehung von Reichtum aufseiten des Adels und der Geistlichkeit – dann zunehmend mit „arm“ und „Armut“ vorrangig der Mangel an Besitz zum Ausdruck gebracht wird, obwohl Schutz- und Machtlosigkeit als Nebenbedeutungen im Wort Armut noch heute nach- und mitwirken.

M 1 Bauern im Mittelalter
Mittelalterliche Handschrift, 9. Jahrhundert

Wer waren die Armen?
Ganz allgemein muss hier zwischen der unfreiwilligen Armut und der freiwilligen Armut unterschieden werden. Die unfreiwillige Armut wird widerwillig ertragen, erlitten oder führt zum Aufbegehren. Die freiwillige Armut ist selbst gewählt, im Allgemeinen aus religiösen Motiven, wie sie sich vor allem im Mönchswesen zeigen.

Von unfreiwilliger Armut betroffen waren im Mittelalter vor allem die Bauern: nicht wenige freie Bauern – soweit es sie noch gab – und Hörige, abhängige Bauern. Der Begriff Armut umschreibt in dieser Perspektive damit sowohl die Bedürftigkeit an Nahrung, Kleidung und Wohnung als auch die Ohnmacht, sich aus der Unterdrückung und Abhängigkeit befreien zu können.

Von Armut bedroht war hauptsächlich derjenige, der arbeiten musste, der im Rahmen der „göttlichen“ Ständeordnung weder zum Adel noch zum Klerus gehörte. Und Arbeit, das war Qual und Mühsal, auch Strafe Gottes. Dabei waren es nicht nur (Fron-)dienste und Abgaben, die zu Not und Elend führen konnten, sondern auch natürliche Armutsrisiken, denen der „arme man“ mehr als andere Bevölkerungsschichten ausgeliefert war: Missernten und Nahrungsmittelknappheit, Pestepidemien und andere Krankheiten. Hinzu kommt oft Schutzlosigkeit bei Kriegen, Überfällen, Plünderungen.

Neben dieser Armut, von der große Teile des Dritten Standes und die Außerständischen generell oder periodisch betroffen waren, umfasst der mittelalterliche Armutsbegriff auch Personen, die nicht oder nicht mehr standesgemäß leben konnten: arme Ritter z.B., sodass auch hier – vergleichbar mit der Gegenwart – von relativer Armut gesprochen werden könnte.

Neben den arbeitenden Armen, meist Teil einer Gemeinschaft im Verband der Guts- oder Grundherrschaft, gab es auch eine große

Gruppe nichtarbeitender Armer (Alte, Kranke, Blinde, Invaliden, Witwen, Waisen) und solche, die nur gelegentlich Arbeit fanden oder wollten (Tagelöhner, Henker, Dirnen, Umherziehende). Und nicht zu vergessen die Pilger. Sie alle waren auf Hilfe, Schutz, Unterkunft bzw. auf Almosen angewiesen.

Mit der Entstehung und Neubelebung des städtischen Lebens entwickelte sich im Laufe des Hoch- und Spätmittelalters auch eine Stadtarmut. Betroffen waren vor allem unselbstständig Beschäftigte, also Gesellen und Lehrlinge, Tagelöhner, Angehörige der „unehrlichen" Berufe wie Henker, Gaukler, Spielleute. Zum Teil wurde die Stadtarmut auch durch die Landflucht verstärkt; denn Stadtluft machte zwar frei – wie man es später ausdrückte –, aber nicht zwangsläufig wohlhabend oder gar reich. Wer kein Bürgerrecht besaß, der war arm und war, wie viele andere Arme auch, auf Armenfürsorge angewiesen.

Wie wurde den Armen geholfen?

Armut war nach christlicher Auffassung gottgewollt und Armenfürsorge gottgefällige Barmherzigkeit. Zwar wird Armut nach biblischen Zeugnissen als unvermeidliche und allgegenwärtige Lebenslage angesehen, aber zugleich ist die Linderung der Armut eine elementare religiöse Pflicht. Während das Trachten der Reichen auf das Diesseits, auf das irdische Leben ausgerichtet sei, lebten die Armen gottgefälliger, auf das Jenseits orientiert, weshalb sie dem Himmelreich näher seien.

Für die Kirche (Bischof, Kloster, Spital) im Besonderen, aber auch für die Reichen und für die Nächsten der Armen (also für alle) stellte sich das Gebot der Nächstenliebe, der Caritas: das Gebot der Armenfürsorge.

M 2 **Arme und Kranke erbetteln Almosen** Holzschnitt des Petrarca-Meisters von 1532

M 3 **Der Gründer des Dominikaner-Ordens: Dominikus Guzmán (um 1170–1221)**
Die Dominikaner traten vor allem durch Studium und Ketzerbekämpfung hervor, Gemälde, um 1450

M 4 **Die heilige Elisabeth spendet ein Almosen**
Miniatur, 1529

Vielfältige kirchliche Maßnahmen erleichterten das Los der Armen und Notleidenden: Den Bettlern, die durch die Städte und Dörfer zogen oder sich vor den Kirchen postierten, wurden Almosen gegeben, denn Betteln war erlaubt und es ermöglichte den Spendern, Barmherzigkeit zu üben, und verband sich für die Empfänger der Gaben mit der Pflicht, für das Seelenheil der Spender zu beten.

Klöster und Mönchsorden
Auch die Klöster, die aufgrund des Landbesitzes sich selbst versorgen konnten, verteilten an Bettler, Pilger und andere Reisende Essen und Kleidung und gewährten vorübergehend Unterkunft. Schenkungen aus Adelsfamilien und Spenden versetzten die Klöster mitunter in die Lage, Hospize (Armenhäuser) zu unterhalten, in denen Bedürftige (Alte, Kranke) gepflegt wurden. Neben Ordensfrauen, die in eigenen Klöstern lebten, leisteten auch die Beginen, die keiner Klosterordnung unterstanden, Fürsorge durch Krankenpflege und Beköstigung.

Die Mönche, die dem Orden des Benedikt von Nursia beitraten oder später etwa dem Zisterzienserorden, wollten – meist aus dem Adel stammend – freiwillige Armut auf sich nehmen. Doch im Laufe der Zeit blieben die Ordensbrüder und später auch die Ordensschwestern zwar persönlich mehr oder weniger arm, aber die Ordensgemeinschaften selbst wurden wohlhabend, was immer neue Reformbewegungen nach sich zog.

Ein bedeutender Orden, der wesentlich dazu beitrug, die Armut im Hochmittelalter aufzuwerten, war der Orden der Franziskaner, benannt nach Franziskus von Assisi. Ohne eigenen Besitz zogen die Mönche durchs Land, nahmen die Beichte ab, lehrten Demut und Enthaltsamkeit und predigten – im Gegensatz zur örtlichen Geistlichkeit – in der Sprache des Volkes. In der Nachfolge Christi wurde Armut als Ausdruck der Frömmigkeit gelebt. Die Franziskaner bestritten ihren Lebensunterhalt durch das Betteln; die Almosen, die sie erhielten, teilten sie mit anderen Armen. Durch die Bettelorden, zu denen auch die Dominikaner gehörten, wurde die Armut idealisiert und als der wahrhafte Weg zur Erlangung des Seelenheils propagiert.

Auch Königinnen wie Editha, der ersten Frau von Otto I. (10. Jahrhundert), dessen Pfalz in Magdeburg stand, und der Kaiserin Adelheid, nach Edithas Tod Ottos zweite Frau, wird nachgesagt, dass sie sich sehr für die Armen einsetzten. Doch in besonderer Weise wirkte die Landgräfin Elisabeth von Thüringen (1207–1231), die sich unter dem Einfluss der Franziskaner ganz in den Dienst der Armen stellte, Kranke pflegte und von ihrem Witwengut ein Spital gründete, in welchem sie selbst bis zu ihrem Tode als Pflegerin arbeitete.

Die Armenfürsorge im Früh- und Hochmittelalter konnte und wollte die Armut aber nicht beseitigen; denn die Armut, so der Glaube, beruhte auf Gott und seinem Willen. Die Armut wurde, modern gesprochen, nur verwaltet. Aber Leid, Not und Schmerzen wurden gelindert und erst die Gastfreundschaft der Klöster ermöglichte die Mobilität der Pilger und armen Reisenden. Das Ansehen der Armen wurde durch das Bekenntnis der Bettelorden gestärkt. Die Armen waren geachtete Mitglieder der christlichen Gemeinschaft, denen im Allgemeinen mit Barmherzigkeit begegnet wurde.

M 5 Vom Ursprung der Leibeigenschaft

Aus dem Sachsenspiegel, einer Aufzeichnung von Gesetzen aus dem 13. Jahrhundert:

Gott hat den Menschen nach seinem Ebenbild geschaffen und ihn durch sein Martyrium erlöst, den einen wie den anderen. Ihm steht der Arme so nah wie der Reiche [...]. Als man zum ersten Mal Recht setzte, da gab es keinen Dienstmann und da waren alle Leute frei, als unsere Vorfahren hierher in das Land kamen. Mit meinem Verstand kann ich es auch nicht für Wahrheit halten, dass jemand des anderen Eigentum sein sollte.

Sachsenspiegel, Teil Landrecht, 3. Buch, 42. Kapitel; zit. nach: Uwe Wesel, Geschichte des Rechts, München 1997, übers. v. Schmidt-Wiegand.

M 6 Ein Vertrag auf Lebenszeit

Ein Vertrag aus dem 8. Jahrhundert:

Wie jedermann weiß, besitze ich nicht die Mittel, mich zu nähren und zu kleiden. Deshalb habe ich Euer Mitleid erbeten, und Ihr habt mir gewähren wollen, dass ich mich Euch übergebe und mich Eurem Schutz anvertraue. Dies habe ich zu folgenden Bedingungen getan: Ihr werdet mir helfen und mich mit Nahrung und Kleidung versorgen, soweit ich Euch dienen und nützlich sein kann. Solange ich lebe, schulde ich Euch Dienst und Gehorsam, soweit dies mit meinem freien Stand vereinbar ist; meinen Lebtag verzichte ich auf das Recht, mich Eurer Macht und Schutzherrschaft zu entziehen.

Formulae Turonenses 43, MGH Formulae I, 258, Hannover 1882; zit. nach: Michel Mollat, Die Armen im Mittelalter, München 1987, S. 235.

M 7 Gedicht über den Nutzen der Wohltätigkeit

Das Gedicht, entstanden im 15. Jahrhundert, wurde ins Südportal der Kathedrale von Bourges (Frankreich) eingemeißelt. Es besteht aus sechs Strophen:

Selig werden jene sein, die betteln,
und jene, die über niemanden übel reden,
die im Namen Gottes bitten
und um milde Gaben betteln,
wenn sie für jene, die ihnen geben, beten
und für den, der dieses Haus gebaut hat.

Die Armen, die Geduld haben,
und die nach ihrem Gewissen leben
und die Liebe und Eintracht wahren,
die ihre Not aushalten
und sie als Buße auffassen,
sie werden die Barmherzigkeit erlangen.

Deshalb, ihr Armen, haltet durch,
und alle Übel, die ihr erleidet,
nehmt sie geduldigen Sinnes hin,
denn dadurch werdet ihr
die Seligkeit erlangen und
ganz sicher das Paradies erwerben.

Ihr alle, gebt großzügig um Gottes willen
den Armen; denn beim Jüngsten Gericht
wird Unser Herr es euch vergelten.
Durch häufige Almosen
wird kein Mensch verarmen,
niemand, der guten Herzens gibt.

Zit. nach: Michel Mollat, Die Armen im Mittelalter, München 1987, S. 240.

Aufgaben

1. Vergleiche die beiden Perspektiven, die in den Quellen zum Ausdruck kommen, und setze dich mit den Sichtweisen auseinander. Berücksichtige die jeweiligen gesellschaftlichen Verhältnisse.
   → M5, M6
2. a) Beschreibe, was auf dem Bild dargestellt ist.
   b) Erläutere – unter Einbeziehung des Gedichtes – die Erwartungen der Armen und die der Reichen.
   → M2, M7
3. Schreibe in Auswertung der Bildquelle M4 und im Ergebnis von Recherchen zwei Kurzbiografien: eine reale über Elisabeth von Thüringen und eine fiktive über einen der Almosenempfänger.
   → M4, Internet oder Bibliothek
4. Informiere dich über die Lebensweise der Franziskaner und der Dominikaner und erläutere die besondere Ausstrahlungskraft dieser Bettelorden. Beziehe symbolhafte Elemente der Bildquelle in die Darstellung mit ein.
   → M3, Internet oder Bibliothek

Armut und Armenfürsorge in der Frühen Neuzeit

Eine neue Auffassung: „Wer nicht arbeitet, soll auch nicht essen."
In der Zeit vom 14. bis 16. Jh. vollzieht sich ein deutlicher Wandel in der Wahrnehmung von Armut und in der Almosenpraxis. Die christlichen Tugenden der Nächstenliebe und der Barmherzigkeit, die ohnehin mehr auf den Erlass von Sünden und den Erwerb von Seelenheil fixiert waren als auf die Beseitigung des Elends, wurden zunehmend infrage gestellt. Der Ablasshandel und der Reliquienverkauf der Bettelmönche, aber darüber hinaus auch die gesamte freiwillige Armut, wo sie sich mit der Bettelpraxis verband, wurden immer mehr zum Ärgernis. Zum einen vermehrten die freiwillig Armen das Heer der Almosenempfänger, sodass die kirchliche Fürsorge überfordert wurde, zum anderen setzte sich aber auch im Zusammenhang mit der zunehmenden Geldwirtschaft und der Entwicklung des städtischen Handwerks und Handels sowie des Fernhandels eine neue Sicht auf die Bedeutung der Arbeit durch. War Arbeit bislang weitgehend verachtet worden wegen der damit verbundenen Mühsal, so zeigte sich beim Zunfthandwerk und bei dem den Fernhandel beherrschenden Patriziat, dass Arbeit auch zu Wohlstand und Reichtum führen kann und darüber hinaus zu Stolz auf die durch Arbeit erbrachten Leistungen. Die Zünfte hatten sich zudem zu Einrichtungen entwickelt, die ihren Mitgliedern bei Notfällen und Schicksalsschlägen helfend zur Seite standen.

Auch die biblischen Aussagen sowohl zur Vergebung von Sünden als auch zum Betteln und zur Arbeit wurden neu interpretiert und man besann sich auf das althergebrachte Paulus-Wort, das in der Reformationszeit auch von Martin Luther bekräftigt wurde: „Wer nicht arbeitet, soll auch nicht essen."

Die Armenfürsorge
Diese neue Sichtweise hatte für die Bedürftigen und Notleidenden, aber auch für die praktizierte Armenfürsorge große Auswirkungen. In den Städten werden Armenordnungen erlassen und kaiserliche Edikte sollen für eine möglichst einheitliche Vorgehensweise sorgen.

Gemeinsam ist diesen Armenordnungen die Unterscheidung von „würdigen" und „unwürdigen" Armen. Wer arbeitsfähig ist oder „Berufsbettler", oft als „starker" Bettler bezeichnet, wird von Almosen ausgeschlossen. Auch Fremde, also Personen, die nicht in der Stadt ansässig sind, sollen abgewiesen werden. Darüber hinaus wird das Betteln vielerorts verboten, wobei aber für „würdige" Bettler vielfach Ausnahmen gemacht werden.

Die Armenfürsorge verlagert sich von den kirchlichen Einrichtungen hin zu den öffentlichen Behörden, die in diesem Bereich ihre Armenpolitik durchsetzen wollen.

Die Reformation verstärkt den Wandel von der kirchlichen Wohlfahrt hin zur öffentlichen Armenpolitik. Die Gemeindekasse, der „Gemeine Kasten", wird eingeführt, eine große Truhe, oft mit mehreren Schlössern versehen, sodass die Truhe nie von nur einer Person alleine geöffnet werden kann. Gefüllt wird der „Gemeine Kasten" in der Hauptsache durch Spenden reicher Stadtbürger. Für die Durchset-

M 1 Der „Gemeine Kasten"
Im Zusammenhang mit der Neuordnung der Armenfürsorge und des Almosenwesens wird vielerorts, vor allem in den reformierten Gebieten, eine Gemeindekasse gebildet, in die auch die Geldspenden fließen, sodass diese unter kommunaler Aufsicht und unter Beachtung der „Kastenordnung" verteilt werden können. Zur sicheren Aufbewahrung der Spenden diente oft, wie hier in Wittenberg, ein kastenartiges, eisenbeschlagenes Möbelstück. Der Wittenberger „Gemeine Kasten" misst ca. 120 x 60 x 70 cm und ist mit mehreren, unabhängig voneinander zu verriegelnden Schlössern ausgestattet.

zung der Armenordnungen wird eine Armenpolizei eingerichtet (Bettelrichter, Armenvögte, Büttel, Stadtknechte u.ä.). In vielen Städten müssen die „würdigen" Armen bzw. die „erlaubten" Bettler Bettelzeichen tragen. Die Aussätzigen, die Leprakranken, die ohnehin in eigens hergerichteten Siechenhäusern untergebracht waren, hatten sich seit Langem durch Gewand, Kopfbedeckung und Klapper bzw. Schelle kenntlich zu machen. Darüber hinaus wurden jetzt auch an die Armen Bettelzeichen vergeben, nachdem die Bedürftigkeit festgestellt war. War die Armut selbst verschuldet oder führte der Bettler einen anstößigen Lebenswandel, wurde ihm das Betteln (und das Bettelabzeichen) verwehrt. Diese Praxis der Überprüfung, Reglementierung und Kennzeichnung der Armut vermehrte die Zahl jener Bedürftigen, die es auch in der Gegenwart gibt, die aus Scham ihre Armut verbergen (verschämte Armut).

M 2 Nürnberger Bettelzeichen

Zu dieser veränderten Einstellung zum Betteln und darüber hinaus zur Armut dürfte auch der gelegentlich geäußerte Vorwurf des betrügerischen Bettelns beigetragen haben. Auch die Bettelmönche wurden zunehmend mit Hohn und Spott überzogen, indem entweder das biblische Armutsgebot infrage gestellt wurde oder aber die Mönche der Unredlichkeit und der heimlichen Völlerei bezichtigt wurden.

Neben der nichtarbeitenden Armut gab es in der Frühen Neuzeit aber auch eine arbeitende Armut: bäuerliches Gesinde und Tagelöhner, die Handwerksgesellen in den Städten, die Hilfsarbeiter im Handels- und Transportgewerbe, städtische Bedienstete und die Heimarbeiter im Verlagswesen.

Bekämpfung der Armut

In der Frühen Neuzeit werden neue Prinzipien und Praktiken zur Eindämmung der Armut entwickelt, von denen einige bis in die Neuzeit Bestand haben, wobei auch die neu formierten Kirchen in die

Armenfürsorge eingebunden bleiben bzw. Verantwortung übernehmen:

1. Erziehung zur Arbeit (Verweigerung von Unterstützung bei Müßiggang, ggf. Anordnung von Zwangsarbeit);
2. Überwachung und Reglementierung von Umherziehenden bzw. Fremden, Schwangeren, Dirnen, Aufrührern;
3. Kontrolle der Spitäler durch die Stadt und Überprüfung der Bedürftigkeit von Insassen; Errichtung von Spezialanstalten, z. B. Pesthäuser, Stätten für Geburtshilfe, Irrenanstalten, Militärlazarette;
4. Bestrafung der verbotenen Bettelei und des betrügerischen Bettelns, z. B. bei Vortäuschung von Schwangerschaft oder Invalidität;
5. Verbesserung der Bildung und christlichen Erziehung durch Armenschulen und Waisenhäusern und Einführung einer gesetzlichen Schulpflicht (unter kirchlicher Aufsicht).

Die Übernahme der Armenfürsorge durch die Kommunen macht deutlich, dass die Armut als gesellschaftliches Problem erkannt wurde, eine umfassende Reduzierung der tatsachlichen Armut konnte aber nicht gelingen, denn eine staatliche Armenpolitik überregionalen Charakters gab es nicht. Kriege, Epidemien und Hungerkrisen schufen zudem immer neue, teils dramatische Armutslagen. Die „Reichspoliceyordnungen" und landesfürstliche Verordnungen regelten zwar den Umgang mit Bettlern, Armen und Randgruppen, doch vor allem ging es darum, Störungen des öffentlichen Lebens zu unterbinden, wie sie auch von Räubern, Dieben und Soldaten hervorgerufen wurden.

M 3 August Hermann Francke
Lithografie, 1832

Stiftungen

Daneben entwickelt sich aber auch ein Stiftungswesen, das von den jeweiligen Landesherren, von reichen Bürgern oder Adligen und von Vertretern der Kirche getragen wird. Ein gutes Beispiel für eine kirchliche Reformbestrebung sind die Frankeschen Stiftungen in Glaucha bzw. Halle. Der Lehrer und Pfarrer August Hermann Franke gründet eine Armenschule, ein Waisenhaus, ein Krankenhaus sowie Versorgungseinrichtungen und baut das alles zu einer, wie er es nennt, „Stadt Gottes" aus. Gelingen konnte dieses Werk eines Pietisten allerdings nur, weil es von königlichem Wohlwollen in Form von Privilegien und von finanziellen Hilfen begleitet wurde.

M 4 Francksche Stiftungen
Hauptgebäude, errichtet 1698/99,
Foto von 1995

M 5 „Wer nicht arbeitet, soll auch nicht essen."

Martin Luther schrieb 1529 in seiner Schrift „An den christlichen Adel deutscher Nation":

Wer arm sein will, sollte nicht reich sein; will er aber reich sein, so greife er mit der Hand an den Pflug und hole es sich selbst aus der Erde. Es genügt, dass die Armen ausreichend versorgt sind, dass sie weder Hungers sterben, noch erfrieren. Es schickt sich nicht, dass einer auf Kosten der Arbeit anderer müßig gehe, reich sei und gut lebe, während ein anderer schlecht lebt, wie jetzt der verkehrte Missbrauch geht. Denn St. Paulus sagt: ‚Wer nicht arbeitet, soll auch nicht essen' (2 Thess. 3,10).

Martin Luther, An den christlichen Adel deutscher Nation (1529). In: Die reformatorischen Grundschriften in 4 Bänden, Bd. 2, Darmstadt 1983, S. 122f.

M 6 „Müßiggang ist aller Laster Anfang"

Aus einem Edikt des Kaisers Karl V. von 1531:

Die Erfahrung lehrt, dass, wenn man allen unterschiedslos erlaubt, zu betteln und um Unterstützung zu bitten, viele Fehler und Vergehen die Folge sind, da sie sich dann dem Müßiggang hingeben, von dem alle Übel ihren Anfang nehmen, zusammen mit ihren Kindern die Ausübung des Handwerks oder der Betätigung, von der sie sich ernähren könnten, aufgeben und sich folglich einem lasterhaften und frevelhaften Leben hingeben, und ihre Töchter der Armut und dem Unglück sowie allen erdenklichen Lastern und Sünden preisgeben; und obwohl sie jung, stark und von gesundem Leibe sind, erschleichen sie sich mit großer Arglist, was aufgeteilt werden sollte unter Alten, Kranken, Gebrechlichen und Menschen in äußerster Not.

Zit. nach: Bronislaw Geremek, Geschichte der Armut. Elend und Barmherzigkeit in Europa. Aus dem Polnischen von Friedrich Griese, München und Zürich 1988, S. 183.

M 7 Eine Bettelordnung

Aus der Nürnberger Bettelordnung von 1478:

Zum Ersten ordnen unsere Ratsherren an, setzen fest und gebieten, dass weder Bürger noch Bürgerin [...] weder Tag noch Nacht betteln darf, wenn es ihm [bzw. ihr] nicht von jemandem, der durch den ehrbaren Rat damit betraut und eingesetzt ist, zugestanden oder erlaubt wird.
Und welche so die Erlaubnis erhalten haben, sollen doch nicht betteln, es sei denn, sie tragen offen an sich das Zeichen, das man ihnen aushändigen wird. Wer jedoch ohne Erlaubnis und Zeichen bettelt, der soll ein Jahr und eine Meile von dieser Stadt fernbleiben. Den Bettlern und Bettlerinnen, die sich schämen bei Tag zu betteln und nur des Nachts betteln wollen, wird man ein besonderes Zeichen dafür geben, im Sommer in der Nacht nicht länger als zwei Stunden und im Winter in der Nacht nicht länger als drei Stunden zu betteln. [...] Sodann soll jeder Bettler und jede Bettlerin, bevor man ihnen Erlaubnis und das Zeichen gibt, den vorher erwähnten Herren der Wahrheit gemäß offenbaren, in was für einem Stand, Wesen und welcher körperlichen Verfassung man sei, ob verheiratet oder ledig und wieviel Kinder man habe, um daraus zu ersehen, ob sie auf die Bettelei angewiesen sind oder nicht. Wer dabei die Wahrheit unterschlägt, soll ein Jahr und eine Meile außerhalb der Stadt bleiben. [...]
Bettler und Bettlerinnen, denen hier zu betteln erlaubt ist und die nicht Krüppel, lahm oder blind sind, sollen an keinem Werktag vor den Kirchen müßig an dem Bettelort sitzen, sondern spinnen und andere Arbeit, die zu verrichten sie in der Lage sind, ausführen.

Zit. nach: Christoph Sachse/Florian Tennstedt, Geschichte der Armenfürsorge in Deutschland, Bd. 1, Vom Spätmittelalter bis zum 1. Weltkrieg, Stuttgart 1998, S. 64ff.

Aufgaben

1. Lege dar, welche Auffassung Martin Luther hinsichtlich des Bettelns vertritt und welche Bedeutung er der Arbeit beimisst. → M5
2. Erläutere den Wandel, der sich bei der Armenfürsorge vollzieht. → M5, M6
3. Vergleiche die traditionelle kirchliche Armenfürsorge mit der kommunalen Fürsorge und diskutiere die Vor- und Nachteile für die Betroffenen. → M1, M2, M7
4. Analysiere die Nürnberger Bettelordnung unter folgenden Gesichtspunkten:
   a) Wem ist das Betteln erlaubt und wem nicht?
   b) Welche Auflagen werden den Bettlern erteilt?
   c) Mit welchen Maßnahmen soll die Bettelordnung durchgesetzt werden?
   → M7

Massenarmut zu Beginn des 19. Jahrhunderts

Aufklärung, Französische Revolution und Frühindustrialisierung
In der Zeitspanne zwischen 1780 bis 1850 kommt es zu Umwälzungen mit weltgeschichtlicher Bedeutung: Die Epoche der Aufklärung hat das Denken und Handeln vieler Menschen zur Vernunft hin verändert. Mit der Französischen Revolution ist ein Staatswesen entstanden, das auf dem Volkswillen basiert und die Idee der Menschenrechte verkündet. Ehemals englische Kolonien in Amerika haben sich vom Mutterland England gelöst und unter dem Namen USA ein unabhängiges und demokratisches Staatswesen geschaffen. Diese Entwicklungen schärfen den Blick für Gerechtigkeit und Freiheit und die Ungerechtigkeit von Armut und Unterdrückung.

Doch ebenso bedeutend sind die technischen und wirtschaftlichen Veränderungen, die sich besonders in England, aber auch in Deutschland, Frankreich und anderen Ländern – auch in den USA – vollziehen. Diese Phase des Übergangs von der Agrargesellschaft zur Industriegesellschaft wird von Historikern als Frühindustrialisierung bezeichnet.

Die Frühindustrialisierung fällt mit einer Massenarmut zusammen. Die Zahl der Armen – je nach Messung und Region verschieden – lag zwischen 30 und 60 Prozent der Gesamtbevölkerung. Diese Gleichzeitigkeit von beginnender Industrialisierung und Armut hat dazu geführt, dass von Armut Betroffene, aber auch gebildete und reiche Bürger dem Prozess der Industrialisierung und vor allem der Trägerschicht, den Kapitalisten, die Schuld an der Verelendung der Massen zuschrieben. Etliche der zeitgenössischen Quellen bringen das auch direkt oder indirekt zum Ausdruck. Allerdings ist das aus der Sicht vieler Historiker nur die Perspektive einer Minderheit; heute überwiegt vielmehr die Meinung, dass es sich bei der Massenarmut um ein Phänomen handelt, das hauptsächlich durch das Zusammenwirken traditioneller Armutsrisiken hervorgerufen wurde.

M 1 „Des armen Mannes Freund"
Hunger, Unterernährung und Krankheit führten in der 30er- und 40er-Jahren des 19. Jahrhunderts oft zum frühzeitigen Tod, Zeichnung von John Leech aus der britischen Zeitschrift „Punch", 1845.

Was waren die Ursachen für die Massenarmut?
Historiker nennen in diesem Zusammenhang den Bevölkerungsanstieg, Nahrungsmittelknappheit, Teuerungswellen, Kriegsereignisse, Missernten oder Handelskrisen, und sie schlussfolgern zumeist, dass es sich also um eine so genannte alte Armut handelt. Außerdem sei es gerade die fortschreitende Industrialisierung gewesen, die der Masse der Bevölkerung – langfristig gesehen – Arbeit und Wohlstand gebracht habe.

Unter den genannten Ursachen kommt der starken Bevölkerungszunahme, auch als Bevölkerungsexplosion bezeichnet, eine entscheidende Rolle zu. So hat sich etwa die Bevölkerung in Deutschland (ohne Österreich) von 25 Millionen Menschen im Jahre 1800 auf über 50 Millionen im Jahre 1890 annähernd verdoppelt. Das führte, besonders in den 1830er- und 40er-Jahren, zu einem Nahrungsmangel und vor allem zu einem Mangel an Arbeitsplätzen.

Welches Ausmaß die Armut zeitweilig hatte, macht die Hungerkrise der Jahre 1816/17 deutlich. Von der Stadt Köln ist bekannt, dass sie in dieser Zeit etwa 19 000 Almosenempfänger versorgt hat – bei einer Einwohnerzahl von 49 000.

Wer waren die Menschen, die Armut zu erleiden hatten?
Neben denen, die traditionell von der Armut betroffen waren, nämlich Alte, Kranke, Invaliden, Vagabunden, Witwen, Waisenkinder und Kriegsversehrte, verarmten große Teile der Bauernschaft. Oft konnten die Bauern wegen zu geringer Erträge die Pacht oder Ablösezahlungen nicht aufbringen, und nicht selten waren, begünstigt durch Erbteilungen, zu viele Personen zu ernähren.

Eine weitere große Gruppe der Armen bildeten die Lohnarbeiter und ihre Familien. Häufig waren diese vom Land in die Stadt gezogen (Landflucht), auf der Suche nach Arbeit. Auf dem Lande fanden sie kein Auskommen mehr, weil sie aus der Gutsuntertänigkeit entlassen worden waren (Bauernbefreiung). Oft vegetierten diese Menschen in Notbehausungen am Rande der sich vergrößernden Städte; fanden sie Arbeit, so ließ es sich leidlich leben, waren oder wurden sie arbeitslos, begann ein mühsamer Kampf ums Überleben.

Zur Armut der Bauern und der Lohnarbeiter-Armut gesellte sich eine zunehmende Armut bei den städtischen Handwerkern, die unter dem Konkurrenzdruck der industriellen Produktion litten. In gleicher Weise betroffen war die Heimarbeit im Textilwesen, mit der nicht mehr genug verdient wurde, um die Familien ernähren zu können. Oft wurden Kinder im Alter von sieben oder acht Jahren zu zwölfstündiger Arbeit in Fabriken geschickt, weil nur so ein Überleben der Familie möglich war.

Wie wurde den Armen geholfen?
In erster Linie waren die Städte und Gemeinden gefordert, doch deren Möglichkeiten waren begrenzt. In Hünfeld, so wird berichtet, hätten die Behörden ganze Bettlerzüge zusammengestellt, die sich in einem festgelegten Rhythmus in den einzelnen Stadtteilen und in umliegenden Dörfern Almosen zusammenbetteln durften. Das Betteln, vielerorts verboten und unter Strafe gestellt, war als Ausnahmeregelung

M 2 Wilhelm Emanuel von Ketteler (1821–1877)
Der Mainzer Bischof trat für eine staatliche Sozialpolitik ein, zeitgenössisches Gemälde.

offenbar wieder willkommen. Darüber hinaus gab es Unterstützungsgelder, die bei Weitem nicht ausreichten und oft auch nur Arbeitsunfähigen zugute kamen. Staatliche Maßnahmen zur Bekämpfung der Armut wurden nur zaghaft ergriffen. Ein preußisches Gesetz von 1839 zur Begrenzung der Kinderarbeit zeigte wenig Wirkung, weil nicht nur die Unternehmer, sondern auch unter Existenzbedrohung lebende Eltern an der Kinderarbeit interessiert waren.

Unternehmerische und kirchliche Initiativen

Es gab vereinzelt auch Unternehmerinitiativen wie die Einrichtung betrieblicher Hilfskassen für Kranke, preisgünstigere Werksspeisung, betriebliche Billigläden, organisierten Schulunterricht oder auch einer Gewinnbeteiligung der Beschäftigten. Auch das Engagement von Kirchenvertretern, z. B. vom Pfarrer Johann Friedrich Wichern (Sozialarbeit als „Innere Mission"), vom Kaplan Adolf Kolping (katholische Gesellenvereine im „Kolpingwerk") und vom Bischof Wilhelm Emmanuel Freiherr von Ketteler (Sozialprogramm), trugen zur Verringerung des Elends bei. Bedeutend wurde diese kirchliche und die unternehmerische Armenhilfe aber erst in der zweiten Hälfte des 19. Jahrhunderts. Erst in dieser Zeit wurde auch eine staatliche Sozialgesetzgebung unter dem Reichskanzler Bismarck geschaffen, die in Grundzügen noch heute gültig ist.

M 3 Reedereiplakat um 1880
Der Preis für die Überfahrt nach Amerika kostete 80 Gulden. Das entsprach etwa 7 Monatslöhnen eines Arbeiters.

Wie halfen sich die Menschen selber?

Wichtig für die Notleidenden werden Selbsthilfemaßnahmen. Diese reichen von Vereinsgründungen über Unterstützungskassen und die Bereitstellung von Schlafplätzen bis zur gewerkschaftlichen Solidarisierung bei Lohnforderungen und Streiks. Der Not folgend kommt es auch zu Plünderungen, zur Zerstörung von Maschinen und zu Aufständen (z. B. Weberaufstand von 1844), was zum Einsatz von Polizei und Armee führt. Eine besondere Form der Selbsthilfe war die Auswanderung aus Deutschland, überwiegend nach Amerika. Während so genannter Auswanderungswellen, z. B. 1816/17, 1846/47 und in den 1850er-Jahren, haben über eine Millionen Menschen Deutschland verlassen, um in anderen Ländern Arbeit und Brot oder auch Freiheit zu finden.

Literatur und Wissenschaft

Von Bedeutung für die Verbesserung der Lebenslagen der Armen waren indirekt auch die Werke von Schriftstellern und Malern (z. B. Georg Büchner, Heinrich Heine, Georg Herwegh, Philipp Hoyoll), die in ihren Kunstwerken die Armut nacherlebbar oder sichtbar machten.

Auch die Theorien zu den Ursachen der Armut und zur Notwendigkeit der Armutsbekämpfung, von Wissenschaftlern, Politikern oder Journalisten vorgetragen (z. B. von Thomas R. Malthus, Friedrich Engels, Karl Marx, Bruno Hildebrand), zeigten – langfristig gesehen – Wirkung, weil es dadurch immer weniger möglich wurde, die massenhafte Armut zu verleugnen, zu bagatellisieren oder lediglich den Armen die Schuld für ihre Lage zuzuweisen. Die Massenarmut entwickelte sich zur Sozialen Frage und zur größten Herausforderung der Industrialisierung.

M 4 „Auf nach Amerika!"

a) Michael Munz aus Möglingen, verheiratet, sechs Kinder, berichtet um 1817:

Ich weiß weiter keine Ursache anzugeben, weswegen ich auswandere, als dass ich bei dem gegenwärtigen schlechten Verdienst und bei der großen Teuerung meine Familie nicht erhalten kann. Ich habe Nachricht von Verwandten in Amerika, welche es dort gut haben. Ein Vetter, der mit mir zieht, versorgt mich mit Geld.

b) Jakob Müller und Christian Braun aus Lehrensteinfeld, um 1817:

Wir müssen dem Edelmann alle Jahr 18 Tage frohnen und 4 Tag botenlaufen nach Heilbronn, Klafterholz machen und jagen, dann müssen wir zur Gemeinde und zum Amt frohnen, und so verlieren wir den größten Teil unserer Zeit; dazu die teuere Zeit und der Misswachs, und die unerschwinglichen Abgaben mit Amtsschaden usw. Man unterstützt uns gar nicht.

G. Moltmann (Hg.), Aufbruch nach Amerika. Friedrich List und die Auswanderung aus Baden und Württemberg 1816/17. Dokumentation einer sozialen Bewegung, Tübingen 1979, S. 144ff.

M 5 Meldungen aus dem Jahre 1844

Aus Berichten deutscher Zeitungen von 1844:

a) Die Handelszuckungen in Amerika haben auch bei uns unsägliches Elend erzeugt, denn die Spinnereien in den gewerbefleißigen Orten Ansbach, Wehrheim, Oberhein usw. haben schon seit vier bis fünf Monaten keine Arbeit, und was am furchtbarsten ist, nicht die geringste Aussicht dazu. In dem großen und stark bevölkerten Orte Ansbach herrscht eine entsetzliche Armut, die dem Jammer vollkommen gleichkommt, den uns unlängst die Zeitungen aus England gemeldet haben. Scharen dieser halb verhungerten und spärlich im Lumpen gehüllten Männer, Weiber und Kinder sind gezwungen, um Almosen zu bitten usw. Hier muss Rat und Tat geschafft werden auf jede Weise, denn das Unglück ist unverdient und diese brotlosen Unglücklichen verlangen nur Arbeit.

b) Hungersnot ist nicht, wenn das Brot teuer ist, sondern wenn nicht so viel verdient werden kann, um Brot genug kaufen zu können. Solche Hungersnot ist bei uns. Die Strumpfwirkerei, der Hauptnahrungszweig bei uns, geht jetzt so schlecht oder vielmehr lohnt so schlecht, dass kein Arbeiter sich darauf ernähren kann. Dass viele mit ihren Kindern hungern müssen, lässt sich denken. Es ist dies umso schlimmer, da bei uns im Ganzen, außer bei einigen Fabrikanten, wenig Wohlhabenheit zu finden ist. Um nun dem Notstande einigermaßen zu steuern, wird ein Stück Chaussee gebaut, den Arbeitern aber so viel bezahlt, dass es zum Leben zu wenig, zum Sterben zu viel ist.

c) Ganz besonders sind es die höchst gelegenen Grenzorte, die am meisten leiden, denen schleunige Hilfe zuteil werden mag. Ein Teil des Obererzgebirges erscheint jetzt fast als eine einzige wandernde Bettlerfamilie, welche Trost und Hilfe sucht bei ihren ebenfalls verarmten Nachbarn! Die Ursache der so unerwartet kommenden Verarmung liegt nicht in einer vorübergehenden Handelsstockung allein, welche wir manchmal schon durchlebt, sondern in dem Ereignisse, dass die Fabriken in England sich unserer Manufaktur bemächtigt haben. Den Todesstoß hat wenigstens die Manufaktur der Klöppelei erhalten, und dieser trifft Tausende von Menschen, denen der Klöppelsack Sommer und Winter hindurch die Milch gebende Kuh war.

Der Pauperismus und dessen Bekämpfung durch eine bessere Regelung der Arbeitsverhältnisse. Deutsche Vierteljahrs Schrift 1844, II.3, S. 315ff.; in: Carl Janke/Dietrich Hilger (Hrsg.): Die Eigentumslosen, Freiburg/München 1965, S. 49ff.

Aufgaben

1. Erläutere die Bildaussage und begründe, weshalb es sich bei der Zeichnung um eine Karikatur handelt. → M1
2. Nenne die zu Protokoll gegebenen Ursachen, die zur Auswanderung nach Amerika führten. → M4
3. Analysiere die Zeitungsmeldungen unter der Fragestellung, welche Ursachen für Not und Elend angeführt werden. → M5
4. Stelle zusammenfassend dar, wodurch die Massenarmut verursacht wurde und zu welchen Reaktionen sie seitens der Betroffenen und seitens der sonstigen Beteiligten führte. → Text, M1–M5

Handwerkerfamilie im 15. Jahrhundert
Unten rechts sieht man den kleinen Sohn des Schreiners, der abfallende Sägespäne in einen Korb sammelt.

Bauerndorf im späten Mittelalter
Während Bauern ihrer Tätigkeit nachgehen, führt ein kleiner Junge im roten Kittel die Schafherde vom Hof.

Kinderarbeit in einer Baumwollspinnerei
Um 1900 waren die Arbeitsbedingungen in den Fabriken immer noch hart, wenn auch nicht mehr so unmenschlich wie zur Zeit von Betty Drake. Dennoch beschäftigte die Textilindustrie nach wie vor 12-jährige Mädchen wie auf diesem Foto von 1890.

Kinderarbeit heute
Kind beim Weben von Teppichen in Guatemala, Foto von 2003.

Kinderarbeit in einem englischen Bergwerk, Lithografie von 1844

Geschichte der Arbeit

Was ist Arbeit?

Es vergeht kein Tag, an dem wir nicht den Begriff der Arbeit in einer der zahlreichen Bedeutungen verwenden: zum Beispiel Klassenarbeit, Hausarbeit, arbeitslos, Arbeitsplatz, Arbeitsgemeinschaft oder Arbeitszeit. In einem aktuellen Lexikon finden sich über 100 Begriffe, die das Wort „Arbeit" beinhalten. Definiert wird Arbeit dort als „das bewusste, zielgerichtete Handeln des Menschen zum Zweck der Existenzsicherung wie der Befriedigung von Einzelbedürfnissen; zugleich wesentliches Moment der Daseinserfüllung." Diese sehr abstrakte Definition überrascht um so mehr, je genauer wir uns den Begriff der „Arbeit" anschauen. Im Mittelhochdeutschen, wo der Begriff „arebeit" erstmalig im Deutschen erwähnt wird, meint er so viel wie „Mühsal", „Not". Dies ist heute aber nur noch ein Aspekt der weiten Bedeutung von Arbeit. Daher ist es interessant zu schauen, wie der Begriff der Arbeit sich vom Mittelalter bis in die Industrialisierung im 19. Jahrhundert verändern konnte.

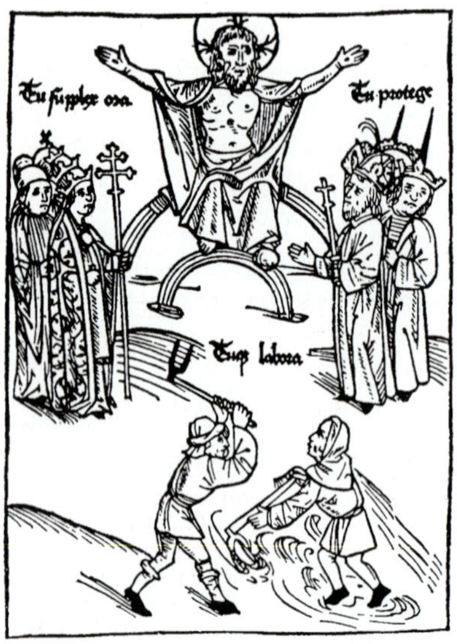

M 1 Ständebild

Auf dem Holzschnitt aus dem Jahr 1492 sind die drei wichtigsten Stände dargestellt: die kirchlichen Würdenträger, die Adligen und die Bauern. Die Inschriften weisen ihnen ihre Aufgaben zu: „Du sollst unterwürfig beten" – „Du sollst schützen" – „Du sollst arbeiten". Darüber thront Jesus auf einem Regenbogen.

Arbeit im Mittelalter

Bis ins Frühmittelalter hinein wurde Arbeit von der biblisch-christlichen Wahrnehmung geprägt. Man sah Arbeit vor allem als Strafe für den Sündenfall der ersten Menschen im Paradies an. Gott hatte dem sündigen Adam doch mit auf den Weg gegeben: „... verflucht sei der Acker um deinetwillen, mit Kummer sollst du dich darauf nähren dein Leben lang" und „Im Schweiße deines Angesichts sollst du dein Brot essen." Hieraus leitete sich für die Menschen ab, Arbeit als Strafe zu verstehen, die mit besonderer Anstrengung und Mühe versehen war.

Gleichzeitig hatte das Verständnis von Arbeit auch Auswirkungen auf die Organisation der mittelalterlichen Gesellschaft. Denn das, was die unterschiedlichen Gruppen in der Gesellschaft taten, konnte nicht einfach gleichgesetzt werden. Also entstanden verschiedene Überlegungen, die Gesellschaft nach ihren Arbeitsbereichen zu gliedern. Das bekannteste Modell ist die „Drei-Stände-Lehre" des Geistlichen Adalbert von Laon. Dieses Modell wurde häufig dazu benutzt, den Aufbau der mittelalterlichen Sozialordnung zu erklären. Vergessen wird heute aber, dass dieses Konzept nicht die mittelalterliche Realität darstellt, sondern nur eine Deutung war, um aus der Sicht der Herrschenden eine „ideale" Gesellschaftsordnung abzubilden. Mit diesem Modell wurde verdeutlicht, dass alle drei Stände wichtig sind für die Funktion und den Erhalt der Gesellschaft, da nach dieser Aufteilung kein Stand ohne den anderen existieren konnte. Damit änderte auch die Kirche ihre Sicht auf die Arbeit: War sie bis dahin als Strafe angesehen worden, erhielt Arbeit nun eine neue Bedeutung zugesprochen – eine produktive Pflicht zur Buße. Auch wurden seit dem Hochmittelalter neben der Hand- und Landarbeit zunehmend geistige und höfische Beschäftigungen als „Arbeit" verstanden.

Die „Arbeitenden" im Mittelalter – Handwerker und Bauern

Nach dem Modell der Drei-Stände-Lehre war es die alleinige Pflicht der Arbeitenden, die anderen beiden Stände zu versorgen. Diese Arbeitenden waren im Mittelalter Handwerker und vor allem Bauern, denn Arbeit bedeutete im Mittelalter vor allem Arbeit in der Landwirtschaft. Um das Jahr 1200 lebten ca. 90 % der Menschen auf dem Land. Deshalb war die Landwirtschaft die Grundlage der mittelalterlichen Gesellschaft, versorgten die Bauern doch nicht nur sich selbst mit Nahrung und Kleidung, sondern auch den Adel und den Klerus und die aufkommende städtische Bevölkerung. Die bäuerliche Arbeit war bestimmt durch die Grundherrschaft, die das Verhältnis zwischen dem Grundherrn und den verschiedenen Grundhörigen festlegte. Es war eine körperlich anstrengende Arbeit, die die Bauern bis zum 12. Jahrhundert auch noch teilweise für den Grundherren verrichten mussten. Später waren sie dann gezwungen, Abgaben in Form von Geld oder erwirtschafteten Produkten an die Grundherren zu leisten.

Die Arbeit der Menschen auf dem Lande

Ihre Arbeiten verrichteten die Bauern mit einfachen Holzgeräten, die im Mittelalter schrittweise verbessert wurden. Leider besitzen wir wenig Informationen darüber, wie die einzelnen Entwicklungen vonstatten gingen. Der einfache Hakenpflug wurde durch den Räderpflug ersetzt, das Kummet ermöglichte es mithilfe von Ochsen den Boden effektiver zu bearbeiten. Auch beim Dreschen des Getreides zeigte sich eine schrittweise Verbesserung. Trat zuerst das Vieh das Korn, wurde anschließend mit Stöcken gearbeitet, bevor der Dreschflegel eingesetzt wurde. Sensen und die um 1100 in Europa aufkommenden Mühlen trugen mit dazu bei, den Ernte- und Verarbeitungsprozess zu verbessern. Seit dem 9. Jahrhundert hatte sich die Dreifelderwirtschaft durchgesetzt, sodass die Böden intensiver genutzt werden konnten. Jedoch blieb die Produktivität im Vergleich zu heute äußerst gering. Dies änderte sich auch kaum bis ins 18. Jahrhundert.

Die Arbeit wurde zwischen Männern und Frauen arbeitsteilig organisiert. Während die Frauen den Haushalt führten und gleichzeitig Stall und Garten betreuten, verrichteten die Männer die Arbeiten außerhalb des Hofes. Einzelne Tätigkeiten, wie das Herstellen von Kleidung, waren ausschließlich Frauenarbeiten. Arbeitsbelastungen von 14 bis 16 Stunden waren in den Erntemonaten keine Seltenheit.

Auch die Kinder mussten von Klein auf mitarbeiten. Die festgestellte überdurchschnittliche hohe Sterblichkeit von Frauen, für die auch Schwangerschaft und Geburt große Risiken besaßen, dürfte ein Hinweis darauf sein, dass Frauen sehr stark belastet wurden.

Die Arbeit der Menschen in der Stadt

In den aufkommenden Städten seit dem 10. Jahrhundert prägten Kaufleute und selbstständige Handwerker das Arbeitsleben. Standen vor allem die Fernhandelskaufleute an der Spitze der städtischen Gesellschaft, so bildeten die Handwerker als zahlenmäßig größte Gruppe der Stadt die „Mittelschicht“. Sie schlossen sich im Hochmittelalter entsprechend ihren Berufen zusammen. Seit dem 13. Jahrhundert waren die Handwerker in Zünften organisiert. Die Zünfte regelten die Arbeitswelt in den mittelalterlichen Städten. Sie waren ein Zwangszusammenschluss von Meistern, Gesellen und Lehrlingen eines oder mehrerer Gewerbe oder Handwerke. Die Zünfte kümmerten sich um die

M 2 **Handwerkerfamilie im 15. Jahrhundert**
Unten rechts sieht man den kleinen Sohn des Schreiners, der abfallende Sägespäne in einen Korb sammelt.

M 3 **Bauerndorf im späten Mittelalter**
Während Bauern ihrer Tätigkeit nachgehen, führt ein kleiner Junge im roten Kittel die Schafherde vom Hof.

wirtschaftlichen Interessen ihrer Mitglieder, übernahmen aber auch soziale Funktionen. Sie legten fest, wer Zugang zu den Berufen erhielt und wer nicht. Nur ein Mitglied der jeweiligen Zunft einer Stadt durfte also den Beruf ausüben (Zunftzwang). Die zunehmende Spezialisierung in der Gesellschaft und neue Erfindungen brachten auch immer neue Berufe hervor (Drucker, Architekten).

Die Stellung der Frau in der mittelalterlichen Stadt war nicht den engen rechtlichen Beschränkungen von Frauen auf dem Land unterworfen. In den Quellen finden wir zahlreiche Hinweise über Kauffrauen, die Handel betrieben. Sie betrieben ihren Handel aber nicht nur als Ehefrauen, sondern auch Witwen und Alleinstehende tätigten eigenständige Geschäfte. Eigene Frauenzünfte gab es aber nur selten.

Im Handwerk arbeiteten Frauen oft im als Familienbetrieb organisierten Geschäft mit, insbesondere im Textil-, Bekleidungs- und Lebensmittelbereich, weniger verbreitet war die Mitarbeit von Frauen dagegen in der Bau, Metall- oder Holzverarbeitung. Die Ehefrauen der Meister wurden vielerorts auch als Zunftmitglieder aufgenommen, das „Witwenrecht" legte fest, dass Frauen das Zunftrecht erben konnten, falls sie in absehbarer Zeit einen Gesellen des Handwerks heirateten oder bis zur Volljährigkeit eines Sohnes den Betrieb weiterführten. Die Aufgaben der Handwerksmeisterfrauen lagen zumeist in der Haushaltsführung und Erziehung, aber auch in über Jahrhunderte als Frauenarbeit angesehenen Tätigkeiten wie Weben oder Spinnen. Arbeiteten Frauen im Betrieb mit, galt auch hier das Prinzip der Arbeitsteilung.

M 4 „Ein Rat des großen Bruders"

Um 1393 ermahnte ein reicher Pariser Bürger seine weit jüngere Schwester, die sich wieder verheiraten möchte, in einem Hausbuch:

Deshalb pflegt Euren Ehemann sorgsam und bitte, haltet ihn in sauberer Wäsche, denn das ist Eure Aufgabe. Und weil die Sorge für die Geschäfte draußen Männersache ist, muss der Ehemann darauf achtgeben, er muss gehen und kommen und hierhin und dorthin reisen, bei Regen, Wind, Schnee und Hagel, einmal durchnässt , dann wieder ausgedörrt, einmal in Schweiß gebadet, dann wieder frierend, schlecht verpflegt, schlecht untergebracht. [...]
Und alles macht ihm nichts aus, denn ihn tröstet die Hoffnung auf die Fürsorge seiner Frau, wenn er zurückkommt, und auf die Gemütlichkeit, die Freuden und Vergnügen, die sie ihm bereitet oder in ihrer Anwesenheit bereiten lässt: die Schuhe beim warmen Feuer ausziehen, die Füße waschen lassen, frische Schuhe und Strümpfe anziehen, gutes Essen und Trinken vorgesetzt bekommen, schön bedient und versorgt werden, fein gebettet sein in weißen Betttüchern und weißen Schlafmützen, anständig zugedeckt sein mit guten Pelzen, verwöhnt durch andere Freuden und Unterhaltungen, Vertraulichkeiten. Liebesdienste und Heimlichkeiten, über die ich nicht rede. Und am nächsten Morgen neue Hemden und Kleider. [...]
Und deshalb rate ich Euch, verbreitet um Euren nächsten Ehemann gute Laune, [...] und seid auch friedfertig mit ihm und denkt an den Bauernspruch, dass es drei Dinge gibt, die den Hausherrn von daheim verjagen, nämlich ein schadhaftes Dach, ein qualmender Kamin und ein zankendes Weib.

Arno Borst, Lebensformen des Mittelalters, Frankfurt 1973 ff. S. 66 f., nach: Le Ménagier de Paris I7, hrsg. von Jérome Pichon, Bd. 1, Paris 1846, S. 168–171.

M 5 „Was Arbeit ist?"

Im Jahre 1523 erschien folgende Stellungnahme:

Arbeit ist eine Arznei, dem Menschen nach dem Sündenfalle auferlegt, damit er dadurch büße und zu Gott zurückkehre, vom Bösen weiche und es vermeide, sich dem Guten nähere, den alten Adam töte und dem neuen Christus nachfolge, indem er sein Kreuz auf sich nimmt, dem Gesetz Gottes untertänig folge, dem Teufel, dem Tod und den Sünden fliehe. Denn Arbeit macht bußfertige Menschen, die zu Gott zurückkehren. Arbeit hütet vor Bösem und fördert zum Guten. Dazu gehört der Schmerz, wie das Weib zum Manne, auf dass eines dem andern die Hand reiche und der Mensch also Trost in zweierlei Weise habe, nämlich in der Arbeit wie in der Trübsal, und dass die, welche nicht arbeiten können, doch auch in Schmerzen Trost für ihr Heil erlangen können, und zwar für beides, das geistliche und das leibliche [...] Arbeit führt zur Haltung der Gebote Gottes."

Wenzel Linck, zitiert nach Christoph Sachse / Florian Tennstedt, Geschichte der Armenfürsorge in Deutschland, Stuttgart 1981, S. 59.

Aufgaben

1. a) Arbeite aus der Textquelle die Rolle der Frau in dieser Beziehung heraus. Stelle Überlegungen an, wie der Autor zu einer solchen Aufgabenzuteilung kommt.
   b) Verfasse einen möglichen Dialog zwischen dem Hausherren und seiner Ehefrau, indem du auch die Ergebnisse deiner Textarbeit bewertest.

   → M4
2. a) Arbeite die wichtigsten Aussagen des Textes heraus.
   b) In welche Phase der Entwicklung des Begriffs Arbeit lässt sich diese Textquelle einordnen? Begründe deine Meinung.
   c) Verfasse einen Antwortbrief an den Autor. Entgegne ihm mit deiner Definition von Arbeit.

   → M5
3. Jeder kennt Menschen, die „Müller", „Weber" oder „Fleischer" heißen. Diese Namen gehen auf alte Handwerksberufe zurück. Informiert euch darüber und klärt anschließend folgende Namensursprünge auf: Schröder, Böttcher, Fassbinder, Schwertfeger, Scherer. Sucht anschließend in eurem Bekannten- und Freundeskreis nach weiteren Namen, die auf alte Handwerksberufe zurückgehen und klärt deren ursprüngliche Bedeutung.

Geschichte der Arbeit in der Neuzeit

In der Wende vom Mittelalter zur Neuzeit veränderte sich der Begriff der Arbeit grundlegend. Arbeit wurde vor allem durch die Kirche so interpretiert, dass Gott den Menschen ein bestimmtes „Amt" verliehen habe. Dies hatte zur Folge, dass körperliche Arbeit nicht mehr als Strafe, sondern als eine Gott gefällige Beschäftigung angesehen wurde.

Auch änderte sich seit dem 17. Jahrhundert, dem Zeitalter des Absolutismus, die Form der Arbeit. Es wurde eine bereits in der Antike bekannte Produktionsform wieder aufgegriffen, die Manufaktur (abgeleitet aus den lateinischen Wörten „manus" = Hand und „facere" = tun). Theoretischer Hintergrund dieser Entwicklung waren neue wirtschaftspolitische Methoden, die in der Fachwissenschaft unter dem Begriff Merkantilismus zusammengefasst werden. Hierin war vorgesehen, Handel und Gewerbe durch eine Vielzahl von Maßnahmen zu fördern, unter anderem durch die Schaffung einer besseren Infrastruktur, einheitlicher Maße, Münzen und Gewichten und durch die Lockerung des Zunftzwanges. Aufgegriffen wurden diese Maßnahmen vor allem vom Bürgertum, das wirtschaftlich immer stärker und damit auch schrittweise politisch einflussreicher wurde.

Die Arbeit in der Manufaktur

Die Arbeit in der Manufaktur unterschied sich von der bisherigen Form der handwerklichen Arbeit. Die Beschäftigten einer Manufaktur arbeiteten „außer Haus" in einem gewerblichen Großbetrieb, in dem arbeitsteilig ein Produkt erstellt wurde. Wie die Wortherkunft schon zeigt, war weiterhin Hand- bzw. Muskelarbeit gefragt, wenn auch nunmehr durch Maschinen unterstützt. Dadurch konnten in schnellerer Zeit mehr Produkte mit einer einheitlicheren Qualität erstellt werden. Für die Beschäftigten änderte sich viel: Sie waren nunmehr abhängige Lohnarbeiter, die unter schlechten Arbeitsbedingungen ihrer Tätigkeit nachgingen.

M 1 Spielkartenmanufaktur
Französisches Gemälde, 17. Jahrhundert

Die Arbeit in der Fabrik

Erst im Laufe des 18. Jahrhunderts veränderten neue Erfindungen, vor allem die Dampfmaschine, das Arbeitsleben. Es entstanden Fabriken, in denen Maschinen die Muskelkraft ersetzten und Arbeiterinnen und Arbeiter nunmehr dazu eingesetzt wurden, die Maschinen zu bedienen. Damit änderte sich nicht nur der Begriff der Arbeit, sondern auch die Arbeit an sich: Die Maschine diktierte den Rhythmus der Arbeit. Es entstand im Laufe der folgenden Jahrzehnte eine neue Gruppe der Arbeitenden, die Industriearbeiterschaft.

Da seit dem ausgehenden 18. Jahrhundert im Rahmen der Landflucht immer mehr Menschen vom Land in die wachsenden Städte drängten, verfügten die Unternehmer auch über immer mehr willige Arbeitskräfte. Durch dieses Überangebot an Arbeitskräften konnten die Löhne niedrig gehalten werden, sodass sie gerade in der Phase der Frühindustrialisierung kaum zum Überleben ausreichten. Arbeiterschutz war in dieser Zeitspanne in den deutschen Territorien ein Fremdwort, die Menschen arbeiteten unter kaum vorstellbaren Lärm-, Geruchs- oder Luftverhältnissen. Erst seit Mitte des 19. Jahrhunderts kam es seitens der Regierungen zu Maßnahmen, die Arbeitsverhältnisse zu verbessern und bestimmte Regeln und Verbote einzuführen.

Frauen wurde in der Industrialisierung als billige Arbeitskräfte in den Fabriken eingesetzt. Sie verdienten deutlich weniger als Männer, ihre Arbeitsbelastung war aber als verheiratete Frauen doppelter Natur: Neben der Fabrikarbeit mussten sie den Haushalt führen und dafür sorgen, dass bei allen Schwierigkeiten die Versorgung der Familie gewährleistet wurde. Bis in die zweite Hälfte des 19. Jahrhunderts waren die Lebens- und Wohnverhältnisse dieser Menschen unvorstellbar hart.

Das Leben der Frauen aus der Arbeiterschaft unterschied sich daher deutlich vom Leben der Frauen im Bürgertum oder im Adel. Hier wurden die Frauen weitgehend von körperlicher Arbeit entbunden und wurden vor allem in ihrer Rolle als Mutter, Ehefrau und Teil der „höheren Gesellschaft“ gesehen, setzten aber zunehmend auch ihre eigenen Interessen durch.

M 2 **Kinder in einer Buntpapierfabrik in Aschaffenburg,** Stahlstich von 1858

M 3 Kinder ohne Kindheit

1832 veröffentlichte eine englische Kommission einen Bericht, der unter anderem das Schicksal der kleinen Betty Drake enthielt. Er beruhte auf den Angaben ihres Vaters Joshua Drake und wird hier von einer Jugendbuchautorin nacherzählt:

Die 12-jährige Betty Drake lebte in Leeds. Ihre Familie war arm. Zwar hatten ihr Vater und ihr ältester Bruder John Arbeit in der nahen Wollfabrik, doch was sie dort verdienten, reichte kaum zum Notwendigsten. Wehe, jemand wurde krank und brauchte einen Arzt oder Medizin.
Schon lange hatte sie mit ihrem Vater über das, was ihr im Kopf herumging, sprechen wollen. Doch das war nicht so einfach, denn morgens um fünf, wenn Vater und John zur Arbeit gingen, schlief sie meistens noch; und wenn Vater abends um neun heimkam, war er stets zu müde gewesen. Auch war sich Betty nicht sicher, ob ihr Vater erlauben würde, eine bezahlte Arbeit anzunehmen. Bisher hatte er sehr darauf geachtet, dass sie regelmäßig sonntags den Gottesdienst und die Schule besuchte, um schreiben, lesen und rechnen zu lernen. Und musste sie wirklich Mutter noch im Garten und Stall und bei der Versorgung der beiden kleinen Geschwister helfen? Konnte nicht Anne, jetzt, da sie zehn war, das kleine Stück Land versorgen, wo sie Kartoffeln anbauten und das Schwein fütterten, das sie jedes Jahr mästeten und verkauften, um sich über Wasser zu halten?
Sicher, sie würde nicht 5 Schilling pro Woche verdienen wie die Jungen, die schon mit neun Jahren 12 Stunden täglich – außer Sonntags – ins Bergwerk gingen und dort Kohlewagen schoben. Mr. Benyon zahlte den Mädchen in seiner Flachsmühle für eine nicht allzu schwere Arbeit, wie Bettys Freundinnen meinten, 3 Schilling die Woche – die Miete für Haus und Garten, mit der ihre Eltern so oft in Rückstand gerieten.
Begeistert war Joshua Drake vom Vorschlag seiner Tochter nicht. Er wusste, dass die Arbeit viel zu lang war und die Aufseher die Kinder prügelten, wenn ihnen die Augen zufielen und sie einen Fehler machten oder nicht schnell genug waren. Gewiss konnten nun, da die Maschinen überall von Dampfmaschinen angetrieben wurden, auch Frauen und Kinder viele Fabrikarbeiten verrichten, doch was waren das für Zeiten, die Väter zwangen ihre Kinder in der Fabrik oder im Bergwerk arbeiten zu lassen?
Betty freute sich über die Einwilligung ihres Vaters. In der Flachsmühle, wo aus dem Stroh der Flachspflanze in mehreren Arbeitsgängen feine lange Flachsfasern für die Leinengarnherstellung gewonnen wurden, verarbeiteten die Mädchen die kürzeren Fasern, das Werg. Der Raum war heiß und stickig. Alles voller Staub, sodass man die anderen nur durch einen Nebel sehen konnte. Nur der Gedanke ans Geld ließ Betty durchhalten und sich an die Arbeitsbedingungen gewöhnen.
Zwar war Betty froh, ihrem Vater jede Woche 3 Schilling geben zu können, doch machten ihr Hitze und Staub schwer zu schaffen. Heftige Schweißausbrüche und Hustenanfälle peinigten sie immer öfter. Und der Aufseher, der Betty anfangs geduldig alle Handgriffe gezeigt hatte, trieb nun auch sie mit Ohrfeigen zur Arbeit an. Nach einem Vierteljahr erkrankte Betty und starb ebenso wie ihre Freundinnen wenige Wochen später.

frei nach: Freya Stephan-Kühn, Was in Höhlen begann, Würzburg 1992, S. 176–179.

M 4 Kinderarbeit in einer Baumwollspinnerei

Um 1900 waren die Arbeitsbedingungen in den Fabriken immer noch hart, wenn auch nicht mehr so unmenschlich wie zur Zeit von Betty Drake. Dennoch beschäftigte die Textilindustrie nach wie vor 12-jährige Mädchen wie auf diesem Foto von 1890.

M 5 **Heimarbeit und Botendienste,** Kinderarbeit nach dem Verbot der Fabrikarbeit, Foto um 1925

M 6 **Die Straße als Spielplatz** Kurze Ablenkung während der knappen Freizeit

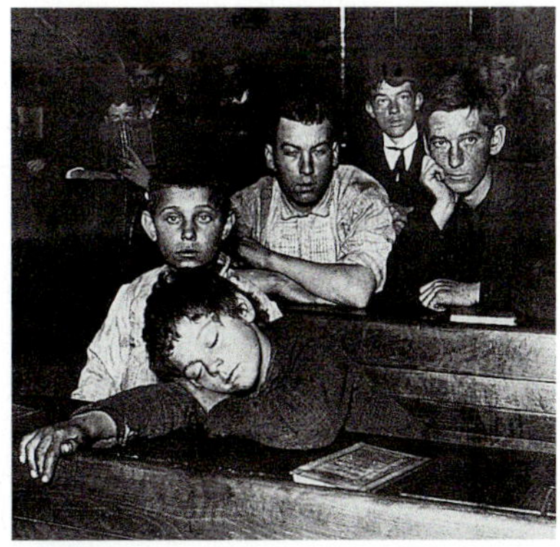

M 7 **Erschöpft in der Schule** Außerhalb der Schule mussten Kinder armer Familien hart arbeiten.

M 8 **Ein Bürgermeister über die Kinderarbeit**

Nachfolgend die Antworten des Bürgermeisters von Ratingen auf eine Befragung durch den Düsseldorfer Landrat am 22. August 1841:

1. Wie ist die Lebensart oben genannter Kinder beschaffen und wie ist sie von der nicht in Fabriken arbeitender Kinder gleichen Standes verschieden? *„Sie arbeiten 12 Stunden, die nicht in Fabriken arbeitenden betteln."*

2. Wie ist der Gesundheitszustand dieser Kinder an sich und im Verhältnis zu den nicht in Fabriken arbeitenden Kinder derselben Volksklasse? *„Die meist gehend und stehend verrichtete Arbeit in luftigen Gebäuden erhält die Kinder gesund, die nicht darin arbeitenden sind krank von Elend und betteln."*

3. Wie verhalten sich hinsichtlich der Gesundheit diejenigen Erwachsenen, die in ihrer Kindheit in Fabriken gearbeitet haben, zu denen, die nicht gebraucht worden sind? *„Die in der Spinnerei in der Kindheit gearbeitet haben, sind erwachsen meist gesunde, starke Handwerker."*

4. Welche Gesetze über die Benutzung der Kinder zu Fabrikarbeiten erscheinen zweckmäßig? *„Keine."*

Verzeichnis der in Fabriken arbeitenden Kinder

Bezeichnung der Fabriken, wo Kinder arbeiten: *Baumwollspinnerei*
Wie viele Kinder arbeiten tags: *150*; nachts: *keine.*
In welchem Alter sind die Kinder: *von 6–16 Jahren.*
Arbeitsstunden: *12.*
Gesundheitszustand: *gut.*
Welche Arbeiten verrichten die Kinder: *Aufpassen und andere Baumwollarbeiten.*
Wie lange bestehen die Fabriken: *40 Jahre.*
Bestanden vormals ähnliche Fabriken, welche sind eingegangen: *Die hiesige Maschinenspinnerei war die erste auf dem Kontinent.*

nach: W. Köllmann, Die Ind. Revolution, Stuttgart 1987, S. 86 f.

Aufgaben

1. Fertige ein Protokoll von Betty Drakes Tagesablauf. Schreibe in Ich-Form.
   → M3
2. Stell Dir vor, du müsstest montags bis samstags jeden Tag zwölf Stunden arbeiten und hättest nur sonntags etwas Freizeit. Beschreibe, was das für dein Leben bedeuten würde.
3. Lies die Antworten des Bürgermeisters von Ratingen zur Kinderarbeit.
   a) Welche Arbeiten verrichten die Kinder?
   b) Wie alt sind sie? Wie lang ist die Arbeitszeit?
   c) Wie glaubhaft sind die Angaben des Bürgermeisters zur Gesundheit der Kinder? Begründe deine Meinung.
   → M8
4. Erkundige dich, wo es auf der Welt noch heute Kinderarbeit gibt. Diskutiert in der Klasse über folgende Frage: Was muss getan werden, um Kinderarbeit zu verhindern?
   → Internet

Ablass. Der reuige Sünder musste für seine Sünden verschiedene Bußen auf sich nehmen, z. B. Gebete, Almosen, Wallfahrten. Erst danach wurde er von seinen Sünden losgesprochen. Nur diese Bußstrafen – und nicht wie oft angenommen die Sünden selbst – konnte man im Spätmittelalter durch einen Ablass verkürzen oder erleichtern. Aus dem Verkauf der päpstlichen Ablassbriefe entwickelte sich für die Kirche eine sprudelnde Einnahmequelle.

Absolutismus (lat. absolutus = losgelöst). Regierungsform, in der ein Monarch die uneingeschränkte und ungeteilte Herrschaftsgewalt (Souveränität) besitzt. Er regiert von den Gesetzen losgelöst und muss sich keinem Menschen, sondern nur Gott gegenüber rechtfertigen. Er sieht seine Macht als gottgegeben (Gottesgnadentum) und fordert unbedingten Gehorsam von allen Untertanen. Der Begriff bezeichnet die Epoche vom 16.–18. Jh., als der A. in Europa vorherrschte. Als Vorbild galt der französische König Ludwig XIV. Um die Macht zu zentralisieren, unterwarf er den politisch selbstständigen Adel und brach das Steuerbewilligungsrecht der Stände. Als Stützen seiner Macht entwickelte er das Stehende Heer, die Beamtenschaft und den Merkantilismus.

Adel. Privilegierter Stand, dessen Macht sich im Mittelalter auf Grundbesitz und kriegerischen Erfolg stützte. Im Frankenreich erhielten Adlige vom König Land (Lehnswesen), wofür sie als bewaffnete Reiter Heeresfolge leisten mussten. Von seinen Bauern verlangte der adlige Grundherr Abgaben und Frondienste, übernahm dafür deren Schutz und sprach Recht. Der Adel entwickelte im Mittelalter besondere Lebensformen und war von Steuern befreit. Zum Adel zählte man durch Geburt (Geburtsadel) oder Dienst im Auftrag des Königs (Dienst- oder Amtsadel). Im 12. Jh. bildete sich der Hochadel heraus, an dessen Spitze die Kurfürsten standen. Zum niederen Adel zählten vor allem Ritter und Ministerialen.

Aufklärung. Eine Bewegung im 18. Jh. in West- und Mitteleuropa gegen den Absolutismus. Ihre zumeist bürgerlichen Vertreter – Schriftsteller, Philosophen und Staatstheoretiker – hielten alle Menschen „von Natur aus" für vernunftbegabt und befähigt, ihr Leben „vernünftig" zu gestalten. Die Zeit war erfüllt von Fortschrittsglauben und Optimismus. Mithilfe von Büchern, Zeitungen und Diskussionen gewannen die Aufklärer die öffentliche Meinung in ihrem Kampf gegen religiösen Fanatismus, gegen Vorurteile und überlieferte politische Machtverhältnisse.

Augsburger Religionsfriede. Reichsgesetz, zwischen König Ferdinand I. und den Reichsständen 1555 ausgehandelt. Er besiegelte die Glaubensspaltung des Reiches, indem er die Lutheraner rechtlich anerkannte. Die Landesfürsten erhielten Konfessionsfreiheit und schrieben nach dem Grundsatz „cuius regio, euis religio" (= wem das Land gehört, der bestimmt die Religion) ihren Untertanen das Bekenntnis vor. Wer damit nicht einverstanden war, musste auswandern.

Bauernbefreiung. Reformen des 18. und 19. Jh., durch welche die Bauern aus der Leibeigenschaft und Erbuntertänigkeit befreit wurden und die Grundherrschaft endete.

Bourgeoisie (frz. bourgeois = Bürger). Im 19. Jh. abwertende Bezeichnung für das Besitz- u. Bildungsbürgertum. Der Marxismus definiert sie als herrschende Klasse der kapitalistischen Gesellschaft im Gegensatz zur Arbeiterklasse.

Bundesstaat. Zusammenschluss selbstständiger Staaten zu einem Gesamtstaat, wobei die Gliedstaaten einen Teil ihrer Hoheitsrechte auf den Gesamtstaat übertragen (z. B. Deutschland, USA, Schweiz). Dieses Gestaltungsprinzip nennt man Föderalismus.

Bürger. Ursprünglich die Bewohner eines Ortes im Schutze einer Burg. Später die freien Einwohner der mittelalterlichen Städte. Sie erkämpften sich von ihren adligen Stadtherren zahlreiche Rechte, sodass manche Städte schließlich nur noch dem Kaiser untertan waren (Reichsstädte). Die Macht besaßen zunächst die reichen Kaufmannsfamilien (Patrizier), später auch die Zünfte der Handwerker.

Bürgertum. Ein vielschichtiger Begriff, der sowohl den Dritten Stand in der Ständegesellschaft des Absolutismus als auch die mittleren Schichten im Zeitalter der Industrialisierung bezeichnet. Der Begriff B. wird eingegrenzt, indem man z. B. vom Groß- und Kleinbürgertum oder vom Bildungs- und Besitzbürgertum spricht. Im Marxismus wird das B. als Bourgeoisie bezeichnet, die das Proletariat ausbeutet. Heute spricht man eher von sozialen Schichten.

Calvinismus. Bezeichnet die Lehre des Reformators Johann Calvin (1509–1564). Grundlage ist die Prädestinationslehre, nach der Gott von vornherein den Menschen entweder zum ewigen Heil oder zur ewigen Verdammnis bestimmt hat. Da man Gottes Gnade am äußerlichen Erfolg der Arbeit zu erkennen glaubte, wirkte der C. wirtschaftlich sehr anspornend. Calvin führte eine strenge Kirchenzucht ein, der auch das Privatleben unterlag. Die Gemeinde, die alle Ämter selbst besetzte, sollte sich im Gottesdienst auf Predigt und Gott konzentrieren. Deshalb wurde jeglicher Schmuck aus reformierten Kirchen entfernt. Calvins Lehre verbreitete sich hauptsächlich in Westeuropa.

Code civil. Von Napoleon geschaffenes bürgerliches Zivilgesetzbuch (1804), das die Grundgedanken der Französischen Revolution (persönliche Freiheit, Gleichheit vor dem Gesetz, Trennung von Staat und Kirche) verankerte. Der Code civil (auch: Code Napoleon) beeinflusste die europäische Rechtsprechung erheblich.

Deutscher Bund. 1815 auf dem Wiener Kongress gegründeter loser Staatenbund, dem 34 souveräne Fürsten, 4 Freie Städte sowie 3 ausländische Staaten angehörten. Einziges Organ war der Bundestag (Bundesversammlung) in Frankfurt/M., wo die Gesandten unter Vorsitz Österreichs tagten. Er zerbrach 1866 am preußisch-österreichischen Dualismus.

Deutscher Zollverein. 1834 unter Preußens Führung gegründete Vereinigung 18 deutscher Staaten, der nach und nach alle Staaten Deutschlands (außer Österreich) beitraten. Ziel war die Schaffung eines einheitlichen deutschen Wirtschaftsraums ohne Binnenzölle.

Deutsches Kaiserreich. Das mittelalterliche Kaiserreich, das ab dem 16. Jahrhundert als Heiliges Römisches Reich Deutscher Nation bezeichnet wurde, erlosch im Jahr 1806 nach einer mehr als 800-jährigen Geschichte. Das D. K. wurde nach dem Krieg gegen Frankreich 1871 im Spiegelsaal des Schlosses von Versailles ausgerufen. Nur 47 Jahre bis zum Ende des Ersten Weltkrieges hatte dieses sog. Zweite Reich Bestand. Der Staat Adolf Hitlers wurde später als Drittes Reich bezeichnet.

Frondienst (althochdt. frô = Herr). Der hörige oder leibeigene Bauer musste für seinen Grundherrn unbezahlte Arbeit leisten. Je nach seiner rechtlichen Stellung waren diese Arbeiten nach Anzahl der Tage, Zeit, Ort und Art festgelegt. Zu den Frondiensten zählten besonders Bodenbestellung, Fuhrdienste sowie Burg-, Haus- und Straßenbau.

Frühkapitalismus. Mit dem Aufkommen der Geldwirtschaft entstand auch eine neue Wirtschaftsgesinnung, die die Zunftordnung sprengte. Einzelne Unternehmerfamilien wie die Medici in Florenz oder die Fugger in Augsburg waren in verschiedenen Bereichen europaweit aktiv: in Handel, Geldverleih, Bergbau, Verlagswesen. Nur sie besaßen die erforderlichen Mittel, um Produktion und Handel im großen Stil durchzuführen. Und sie waren bereit, ihr Geld zur Erhöhung des Gewinns stets erneut im Unternehmen anzulegen.

Gegenreformation. Die innere Erneuerung der katholischen Kirche, beschlossen auf dem Konzil zu Trient (1545–1563). Gleichzeitig der – oft gewaltsame – Versuch der Reichsfürsten (Reichsstände), protestantisch gewordene Gebiete zur katholischen Lehre zurückzuführen. Eine wichtige Rolle spielte dabei der Jesuitenorden (Jesuiten). Die religiösen und damit verbundenen politischen Spannungen führten zum Dreißigjährigen Krieg (1618–1648).

Generalstände. Versammlung von Vertretern der drei Stände (Geistlichkeit, Adel,

Bürger und Bauern) in Frankreich mit dem Recht der Steuerbewilligung.
Gewaltenteilung. Teilung der Staatsgewalt in eine gesetzgebende (legislative), gesetzesvollziehende (exekutive) und rechtsprechende (judikative) Gewalt. Sie entspringt der Aufklärung und soll einen Missbrauch staatlicher Macht verhindern. Dem Prinzip der Gewaltenteilung entsprechen die voneinander unabhängigen Verfassungsorgane Parlament, Regierung und Gerichte.
Gewerbefreiheit. In vorindustrieller Zeit unterlag das Gewerbe einer Preis- und Produktionskontrolle durch die Zünfte. Dieser Zunftzwang wurde im 19. Jh. aufgehoben und die Gewerbefreiheit eingeführt. Jeder konnte nunmehr einen Gewerbebetrieb mit beliebigen Produkten eröffnen.
Gewerkschaften. Zusammenschlüsse von Arbeitnehmern zur Wahrung ihrer wirtschaftlichen Interessen. In England organisierten sich Arbeiter erstmals Ende des 18. Jh. (Trade Unions), in Deutschland entstanden seit 1848 zahlreiche lokale Arbeiterverbände. Nach 1890 (Aufhebung des Sozialistengesetzes) entwickelten sich die Gewerkschaften zu breiten Massenorganisationen.
Großdeutsch. In der Frankfurter Nationalversammlung 1848/49 bildeten sich zwei Richtungen hinsichtlich Österreichs Zugehörigkeit zu einem deutschen Nationalstaat. Während die eine Gruppe die Einbeziehung Österreichs befürwortete (großdeutsche Lösung), lehnte die andere dies ab (kleindeutsche Lösung).
Grundherrschaft. Herrschaft über das Land und die darauf lebenden Menschen. Adelige, auch Klöster, gaben an meist unfreie Bauern (Hörige, Leibeigenschaft) Land zur Bewirtschaftung und gewährten den Bauern Schutz. Dafür leisteten diese Abgaben und Frondienste. Der Grundherr verfügte über die niedere Gerichtsbarkeit und verurteilte leichtere Vergehen; damit war er ein Teil der Obrigkeit. Die Grundherrschaft formte die europäische Wirtschaft und Gesellschaft über Jahrhunderte, in Deutschland bis zum Beginn des 19. Jh.

Heilige Allianz. 1815 veröffentlichte Erklärung der Monarchen von Russland, Österreich und Preußen, der sich später zahlreiche europäische Fürsten anschlossen. Ziel der Allianz sollte eine Politik sein, welche die Prinzipien der christlichen Religion und des Friedens verfolgte. Tatsächlich diente sie der Unterdrückung nationaler und liberaler Bewegungen und wurde - obwohl politisch weitgehend folgenlos - zum Symbol der Reaktion.
Hugenotten. Bezeichnung der französischen - meist - calvinistischen Protestanten. In Frankreich hatte sich die Reformation bis in hohe Adelsfamilien durchgesetzt und zu blutigen Machtkämpfen geführt. Nach der Ermordung der hugenottischen Führer in der „Bartholomäusnacht“ 1572 und weiteren Auseinandersetzungen erließ der König Heinrich IV. 1598 das „Edikt von Nantes“. Darin gewährte er den Hugenotten Gewissensfreiheit und politische Gleichberechtigung. Die Aufhebung des Edikts durch Ludwig XIV. im Jahre 1685 führte viele Hugenotten auf ihrer Flucht nach Brandenburg.
Humanismus (lat. humanus = menschlich). Künstler und Gelehrte, Fürsten und Päpste sammelten antike Handschriften und Kunstwerke und machten sie anderen zugänglich. Sie nannten sich Humanisten, denn sie waren überzeugt, dass die Menschen durch das Studium der klassischen Vorbilder zu vervollkommnen wären.

Imperialismus. Das Streben eines Staates, seine Herrschaft auf andere Länder und Völker auszudehnen. Als Machtmittel dienen Eroberungen oder wirtschaftliche Beherrschung aufgrund ökonomischer Überlegenheit. Als Epoche des Imperialismus gilt besonders die Zeit 1880–1914, in der die Großmächte ihre Kolonialreiche ausbauten und die Welt in Einflusssphären aufteilten.
Industrielle Revolution. Einschneidender wirtschaftlicher und gesellschaftlicher Umwälzungsprozess, ausgelöst durch die um 1760 in England einsetzende Industrialisierung. Sie erreichte um 1840 Deutschland und breitete sich später weltweit aus. Zu ihren Voraussetzungen zählte vor allem der Einsatz von Maschinen, was neue industrielle Produktionsweisen nach sich zog (Massenfabrikation, Arbeitsteilung, Fabriken). Besonders in ihrer Anfangsphase war sie mit sozialer Verelendung verbunden, zugleich entstanden neue Klassengegensätze aufgrund sozialer Probleme der Arbeiterschaft (Soziale Frage).
Inquisition (lat. inquirere = untersuchen). Mittelalterliches Rechtsverfahren, bei dem Anklage, Untersuchung und Urteilsspruch in einer Hand lagen. Papst Gregor IX. gründete 1232 die päpstliche Inquisition und beauftragte den Dominikanerorden, Ketzer aufzuspüren, zu bekehren oder zu bekämpfen. Das Geständnis wurde durch Anwendung der Folter erzwungen, das Opfer danach der weltlichen Macht zum Tod auf dem Scheiterhaufen übergeben.
Islam (arab. = Unterwerfung unter Gott). Eine der großen Weltreligionen, die der Prophet Mohammed im 7. Jh. begründete. Seine Anhänger, die Muslime, bekennen sich zu einem einzigen Gott (Allah) und betrachten den Koran, das heilige Buch, als Glaubens- und Lebensgrundlage. Die Ausdehnung des islamischen Herrschaftsbereichs führte zur Verbreitung der Religion in Asien, Afrika und Europa.

Jakobiner. Die Mitglieder eines politischen Klubs während der Französischen Revolution, benannt nach ihrem Tagungsort, dem Pariser Kloster St. Jakob. Nach Abspaltung der Girondisten Bezeichnung allein der radikalen Republikaner.
Jesuiten. Die wichtigste Kraft der katholischen Kirche gegen die Reformation wurde der Jesuitenorden (Societas Jesu = Gesellschaft Jesu, abgek. SJ). Gegründet hat ihn der spanische Adlige Ignatius von Loyola (1491–1556). Die Jesuiten übten als Erzieher und Beichtväter an Fürstenhöfen sowie durch die Einrichtung vieler Schulen und Hochschulen großen Einfluss aus. Das Volk gewannen sie durch Predigten und karitative Tätigkeiten. Sie erhielten vom Papst den Auftrag der weltweiten Mission.

Karlsbader Beschlüsse. Die auf den Karlsbader Ministerkonferenzen 1819 beschlossenen Maßnahmen gegen nationale und liberale Bewegungen. Anlass war die Ermordung des Dichters August von Kotzebue. An den Beschlüssen, die auf Initiative Metternichs zustande kamen, wirkten Österreich, Preußen sowie acht weitere deutsche Staaten mit.
Ketzer. Menschen, die der amtlichen Kirchenlehre widersprachen. Die Inquisition verfolgte sie. Der Begriff leitet sich von den Katharern ab, die im 12. Jh. besonders in Südfrankreich die Lehre der römischen Kirche und deren Machtapparat (Hierarchie) bekämpften.
Kirchenbann. Der Bann ist das Recht des Herrschers, etwas unter Anordnung von Strafe zu gebieten oder zu verbieten. Der Kirchenbann ist die vom Papst verhängte Kirchenstrafe gegen die Ketzerei (Ketzer) und schwere Sünden. Er bedeutet Ausschluss von den Sakramenten (Exkommunikation) und damit Ausschluss aus der Gemeinschaft der Gläubigen. Der Bann kann durch Buße des reuigen Sünders aufgehoben werden. Der Kirchenbann war ein wichtiges Mittel im politischen Kampf des Papstes gegen die weltliche Macht.
Kleindeutsch (s. Großdeutsch)
Kolonie. Ein abhängiges Gebiet in Übersee. Mit den Entdeckungen und Eroberungen der Portugiesen und Spanier begann das Kolonialzeitalter. Europäische Staaten besetzten dank ihrer überlegenen Waffen überseeische Gebiete, unterwarfen die dortige Bevölkerung, besiedelten das Gebiet und beuteten es wirtschaftlich aus. Je nach Schwerpunkt unterscheidet man Wirtschaftskolonien, Siedlungskolonien, Militärkolonien und Strafkolonien.
Kommunismus. Von Marx und Engels begründete Ideologie, die im „Kommunistischen Manifest“ 1848 zusammengefasst wurde. Er enthält die Vorstellung einer klassenlosen Gesellschaft, in der das Privateigentum an Produktionsmitteln abgeschafft und in Gemeineigentum überführt worden ist. Der Begriff wird oft auch für die sozialistische Gesellschaft gebraucht, die erstmals durch die Oktoberrevolution 1917 in der Sowjetunion errichtet wurde und durch die Diktatur der Kommunistischen Partei gekennzeichnet war.

Konfession (lat. = Bekenntnis). Eine K. umfasst alle Menschen, die das gleiche Glaubensbekenntnis ablegen und damit zur eigentlichen Glaubensgemeinschaft gehören. Katholiken und Protestanten bilden die beiden großen Konfessionen in Deutschland.

Konservatismus. Geistige und politische Haltung, die auf Bewahrung überlieferter Werte abzielt. Reformen werden nicht abgelehnt, wohl aber Neuerungen, die auf unüberprüfbaren Theorien oder Ideologien beruhen. Er entstand in der Auseinandersetzung mit den Ideen der Französischen Revolution und wurde im 19. Jh. zum Verbündeten der Restauration gegen den Liberalismus.

Konstitutionelle Monarchie. Regierungsform, in der die Gewalt des Monarchen an eine Verfassung (Konstitution) gebunden ist, die eine Mitwirkung der Volksvertretung bei der Gesetzgebung vorsieht.

Kontinentalsperre. Von Napoleon 1806 gegen Großbritannien verhängte Wirtschaftsblockade, die den europäischen Kontinent abriegelte.

Konzil (lat. concilium = Zusammenkunft). Die Versammlung hoher kirchlicher Würdenträger zur Beratung und Entscheidung wichtiger Angelegenheiten von Glauben und Kirche. Ein Konzil betrifft die Gesamtkirche, Kirchenversammlungen für ein begrenztes Gebiet sind Synoden.

Koran. Das heilige Buch des Islam, das die von Mohammed verkündeten Offenbarungen Allahs enthält. Er ist in 114 Kapitel (Suren) gegliedert, die Weissagungen, Belehrungen, Predigten und Prophetenerzählungen enthalten. Der Koran ist für die islamische Welt zugleich Gesetzbuch und religiöses Lehrwerk.

Kreuzzüge. Kriegszüge der abendländischen Christenheit zwischen 1096 und 1291 zur Befreiung des Heiligen Landes von der Herrschaft des Islam. Die Kreuzritter haben ihr Ziel nicht erreicht. Der Kontakt mit der islamischen Welt brachte aber neue Kenntnisse und Gedanken nach Europa. Der Begriff umfasst auch die Kriege, zu denen die Kirche im Mittelalter gegen Heiden oder Ketzer aufrief.

Kurfürst (althochdt. kuri = Wahl). Ein Fürst, der das Recht hat, den Herrscher zu wählen. Allmählich erlangte im Deutschen Reich eine Gruppe von sieben Fürsten dieses Privileg und bildete so die Spitze des Hochadels. Es waren die Erzbischöfe von Mainz, Köln und Trier, der Pfalzgraf bei Rhein, der Herzog von Sachsen, der Markgraf von Brandenburg und der König von Böhmen. Die Goldene Bulle von 1356 bestimmte endgültig allein diese Kurfürsten zur Königswahl und legte ein Mehrheitswahlrecht fest. Weiterhin bestimmte sie die Unteilbarkeit der Kurländer sowie das Erstgeburtsrecht bei der Erbfolge.

Landesherr. Inhaber der obersten Gewalt in einem fest umrissenen Gebiet (Territorium). Ursprünglich waren im Mittelalter die Besitzrechte des Adels zersplittert und seine Besitzungen weit zerstreut. Seit dem 12. Jh. versuchte der Adel jedoch, Besitzungen und Herrschaftsrechte zusammenzufassen, andere Herren zu verdrängen oder zu unterwerfen und ein geschlossenes Territorium aufzubauen. In diesem Territorium unterstanden nun alle Einwohner allein der Gewalt des Landesherrn (z. B. Herzog, Graf), der seine Regierung durch eine einheitliche Verwaltungs- und Gerichtsorganisation wirksam verstärkte. Die Bildung der Landesherrschaften führte allerdings zur Schwächung des Königtums.

Landeskirche. Luther selbst setzte nach den Bauernkriegen die Fürsten als „Notbischöfe“ zur Leitung der Kirche ein. Die Ämterbesetzung erfolgte nicht durch die Gemeindemitglieder, sondern wurde wieder von der Obrigkeit bestimmt. Die protestantischen Landesherren erweiterten dadurch ihre Macht.

Lehnswesen. Es entstand im 8. Jh. im Frankenreich und bildete die Grundlage der politisch-gesellschaftlichen Ordnung des Mittelalters. Der König (Lehnsherr) verlieh seinen Gefolgsmännern Land und Leute als Lehen. Dafür schuldete der Lehnsmann (Vasall) seinem Lehnsherrn lebenslange Treue, Gefolgschaft und Waffendienst. Mächtige Lehnsleute verliehen Grundbesitz an Untervasallen weiter. Da Lehen frühzeitig erblich wurden, erlangten die Lehnsleute eine starke Machtposition gegenüber dem König. Das führte in Deutschland zu einer Schwächung der zentralen Staatsgewalt.

Leibeigenschaft. Eine Form persönlicher Abhängigkeit. Der Leibeigene war unfrei, aber kein privatrechtliches Eigentum wie der Sklave. Er gehörte zum Gesinde eines Herrenhofes, musste seinem Leibherrn eine jährliche Kopfsteuer zahlen und Frondienste leisten. Auch sein Privatleben war unfrei: Er durfte nicht ohne Genehmigung heiraten und nach seinem Tod hatten die Erben dem Leibherrn besondere Abgaben zu zahlen.

Liberalismus. In der Aufklärung wurzelnde politische Bewegung, die im 19. Jh. Bedeutung erlangte. Im Zentrum steht das Recht des Einzelnen auf freie Entfaltung gegenüber staatlicher Bevormundung. Zu seinen Forderungen zählen Glaubens- und Meinungsfreiheit, Sicherung der bürgerlichen Grundrechte sowie Beteiligung an politischen Entscheidungen. Der wirtschaftliche Liberalismus fordert einen freien Wettbewerb ohne staatliche Eingriffe und Zollschranken.

Manufaktur (lat. manu facere = mit der Hand machen). Ein Betrieb, in dem vorwiegend Handarbeit geleistet wurde. Die Arbeit fand allerdings im Gegensatz zum traditionellen Handwerksbetrieb in großen Produktionsräumen mit vielen Arbeitern statt. Zur Steigerung der Produktion teilte man die Herstellung z. B. eines Gewehrs in Einzelschritte auf (Arbeitsteilung). Im Zeitalter des Absolutismus gründeten viele Landesherren Manufakturen, um den Bedarf an Waffen und Uniformen zu decken oder durch andere Produkte Handel und Wirtschaft zu beleben.

Marxismus. Bezeichnung für die von Karl Marx und Friedrich Engels im 19. Jh. begründete Theorie des wissenschaftlichen Sozialismus. Zentrale Grundlage ist der „Historische Materialismus“, der in der Notwendigkeit einer sozialistischen Gesellschaftsordnung mündet, die das Ergebnis der sozialen und wirtschaftlichen Entwicklung ist (Klassenkampf, Kommunismus). Weiterhin die „Kritik der politischen Ökonomie“, in der Marx die kapitalistischen Produktionsweisen und ihre Auswirkungen auf die gesellschaftlichen Verhältnisse untersucht (Kapitalismus).

Mediatisierung. Beseitigung der Selbstständigkeit kleinerer weltlicher Reichsstände (z. B. Grafschaften, Reichsritter) und ihre Unterwerfung unter die Landeshoheit anderer Territorien. Sie erfolgte seit 1803 (Reichsdeputationshauptschluss) zur Entschädigung jener Fürsten, deren linksrheinische Gebiete an Frankreich gefallen waren.

Menschenrechte. In der Aufklärung entstandene Überzeugung, wonach jeder Mensch unantastbare Rechte besitzt, die der Staat achten und schützen muss. Hierzu zählen das Recht auf Gleichheit, Unversehrtheit, Eigentum, Meinungs- und Glaubensfreiheit, Widerstand gegen Unterdrückung. Diese Rechte wurden erstmals in die amerikanische Unabhängigkeitserklärung (1776) und die französische Verfassung von 1791 aufgenommen und sind seitdem Bestandteil vieler Verfassungen.

Merkantilismus (lat. mercator = Kaufmann). Die staatlich gelenkte Wirtschaftsform des Absolutismus. Um die Macht des Staates zu vergrößern und die Mittel für das Stehende Heer, die Beamten und den höfischen Prunk aufzubringen, musste durch intensiven Handel möglichst viel Geld ins Land kommen und möglichst wenig das Land verlassen. Die Regierung erhöhte daher die Ausfuhr von Fertigwaren und erschwerte durch hohe Zölle die Einfuhr ausländischer Produkte. Durch eigene Kolonien kam man an billige Rohstoffe. Die Regierung förderte Unternehmer und qualifizierte Arbeiter, die in den neuen Manufakturen Exportwaren produzierten. Im Inland beseitigte der Staat Handels- und Gewerbeschranken durch Ausbau der Verkehrswege (insbesondere Kanäle), durch einheitliche Währung, Maße und Gewichte sowie durch Beseitigung von Zöllen und Zunftordnungen.

Nation. Als Merkmal einer Nation gelten

gemeinsame Abstammung, Sprache, Kultur und Geschichte sowie das Zusammengehörigkeitsgefühl der in einem Gebiet zusammenlebenden Menschen. Die Begriffe „Nation“ und „Volk“ sind nicht eindeutig voneinander abzugrenzen und werden häufig synonym gebraucht. Ein Nationalgefühl entwickelte sich bereits im Mittelalter, vor allem in den westeuropäischen Staaten (England, Frankreich, Spanien). Im 19. Jh. verstärkte sich diese Tendenz, besonders bei jenen Völkern, die keine politische Unabhängigkeit erlangt hatten (z. B. Polen, Südslawen, Griechen) oder aufgrund ihrer Geschichte in zahlreiche Einzelstaaten zersplittert waren (z. B. Deutschland, Italien). Sie erhoben die Forderung nach einem Nationalstaat, der ein politisch geeintes Volk umfassen sollte.

Nationalismus. Meist negativ besetzter Begriff für ein übersteigertes Nationalgefühl und die Überbewertung der eigenen Nation.

Orden (lat. ordo = Ordnung, Stand). Religiöse Gemeinschaft von Mönchen oder Nonnen, die nach einer gemeinsamen Lebensordnung (Regel) leben. Im Lauf der Jahrhunderte haben sich verschiedene Orden mit unterschiedlichen Zielen und Aufgaben gebildet (z. B. Benediktiner, Zisterzienser, Franziskaner, Dominikaner).

Ostrom. 330 nach Chr. beendete Kaiser Konstantin I. den Ausbau von Byzanz und machte es als Konstantinopel zur zweiten Hauptstadt des Römischen Reichs. Damit verlagerte er das Schwergewicht stärker nach Osten und 395 kam es zur endgültigen Trennung beider Reichshälften. Es entstand ein griechisch geprägtes Oströmisches Reich und ein lateinisches Westrom. Nach dem Untergang Westroms im Jahr 476 bestand die östliche Reichshälfte fort und erlebte unter Kaiser Justinian I. (527–565) eine Blüte. Erst die Türken versetzten dem Byzantinischen Reich, wie der Staat später hieß, mit der Eroberung Konstantinopels im Jahr 1453 den Todesstoß.

Papst (lat. papa = Vater). Die Bischöfe von Rom betrachteten sich als Nachfolger des Apostel Petrus und beanspruchten daher schon früh die Vorrangstellung in der Gesamtkirche. Dieser Anspruch wurde auf dem Konzil von Nicäa, das Kaiser Konstantin 325 einberufen hatte, von den Bischöfen des lateinischen Westens anerkannt. Die Bischöfe des griechischen Ostens erkannten den Vorrang (Primat) Roms jedoch nicht an, was später zur Abspaltung der Orthodoxen Kirche führte. Den Ehrentitel „papa“, der ursprünglich allen Bischöfen zustand, führte seit dem 5. Jh. allein der römische Bischof.

Parlament. In demokratischen Staaten die aus freien Wahlen hervorgegangene Volksvertretung. Sie entscheidet als oberstes Staatsorgan über die Gesetze und kontrolliert die Regierung (Gewaltenteilung).

Partei. Organisierter Zusammenschluss politisch gleichgesinnter Bürger, die Einfluss auf die Gestaltung des Staats nehmen wollen. Die modernen Parteien entwickelten sich Anfang des 19. Jh. aus lockeren Vereinigungen angesehener Persönlichkeiten (Honoratioren-Parteien). Getragen von der Arbeiterbewegung bildeten die sozialistischen Parteien erstmals den Typ der Massenpartei, dem später häufig auch katholisch-konfessionelle Parteien (Zentrum) entsprachen. Mit der Durchsetzung des Parlamentarismus erhielten die Parteien im 20. Jh. staatstragende Bedeutung.

Patrizier. Die Angehörigen der Oberschicht einer mittelalterlichen Stadt. Sie sahen sich in der Nachfolge der römischen Adelsgeschlechter, die allein zur Regierung und Verwaltung der Republik berechtigt waren. Zu den Patriziern zählten reiche Kaufleute, Dienstleute des Stadtherrn und Adlige, die sich in der Stadt niedergelassen hatten. Konnte sich eine Stadt von ihrem Stadtherrn unabhängig machen, so übernahmen diese gesellschaftlichen Gruppen die politische Führung. Sie allein waren ratsfähig, d. h. nur sie besetzten die städtischen Ämter. Seit dem 13. Jh. kämpften in vielen Städten die Zünfte gegen die Vorherrschaft des Patriziats und erlangten politische Mitsprache.

Proletariat. Im antiken Rom die unterste Bevölkerungsschicht ohne Besitz. Im 19. Jh. ein durch den Marxismus geprägter Begriff für die im Kapitalismus entstandene Klasse der abhängigen Lohnarbeiter. Nach Marx hat der Proletarier allein seine Arbeitskraft zu verkaufen und ist daher von der Bourgeoisie abhängig, die die Produktionsmittel besitzt und ihn ausbeutet. Erst der Klassenkampf und die „Proletarische Revolution“ können die Unterdrückung beenden.

Protestanten. Bezeichnung für alle Christen, die nicht zur römisch-katholischen Kirche oder zur orthodoxen Ostkirche gehören. Nach einem Reichstagsbeschluss von 1529 sollten alle kirchlichen Reformen verboten werden und die Anhänger Luthers der Reichsacht verfallen. Dagegen protestierten die reformierten Fürsten und Städte aus Gewissensgründen. Von dieser „Protestation“ leitet sich der Begriff her. Die von Luther gebrauchte Bezeichnung „evangelisch“ setzte sich nur langsam durch.

Puritaner (lat. purus = rein). Bezeichnung für Anhänger des Calvinismus in England. Sie glaubten die reine Lehre des Evangeliums zu vertreten und lehnten alles ab, was nicht in der Bibel begründet war. Radikale Puritaner forderten ein demokratisches Gemeindeleben und die Abschaffung des Bischofsamtes. Aufgrund der andauernden Verfolgungen wanderten viele Puritaner nach Nordamerika aus (z. B. die Pilgerväter von 1620), wo sie die Entwicklung der späteren USA stark beeinflussten.

Reconquista (span.= Wiedereroberung). Die Araber hatten nach ihrem Sieg im Jahre 711 über die Westgoten die Iberische Halbinsel erobert. Nur im Norden konnten sich noch kleinere christliche Herrschaftsgebiete halten. Von dort aus begann der Jahrhunderte dauernde Kampf gegen die Muslime (auch Mauren oder Sarazenen genannt). 1492 fiel Granada, der letzte maurische Stützpunkt auf spanischem Boden. Die Mauren wurden aus Spanien vertrieben oder durch Zwang christianisiert.

Reformation. Der religiöse Umbruch Europas im 16. Jh., der zur Auflösung der kirchlichen Einheit des Abendlandes führte. Zu seinen Ursachen zählten kirchliche Missstände wie der Lebenswandel vieler Geistlicher, Simonie und Ablasshandel. Eingeleitet wurde die Reformation durch die Thesen Martin Luthers (1517), und sie erfasste gegen den Widerstand der römischen Kirche sehr rasch breite Bevölkerungsschichten. Da sich auch viele Reichsstände der Reformation anschlossen, wurde die Reformbewegung zu einem politischen Machtfaktor. Die Reformation setze sich vor allem in Mittel- und Nordeuropa durch. Der römischen Kirche gelang es, durch die Reformen des Konzils von Trient (1545–1563) sowie durch die Tätigkeit der Jesuiten erneut an Boden zu gewinnen (Gegenreformation).

Reichsacht (althochdt. acht = Verfolgung). Im Falle eines schweren Verbrechens konnte der Herrscher den Täter ächten. Der Geächtete wurde damit aus der Gemeinschaft ausgestoßen, verlor sein Eigentum und jeden Rechtschutz – er war „vogelfrei“. Wer ihm half, verfiel selbst der Acht. Wenn der Geächtete Gehorsam gegen Kaiser und Reich versprach, konnte er durch ein kaiserliches Gericht aus der Acht gelöst werden. Oft wurde die Reichsacht zusammen mit dem Kirchenbann ausgesprochen.

Reichsdeputationshauptschluss. Beschluss eines Reichstagsausschusses von 1803, durch den jene weltlichen Fürsten entschädigt wurden, die von der Abtretung des linken Rheinufers an Frankreich betroffen waren. Dadurch wurden fast alle geistlichen Gebiete des Reichs säkularisiert, zahlreiche weltliche Reichsfürsten, Reichsstädte und alle Reichsritter mediatisiert.

Renaissance (franz. Wiedergeburt). Im 15. Jh. wandten sich viele Menschen in den norditalienischen Städten der römisch-griechischen Vergangenheit zu. Dort suchten sie die Vorbilder für ihr Leben und trennten sich von der kirchlich-religiösen Bevormundung des Mittelalters, das ihnen finster und barbarisch erschien. Der einzelne Mensch rückte in den Mittelpunkt des Interesses, er sollte seine Fähigkeiten entfalten und durch eigenständiges Denken und Beobachten die Natur erkennen. Maler, Bildhauer, Dichter, Philosophen, Wissenschaftler und Forscher verbreiteten diese neuen Gedanken in Europa. Unterstützung fanden sie bei Fürsten und auch bei Päpsten.

Restauration. Bemühungen, frühere Zustände wiederherzustellen. Der Begriff wird auf die Epoche zwischen 1815 und 1848 angewandt und umfasst die Bestrebungen der Politik, den vor der Französischen Revolution geltenden Ordnungsprinzipien erneut Geltung zu verschaffen.

Revolution. Gewaltsamer Umsturz der bestehenden Ordnung, der zu tief greifenden politischen und gesellschaftlichen Veränderungen führt. Sie wird von breiten Bevölkerungsschichten getragen, im Gegensatz zum Staatsstreich oder Putsch, wo nur eine neue Führungsgruppe die Macht an sich reißt. Typische Beispiele sind die Französische Revolution 1789 und die Russische Revolution 1917.

Rheinbund. 1806 erklärten 16 Reichsfürsten ihren Austritt aus dem Reich und gründeten unter dem Schutz Napoleons den Rheinbund. Der Habsburger Franz II. legte daraufhin die römisch-deutsche Kaiserwürde nieder und nannte sich künftig Kaiser von Österreich. Nach Napoleons verlorenem Russlandfeldzug löste sich der Rheinbund rasch auf.

Säkularisation. Überführung von Kirchengut in weltlichen Besitz. Zu einer umfassenden S. kam es in Frankreich durch die Französische Revolution, vor allem aber in Deutschland aufgrund des Reichsdeputationshauptschlusses 1803.

Soziale Frage. Bezeichnung für die ungelösten sozialen Probleme der Arbeiter im 19. Jh., die aufgrund der Industrialisierung (Industrielle Revolution) entstanden waren. Hierzu zählten: Verelendung aufgrund niedriger Löhne und hoher Arbeitslosigkeit, extrem lange Arbeitszeiten und unzumutbare Arbeitsbedingungen, menschenunwürdige Wohnverhältnisse, schwere Frauen- und Kinderarbeit. Hinzu kam die fehlende Absicherung bei Krankheit, Arbeitsunfällen, Invalidität und im Alter. Versuche zur Lösung der Sozialen Frage kamen von einzelnen Unternehmern, der Kirche, vor allem jedoch durch die vom Staat seit 1883 eingeleitete Sozialgesetzgebung. Die Arbeiter selbst bemühten sich im Rahmen von Gewerkschaften und Arbeiterparteien um eine Durchsetzung ihrer Interessen und schufen verschiedene Selbsthilfeorganisationen.

Sozialismus. Im 19. Jh. entstandene politische Bewegung, die bestehende gesellschaftliche Verhältnisse mit dem Ziel sozialer Gleichheit und Gerechtigkeit verändern will. Im Marxismus ist er das Übergangsstadium vom Kapitalismus zum Kommunismus. Seit Ende des 19. Jh. bildeten sich gemäßigte und radikale sozialistische Richtungen, deren Ziele von einer Reform der kapitalistischen Wirtschaftsweise bis zum Umsturz der auf ihr bestehenden Gesellschaftsordnung reichen (Klassenkampf).

Stand, Stände. Die europäische Gesellschaft war bis zur Französischen Revolution (1789) unterteilt in Gruppen mit verschiedenen Rechten. Jeder Mensch wurde in seinen gesellschaftlichen Stand hineingeboren. Diese strenge und verbindliche Rangordnung galt als gottgegeben. Die Geistlichen bildeten den ersten Stand (Lehrstand), die Adligen den zweiten (Wehrstand). Die große Masse der Bauern bildete den dritten Stand (Nährstand), zu dem später auch die Bürger zählten. Außerhalb der Ständegesellschaft blieben sozial Verachtete (z. B. Henker, Spielleute, Dirnen) sowie die Juden.

Terror (lat. = Schrecken). Gewalttätige Form des politischen Machtkampfs, um jeden Widerstand durch Furcht zu ersticken. Er kann durch den Staat ausgeübt werden (Staatsterrorismus) oder von extremen Organisationen zum Sturz der Staats- oder Gesellschaftsordnung. Typische Beispiele sind die Schreckensherrschaft der Jakobiner während der Französischen Revolution 1793–94 oder der Terror unter den Herrschaftssystemen des Faschismus, Nationalsozialismus und Kommunismus.

Verfassung (Konstitution). Die politische Grundordnung eines Staates, die alle Regelungen über die Staatsform, die Herrschaftsausübung und die Bildung und Aufgaben der Staatsorgane enthält. Eine demokratische Verfassung wird durch eine verfassunggebende Versammlung (Nationalversammlung) entworfen und direkt dem Volk oder aber seinen gewählten Vertretern (Parlament) zur Abstimmung vorgelegt. Sie enthält das Prinzip der Gewaltenteilung und das Mitbestimmungsrecht des Volkes.

Volkssouveränität. Im Gegensatz zur Souveränität des Monarchen sieht die V. die oberste Gewalt im Volk verankert. Aufgrund dessen gilt die Wahl der Regierenden durch das Volk als Ausdruck der V. Neben der Gewaltenteilung kennzeichnet die V. den modernen demokratischen Staat. Der große Theoretiker der V. in der Neuzeit war J. J. Rousseau. Er legte in seinem Werk über den „Gesellschaftsvertrag" ihre Grundlagen dar.

Vormärz. Die Zeit vom Wiener Kongress 1815 bis zur deutschen Revolution vom März 1848. Kennzeichnend für diese Epoche sind äußerer Friede und innenpolitische Ruhe, erzwungen durch die Beschränkung von Bürgerrechten (Karlsbader Beschlüsse). Dennoch entwickelte sich im Vormärz eine liberale, demokratische und nationale Bewegung, getragen von einem Bürgertum, das schließlich politische Mitsprache beanspruchte.

Westfälischer Frieden. Bezeichnung für die 1648 in Münster und Osnabrück geschlossenen Friedensverträge, die den Dreißigjährigen Krieg beendeten. Die Friedensbestimmungen lockerten die Reichseinheit, da die Fürsten volle Landeshoheit erhielten und Bündnisse mit auswärtigen Mächten abschließen durften. Auch territorial erlitt das Reich schwere Einbußen. Schweden erhielt Vorpommern, das Erzbistum Bremen und das Bistum Verden als Reichslehen, Frankreich wurde im Besitz von Metz, Toul und Verdun bestätigt, die Niederlande und die Schweiz schieden endgültig aus dem Reichsverband aus. Auf konfessionellem Gebiet wurde der Augsburger Religionsfrieden von 1555 bestätigt und auf den Calvinismus als dritte Konfession ausgedehnt.

Wiener Kongress. Konferenz europäischer Fürsten und Staatsmänner, um die politische Neuordnung Europas nach Napoleons Sturz zu beraten (1814/15). Den Vorsitz führte der österreichische Außenminister Fürst Metternich, der den Kongress in weiten Teilen prägte. Die Teilnehmer des Wiener Kongresses verfolgten die Prinzipien der Restauration und Legitimität.

Wohlfahrtsausschuss. Regierungsorgan des französischen Konvents und Terrorinstrument der jakobinischen Diktatur. Der Ausschuss bestand aus zwölf Exekutivkommissaren, führendes Mitglied war Robespierre.

Zunft. In den mittelalterlichen Städten schlossen sich die Handwerker des gleichen Berufs zu einer Zunft zusammen, um sich gegenseitig im Alter oder bei Krankheit zu unterstützen. Später musste jeder Handwerksmeister einer Zunft beitreten, die – im Einverständnis mit der städtischen Obrigkeit – das Wirtschaftsleben lenkte und kontrollierte, um ein angemessenes und gerechtes Auskommen aller zu sichern. Sie regelte Qualitätsmerkmale und Preise, Ausbildung und Arbeitszeiten, Höchstzahl von Lehrlingen und Gesellen, Herstellungsmengen und Produktionsmethoden. Jeder Verstoß wurde hart bestraft. Aus Angst vor Konkurrenz durften die Handwerker nicht auf Vorrat arbeiten, sondern nur auf Bestellung. Diese strengen Regeln hemmten technische Neuerungen und die freie Entfaltung tüchtiger Handwerker. Seit dem 13. Jh. kämpften die Zünfte gegen die Stadtherrschaft der Patrizier.

Absolutismus 66ff., 71f., 90ff., 96, 101, 104, 144
Adel 67, 73, 97, 100f., 144
Alembert, Jean Le Rond d' 79
Anhalt-Dessau 84ff.
Armut 228–231, 274–278, 280–286
Aufklärung 75, 78f., 81, 83f., 86, 91f., 101, 144, 284
Augsburger Religionsfrieden 55
Azteken 38f.

Ballhausschwur 97f.
Bastille 96, 98, 144
Bauernbefreiung 133, 215, 285
Bauernkrieg 48f., 51
Befreiungskriege 139, 152
Biedermeier 156, 158f.
Bismarck, Otto von 172, 174, 178, 184f., 188ff., 196
Bora, Katharina von 53
Bourgeoisie (s. auch Bürgertum) 232
Buchdruck 9, 26–29, 47, 62
Bündnispolitik 188f., 196f., 255
Bürgerkrieg 112
Bürgertum 78, 116, 124, 144, 156, 158, 169, 172, 200, 232
Burgfrieden 256, 260f.
Burschenschaften 153f.
Byzantinisches Reich 16, 34

Calvin, Johann, Calvinismus 43, 59
Code civil (Code Napoleon) 125, 130, 136, 153
Colbert, Jean Baptiste 66, 68f.
Cortez, Hernan 38f.

Dampfmaschine 210f., 215, 217, 238, 295
Danton, Georges Jacques 109
Desmoulins, Camille 109
Deutsch-Dänischer Krieg 173
Deutsch-Französischer Krieg 174, 176
Deutscher Bund 149–152, 156, 169, 172f., 206
Deutscher Krieg 173
Deutscher Zollverein 214f., 221
Diaz, Bartholomäo 35
Diderot, Denis 79
Dreißigjähriger Krieg 58, 62
Dritter Stand 97, 100, 102f., 144

Edikt von Nantes 66
Eisenbahn 218–221, 238
Elektrizität 222
Emser Depesche 174
Engels, Friedrich 232, 235, 238, 286
Erster Weltkrieg 196, 254–264, 270

Feudalität 104
Flotte, Flottenverein 197, 251
Flugblätter 45ff., 60f.
Forster, Georg 120f.
Frankfurter Wachensturm 161
Französische Revolution 96–99, 101, 104f., 108f., 112f., 116f., 119, 144, 149
Frau, Frauenbewegung 107, 202, 229, 292, 295
Frieden
- von Brest-Litowsk 261
- von Campoformio 124
- von Münster und Osnabrück s. Westfälischer Frieden
- von Tilsit 132

Friedrich II. der Große (preuß. Kg.) 90–95
Friedrich III. der Weise (sächs. Kf.) 53
Friedrich Wilhelm IV. (preuß. Kg.) 165f., 168, 171
Frühkapitalismus 23, 62
Fugger 22–25

Galilei, Galileo 31f.
Gama, Vasco da 35
Gandhi, Mahatma 247, 249
Gegenreformation 56
Gegenrevolution 169
Generalstände 96, 144
Gesellschaftsvertrag 80, 83
Gewaltenteilung 83
Gewerkschaften 232, 238
Girondisten 112
Gottesgnadentum 125, 148
Göttinger Sieben 161
großdeutsche Lösung 167f.
Grundherrschaft 100, 276
Guerilla 138
Gustav II. Adolf (schwed. Kg.) 58f.
Gutenberg, Johannes 26f.

Habsburger 22, 55, 58f., 168
Hambacher Fest 160, 162, 164, 206
Han-Dynastie 9
Hardenberg, Karl August von 133
Heilige Allianz 149
Heiliges Römisches Reich Deutscher Nation 62, 128f., 144, 206
Hindenburg, Paul von 256, 260
Hobbes, Thomas 80
Hugenotten 43, 66
Humanismus 30, 62
Humboldt, Wilhelm von 133

Imperialismus 242f., 245f., 248, 250f., 270
Industrialisierung, Industrielle Revolution 200ff., 210–215, 218, 223, 227f., 238, 242, 284, 295
Inka 39
Islam 16f.

Jakobiner 108, 116
Jesuiten 56, 184
Judentum 203

Kant, Immanuel 78
Kapitalismus 23, 223
Karl V. (Ks. HRR) 53ff., 57
Karlsbader Beschlüsse/Konferenzen 153
Katharina II. die Große (russ. Zarin) 74f., 77
Kinderarbeit 229f., 238, 288, 296f.
kleindeutsche Lösung 167ff.
Kolonialismus 39, 62, 68, 125, 242, 244, 246f., 250–253, 270
Kolumbus, Christoph 14, 34–38
Kommunistisches Manifest (Manifest der Kommunistischen Partei) 232, 235, 238
Konservati(vi)smus 117, 181
Kontinentalsperre 130, 132, 138
Konzil von Trient 56
Kopernikus, Nikolaus 31
Kotzebue, August von 152
Kulturkampf 184f.

Leopold III. Friedrich Franz (Fürst von Anhalt-Dessau) 84–88
Liberalismus 117, 152, 172, 181
Ludendorff, Erich 256, 260
Ludwig XIV. der „Sonnenkönig" (franz. Kg.) 66ff., 70f., 96, 105, 109, 111f., 144
Luther, Martin 42–45, 47, 49, 51–55, 57, 62

Magellan, Fernando 35
Marat, Jean Paul 109
Marco Polo 12–15
Marx, Karl 232, 235, 238, 286
Mediatisierung 129
Medici 23, 30
Menschenrechte 104, 106, 117, 144
Merkantilismus 68f., 100, 144
Metternich, Klemens Wenzel Fürst von 148, 153
Militarismus 183, 193
Monarchie
- absolute M. s. Absolutismus
- konstitutionelle M. 80

Montesquieu, Charles de Secondat 83, 144
Müntzer 49, 51

Napoleon I. Bonaparte (Ks. d. Franzosen) 117, 124–132, 136, 138f., 142, 144
Nationalismus 152, 162, 172, 193
Nationalstaat 172, 174, 180, 206, 242
Nationalversammlung 104f., 167f., 206
Norddeutscher Bund 173

Parteien 181, 183f.
Paulskirche, Paulskirchenparlament 165, 168f., 206
Pauperismus s. Armut
Peter I. der Große (russ. Zar) 72ff.
Preußen 66, 90ff., 129, 132f., 136, 144, 149, 152, 165f., 168, 172f., 184
Preußische Reformen 133ff.
Proletariat 200, 228, 232, 238
Protestantismus 55f., 58, 66
Puritaner 43

Qin-Dynastie 8f.

Reformabsolutismus 90f.
Reformation 42f., 47, 54ff.
Reichsacht 53, 55
Reichsdeputation 128
Reichsgründung (Deutsches Kaiserreich) 174f., 177f., 180, 206
Reichsstände 55f., 59
Reichstag 180f., 183, 256
- zu Speyer 55
- zu Worms 53f., 57

Renaissance 30, 34, 62
Restauration 148f., 206
Revolution von 1848/49 164ff., 168f., 172, 206
Rheinbund 131, 139
Robespierre, Maximilien de 109, 113f., 124
Rousseau, Jean-Jacques 79, 83, 144

Saint-Just, Louis Antoine de 109
Säkularisation 129
Schlacht
- bei Abukir 124
- bei Jena und Auerstedt 129, 132
- bei Leipzig s. Völkerschlacht
- am Skagerrak 256
- von Trafalgar 130
- von Verdun 257

Schlesischer Weberaufstand 161, 163, 286
Schmalkaldischer Bund 55
„Schutzgebiete" 242, 250
Smith, Adam 80
Sozialdemokratie s. SPD
Soziale Frage 232, 238
Sozialgesetzgebung 185, 187, 232
Sozialistengesetze 185f.
SPD, Sozialdemokratische Partei Deutschlands 182, 185, 232, 256
Stände, Ständeordnung 22, 66, 100f., 105, 117, 276
Stein, Heinrich Friedrich Karl Reichsfreiherr vom und zum 133

Territorien 128, 136, 214
Tetzel, Johann 44

Verfassung 97, 104, 111, 117, 144, 152, 160, 167ff., 180
Versailles 66f., 82, 144, 174, 180
Vespucci, Amerigo 35
Völkerschlacht bei Leipzig 139, 141, 144, 153
Volkssouveränität 117
Voltaire 144

Wallenstein, Albrecht Wenzel Eusebius von 58f.
Wartburg, Wartburgfest 53f., 153f., 206
Watt, James 210, 238
Westphalen (Königreich) 132, 136f.
Westfälischer Frieden 59ff.
Wiener Kongress 148f., 206
Wilhelm I. (preuß. Kg. und dt. Ks.) 172, 174, 178, 184f.
Wilhelm II. (dt. Ks.), Wilhelminismus 185, 192ff., 196f., 199, 251, 254f.

Zionismus 203
Zwingli, Ulrich 43

Adelmeyer, A., Schkopau: 224 M4
akg-images, Berlin: 7 o.li. + o.re., 9 M3 (Amelot), 12 M1 + M2, 20 o., 21 o.li., 30 M1 (Camperaphoto), 32 M4, 35 M3, 40 M6, 43 M3 + M5, 44 M8, 49 M3, 55 M2, 58 M1, 64 u.li., 65 u.li., 67 M3, 70 M7, 72 M1, 74 M5, 76 M9, 79 M3, 80 M6, 82 M9, 84 M2 (Schütze/Rodemann), 88 M1 (Bildarchiv Monheim), 89 M3, 89 M4 (Schütze/ Rodemann), 89 M5 (Bildarchiv Monheim), 92 M5, 93 M8, 95 M7, 96 M1, 97 M2, 101 M3, 103 M6, 105 M3 (E. Lessing), 109 M2 + M6 (E. Lessing), 109 M4 + M5, 111 M9, 112 M1 li., 113 M4, 120 M1 + M2, 124 M1 (E. Lessing), 125 M2 + M3, 126 M4, 127 M7 (VISIOARS), 127 M8, 130 M3, 136 M1 (VISIOARS), 146 u.li., 147 u.li., 148 M1 + M2, 153 M2, 154 M3, 157 M2, 169 M3, 172 M1, 176 M6, 178 M1, 186 M4, 192 M1, 194 M4, 200 M1, 201 M3, 203 M7, 208 u., 209 u., 232 M2, 233 M3, 234 M5, 254 M1, 257 M6, 258 M8, 272 u., 273 o.re., 277 M2, 278 M3 (Electa), 278 M4, 281 M1 (Bildarchiv Monheim), 282 M3, 282 M4 (Schütze/Rodemann), 286 M2, 288 u.li., 289, 296 M4
Archiv der sozialen Demokratie der Friedrich-Ebert-Stiftung, Bonn: 232 M1
Archiv E. Hirsch: 85 M3
Arco Images, Lünen: 6/7 (K. Stange)
Art Institut of Chicago: 230 M5
Artothek, Weilheim: 56 M2
artur architekturbilder GmbH, Essen: 208/209 (T. Riehle)

Batchelor, J.: 36 M5
Bauernkriegs-Panorama, Bad Frankenhausen: 48 M1
Baumgärtner, U., Puchheim: 212 M5, 259 M9
Bayerische Staatsbibliothek, München: 217 M5, 220 M6, 276 M1 (Clm 210, fol. 91r.)
Biblioteca dell Archivo General de la Nacion, Mexico, D.F.: 38 M1
Bibliothèque nationale de France, Paris: 105 M2, 106 M4, 107 M7
Bildagentur-online, Burgkunstadt: 288 u.re.
Bildarchiv Preußischer Kulturbesitz, Berlin: 21 o.re., 26 M2, 34 M1, 37 M7, 45 M9, 46 M1 (SMB/Kupferstichkabinett/ J.P. Anders), 49 M2, 56 M3, 59 M3, 60 M5, 64 u.re, 78 M1, 84 M1, 93 M9, 111 M11, 132 M1, 133 M2 + M3, 133 M4 (Freies Deutsches Hochstift), 134 M5, 158 M3 (L. Braun), 161 M2, 163 M5, 165 M2 + M3, 166 M4–M6, 168 M1, 171 M6, 181 M3, 182 M4, 184 M1, 185 M3, 189 M2, 190 M4, 195 M6, 197 M4, 202 M5, 208 o.Mi., 209 Mi., 210 M1, 211 M4, 228 M1, 229 M2, 231 M7, 242 M1, 251 M3, 260 M1, 295 M2
Bildarchiv Steffens, Mainz: 18 M3 (Bridgeman/Topkapi Palace Museum, Istanbul)
Bismarck Museum, Friedrichsruh: 147 u.re. + 178 M2 (Carstensen, Hamburg)
blickwinkel, Witten: 273 u.re. + 274 M3 (W.G. Allgoewer)

Bridgeman Art Library, London: 6 u. + 15 M5 (Bibliothèque Nationale, Paris), 7 u. + 11 M5/4(Giraudon/Bibliotheque Municipale, Poitiers), 68 M4 (Giraudon), 79 M4 (Giraudon), 111 M10 (Giraudon), 112 M1 re., 288 o.li. + 292 M2, 288 o.re. + 292 M3 (Giraudon/Art Ressource N.Y.)

CARO, Berlin: 89 M2 (Klemmer)
Charmet, J.-L., Paris: 100 M1
© Collection Roger Viollet, Paris: 17 M2
Creativ Team Friedel & Bertsch, Heilbronn: 146 o., 160 M1

Dagli-Orti, G., Paris: 39 M3
Das Fotoarchiv, Essen: 273 u.li., 274 M1
Deutsches Filminstitut – DIF, Frankfurt/ M.: 266/267 M1, 266 M2, 268 M4
Deutsches Historisches Museum, Berlin: 184 M2 (A. Psille), 252 M5
Deutsches Museum, München: 209 o., 212 M6, 219 M3 + M4

Editon Temmen, Bremen: 73 M3
Eulenspiegel Verlagsgesellschaft, Berlin: 42 M2, 47 M3

F1 online, Frankfurt/M.: 64/65 (Schuster/ Ball), 91 M3 (W. Dietrich), 146/147 (Pallaske)
FAZ/Gregori Ingleright: 254M2
Franciseum, Zerbst: 87 M8
Freies Deutsches Hochstift, Frankfurt/M.: 78 M2

Germanisches Nationalmuseum, Nürnberg: 155 M5

Heinemann Publishers, Oxford: 210 M2 (R. Stewart)
Herzog-Anton-Ulrich Museum, Braunschweig: 20 u.li. + 22 M1 (B.P. Keiser)
Historisches Archiv Krupp, Essen: 233 M3
Historisches Museum der Stadt, Wien: 149 M3, 156 M1

Industrie- und Filmmuseum Wolfen, Bitterfeld-Wolfen: 224 M5
Institut für Stadtgeschichte, Frankfurt/M.: 262 M4
Interfoto, München: 139 M3 (Karger-Decker), 141 M7 (Büth), 267 M3

Jürgens Ost- und Europa-Photo, Berlin: 52 M2, 90 M1

Karl Ernst Osthaus-Museum, Hagen: 215 M2
Käthe-Kollwitz-Museum, Berlin: 273 o.
Kinkelin, Worms: 294 M1
Kulturstiftung DessauWörlitz: 87 M7 (H. Fräßdorf)

Lagatz, U., Wernigerode: 237 M3
Landesarchiv, Berlin: 193 M3
Langner, P., Hannover: 187 M6
Lichtbildwerkstätte Alpenland, Wien: 139 M2

Mannesmann Demag, Duisburg: 215 M3

mauritius-images, Mittenwald: 174 M3 (G. Rossenbach)
Moy, Graf von, Stepperg: 140 M4
Musée de la Ville de Paris: 109 M3
Museo del Prado, Madrid: 138 M1
Museum der Stadt Nürnberg: 200 M2
Museum für Gestaltung – Plakatsammlung, Zürich: 286 M3
Museum für Stadtgeschichte, Moskau: 77 M10
Museum of the City of New York: 297 M8

National Portrait Gallery, London: 246 M1
Nehru Memorial Museum and Library, Neu Dehli: 240 o.re , 247 M3

Österreichische Nationalgalerie, Wien: 38 M2

Peda, G.F., Passau: 265 M2
Picture Alliance, Frankfurt/M.: dpa: 21 o.Mi., 42 M1, 65 u.re. + 117 M2 (SIPA/ L. Chamussy), 274 M2 (O. Berg); akg-images: 6 o., 8 M2, 26 M1 (British Library), 31 M2, 43 M4, 53 M3 (Rabatti-Domingie), 54 M1; ZB: 52 M1 (W. Grubitzisch), 236 M1 (M. Bein)

Scala, Florenz: 33 M7
Schmidt-Buch-Verlag, Wernigerode: 237 M4
Simplicissimus 1897/J.B. Engl: 182 M5
Staatliche Münzsammlung, München: 131 M5
Staatsarchiv Windhuk: 253 M6
Stamm, Gießen: 39 M4
Stiftung Dome und Schlösser in Sachsen-Anhalt: 237 M2

Technikmuseum, Magdeburg: 223 M3
Tonn, D., Bovenden: 62/63, 144/145, 206/207, 238/239, 268 M5, 270/271, 281 M2

ullstein bild, Berlin: 118 M3 (Granger Collection), 191 M5 (Kujatz), 192 M2, 229 M3, 240 o.li. + u.li., 240 u.re. (Haeckel), 248 M5 (Granger Collection), 256 M4, 257 M5, 260 M2, 284 M1 (Granger Collection)
Universität Erlangen-Nürnberg – Handschriftensammlung: 265 M3

Verkehrsmuseum, Nürnberg: 218 M1
© VG Bild-Kunst, Bonn 2008: 48 M1, 195 M6, 198 M5 (© O. Gulbransson), 208 o.Mi., 228 M1, 251 M3, 260 M1, 273 o.
VISUM, Hamburg: 59 M4 (M. Leissl), 240/241 (G. Krewitt), 250 M1 (M. Steinmetz)
Volksbund Deutsche Kriegsgräberfürsorge e.V., Kassel: 264 M1 (W. Kammerer)

Wallraf-Richartz-Museum, Köln: 33 M6
Werksarchiv Henkel, Düsseldorf: 208 o.li., 222 M2
Westermann Archiv: 20 u.re., 28 M5
Wittmann, A., Langenhahn: 202 M4

alle übrigen Schaubilder und Karten: Westermann Kartographie/Technisch Graphische Abteilung, Braunschweig